U0495755

商水杨单庄墓地

河南省文物考古研究院
周口市文物考古管理所 编著

中原出版传媒集团
中原传媒股份公司

大象出版社
·郑州·

图书在版编目（CIP）数据

商水杨单庄墓地/河南省文物考古研究院，周口市文物考古管理所编著. —郑州：大象出版社，2019.5
　ISBN 978-7-5711-0169-5

　Ⅰ.①商… Ⅱ.①河…②周 Ⅲ.①汉墓-发掘报告-周口
Ⅳ.①K878.85

中国版本图书馆CIP数据核字（2019）第073013号

出 版 人　王刘纯
责任编辑　郭一凡
责任校对　裴红燕　李婧慧　牛志远

出版发行　**大象出版社**（郑州市祥盛街27号　邮政编码450000）
　　　　　发行科　0371-63863551　　总编室　0371-65597936
网　　址　www.daxiang.cn
装　　帧　河南盘古天地文化交流有限公司
印　　刷　郑州印之星印务有限公司
经　　销　各地新华书店经销
开　　本　889mm×1194mm　1/16
印　　张　32.5
印　　数　1-1700册
字　　数　570千字
版　　次　2019年5月第1版　2019年7月第1次印刷
定　　价　298.00元

若发现印、装质量问题，影响阅读，请与承印厂联系调换。

Yangshanzhuang Cemetery in Shangshui County

by

**Henan Provincial Institute of Cultural Heritage and
Archaeology
Zhoukou Municipal Administration Office of Cultural
Heritage and Archaeology**

Elephant Press
Zhengzhou

《商水杨单庄墓地》编纂人员

主编

朱树政

副主编

张　羽　朱金涛　姚　磊

撰稿人

朱树政　张　羽　朱金涛　姚　磊

夏志峰　任　潇　秦　一　谢　鑫

孙会会　刘　松

摄影

秦　一　朱金涛　朱树政　朱树玉　何长东

目　录

插图目录

彩版目录

图版目录

第一章   概述

第一节   地理位置和环境

商水县位于河南省东南部。地处东经114°15′至114°53′，北纬33°18′至33°45′之间。商水县城东与项城县城相距27公里，南与上蔡县城相距50公里，西与郾城县城相距64公里，北与周口市相距9公里，东北、西北分别与淮阳县、西华县隔沙河相望。总面积1325平方千米。

商水县属豫东沉降区中南部周口凹陷的一部分。地质地貌主要受第四纪沉积物和新构造运动所控制。就地质时期讲，在中生代燕山运动时，形成断裂、坳陷的基本轮廓之后，新生代喜马拉雅运动又继续下降，主要沉积物多是第三系湖相沉积物的砾岩、砂岩及深厚的黏土层。

到全新世时，南部处于缓慢上升的侵蚀状态，北部沙河一带相对下降，泥沙堆积，尤其西段常改道，加之黄河南泛淤积，沙河故道及其两侧沼泽遂成平地。由于这种地质构造特点，所构成的地表形态则是由黄河、沙颖河叠加的冲积扇平原向豫东南冲积低平原过渡的交接洼地。整个地势，西北高，东南低，海拔42米~52米，相对高差一般1米左右，由西北向东南微缓倾斜，全县呈一向东南开口的浅平槽形沼泽，所以县内溯相沉积广布，才构成当今地表。河流沉积物多沿河谷两岸呈带状分布，其厚度常随下伏湖沼相堆积面起伏而变化，在突起地区显著变薄，甚至尖灭，低凹地区则较厚，一般厚度多为3米以下。由于近期地体微弱上升，加之河流泛溢淤积，湖沼分布范围逐渐缩小，甚至消失，形成突出的湖坡地貌特征。

全县降水适中，年平均降水量达785.1毫米，主要集中在夏季，冬季降水少。因受季风气候的影响，夏季偏南风多，暖湿气流活跃，多大雨暴雨天气。全县气候兼有南北之长，水热同期，虽降水时空不均，短时干旱较多，但其中大多出现在春秋两季。

县境内河流均属淮河水系。汾河发源于郾城县东部召陵岗，东经商水、项城、沈丘、临泉、阜阳等地入颍河。汾河西自郾城县境流入商水境，穿越中部流向东南出境入项城，在县境内长59.5公里。汾河支流几乎遍布全县，多发源于本县境。其中流域面积在100平方千米以上的有黄碱沟、新枯河、青龙沟、界沟河、清水河5条；流域面积30～100平方千米的有桃花沟、黑沟、苇沟、漕河、护城河、老枯河、托儿沟、东白马沟、驸马沟、运粮河、青水沟11条。

全县自然植被很少，主要是栽培植被。植被资源丰富，可分为木本植被和草本植被两大类。近几年来以泡桐为主的田间林网有较大发展。

第二节 历史沿革

商水县历史悠久，文化荟萃。其历史可追溯到6000多年以前的新石器时代。目前，商水境内已发现有马村、白塔寺、闫庄、扶里、郁庄、郝岗等多处新石器时代遗址。这些遗址中，不仅包含有黄河流域仰韶文化和龙山文化遗存，还包含以山东地区为主要分布区的大汶口文化遗存。

周文王灭商后，把自己的第十个儿子季载封于沈地，把一批纣王近臣放逐到姒姓沈国的西部，也就是今天的商水县境内。春秋时，蔡昭侯十三年（公元前506年），沈国被蔡所灭。县境西部属蔡国，东部属顿国。楚昭王二十年（公元前496年），楚灭顿，后又灭蔡。战国属楚国。

秦灭六国后，在阳城（今舒庄乡扶苏寺村）置县，属陈郡。陈胜、吴广起义时期改阳城为扶苏。西汉时，属豫州汝南郡，商水县境分属阳城（治所在今商水县大武乡程刘村）、汝阳（治所在今商水县张庄乡城上村）、博阳（治所在今商水县平店乡李岗村）三县。东汉时，阳城县改为征羌县，汝阳县未变动。三国时，废征羌、乐家二县，并归汝阳县，属魏国，豫州陈郡。晋时县名汝阳，属豫州汝南郡。南北朝时期，宋置汝阳郡，领汝阳、武津（治所在今上蔡县岗郭村）二县。北魏复置征羌，汝阳郡领汝阳、武津、征羌三县。北齐郡废，仍设汝阳县，属豫州。

隋开皇十六年（公元596年），分置溵水县（治所为商水老城）。大业元年（公元605年），废汝阳县入溵水县。皇泰元年（公元618年）置扶苏县，与溵水县同属陈州淮阳郡。唐武德五年（公元622年），废扶苏县入溵水县，属河南道。贞观元年（公元627年）属陈州，建中二年（公元781年）属溵州，兴元元年（公元784年）属陈州淮阳郡。

五代时县名仍称溵水，属陈州。宋建隆元年（公元960年），宋太祖赵匡胤为避父讳（赵弘殷的"殷"字），改溵水县为商水县。熙宁六年（公元1073年）废南顿县，其地分入商水、项城二县，后复置南顿县。商水县属京西北路，淮宁府辅。金时县名商水未变，属南京路陈州。

元惠宗至元二年（公元1336年），废南顿、项城二县入商水县，后复分置，属河南江北行中书省汴梁路陈州。明洪武元年（公元1368年）废商水县（以州治），四年（公元1371年）七月复置。属河南等处行中书省河南承宣布政使司开封府陈州。清代县名仍为商水，属河南布政使司陈州府。中华民国时，商水县在民国2年属河南省豫东行政区，民国3年属河南省豫东道，民国21年属河南省第七区行政督察专员公署。

中华人民共和国成立后，商水县在1949—1953年属河南省淮阳专员公署，1953—1965年属河南省许昌专员公署，1965—2000年8月属河南省周口专员公署（1979年改为周口地区行政公署），2000年8月后属周口市。

第三节 杨单庄墓地发掘和报告整理情况

一、墓地发掘情况

杨单庄墓地是2016年为配合周（周口）南（南阳）高速的建设工程，由河南省文物考古研究院调查发现的。

杨单庄墓地位于河南省周口市商水县张庄乡杨单庄村东。（图一）2017年4月河南省文物考古研究院委托周口市文物考古管理所文物勘探队对该墓地进行了勘探。在此基础上，2017年7月1日至9月22日，河南省文物考古研究院和周口市文物考古管理所联合对该墓地进行了发掘，发掘清理汉代墓葬102座、宋代墓葬7座、清代墓葬11座，共计120座。

由于杨单庄墓地表面经过现代机械碾压，土质坚硬，给考古发掘造成了很大困难。我们根据勘探情况，首先用现代机械对墓葬分布区域的碾压层进行了清理，然后对墓地进行发掘。根据钻探结果，我们对杨单庄墓地进行了分区，由南向北依次为一区、二区和三区（图二），并且由一区到三区顺序发掘。在发掘的过程中，我们并不是严格按照时间顺序对三个区进行发掘。例如，在一区即将发掘结束时，就开始对二区进行发掘。另外，在发掘二区的同时，也对一区因施工便道占压而没有及时发掘的2座墓葬进行发掘。一区的发掘我们采用了探方发掘法，而在二区和三区，由于发掘区域现代机械碾压严重，将碾压层清理后，大多数墓葬的墓口已经暴露，因此我们采取了以墓葬为单位顺序发掘。

一区的发掘从2017年7月1日开始，7月23日结束。另外，在8月12日，又对因施工便道占压而没有及时发掘的2座墓葬进行发掘。一区共发掘清理58座墓葬，其中汉墓49座，宋墓

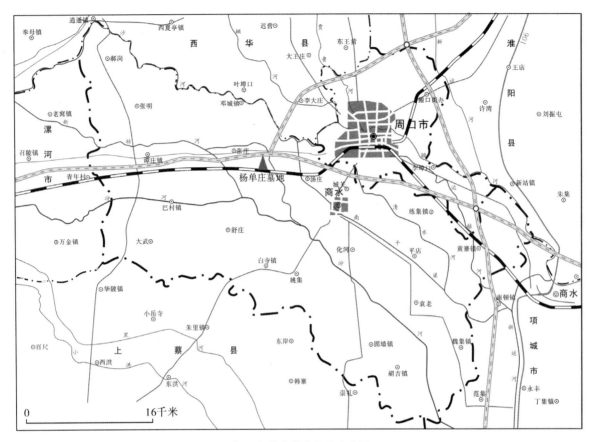

图一 杨单庄墓地位置示意图

7座，清墓2座。（图三-1）

　　二区的发掘从2017年7月23日开始，9月21日结束。共发掘清理49座墓葬，其中汉墓45座，清墓4座。（图三-2）

　　三区的发掘从2017年8月9日开始，8月13日结束。共发掘清理13座墓葬，其中汉墓8座，清墓5座。（图三-3）

　　参加杨单庄墓地发掘的人员有河南省文物考古研究院的朱树政、朱树玉、何长东，周口市文物考古管理所的李全立、焦华中、杨苗甫、王春华，商水县文物管理所的王大涛。另外还有几所高等院校的师生也参加了发掘工作，他们是南京大学历史学院考古系的刘兴林、濮维凡、徐尚、张继会、李楠，郑州大学历史学院考古系的师东辉、郝克宇，河南大学历史学院考古系的聂振阁。在发掘期间，周口市文化广电旅游局、商水县文化广电旅游局以及杨单庄党支部、村委会对我们的发掘工作给予了大力支持，在此表示衷心的感谢！

二、报告整理情况

　　杨单庄墓地的发掘工作结束后，我们将发掘器物和资料运到周口市博物馆地下室安全

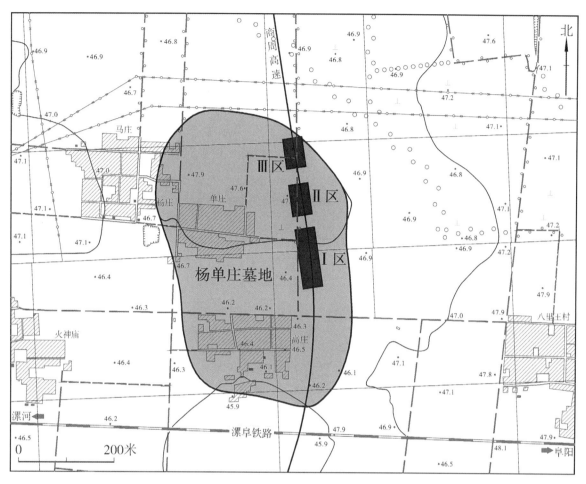

图二 杨单庄墓地分区图

存放。由于其他工作的缘故，我们并没有立即开展整理工作。从发掘的情况看，这批发掘资料，尤其是汉墓资料与其他地区的汉墓比较，在葬制、葬俗等方面有一定的区别，显示了它的地方特色。因此，将杨单庄墓地资料尽快地公布于众，为汉代物质文化的研究提供可兹对比的材料就显得格外必要。

从2018年1月起，我们开始了杨单庄墓地资料的整理工作。这次整理工作采取了大会战的方式，各项工作安排得有序而紧凑。器物修复、器物绘制、墓葬平剖面绘制同步进行。

在器物修复的同时，保存完整的器物先行绘图，然后再绘制修复好的器物。其中参加器物修复工作的有朱树政、曹艳朋、陈燕、朱树玉、何长东、杨明宝、李航、苏静、吴宇航、赵柳阳、安兴龙、吴小宇、李大品、李海宏、朱玉敬、全鹏、师建中、高源等，器物绘图人员有高凤梅、刘丽、谭丽、李凡、李廷秀，墓葬平剖面图由赵柳阳、李泽、吴小宇、魏晓通、桑登飞、高源等制作。2018年7月初，在器物修复和绘制结束后，我们立即启动器物的拍摄工作。器物的拍摄工作由秦一、朱金涛完成。

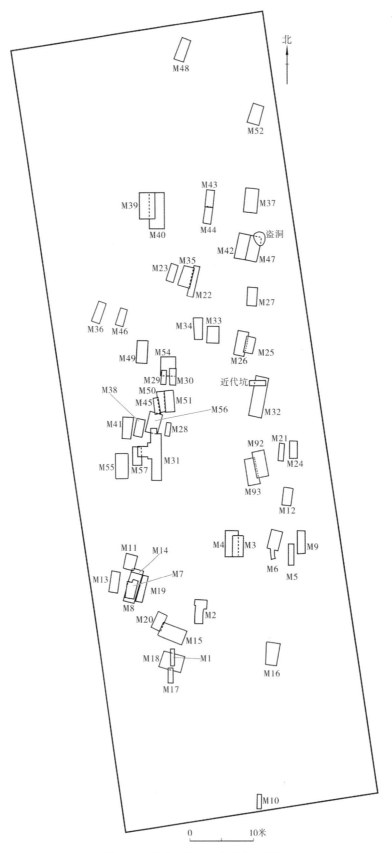

图三-1 杨单庄墓地一区墓葬分布图

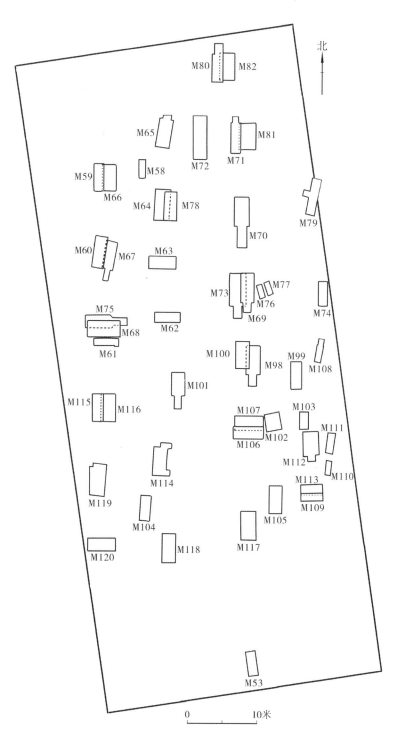

图三-2　杨单庄墓地二区墓葬分布图

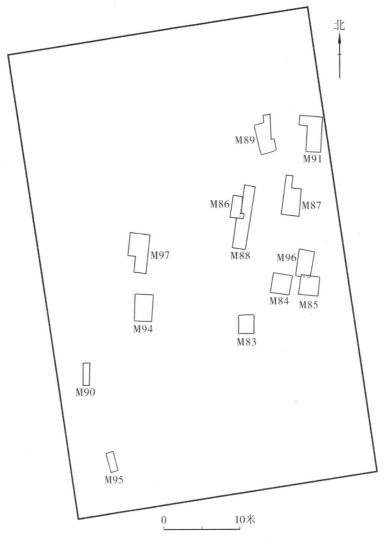

图三-3　杨单庄墓地三区墓葬分布图

　　在资料整理的过程中，不论是器物修复、器物绘制人员，还是墓葬平剖面图绘制和器物拍摄人员等，不怕苦、不怕累，加班加点，晚上工作到11点是常事，有时还工作到晚上12点。到了盛夏季节，天气炎热，地下室空气不流通，蚊虫叮咬，给整理工作带来了诸多不利因素，但同志们很少有怨言，踏踏实实干活，圆满完成了各项工作。

　　周口市文化广电旅游局的领导对杨单庄墓地的整理非常重视和支持，周口市博物馆为整理工作提供了场地和诸多便利，在此表示感谢！

　　各种资料齐备后，我们立即开始考古报告的撰写和整合。根据目前考古报告的体例，为了全面报道墓地的资料情况，我们采取对各墓葬逐一概述的方式，然后再对墓地进行综合研究。经过两个多月的努力，2018年9月，终于完成了杨单庄墓地考古报告的编写工作。

第二章 汉代墓葬

一、M2

1. 墓葬概况

M2位于Ⅰ区T4中部偏西，开口于第一层下，距地表深0.3米。

该墓为近长方形土坑竖穴墓，方向5°。墓葬平面呈不规则长方形，南、北壁为斜壁，东、西壁为直壁，平底。墓口南北长3.7米，北部宽2.4米，南部宽1.28米；墓底南北长3.26米，北部宽1.6米，南部宽1米；墓深0.7米。（图四；图版一，1）

墓葬填土为黄褐色五花土，质地较软，结构疏松。

墓底未见葬具痕迹。

墓室底部正中和东北部各发现1具人骨。墓底正中人骨头向北，面向西，葬式为仰身直肢，性别、年龄不详；墓葬东北部有一不规则梯形台面，其上有1具人骨，仅存头骨和下肢骨，保存较差，应为二次葬。

2. 出土遗物

随葬器物3件，计有陶罐2件、陶瓮1件，分别放置于墓室东北部和西北部。（图版一，2）

陶瓮 1件。标本M2：1，泥质灰陶。敛口，方唇外凸，垂腹，圜底。下腹部及底部饰交错绳纹。高21.8厘米，口径21厘米，腹径32.2厘米。（图五，2）

陶罐 2件。标本M2：2，泥质灰陶。方唇，矮领，圆肩微折，下腹内收，平底。下腹部及底部饰漫漶不清的交错绳纹。高29.4厘米，口径21厘米，肩径38厘米，底径20厘米。

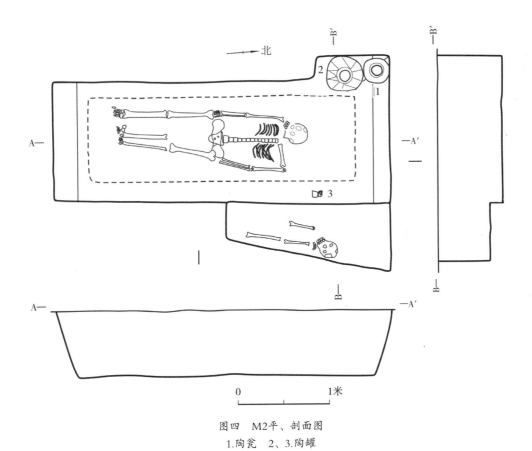

图四　M2平、剖面图
1.陶瓮　2、3.陶罐

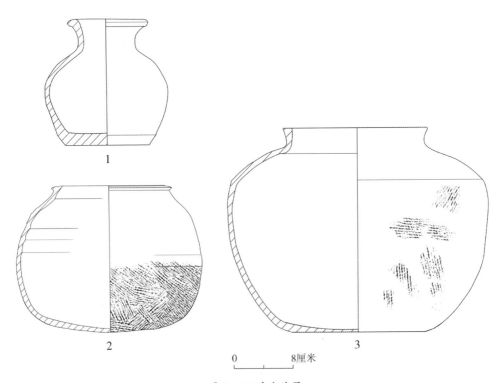

图五　M2出土陶器
1、3.陶罐（M2∶3、M2∶2）　2.陶瓮（M2∶1）

（图五，3）

　　标本M2：3，泥质灰陶。敞口，圆唇，束颈，溜肩，鼓腹，平底。高16.6厘米，口径11厘米，肩径17厘米，底径11.6厘米。（图五，1）

二、M3

1. 墓葬概况

　　M3位于Ⅰ区T6中南部，开口于第一层下，距地表深0.4米，向下打破M4。

　　该墓为长方形土坑竖穴墓，方向0°。墓葬平面呈长方形，斜壁，平底。墓口南北长3.2米，东西宽1.7米；墓底南北长2.94米，东西宽1.4米；墓深0.5米。（图六；图版二，1）

　　墓葬填土为黄褐色五花土，质地较软，结构疏松。

　　墓底东南部发现1具木棺朽痕，南北长1.94米，东西宽0.5米。

　　棺内发现1具人骨，保存较差，仅存头骨和下肢骨，墓主葬式、性别、年龄不详。

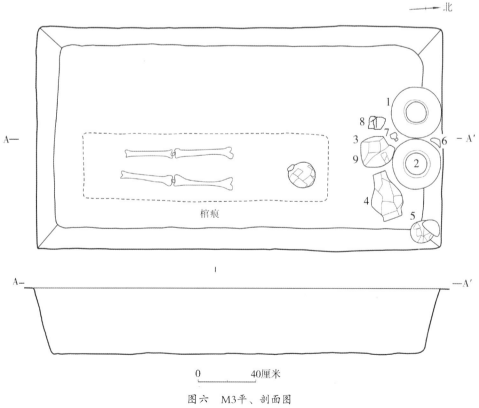

图六　M3平、剖面图

1、2.陶瓮　3.陶盘　4、9.陶钫　5.陶鼎　6.陶盒　7.陶壶　8.陶罐

2.出土遗物

随葬器物9件，计有陶瓮、陶钫各2件，陶鼎、陶盒、陶壶、陶盘、陶罐各1件，均放置于棺外北部。（图版二，2）

陶瓮　2件。标本M3：1，泥质灰陶。折沿，方唇，敛口，广肩，垂腹，圜底。腹及底部饰交错绳纹。高28.6厘米，口径21厘米，腹径38.4厘米。（图七，1）

标本M3：2，泥质灰陶。折沿，方唇，敛口，广肩，垂腹，圜底。下腹部及底部饰交错绳纹。高27.6厘米，口径22厘米，腹径37.4厘米。（图七，2）

陶罐　1件。标本M3：8，泥质灰陶。口残，斜肩，垂腹，圜底近平。下腹部及底部饰细绳纹。残高20.7厘米，腹径21.4厘米。（图七，6）

陶鼎　1件。标本M3：5，泥质红陶。有盖，盖为覆钵状，敞口，口缘有一周凹槽，弧壁，弧顶近平。器为子口内敛，两侧有两个对称的长方形附耳，弧腹，圜底，下附三蹄形

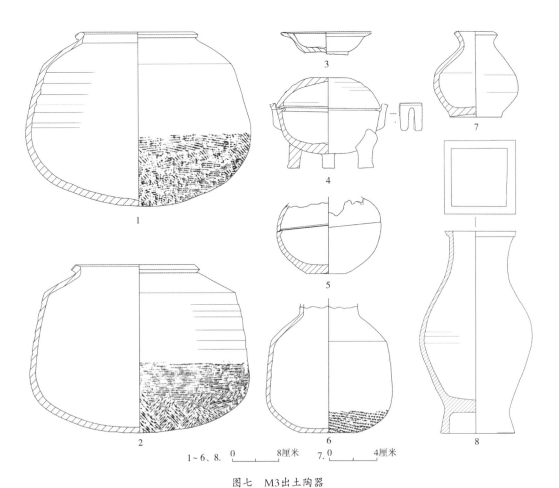

1~6、8. 0 _____ 8厘米　　　7. 0 _____ 4厘米

图七　M3出土陶器

1、2.陶瓮（M3：1、M3：2）　3.陶盘（M3：3）　4.陶鼎（M3：5）
5.陶盒（M3：6）　6.陶罐（M3：8）　7.陶壶（M3：7）　8.陶钫（M3：4）

足。通高15厘米，口径16.4厘米；盖高5.2厘米，口径17厘米。（图七，4）

陶盒 1件。标本M3：6，泥质红陶。盖残。盒身为子口内敛，弧腹，平底。残高11.2厘米，口径17.6厘米，底径6厘米。（图七，5）

陶壶 1件。标本M3：7，泥质褐陶。敞口，束颈，鼓腹，平底微内凹。高6.8厘米，口径3.5厘米，底径4.2厘米。（图七，7）

陶盘 1件。标本M3：3，泥质红陶。折沿，敞口，斜弧腹，平底。高3.2厘米，口径13.6厘米，底径6.6厘米。（图七，3）

陶钫 2件。其中一件残。标本M3：4，泥质灰陶。方口微侈，束颈，鼓腹，平底，方圈足微外撇。高33.2厘米，口边长12厘米，底边长12.4厘米。（图七，8）

三、M4

1. 墓葬概况

M4位于Ⅰ区T6中部，开口于第一层下，距地表深0.4米，东部被M3打破，向下打破M14。

该墓为长方形土坑竖穴墓，方向0°。墓葬平面呈长方形，直壁，平底。墓葬南北长3.7米，东西宽2米，深0.66米。（图八；图版三，1）

墓葬填土为黄褐色五花土，质地较软，结构疏松。

墓底发现1具木棺朽痕，南北长2米，东西宽0.7米。

棺内发现1具人骨，保存较差，仅存头骨和下肢骨，墓主葬式、性别、年龄不详。

2. 出土遗物

随葬器物13件，计有陶壶5件，陶杯3件，陶盒2件，陶瓮、陶鼎、陶勺各1件。放置于墓室东北部与西部。（图版三，2）

陶瓮 1件。标本M4：2，泥质灰陶。折沿，方唇，敛口，鼓腹近直，圜底。下腹部及底部饰交错绳纹。高32.6厘米，口径23.8厘米，腹径38.4厘米。（图九，1；图版四，1）

陶鼎 1件。标本M4：8，泥质灰陶。有盖，盖为半球形，口缘有一周浅凹槽，弧壁，弧顶。器为子口内敛，两侧有两个对称的长方形附耳，附耳外撇较甚，弧腹，圜底，下附三蹄形足。通高18.4厘米，口径19.6厘米；盖高7.8厘米，口径19.8厘米。（图九，2；图版

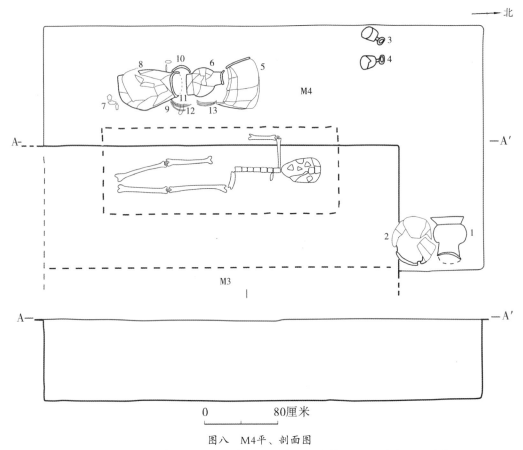

图八　M4平、剖面图

1、2、6、7、11.陶壶　3、4、12.陶杯　5.陶瓮　8.陶鼎　9、13.陶盒　10.陶勺

四，2）

陶盒　2件。标本M4：9，泥质灰陶。有盖，盖为覆钵形，口微敛，弧壁，弧顶。器为子口内敛，弧腹，平底。通高15厘米，口径20厘米，底径8.6厘米；盖高8.8厘米，口径20厘米。（图九，6；图版四，4）

标本M4：13，泥质灰陶。有盖，盖为覆钵形，口微敛，弧壁，小平顶。器为子口内敛，弧腹，平底。通高14.8厘米，口径19.2厘米，底径8厘米；盖高7.8厘米，口径20.4厘米。（图九，7；图版四，5）

陶壶　5件。标本M4：1，泥质灰陶。有盖，盖为盉形，敞口，尖圆唇，口内有舌，弧壁，弧顶。器为敞口，方唇，束颈，溜肩，鼓腹，圜底，高圈足外撇。器表面残留有红色彩绘痕迹。通高32.8厘米，口径10.2厘米，腹径20.4厘米，圈足径20.2厘米；盖高3.2厘米，口径13.2厘米。（图九，9；图版四，6）

标本M4：5，泥质灰陶。敞口，方圆唇，束颈，溜肩，鼓腹，圜底，高圈足微外撇。高47.2厘米，口径19.2厘米，腹径35厘米，圈足径24.4厘米。（图九，10）

标本M4：6，泥质灰陶。口残，溜肩，鼓腹，圜底，高圈足微外撇。残高28.6厘米，腹径23.5厘米，圈足径16.2厘米。

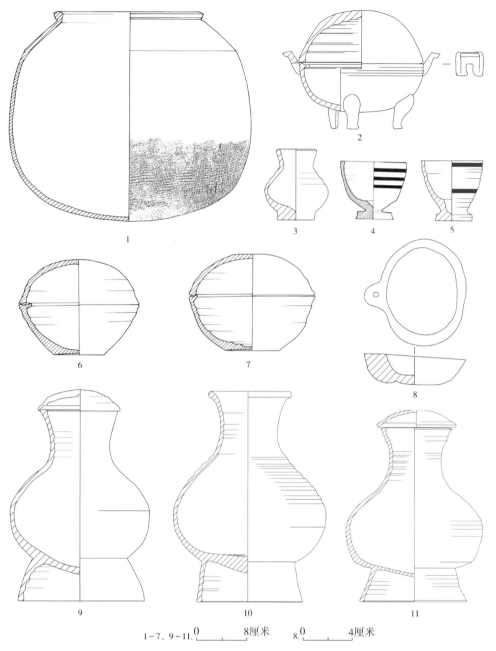

图九　M4出土陶器

1.陶瓮（M4：2）　2.陶鼎（M4：8）　3、9~11.陶壶（M4：11、M4：1、M4：5、M4：7）
4、5.陶杯（M4：4、M4：3）　6、7.陶盒（M4：9、M4：13）　8.陶勺（M4：10）

标本M4：7，泥质灰陶。有盖，盖为覆钵形，敞口，口内有舌，弧壁，弧顶。器为盘形口，有领，束颈，溜肩，鼓腹，圜底，高圈足外撇。通高46.4厘米，口径18.2厘米，腹径36.2厘米，圈足径24.4厘米；盖高4.4厘米，口径21.2厘米。（图九，11；图版四，3）

标本M4：11，泥质红陶。敞口，束颈，溜肩，鼓腹，平底。高11厘米，口径6.8厘米，腹径10.2厘米，底径6厘米。（图九，3）

陶杯　3件。标本M4：3，泥质灰陶。敞口，方唇，弧腹，饼状底，底与腹之间呈亚腰

形。杯身饰两周红色彩绘。高9.4厘米，口径10厘米，底径6厘米。（图九，5）

标本M4：4，泥质灰陶。敞口，方唇，弧腹，饼状底，底与腹之间呈亚腰形。杯身饰三周红色彩绘。高8.7厘米，口径10.4厘米，底径5.8厘米。（图九，4）

标本M4：12，泥质红陶。上部残缺，饼状底，底与腹之间呈亚腰状。残高6.5厘米，底径4.8厘米。

陶勺　1件。标本M4：10，泥质灰陶。体呈椭圆形，敞口，一侧有一短柄座，上部有一小圆孔，孔内原应插柄，弧腹，圜底。高2.4厘米，口长径8.2厘米，短径6.5厘米。（图九，8）

四、M5

1. 墓葬概况

M5位于Ⅰ区T7南部偏中，开口于第一层下，距地表深0.48米。

该墓为带墓道的砖室墓，方向185°。墓葬由墓道和墓室两部分组成。

墓道位于墓室南端，平面呈长方形，直壁，底部南高北低。墓道长0.44米，宽0.92米，底端深0.4米。

墓室位于墓道北端，平面呈长方形，直壁，平底。墓圹南北长2.84米，宽0.92米，深0.45米。墓圹内墓室四壁用单砖错缝平砌，底部用墓砖错缝平铺，砖室保存较差。（图一〇）

墓葬填土为黄褐色五花土，质地较软，结构疏松。

未发现人骨、葬具痕迹。

2. 出土遗物

随葬器物为大布黄千3枚（按1件计），出土于砖室内近墓道处。

大布黄千　3枚。平首，平肩，平裆，方足，腰身略收。首部穿一孔，用以系绳。正背两面皆铸为不通穿。钱面篆书"大布黄千"，右读，布局在中线左右两侧，均匀得体，笔画流畅。标本M5：1-1，长5.11厘米，宽1.41厘米~2.13厘米。重7.2克。（图一一，1）

标本M5：1-2，长5.2厘米，宽1.46厘米~2.07厘米。重7.5克。（图一一，2）

标本M5：1-3，长5.08厘米，宽1.53厘米~2.18厘米。重7.1克。

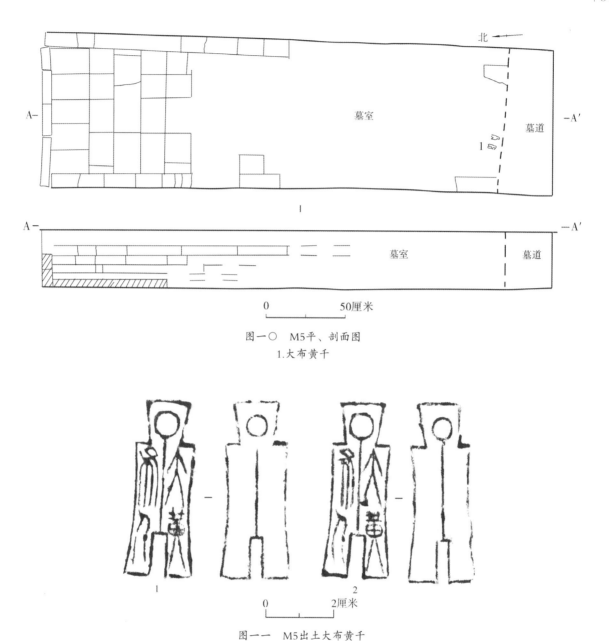

图一〇 M5平、剖面图
1.大布黄千

图一一 M5出土大布黄千
1.M5：1-1 2.M5：1-2

五、M6

M6位于Ⅰ区T7西南部，开口于第一层下，距地表深0.52米。

该墓为带墓道的砖室墓，方向200°。墓葬由墓道和墓室两部分组成。

墓道位于墓室南端，向东南方向偏斜，与墓室方向不一致，平面呈长条形，直壁，坡状底。长1.66米，宽0.69米，底端深0.1米。

墓室位于墓道北端，平面呈长方形，直壁，平底。长2.82米，宽1.79米，深0.46米。墓室四壁用单砖错缝平砌，底部用墓砖平铺，保存较差。（图一二）

墓葬填土为黄褐色五花土，质地较软，结构疏松。

该墓未见人骨、葬具痕迹和随葬器物。

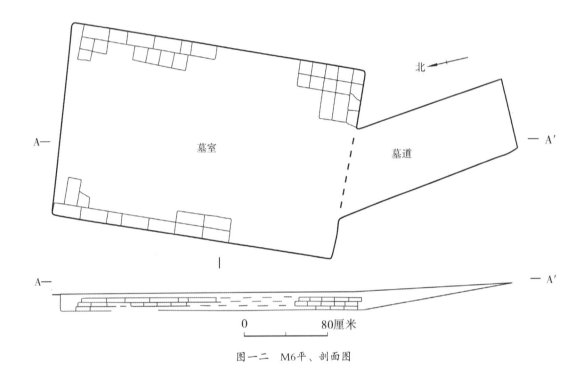

图一二　M6平、剖面图

六、M8

1. 墓葬概况

M8位于Ⅰ区T5西南部，开口于第一层下，距地表深0.2米，被M7打破，向下打破M13、M14。

该墓为长方形土坑竖穴墓，方向15°。墓葬平面呈长方形，直壁，平底，底部四周有低矮的生土二层台。墓口南北长4.3米，东西宽1.6米；墓底南北长2.76米，东西宽0.7米；北部二层台宽1.4米，东部二层台宽0.44米，南部二层台宽0.14米，西部二层台宽0.44米，二层台高0.08米；墓深0.8米。（图一三；图版五，1）

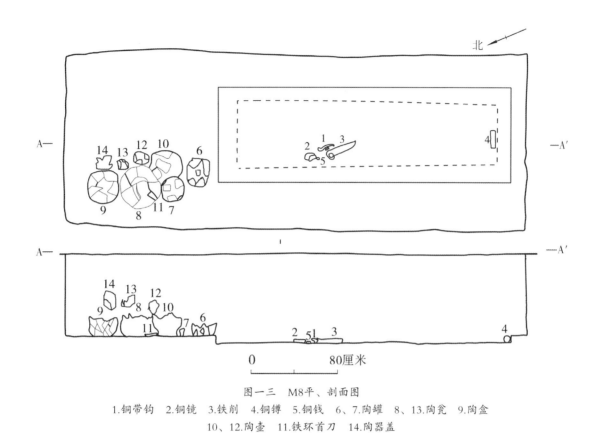

图一三　M8平、剖面图

1.铜带钩　2.铜镜　3.铁削　4.铜镈　5.铜钱　6、7.陶罐　8、13.陶瓮　9.陶盒
10、12.陶壶　11.铁环首刀　14.陶器盖

墓葬填土为黑色加黄褐色土形成的五花土，质地较软，结构疏松。

墓底中部偏南位置发现1具木棺朽痕，南北长1.7米，东西宽0.6米～0.7米。棺内未见人骨。

2. 出土遗物

随葬器物14件，计有陶瓮、陶壶、陶罐各2件，陶盒、铜镜、铜带钩、铜镈、铁环首刀、铁削、陶器盖各1件，铜钱1枚。铜带钩、铜镜、铁削、五铢钱放置于棺内中部，铜镈放置于棺内南端，铁环首刀和陶器放置于棺外西北部。其中2件陶罐和铁削、铁环首刀破碎严重，无法复原。

陶瓮　2件。标本M8：8，泥质灰陶。卷沿，方唇，敛口，垂腹，圜底。下腹部及底部饰交错绳纹。高31.8厘米，口径22厘米，腹径37.2厘米。（图一四，1；图版五，3）

标本M8：13，泥质褐陶。卷沿，方唇，敛口，垂腹，圜底。下腹部及底部饰交错绳纹。高29厘米，口径21.4厘米，腹径36厘米。（图一四，8）

陶盒　1件。标本M8：9，泥质灰陶。盖为半球形，敛口，尖唇，弧壁，弧顶近平。盒身残，仅知为子口内敛，弧腹。盖高5厘米，口径19厘米。（图一四，4）

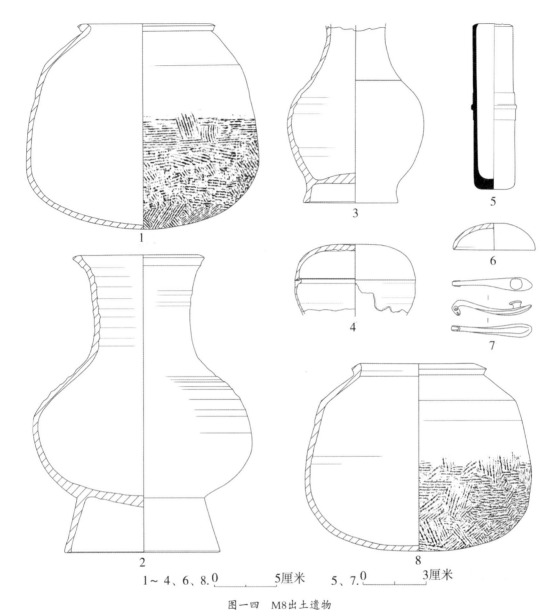

图一四 M8出土遗物

1、8.陶瓮（M8：8、M8：13） 2、3.陶壶（M8：12、M8：10） 4.陶盒（M8：9）
5.铜镦（M8：4） 6.陶器盖（M8：14） 7.铜带钩（M8：1）

　　陶壶 2件。标本M8：10，泥质灰陶。口部残缺，束颈，溜肩，鼓腹斜下收，平底，圈足微外撇。残高27.2厘米，腹径21.6厘米，圈足径15厘米。（图一四，3）

　　标本M8：12，泥质灰陶。敞口，方圆唇，束颈，溜肩，鼓腹，圜底，高圈足微外撇。高45.8厘米，口径21.2厘米，腹径35.2厘米，圈足径25厘米。（图一四，2）

　　陶器盖 1件。标本M8：14，泥质灰陶。为半球形，敞口，尖圆唇，弧壁，弧顶。盖高4.2厘米，口径13厘米。（图一四，6）

　　铜带钩 1件。标本M8：1，钩为兽首形，背部有一圆纽，腹部呈琵琶形。长6.3厘米。（图一四，7；图版五，4）

铜镈　1件。标本M8：4，整体呈圆筒状，上端开口，下端闭塞，中部有一周铜箍。长12.8厘米，直径3.2厘米。（图一四，5；图版五，2）

铜镜　1面。标本M8：2，残。圆形，三弦纽，纽外饰几何纹，几何纹外的双线方框内有铭文，铭文漫漶不清。规矩纹将内区分为四方八区，内填蟠螭纹，宽素平缘。镜面微凸。直径12.7厘米，缘厚0.66厘米。（图一五；图版五，5）

铜五铢钱　1枚。标本M8：5，钱的正面边缘有一周凸起的周郭，正方形穿，穿之左右有篆书"五铢"两字；钱的背面边缘有周郭，而且穿四边也有郭。钱文的书体特点明显。五字中间两笔是弯曲的，中间两笔和上下两画相接的地方略向内靠拢，中间两笔和上下两横相接的地方是垂直的；铢字笔画清晰，其中金字四点较长，朱字头方折。直径2.5厘米。重3.7克。（图一六）

图一五　M8出土铜镜（M8：2）

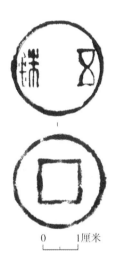

图一六　M8出土铜五铢钱（M8：5）

七、M9

1. 墓葬概况

M9位于Ⅰ区T7中南部，开口于第一层下，距地表深0.32米。

该墓为长方形土坑竖穴墓，方向0°。墓葬平面呈长方形，斜壁，平底。墓口南北长3.8米，东西宽1.36米～1.52米；墓底南北长3.46米，东西宽1.12米～1.26米；墓深1.25米。

（图一七；图版六，1）

　　墓葬填土为黄褐色五花土，质地较软，结构疏松，包含有大量料姜石颗粒。

　　墓底中部偏南发现1具木棺朽痕，南北长2.02米，东西宽0.68米~0.75米。

　　棺内发现1具人骨，头向北，面向东，葬式为仰身直肢，性别、年龄不详。

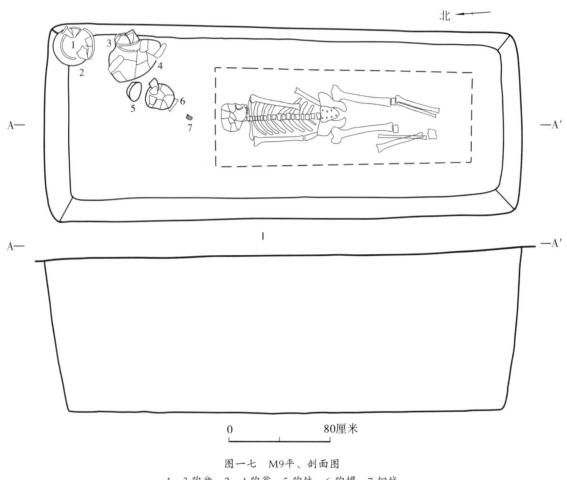

图一七　M9平、剖面图

1、3.陶盆　2、4.陶瓮　5.陶钵　6.陶罐　7.铜钱

2. 出土遗物

　　随葬器物7件，计有陶盆、陶瓮各2件，陶钵、陶罐各1件，铜钱18枚（按1件计），放置于棺外东北部。（图版六，2）

　　陶瓮　2件。标本M9：2，泥质灰陶。卷沿，尖圆唇，敛口，有领，溜肩，垂腹，圜底。下腹部及底部饰交错绳纹。高31.6厘米，口径21厘米，腹径37厘米。（图一八，1）

　　标本M9：4，泥质灰陶。卷沿，方唇，敛口，斜肩，肩腹分界明显，垂腹，圜底。下腹部及底部饰交错绳纹。高32.8厘米，口径26厘米，腹径40厘米。（图一八，2）

　　陶罐　1件。标本M9：6，泥质灰陶。口残，斜肩，鼓腹下垂，肩腹分界明显，圜底。

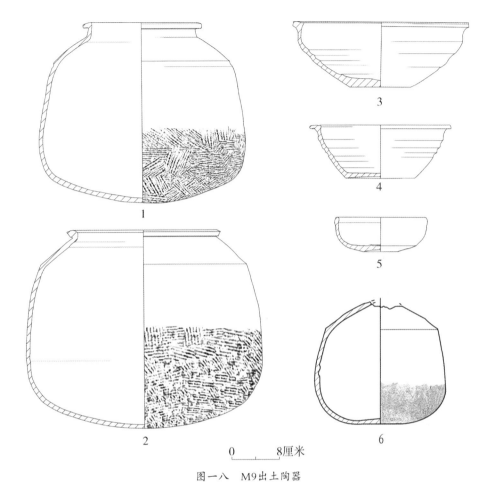

图一八　M9出土陶器

1、2.陶瓮（M9：2、M9：4）　　3、4.陶盆（M9：1、M9：3）　　5.陶钵（M9：5）　　6.陶罐（M9：6）

下腹部及底部饰交错绳纹。残高18厘米。（图一八，6）

　　陶盆　2件。标本M9：1，泥质灰陶。折沿，沿微上翘，方圆唇，口微敛，弧折肩，弧腹，平底。腹部饰凹弦纹数周。高10.8厘米，口径30.4厘米，底径10.2厘米。（图一八，3）

　　标本M9：3，泥质灰陶。敛口，折平沿，方唇，弧腹内收，平底。腹部饰凹弦纹数周。高8.8厘米，口径24.4厘米，底径12厘米。（图一八，4）

　　陶钵　1件。标本M9：5，泥质灰陶。敛口，圆唇，弧腹，平底微内凹。高5.6厘米，口径15.6厘米，底径8厘米。（图一八，5）

　　铜半两钱　18枚。圆形方穿，"半两"二字分列穿之左右，右"半"左"两"，笔画方折。标本M9：7-1，直径2.33厘米。重2.5克。（图一九，1）

　　标本M9：7-2，直径2.34厘米。重2.8克。（图一九，2）

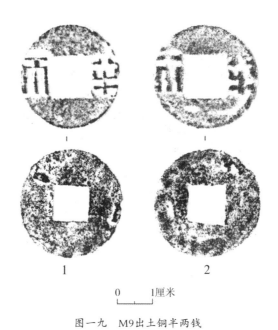

图一九　M9出土铜半两钱
1.M9：7-1　2.M9：7-2

八、M12

　　M12位于Ⅰ区T7北部，开口于第一层下，距地表深0.22米，东北部被一圆形盗洞破坏。

　　该墓为长方形土坑竖穴墓，方向100°。墓葬平面呈长方形，直壁，平底。墓葬南北长2.7米，东西宽1.4米，深0.8米。（图二〇）

　　墓葬填土为黄褐色五花土，质地较软，结构疏松，包含有陶器碎片。

　　墓底中部发现1具人骨，骨骼保存较差，仅存少量下肢骨，葬式、性别、年龄不详。

　　该墓未发现葬具痕迹和随葬器物。

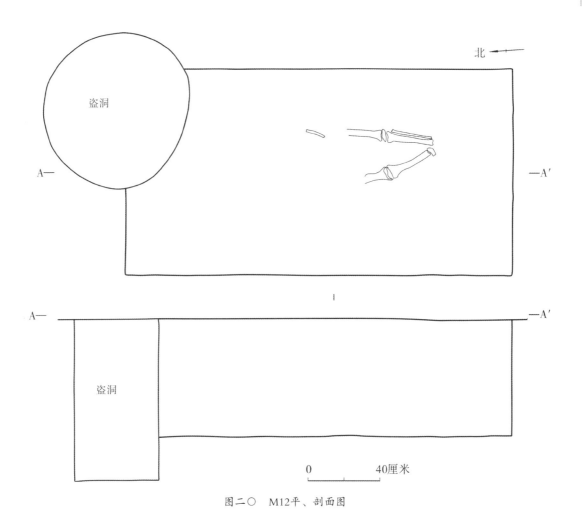

图二〇 M12平、剖面图

九、M13

1. 墓葬概况

M13位于Ⅰ区T5西北部，开口于第一层下，距地表深0.2米。

该墓为长方形土坑竖穴墓，方向20°。墓葬平面呈长方形，直壁，平底，底部四周有生土二层台。墓口南北长3.1米，东西宽1.3米～1.4米；墓底南北长2.14米，东西宽0.52米；墓深1米。北部二层台宽0.7米，东部二层台宽0.26米～0.3米，南部二层台宽0.26米，西部二层台宽0.56米，二层台高0.2米。（图二一；图版七，1）

墓葬填土为黄褐色五花土，质地较软，结构疏松。

墓室底部偏东部发现1具木棺朽痕，南北长2.1米，东西宽0.5米。

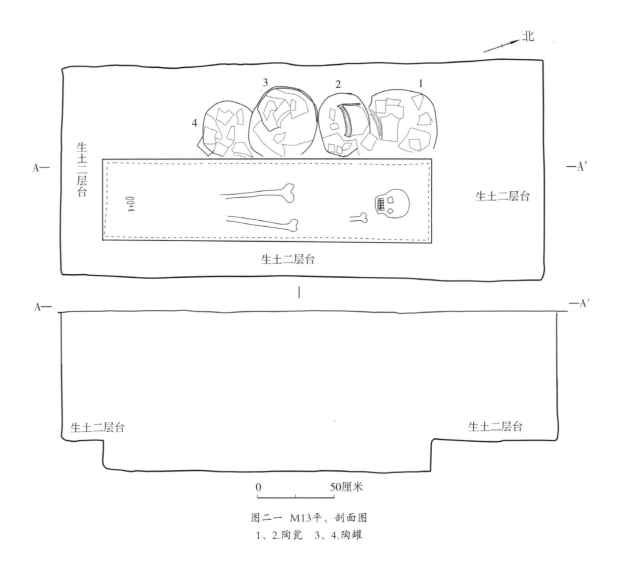

图二一　M13平、剖面图

1、2.陶瓮　3、4.陶罐

　　棺内发现1具人骨，保存较差，仅存头骨和下肢骨，推测葬式为仰身直肢，性别、年龄不详。

2. 出土遗物

　　随葬器物4件，计有陶瓮、陶罐各2件，放置于棺外西侧生土二层台上。其中2件陶罐残破严重，无法复原。（图版七，2）

　　陶瓮　2件。标本M13：1，泥质灰陶。折沿，方唇，敛口，斜肩，弧腹较直，肩腹分界明显，圜底。下腹部及底部饰交错绳纹。高30.8厘米，口径20.8厘米，腹径34.6厘米。（图二二，2）

　　标本M13：2，泥质褐陶。折沿，沿面有凹槽，方唇，敛口，鼓肩，弧腹近直，圜底。下腹部及底部饰交错绳纹。高30厘米，口径22.8厘米，腹径36厘米。（图二二，1）

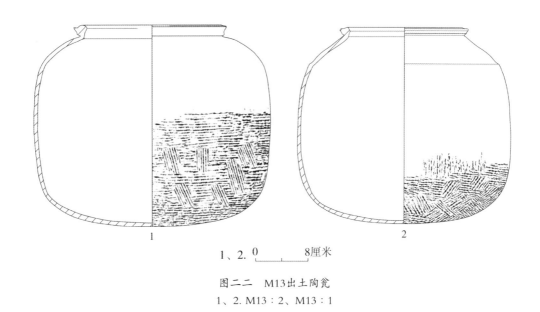

1、2. 0 ⊢⊢⊢⊢ 8厘米

图二二 M13出土陶瓮
1、2. M13：2、M13：1

一○、M14

1. 墓葬概况

M14位于Ⅰ区T5西南部，开口于第一层下，距地表深0.2米，被M4、M7、M8、M11、M13打破。

该墓为长方形土坑竖穴墓，方向10°。墓葬平面呈长方形，直壁，平底。墓葬南北长4.9米，东西宽1.55米，深1.6米。（图二三）

墓葬填土为黄褐色五花土，质地较软，结构疏松。

该墓未见葬具、人骨。

2. 出土遗物

随葬器物仅1件陶瓮，置于墓底北端。

陶瓮 1件。标本M14：1，泥质灰陶。折沿，方唇，敛口，斜肩，垂腹，肩腹分界明显，圜底。下腹部及底部饰交错细绳纹。高26厘米，口径20.2厘米，腹径33.3厘米。（图二四）

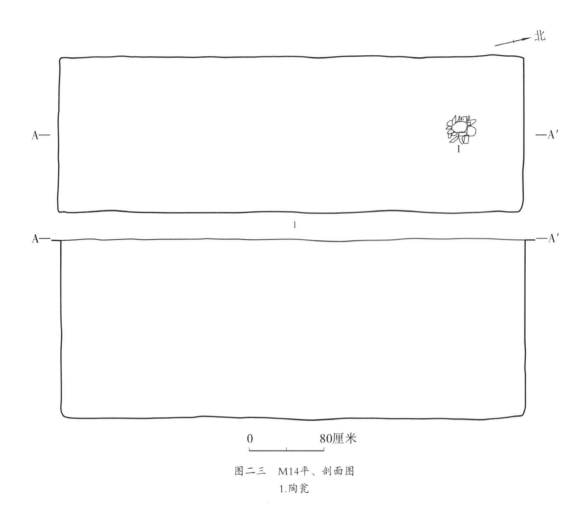

0   80厘米

图二三　M14平、剖面图
1.陶瓮

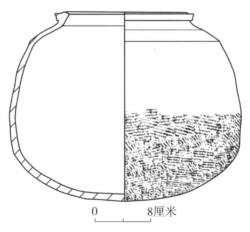

0   8厘米

图二四　M14出土陶瓮（M14∶1）

一一、M15

M15位于Ⅰ区T5东南部，开口于第一层下，距地表深0.2米，向下打破M20。

该墓为砖室合葬墓，方向275°。墓葬平面呈凸字形，东部略宽，西部略窄，直壁，平底。墓圹东西长3.3米，东部宽2.3米，西部宽2.2米，深0.6米。墓室东部有两个南北并列分布的砖室墓室，为单砖错缝平砌，破坏严重。两墓室大小相同，东西长3米，南北宽0.8米。（图二五）

墓葬填土为黄褐色五花土，质地较软，结构疏松。

该墓未见人骨痕迹及随葬器物。

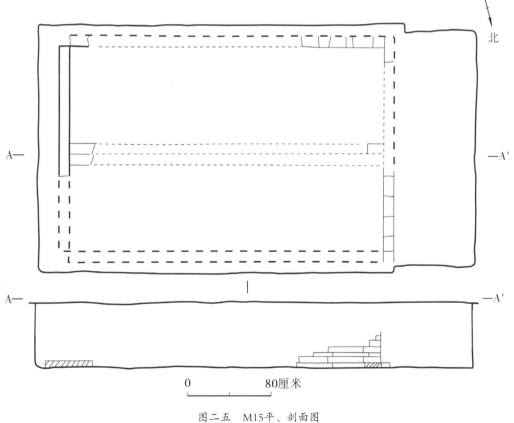

图二五　M15平、剖面图

一二、M16

1. 墓葬概况

M16位于Ⅰ区T2西部，开口于第一层下，距地表深0.75米。

该墓为梯形土坑竖穴墓，方向173°。墓葬平面呈梯形，斜壁，平底。墓口南北长3.7
米，北端宽2米，南端宽1.5米，墓深0.5米。（图二六；图版八，1）

墓葬填土为灰色五花土，质地较软，结构疏松。

墓底北部东侧发现残存的木棺朽痕，南北长2.2米，东西宽0.8米。

棺内发现1具人骨，头向南，骨骼保存较差，葬式为仰身直肢，性别、年龄不详。

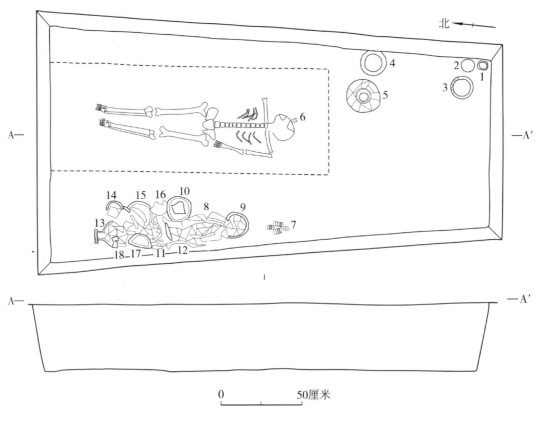

图二六　M16平、剖面图
1、8、13、16.陶壶　2.陶杯　3.陶盘　4、5.陶瓮　6、7.铜钱
9、12.陶盒　10、14、15、18.陶器盖　11、17.陶鼎

2. 出土遗物

随葬器物18件，计有陶壶、陶器盖各4件，陶瓮、陶鼎、陶盒各2件，陶盘、陶杯各1件，铜钱204枚（按2件计），分别放置于棺外西侧和南侧。（图版八，2）

陶瓮 2件。标本M16：4，泥质灰陶。折沿，方唇，敛口，溜肩，垂腹，圜底。下腹部及底部饰交错绳纹。高31厘米，口径21.4厘米，腹径34.7厘米。（图二七，1；图版九，2）

标本M16：5，泥质灰陶。折沿，方唇，敛口，弧肩，鼓腹，圜底。上腹部饰五周凹弦纹间竖向绳纹，下腹部及底部饰交错绳纹。高31厘米，口径21.3厘米，腹径36.7厘米。（图二七，2；图版九，1）

陶鼎 2件。标本M16：11，泥质灰陶。有盖，盖为半球形，敛口，口缘有一周凹槽，弧壁，弧顶。器为子口内敛，两侧有两个对称的长方形附耳，附耳稍外撇，弧腹，圜底，下附三蹄形足。通高15.7厘米，口径19厘米；盖高6厘米，口径19厘米。（图二七，11；图版九，3）

标本M16：17，泥质灰陶。子口内敛，两侧有两个对称的长方形附耳，附耳外撇，弧腹，圜底近平，下附三蹄形足。高12.5厘米，口径20.8厘米。（图二七，3）

陶盒 2件。标本M16：9，泥质灰陶。盖为覆钵形，敞口，弧壁，弧顶近平。盒身为子口内敛，弧腹向下内收，平底。通高13厘米，口径18.5厘米；盖高5.8厘米，口径20.2厘米。（图二七，10；图版九，4）

标本M16：12，泥质灰陶。仅剩器身。子口内敛，弧腹，平底。高8.6厘米，口径16厘米，底径8.5厘米。（图二七，9）

陶壶 4件。其中一件残。标本 M16：1，泥质灰陶。敞口，圆唇，束颈，溜肩，鼓腹，圈足。高10厘米，口径6厘米，腹径8.4厘米，底径6.2厘米。（图二七，14）

标本M16：13，泥质灰陶。敞口，圆唇，束颈，溜肩，鼓腹，腹部饰两个对称的兽形铺首，圜底，圈足微外撇。高40.5厘米，口径18.2厘米，腹径32.3厘米，圈足径21厘米。（图二七，12；图版九，5）

标本M16：16，泥质红陶。敞口，圆唇，矮束颈，鼓腹，平底。高7.3厘米，口径4.4厘米，腹径8.2厘米，底径5.2厘米。（图二七，13）

陶器盖 4件。标本M16：10，泥质灰陶。覆钵形，敞口，弧壁，弧顶。高5.6厘米，口径18.3厘米。（图二七，6）

标本M16：14，泥质灰陶。覆钵形，敞口，弧壁，弧顶近平。高5.3厘米，口径18厘米。（图二七，5）

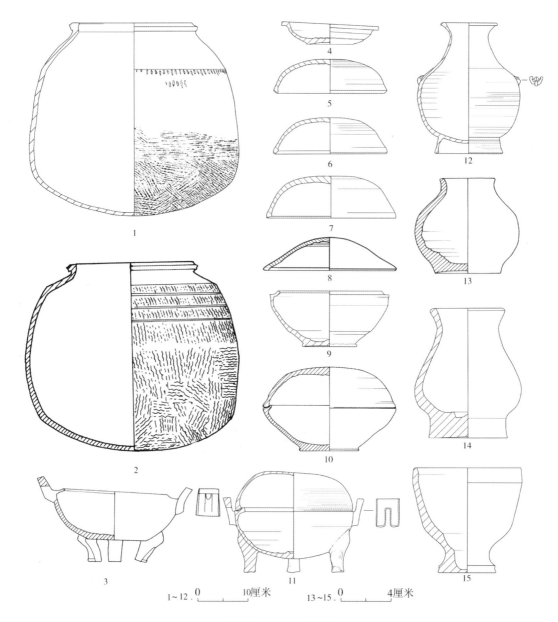

图二七　M16出土陶器

1、2.陶瓮（M16：4、M16：5）　3、11.陶鼎（M16：17、M16：11）　4.陶盘（M16：3）
5~8.陶器盖（M16：14、M16：10、M16：15、M16：18）　9、10.陶盒（M16：12、M16：9）
12~14.陶壶（M16：13、M16：16、M16：1）　15.陶杯（M16：2）

　　标本M16：15，泥质灰陶。覆钵形，敞口，弧壁，弧顶。高6.5厘米，口径20.5厘米。
（图二七，7）

　　标本M16：18，泥质灰陶。覆钵形，敞口，口缘内有一周凸棱，弧壁，弧顶。高5.2厘
米，口径23厘米。（图二七，8）

　　陶盘　1件。标本M16：3，泥质红褐陶。折平沿，方唇，敞口，弧腹，平底微内凹。
高3.5厘米，口径15.7厘米，底径7.5厘米。（图二七，4）

陶杯　1件。标本M16∶2，泥质灰陶。敞口，尖圆唇，斜弧腹，饼状底，底与腹之间呈亚腰状。高8.1厘米，口径8.5厘米，底径4.6厘米。（图二七，15；图版九，6）

铜半两钱　204枚。标本M16∶6，均残破。标本M16∶7，多已残。圆形方穿，"半两"二字分列穿之左右，右"半"左"两"，面文隐起，笔画方折。

标本M16∶7-1，直径2.4厘米。重2.4克。（图二八，1）

0　　　　2厘米

图二八　M16出土铜半两钱

1～13.M16∶7-1～13

标本M16：7-2，直径2.3厘米。重2.7克。（图二八，2）

标本M16：7-3，直径2.25厘米。重1.3克。（图二八3）

标本M16：7-4，直径2.4厘米。重1.6克。（图二八，4）

标本M16：7-5，直径2.5厘米。重2.53克。（图二八，5）

标本M16：7-6，直径2.13厘米。重1.74克。（图二八，6）

标本M16：7-7，直径2.24厘米。重1.77克。（图二八，7）

标本M16：7-8，直径2.2厘米。重2.07克。（图二八，8）

标本M16：7-9，直径2.4厘米。重2.29克。（图二八，9）

标本M16：7-10，直径2.3厘米。重1.67克。（图二八，10）

标本M16：7-11，直径2.23厘米。重1.82克。（图二八，11）

标本M16：7-12，直径2.26厘米。重2.06克。（图二八，12）

标本M16：7-13，直径2.32厘米。重1.78克。（图二八，13）

一三、M18

M18位于Ⅰ区T3中部，开口于第一层下，距地表深0.36米，被M1、M17打破。

该墓为长方形砖室墓，方向15°。墓葬平面呈长方形，破坏严重，仅存底部，四壁及底部墓砖悉数被扰动，仅存少量墓砖。墓圹南北长3.62米，东西宽2.44米，深0.3米。（图二九）

墓葬填土为灰褐色五花土，质地较软，结构疏松，包含有大量墓砖碎块。

该墓未发现人骨、葬具和随葬器物。

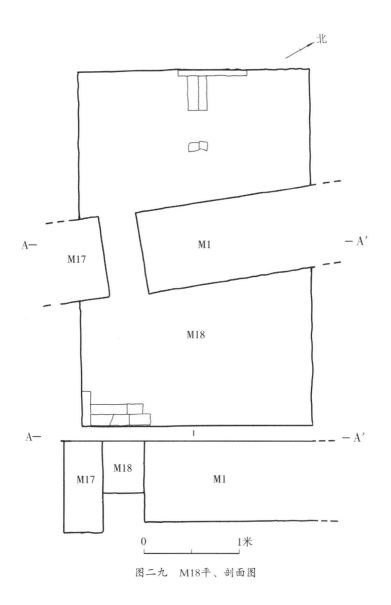

图二九　M18平、剖面图

一四、M19

1. 墓葬概况

M19位于Ⅰ区T5西北部，开口于第一层下，距地表深0.2米，被M7、M8打破。

该墓为长方形土坑竖穴墓，方向15°。墓葬平面呈长方形，直壁，平底。墓葬南北长3.65米，东西宽1.2米～1.25米，深1.35米。（图三〇；图版一〇，1）

墓葬填土为黄褐色五花土，质地较软，结构疏松。

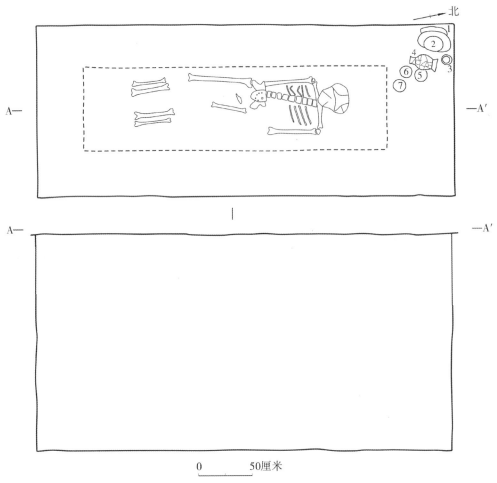

图三〇　M19平、剖面图
1.陶瓮　2.陶盆　3、4.陶壶　5、6.陶盒　7.陶钵

墓底中部发现1具木棺朽痕，长2.3米，宽0.6米。

棺内发现1具人骨，保存较差，葬式为仰身直肢，性别、年龄不详。

2. 出土遗物

随葬器物7件，计有陶盒、陶壶各2件，陶瓮、陶盆、陶钵各1件，均放置于墓室底部西北角。其中陶瓮、陶壶、陶钵、陶盒皆破碎严重，无法复原。

陶盆　1件。标本M19：2，泥质灰陶。折沿微上翘，方唇，唇面有凹槽，敞口，弧腹内收，平底微内凹。高13.4厘米，口径40厘米，腹径19厘米。（图三一，1）

陶盒　2件。均残存器盖。标本M19：5，泥质褐陶。覆钵形，口微敛，口缘微内凹，弧壁，弧顶。高4.7厘米，口径16.5厘米。（图三一，3）

标本M19：6，泥质褐陶。覆钵形，口微敛，口缘微内凹，弧壁，弧顶。高5.2厘米，

口径16.5厘米。（图三一，2）

陶壶　2件。均残，仅存一件器盖。标本M19：3，泥质灰陶。覆钵形，敞口，弧壁，弧顶近平。高2.9厘米，口径12.8厘米。（图三一，4）

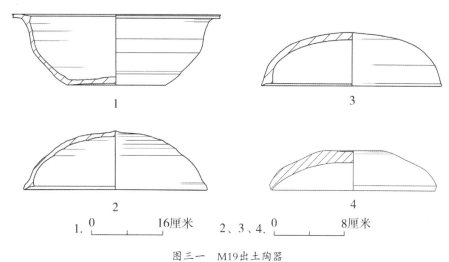

图三一　M19出土陶器

1.陶盆（M19：2）　2、3.陶盒盖（M19：6、M19：5）　4.陶壶盖（M19：3）

一五、M20

1. 墓葬概况

M20位于Ⅰ区T5东北部，开口于第一层下，距地表深0.2米，被M11、M15打破。

该墓为长方形土坑竖穴墓，方向15°。墓葬平面呈长方形，直壁，平底。墓葬南北长3.6米，东西宽1.6米，深0.86米。（图三二；图版一〇，2）

墓葬填土为灰黑色五花土，质地较软，结构疏松。

墓底中部偏东发现1具木棺朽痕，南北长2米，东西宽0.52米。

棺内发现1具人骨，保存较差，仅存少量头骨和下肢骨，葬式、性别、年龄不详。

2. 出土遗物

随葬器物8件，计有陶瓮、陶罐各2件，铜镜、铁刀各1件，铜柿蒂形饰7件（按1件计），铜钱20枚（按1件计）。铜镜置于棺内墓主人头部，铜钱和铁刀放置于棺外北部，陶

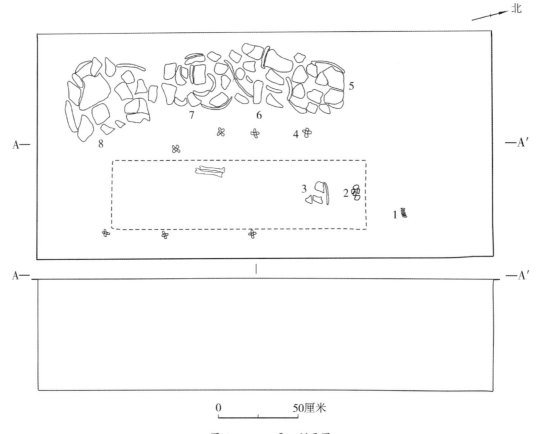

图三二　M20平、剖面图
1.铜钱　2.铁刀　3.铜镜　4.铜柿蒂形饰　5、6.陶瓮　7、8.陶罐

器置于棺外西部，棺外东西两侧发现7件柿蒂形铜饰，可能为木棺外装饰。其中2件陶瓮、1件陶罐以及铜镜、铜柿蒂形饰、铁刀残破严重，无法复原。

陶罐　2件。其中一件残。标本M20∶7，泥质灰陶。圆唇内凸，矮领，鼓肩，弧腹，平底。肩部饰四周弦纹间竖向绳纹，腹部及底部饰漫漶不清的绳纹。高31.2厘米，口径20.2厘米，肩径36厘米，底径24厘米。（图三三）

铜五铢钱　20枚。大多锈蚀严重。

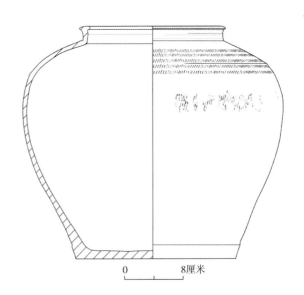

图三三　M20出土陶罐（M20∶7）

钱的正面边缘有一周凸起的周郭，正方形穿，穿之左右有篆书"五铢"两字；钱的背面边缘有周郭，而且穿四边也有郭。钱文的书体特点明显。五字中间两笔是弯曲的，中间两笔

和上下两画相接的地方略向内靠拢，中间两笔和上下两横相接的地方是垂直的；铢字笔画清晰，其中金字四点较长，朱字头方折。标本M20：1-1，直径2.55厘米。重3.3克。（图三四，1）

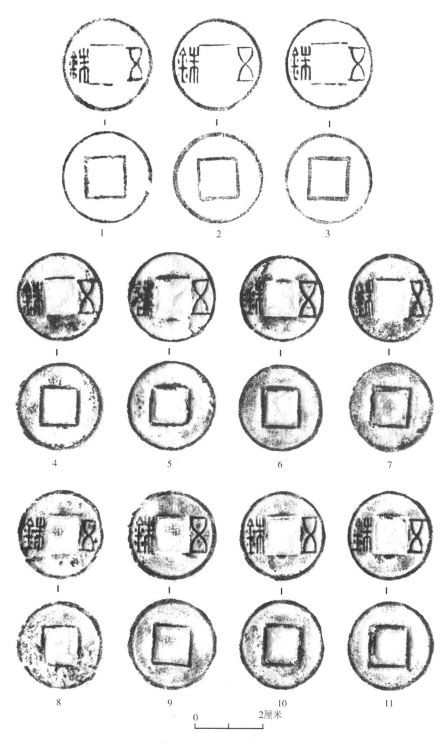

图三四　M20出土铜五铢钱

1~4.（M20：1-1~4）　　5、6.（M20：1-8、M20：1-9）　　7~9.（M20：1-12~14）

10、11.（M20：1-17、M20：1-19）

标本M20：1-2，直径2.51厘米。重4克。（图三四，2）

标本M20：1-3，直径2.51厘米。重3.4克。（图三四，3）

标本M20：1-4，直径2.58厘米。重3.5克。（图三四，4）

标本M20：1-8，直径2.58厘米。重3.5克。（图三四，5）

标本M20：1-9，直径2.5厘米。重3.8克。（图三四，6）

标本M20：1-12，直径2.52厘米。重3.54克。（图三四，7）

标本M20：1-13，直径2.56厘米。重2.71克。（图三四，8）

标本M20：1-14，直径2.62厘米。重2.7克。（图三四，9）

标本M20：1-17，直径2.56厘米。重3.46克。（图三四，10）

标本M20：1-19，直径2.6厘米。重4.3克。（图三四，11）

一六、M21

1. 墓葬概况

M21位于Ⅰ区T8西南部，开口于第一层下，距地表深0.2米。

该墓为长方形土坑竖穴墓，方向5°。墓葬平面呈长方形，直壁，平底。墓葬南北长2.3米，东西宽0.95米，深0.54米。（图三五；图版一一，1）

墓葬填土为黄褐色五花土，质地较软，结构疏松。

墓底中部发现1具木棺朽痕，长2.1米，宽0.5米，厚0.1米。

棺内发现1具人骨，保存较差，仅存头骨和一小段肢骨，葬式、性别、年龄不详。

2. 出土遗物

随葬器物2件，计有铁铲、陶罐各1件，放置于棺外东北部。

陶罐　1件。标本M21：2，残。泥质灰陶。敛口，方唇，溜肩，鼓腹，底残。下腹部饰交错细绳纹。残高12.6厘米，口径12厘米，腹径19.2厘米。（图三六，1）

铁铲　1件。标本M21：1，长方形銎，溜肩，两侧斜直，弧形刃。高13.3厘米，刃宽10.8厘米；銎长3.5厘米，宽1.6厘米。（图三六，2）

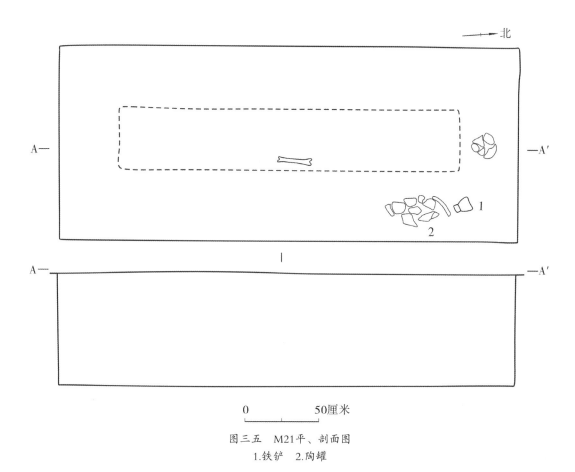

图三五　M21平、剖面图
1.铁铲　2.陶罐

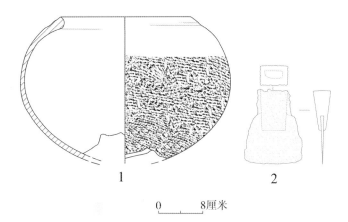

图三六　M21出土遗物
1.陶罐（M21:2）　2.铁铲（M21:1）

一七、M22

M22位于Ⅰ区T14东部，开口于第一层下，距地表深0.19米，向下打破M35。

该墓为长方形砖室墓，方向195°。墓葬平面呈长方形，直壁，平底，南端被破坏。墓圹南北长4米，东西宽1.2米，深0.37米。墓葬西、北、东三壁用单砖错缝平砌，南壁不详，底部用墓砖横向对缝平铺，砖室被严重破坏。（图三七）

墓葬填土为黄褐色五花土，质地较软，结构疏松。

该墓未见人骨、葬具痕迹及随葬器物。

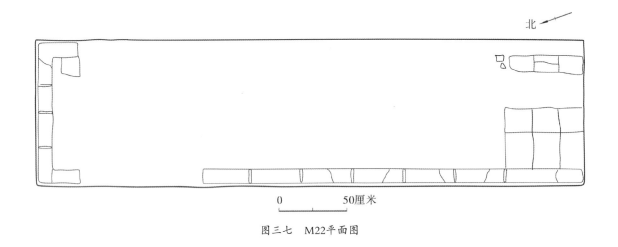

北

0   50厘米

图三七　M22平面图

一八、M23

M23位于Ⅰ区T14中部，开口于第一层下，距地表深0.28米。

该墓为长方形砖室墓，方向197°。墓葬平面呈长方形，直壁，平底。墓圹南北长3.2米，东西宽1.2米，深0.46米。墓室四壁用单砖错缝平砌，墓砖侧面饰几何纹，砖室破坏严重，墓底未见铺底砖。（图三八）

墓葬填土为黄褐色五花土，质地较软，结构疏松。

该墓未见人骨、葬具痕迹及随葬器物。

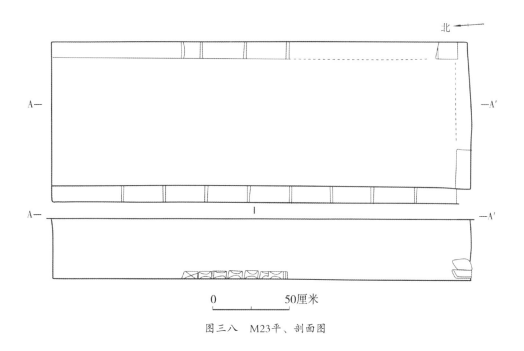

图三八　M23平、剖面图

一九、M24

1. 墓葬概况

M24位于Ⅰ区T8中部，开口于第一层下，距地表深0.25米，向下打破M54。

该墓为长方形土坑竖穴墓，方向0°。墓葬平面呈长方形，直壁，平底。墓葬南北长2.6米，东西宽1.2米，深0.56米。（图三九；图版一一，2）

墓葬填土为黄褐色五花土，质地较软，结构疏松。

墓底中部偏西发现1具木棺朽痕，长1.92米，宽0.54米。

棺内发现1具人骨，保存较差，仅存头骨和下肢骨，葬式、性别、年龄不详。

2. 出土遗物

随葬器物3件，计有陶罐2件，铁刀1件。其中铁刀置于棺内墓主头部左侧，陶器放置于棺外东侧。

陶罐　2件。标本M24：2，泥质灰陶。上部残，鼓腹，平底。下腹部及底部饰交错细绳纹。残高15.2厘米，底径12.8厘米。（图四〇，3）

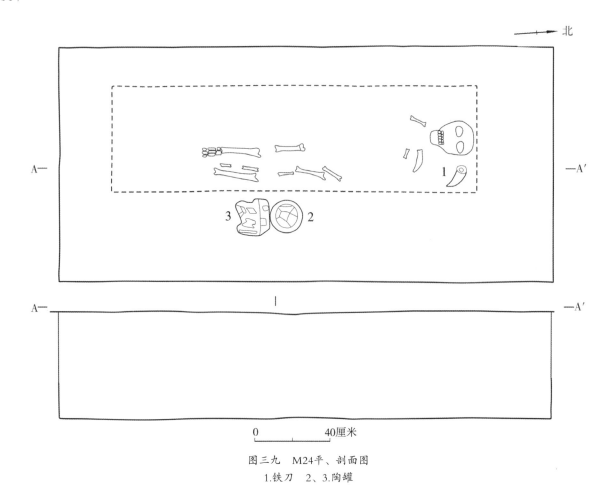

图三九　M24平、剖面图
1.铁刀　2、3.陶罐

标本M24：3，泥质灰陶。折沿，沿面有凹槽，方唇，敞口，束颈，广肩，弧腹，下腹内收，平底。肩部饰数周凹弦纹间竖绳纹。高28.6厘米，口径12.5厘米，肩径29厘米，底径16.5厘米。（图四〇，1）

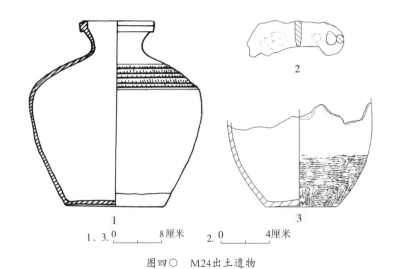

图四〇　M24出土遗物
1、3.陶罐（M24：3、M24：2）　2.铁刀（M24：1）

铁刀　1件。标本M24：1，锈蚀严重。直背，直刃，刀末一小段向下收杀成弧形，扁圆形环。残长7.7厘米。（图四〇，2）

二〇、M25

1. 墓葬概况

M25位于Ⅰ区T11中部偏南，开口于第一层下，距地表深0.2米，向下打破M26。

该墓为长方形土坑竖穴墓，方向10°。墓葬平面呈长方形，直壁，平底。墓葬南北长2.5米，东西宽1.34米，深0.82米。（图四一；图版一二，1）

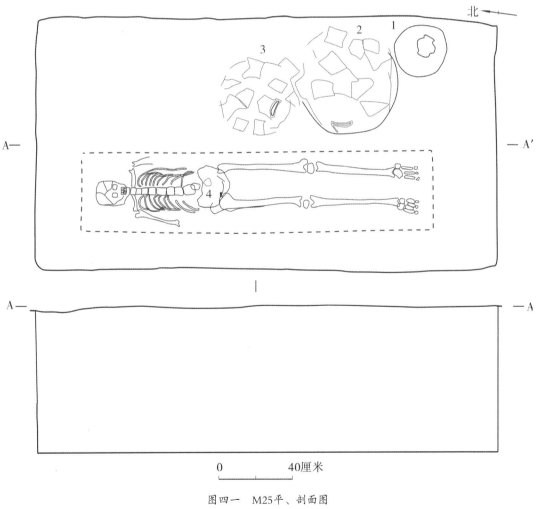

图四一　M25平、剖面图

1~3.陶罐　4.铜钱

墓葬填土为黄褐色五花土，质地较软，结构疏松。

墓底西部发现1具木棺朽痕，南北长1.9米，东西宽0.5米。

棺内发现1具人骨，保存较差，葬式为仰身直肢，性别、年龄不详。

2．出土遗物

随葬器物4件，计有陶罐3件，铜钱2枚（按1件计）。其中铜钱置于墓主人盆骨处，陶器放置于棺外东侧。

陶罐　3件。其中一件残。标本M25∶1，泥质灰陶。口残，溜肩，腹近直，肩腹分界明显，圜底。下腹部及底部饰横向绳纹。残高18.8厘米，腹径19.2厘米。（图四二，2）

标本M25∶3，泥质灰陶。折沿，沿面有凹槽，方唇，敞口，束颈，广肩，弧腹，下腹内收，平底。肩部饰数周锥刺纹间凹弦纹。高34.6厘米，口径11.8厘米，肩径33.9厘米，底径20.厘米。（图四二，1）

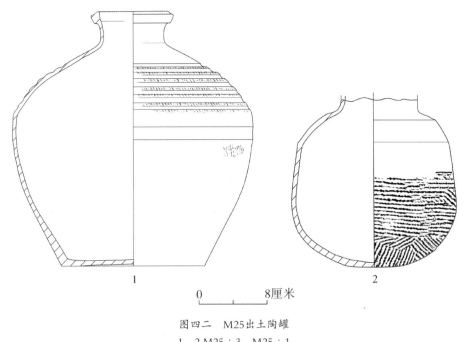

0　　　　8厘米

图四二　M25出土陶罐
1、2.M25∶3、M25∶1

铜五铢钱　2枚。其中一枚残破。钱的正面边缘有一周凸起的周郭，正方形穿，穿之左右有篆书"五铢"两字；钱的背面边缘有周郭，而且穿四边也有郭。钱文的书体特点明显。五字中间两笔是弯曲的，中间两笔和上下两画相接的地方略向内靠拢，中间两笔和上下两横相接的地方是垂直的；铢字笔画清晰，其中金字四点较长，朱字头方折。标本M25∶4-1，直径2.52厘米。重3.1克。（图四三）

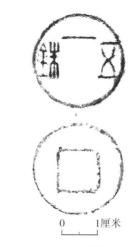

图四三 M25出土铜五铢钱（M25：4-1）

二一、M26

1. 墓葬概况

M26位于Ⅰ区T11南部，开口于第一层下，距地表深0.2米，被M25打破。

该墓为长方形土坑竖穴墓，方向10°。墓葬平面呈长方形，直壁，平底略凹。墓葬南北长3.9米，东西宽1.9米，深0.9米。（图四四；图版一二，2）

墓葬填土为黄褐色五花土，质地较软，结构疏松。

墓底中部偏南部发现1具木棺朽痕，南北长1.95米，东西宽0.57米。棺痕区域略低于四周约0.1米。

棺内发现1具人骨，人骨保存较差，葬式为仰身直肢，性别、年龄不详。

2. 出土遗物

随葬器物3件，计有陶罐2件，陶瓮1件，放置于棺外西侧。

陶瓮 1件。标本M26：3，泥质黑灰陶。残。矮领，方唇，唇面有凹槽。

陶罐 2件。标本M26：1，泥质灰陶。口残，束颈，溜肩，鼓腹，肩腹分界明显，平底。下腹部及底部饰交错绳纹。残高25.8厘米，腹径20.2厘米，底径10厘米。（图四五，1）

标本M26：2，泥质灰陶。折沿，沿面有凹槽，方唇，口近直，束颈，广肩，弧腹，下腹内收，平底。肩部饰数周锥刺纹间凹弦纹。高36.1厘米，口径11.2厘米，肩径33.2厘米，底径22.8厘米。（图四五，2）

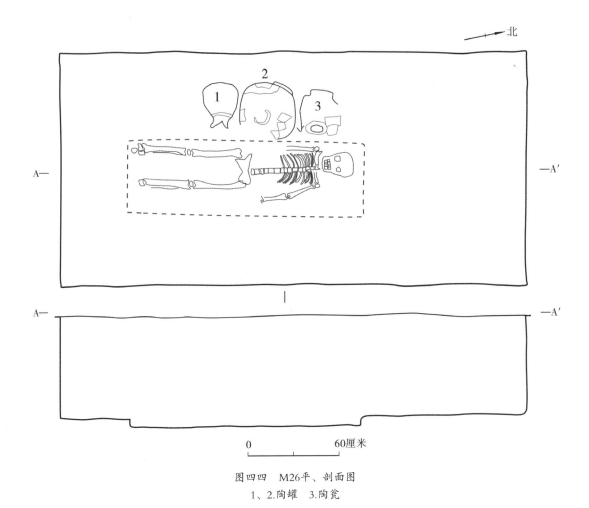

图四四　M26平、剖面图
1、2.陶罐　3.陶瓮

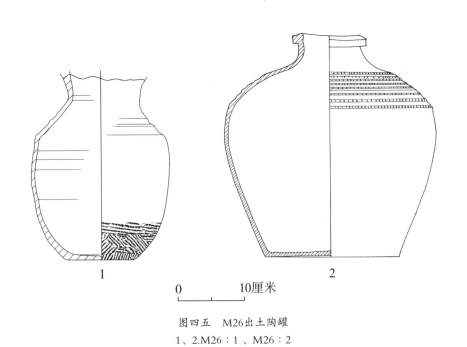

图四五　M26出土陶罐
1、2.M26∶1、M26∶2

二二、M27

1. 墓葬概况

M27位于Ⅰ区T11北部，开口于第一层下，距地表深0.2米。

该墓为长方形土坑竖穴墓，方向5°。墓葬平面呈长方形，直壁，平底。墓葬南北长2.9米，东西宽2米，深0.96米。（图四六；图版一三，1）

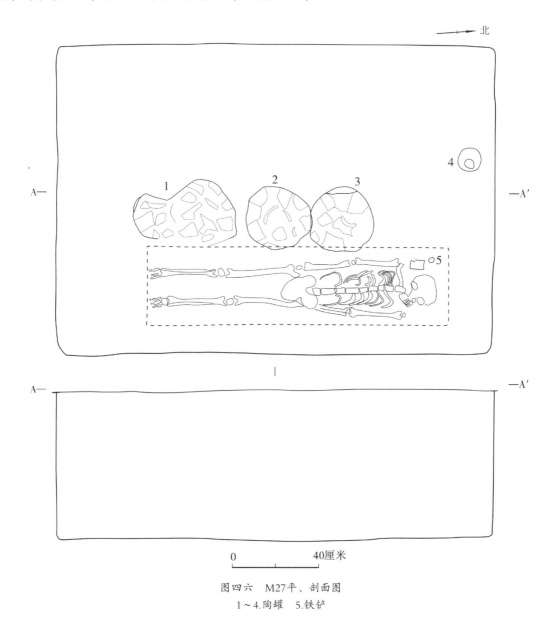

图四六　M27平、剖面图

1～4.陶罐　5.铁铲

墓葬填土为黄褐色五花土，质地较软，结构疏松。

墓底东部发现1具木棺朽痕，南北长2米，东西宽0.5米。

棺内发现1具人骨，人骨保存较差，葬式为仰身直肢，性别、年龄不详。

2. 出土遗物

随葬器物5件，计有陶罐4件，铁铲1件。其中铁铲置于棺内墓主头骨右侧，陶罐置于棺外西侧。铁铲破碎严重，无法修复。（图版一三，2）

陶罐　4件。标本M27：1，泥质灰陶。残。仅存器物下部。肩腹分界明显，腹微鼓，圜底微内凹。下腹部及底部饰交错绳纹。肩径19.7厘米，底径7厘米。（图四七，1）

标本M27：2，泥质灰陶。圆唇，唇面有凹槽，矮领，广肩，弧腹，下腹内收，平底。高27.2厘米，口径18.2厘米，肩径36.6厘米，底径25厘米。（图四七，3）

标本M27：3，泥质灰陶。折沿，沿面有凹槽，敞口，束颈，广肩，鼓腹，下腹内收，平底。肩部饰数周锥刺纹间凹弦纹，下腹部饰漫漶不清的绳纹。高38厘米，口径13厘米，肩径36.8厘米，底径24厘米。（图四七，4）

标本M27：4，泥质灰陶。口残。溜肩，弧腹，平底。残高11.2厘米，肩径13.6厘米，底径10.2厘米。（图四七，2）

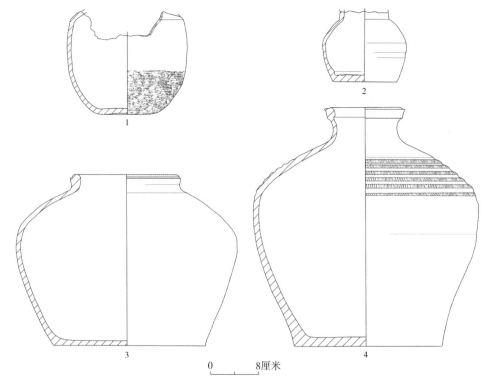

0   8厘米

图四七　M27出土陶罐

1～4.M27：1、M27：4、M27：2、M27：3

二三、M31

1. 墓葬概况

M31位于Ⅰ区T10南部，开口于第一层下，距地表深0.20米，向下打破M56、M57。

该墓为带一条墓道和一个耳室的砖室墓，方向0°。墓葬由墓道、前室、后室和耳室四部分组成。

墓道位于墓室南端西侧，平面呈长方形，直壁，坡状底，南北长1.1米，东西宽1.04米，底端深0.84米。

前室位于墓道南端，平面呈长方形，直壁，平底，墓圹南北长3.55米，东西宽1.96米。底部用单砖平铺。

后室平面呈长方形，直壁，平底，墓圹南北长3米，东西宽1.6米，深0.84米。墓室底部用单砖呈"人"字形平铺，四壁用单砖错缝平砌。后室底部略高于前室。

耳室位于前室西侧，平面呈长方形，直壁，平底，墓圹东西长1.54米，南北宽1.48米。底部铺砖不存。（图四八）

墓葬填土为黄褐色五花土，质地较软，结构疏松。

该墓未见人骨、葬具痕迹。

2. 出土遗物

随葬器物49件，皆出土于扰土中，计有铜钱45枚，陶罐、陶案、陶勺、铜顶针各1件。

陶罐　1件。标本M31：5，泥质灰陶。残。口微敛，直领，平底。

陶勺　1件。标本M31：3，泥质灰陶。残。口呈椭圆形，弧腹，圜底。（图四九，1）

陶案　1件。标本M31：4，泥质红陶。残。整体呈长方形，案面四周凸起，仅存三兽面蹄足。（图四九，3）

铜顶针　1件。标本M31：2，整体呈圆环状，顶针面稍宽，针面两侧有凸起的棱边，中部有密密麻麻的小坑。直径1.8厘米。（图四九，2）

铜五铢钱　44枚。大多锈蚀严重。钱的正面边缘有一周凸起的周郭，正方形穿，穿之左右有篆书"五铢"两字；钱的背面边缘有周郭，而且穿四边也有郭。五字中间两笔是弯曲的，中间两笔和上下两画相接的地方略向内靠拢，五字如两个相对的炮弹形；铢字笔画清

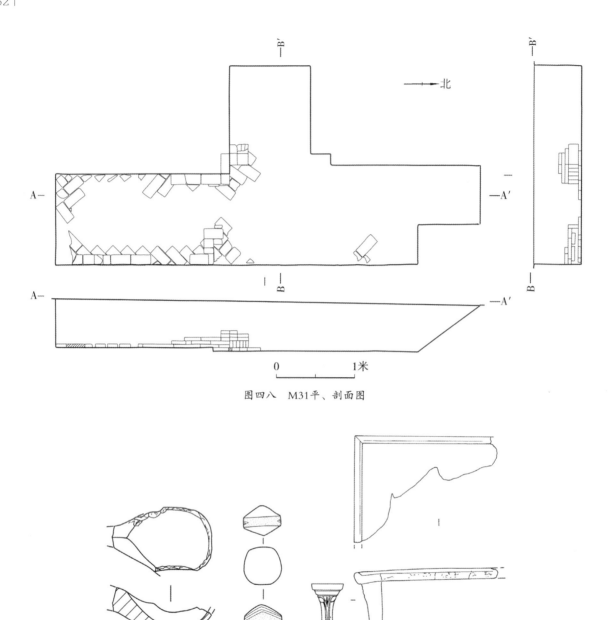

图四八　M31平、剖面图

图四九　M31出土遗物

1.陶勺（M31：3）　2.铜顶针（M31：2）　3.陶案（M31：4）

晰，其中金字四点较长，朱字头方折。有的为缠环和对文。

标本M31：1-2，直径2.53厘米。重3.7克。（图五〇，2）

标本M31：1-3，直径2.55厘米。重3.6克。（图五〇，3）

标本M31：1-4，直径2.68厘米。重2.98克。（图五〇，4）

标本M31：1-5，直径2.6厘米。重2.72克。（图五〇，5）

标本M31：1-6，直径2.63厘米。重1.88克。（图五〇，6）

标本M31：1-7，直径2.6厘米。重3.22克。（图五〇，7）

标本M31：1-8，直径2.4厘米。重2.3克。（图五〇，8）

标本M31：1-9，绥环。钱面有织物痕迹，说明原来装在囊中。直径2.6厘米。重2.08克。（图五〇，9）

标本M31：1-10，对文。直径1.4厘米。重0.35克。（图五〇，10）

标本M31：1-11，对文。直径1.56厘米。重0.41克。（图五〇，11）

货泉　1枚。标本M31：1-1，钱的正面边缘有一周凸起的周郭，正方形穿，穿之左右有篆书"货泉"两字；钱的背面边缘有周郭，而且穿四边也有郭。直径2.22厘米。重2.3克。（图五〇，1）

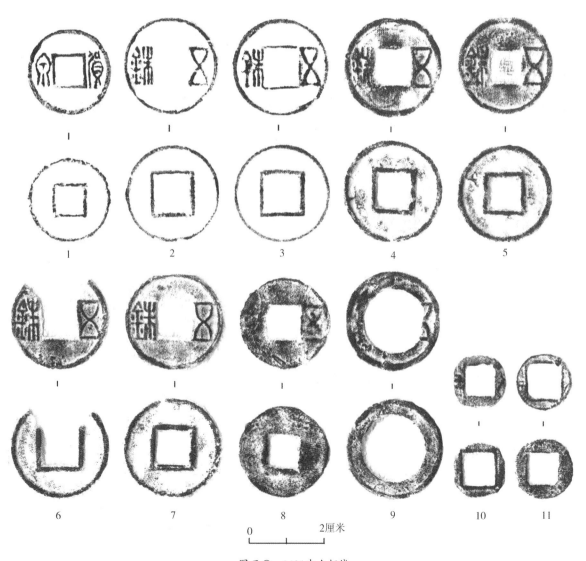

图五〇　M31出土铜钱

1.货泉（M31：1-1）　2～11.五铢（M31：1-2～11）

二四、M32

1. 墓葬概况

M32位于Ⅰ区T9中部，开口于第一层下，距地表深0.22米。

该墓为带一条墓道的长方形土坑竖穴墓，方向15°。墓葬由墓道和墓室两部分组成。

墓道位于墓室南端，平面呈长方形，直壁，墓底北部略高于南部，北部被一个近现代坑打破。墓道南北长2.9米，东西宽2.04米，深0.74米～0.8米。

墓室位于墓道北端，平面呈长方形，直壁，平底，南北长3.1米，东西宽2.04米，深0.8米。（图五一；图版一四，1）疑为洞室墓。

墓葬填土为黄褐色五花土，质地较软，结构疏松，包含有少量料姜石和陶器碎片。

墓底西南部发现1具木棺朽痕，长2.16米，宽0.6米。

棺内未见人骨。

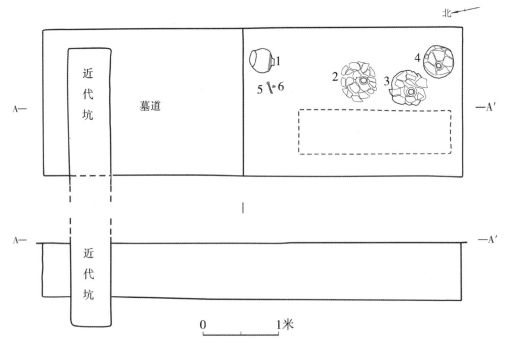

图五一　M32平、剖面图
1、3、4.陶罐　2.陶双牛鼻耳罐　5.铁刀　6.铜钱

2. 出土遗物

随葬器物6件，计有陶罐3件，陶双牛鼻耳罐、铁刀各1件，铜钱11枚（按1件计），均放置于棺西侧。其中一件陶罐、铁刀残损严重，无法复原。（图版一四，2）

陶罐　3件。其中一件残。标本M32：1，泥质灰陶。卷沿，沿面有凹槽，方唇，敛口，束颈，广肩，鼓腹，下腹内收，平底。肩部饰数周凹弦纹，凹弦纹下有一周锥刺纹。高32.6厘米，口径12厘米，肩径30.4厘米，底径19.8厘米。（图五二，2）

标本M32：4，泥质灰陶。卷沿，沿面有凹槽，方唇，敞口，束颈，广肩，鼓腹，下腹内收，平底。肩部饰数周凹弦纹，凹弦纹下有一周锥刺纹。高36厘米，口径12.4厘米，肩径35.3厘米，底径20厘米。（图五二，3）

陶双牛鼻耳罐　1件。标本M32：2，泥质黑灰陶。敞口，方唇，束颈，溜肩，肩部有两个对称的牛鼻耳，鼓腹，最大腹径在下部，圜底近平。上腹部饰多周凹弦纹，下腹部及

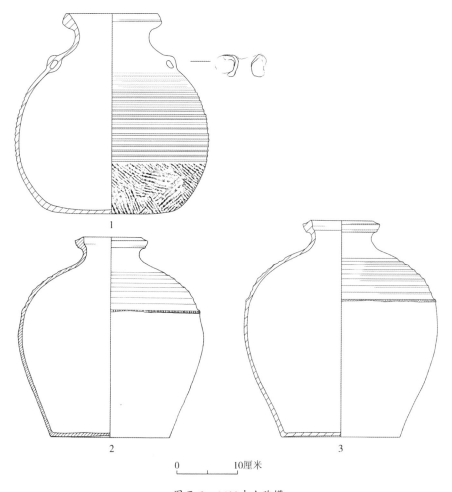

0　　　　10厘米

图五二　M32出土陶罐
1.陶双牛鼻耳罐（M32：2）　2、3.陶罐（M32：1、M32：4）

底部饰交错绳纹。高27.2厘米，口径13.6厘米，最大腹径27厘米。（图五二，1）

　　铜五铢钱　11枚。大多残破。钱的正面边缘有一周凸起的周郭，正方形穿，穿之左右有篆书"五铢"两字；钱的背面边缘有周郭，而且穿四边也有郭。钱文的书体特点明显。五字中间两笔是弯曲的，中间两笔和上下两画相接的地方略向内靠拢，中间两笔和上下两横相接的地方是垂直的；铢字笔画清晰，其中金字四点较长，朱字头方折。标本M32：6-1，直径2.55厘米。重3克。（图五三，1）

　　标本M32：6-2，直径2.49厘米。重3.5克。（图五三，2）

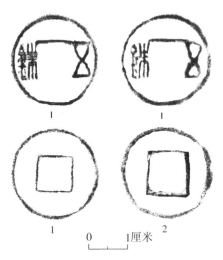

图五三　M32出土铜五铢钱
1、2.M32：6-1、M32：6-2

二五、M33

1. 墓葬概况

　　M33位于Ⅰ区T12东南部，开口于第一层下，距地表深0.10米。

　　该墓为长方形土坑竖穴合葬墓，方向5°。墓葬平面呈长方形，直壁，底部东高西低。墓葬南北长2.35米，东西宽2米，东部深0.6米，西部深0.7米。（图五四；图版一五，1）

　　墓葬填土为黄褐色五花土，质地较软，结构疏松。

　　底部东、西各发现1具木棺朽痕。东部棺痕长1.5米，宽0.54米。棺内发现1具人骨，骨骼保存较差，葬式为仰身直肢，头骨向左侧扭曲，性别、年龄不详。

　　西部棺痕长1.7米，宽0.5米。棺内发现1具人骨，人骨保存较差，葬式为仰身直肢，面

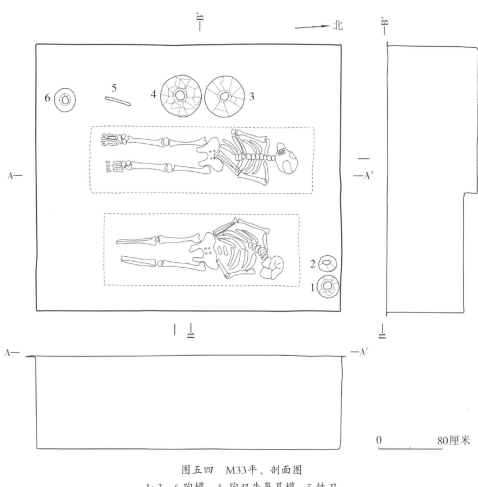

图五四　M33平、剖面图
1~3、6.陶罐　4.陶双牛鼻耳罐　5.铁刀

向西，上肢骨放置胸前，性别、年龄不详。

2. 出土遗物

随葬器物6件，计有陶罐4件，陶双牛鼻耳罐、铁刀各1件。其中2件陶罐、陶双牛鼻耳罐、铁刀放置于西棺外西侧，2件陶罐放置于东棺外北端。（图版一五，2）

陶罐　4件。标本M33：1，泥质灰陶。口残。鼓腹，平底。底部饰横向绳纹。残高22厘米，腹径23.6厘米，底径10.4厘米。（图五五，1）

标本M33：2，泥质灰陶。口残。器物变形。广肩，肩部有一孔，弧腹，肩腹分界明显，平底。下腹部及底部饰漫漶不清的细绳纹。残高21.6厘米，肩径20厘米，底径8厘米。（图五五，2）

标本M33：3，泥质灰陶。折沿，沿面有凹槽，方唇，敞口，束颈，广肩，鼓腹，下腹内收，平底。肩腹部饰数周凹弦纹。高35.2厘米，口径12.4厘米，肩径32.4厘米，底径21.6厘米。（图五五，4）

标本M33：6，泥质灰陶。口残。鼓肩，鼓腹，圜底微内凹。底部饰交错绳纹。残高23.2厘米，肩径21.4厘米，底径7.8厘米。（图五五，3）

陶双牛鼻耳罐　1件。标本M33：4，泥质黑灰陶。折沿，沿面有凹槽，尖唇，敞口，束颈，溜肩，肩部有两个对称的牛鼻耳，垂腹，圜底近平。上腹部饰多周凹弦纹，下腹部及底部饰交错绳纹。高28.2厘米，口径12.4厘米，最大腹径31.1厘米。（图五五，5）

铁刀　1件。标本M33：5，残，锈蚀严重。直背，直刃。残长21.6厘米。

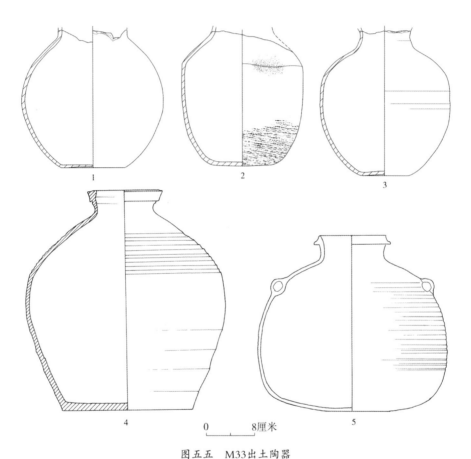

0　　　8厘米

图五五　M33出土陶器

1~4.陶罐（M33：1、M33：2、M33：6、M33：3）　5.陶双牛鼻耳罐（M33：4）

二六、M34

1. 墓葬概况

M34位于Ⅰ区T12中部偏西，开口于第一层下，距地表深0.2米。

该墓为梯形土坑竖穴墓，方向0°。墓葬平面呈梯形，直壁，平底。墓葬东西长3.3米，北端宽1.4米，南端宽1.1米，深0.75米。（图五六；图版一六，1）

墓葬填土为黄褐色五花土，质地较软，结构疏松。

该墓未见人骨、葬具痕迹。

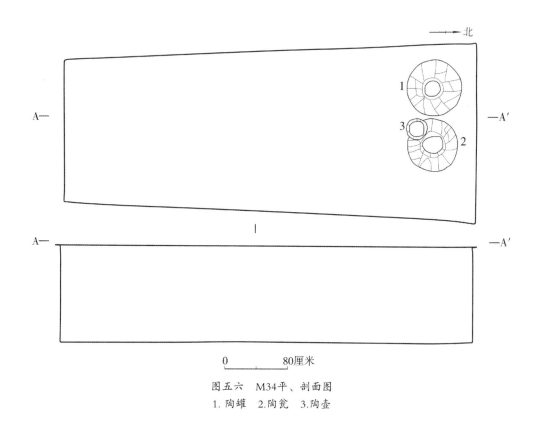

图五六　M34平、剖面图
1. 陶罐　2. 陶瓮　3. 陶壶

2. 出土遗物

随葬器物3件，计有陶瓮、陶罐、陶壶各1件。（图版一六，2）

陶瓮　1件。标本M34：2，泥质灰陶。卷沿，方唇，敛口，鼓肩，弧腹，平底。肩部和上腹部饰多周凹弦纹间竖绳纹，下腹部及底部饰横绳纹。高31.6厘米，口径23.2厘米，底径16.4厘米。（图五七，1）

陶罐　1件。标本M34：1，泥质灰陶。方唇，矮领，鼓肩，鼓腹，下腹内收，平底。肩部饰多周凹弦纹间竖向绳纹，腹部及底部饰漫漶不清的绳纹。高34.4厘米，口径26.4厘米，肩径43厘米，底径27.6厘米。（图五七，2）

陶壶　1件。标本M34：3，泥质红陶。有盖，盖为盔形，口内有舌，弧壁，弧顶。器口残，鼓肩，下腹弧收，平底，圈足残。

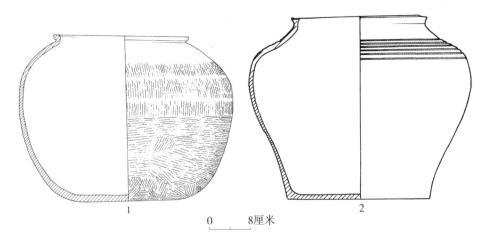

图五七 M34出土陶器
1.陶瓮（M34：2） 2.陶罐（M34：1）

二七、M35

1. 墓葬概况

M35位于Ⅰ区T14中部偏东，开口于第一层下，距地表深0.25米，被M22打破。

该墓为长方形土坑竖穴墓，方向195°。墓葬平面呈长方形，直壁，平底。墓葬南北长3米，东西宽1.7米，深0.95米。（图五八；图版一七，1）

墓葬填土为黄褐色五花土，质地较软，结构疏松。

墓底中部偏西发现1具木棺朽痕，长2.4米，宽0.66米。棺痕区域略低于周围墓底。

棺内发现1具人骨，人骨保存较差，葬式为仰身直肢，上肢交叉于腹部，性别、年龄不详。

2. 出土遗物

随葬器物4件，计有陶罐2件，铜钱3枚（按2件计）。其中铜钱置于棺内墓主头骨左右两侧，陶罐放置于墓底东南部。（图版一七，2）

陶罐　2件。标本M35：3，泥质灰陶。方圆唇，矮领，广肩，弧腹，平底。器表饰漫

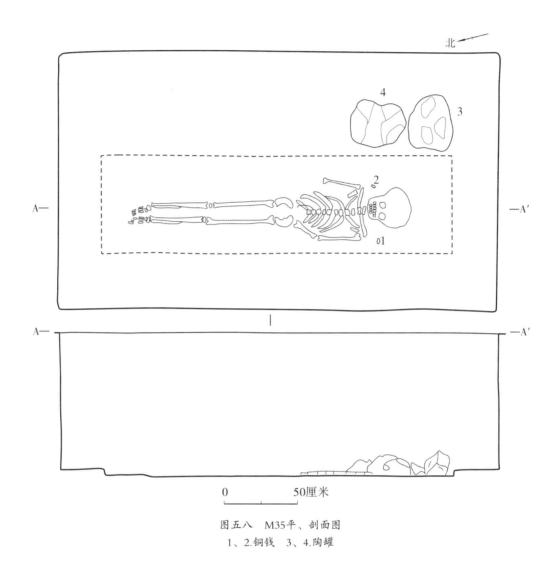

图五八　M35平、剖面图
1、2.铜钱　3、4.陶罐

漶不清的绳纹。高26.6厘米，口径17.2厘米，肩径33厘米，底径17.2厘米。（图五九，2）

标本M35：4，泥质灰陶。尖圆唇，矮领，广肩，弧腹，平底。器表饰漫漶不清的绳纹。高22.5厘米，口径16.6厘米，肩径30.4厘米，底径19.6厘米。（图五九，1）

铜五铢钱　13枚。大多残破。钱的正面边缘有一周凸起的周郭，正方形穿，穿之左右有篆书"五铢"两字；钱的背面边缘有周郭，而且穿四边也有郭。钱文的书体特点明显。五字中间两笔是弯曲的，中间两笔和上下两画相接的地方略向内靠拢，中间两笔和上下两横相接的地方是垂直的；铢字笔画清晰，其中金字四点较长，朱字头方折。标本M35：1-1，直径2.56厘米。重2.7克。（图六〇，1）

标本M35：1-2，直径2.68厘米。重4克。（图六〇，2）

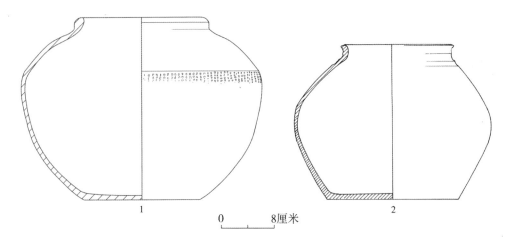

图五九　M35出土陶罐
1.M35：4　2.M35：3

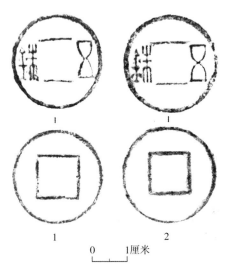

图六〇　M35出土铜五铢钱
1.M35：1-1　2.M35：1-2

二八、M36

1. 墓葬概况

M36位于Ⅰ区T13中部偏东，开口于第一层下，距地表深0.15米。

该墓为长方形土坑竖穴墓，方向195°。墓葬平面呈长方形，直壁，平底略凹。墓葬南北长3.3米，东西宽1.4米，深1.14米。（图六一；图版一八，1）

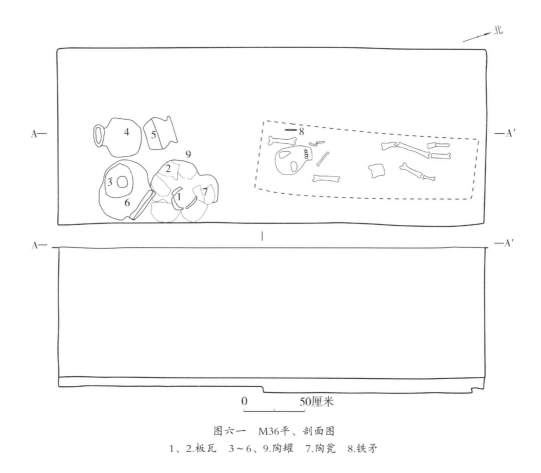

图六一　M36平、剖面图
1、2.板瓦　3～6、9.陶罐　7.陶瓮　8.铁矛

墓葬填土为黄褐色五花土，质地较软，结构疏松。

墓底东北部发现1具木棺朽痕，南北长1.8米，东西宽0.5米。棺痕区域略低于墓底约0.04米。

棺内发现1具人骨，保存较差，仅存部分头骨和下肢骨，葬式可能为仰身直肢，性别、年龄不详。

2. 出土遗物

随葬器物9件，计有陶罐5件，板瓦2件，陶瓮、铁矛各1件。其中铁矛置于棺内墓主头骨左侧，陶器和板瓦放置于棺外南侧。（图版一八，2）

陶瓮　1件。标本M36：7，泥质红陶。内折沿，沿面有凹槽，尖圆唇，矮领，广折肩，弧腹，肩腹分界明显，圜底近平。下腹部及底部饰交错细绳纹。高31.6厘米，口径16.4厘米，肩径38.8厘米。（图六二，1）

陶罐　5件。标本M36：3，泥质灰陶。口残。斜弧肩，弧腹，肩腹分界明显，圜底近平。下腹部饰竖向绳纹，底部饰交错绳纹。残高22.2厘米，肩径19.8厘米。（图六二，4）

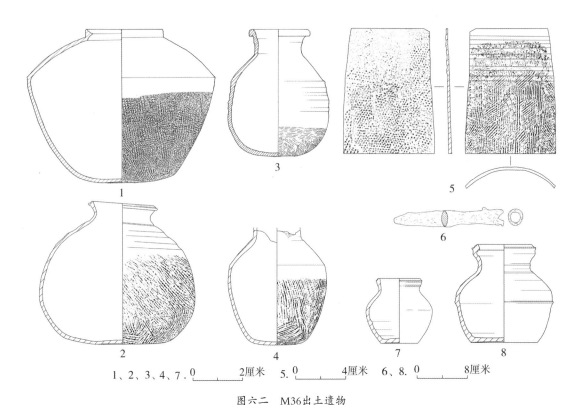

1、2、3、4、7. 0 ⊢⎯⎯⊣ 2厘米　5. 0 ⊢⎯⎯⎯⊣ 4厘米　6、8. 0 ⊢⎯⎯⎯⊣ 8厘米

图六二　M36出土遗物

1.陶瓷（M36：7）　2~4、7、8.陶罐（M36：6、M36：4、M36：3、M36：5、M36：9）

5.板瓦（M36：1）　6.铁矛（M36：8）

标本M36：4，泥质灰陶。卷沿，方唇，敞口，束颈，斜弧肩，弧腹稍直，肩腹分界明显，圜底近平。下腹部及底部饰交错绳纹。高26.2厘米，口径13厘米，腹径21.6厘米。（图六二，3）

标本M36：5，泥质灰陶。内折沿，沿面有凹槽，方唇，有领，溜肩，斜弧腹，肩腹间有一周凸棱，平底。高15.8厘米，口径11.6厘米，肩径15.4厘米，底径11厘米。（图六二，7）

标本M36：6，泥质灰陶。折沿，尖唇，敞口，束颈，溜肩，垂腹，圜底。下腹部及底部饰交错细绳纹。高27.7厘米，口径13.8厘米，腹径31.2厘米。（图六二，2）

标本M36：9，泥质灰陶。敞口，圆唇，唇面有凹槽，束颈，溜肩，鼓腹，平底。高12.5厘米，口径7.2厘米，肩径13.1厘米，底径9.1厘米。（图六二，8）

板瓦　2件。标本M36：1，泥质灰陶。板状，略有弧度，由筒形陶坯剖制而成。平面呈等腰梯形，上厚下薄。凸面的上半部饰交错绳纹，下半部饰凹弦纹间竖向绳纹，凹面饰圆形戳点纹。长48.4厘米，宽31.6厘米~36厘米。（图六二，5）

标本M36：2，泥质灰陶。板状，略有弧度，由筒形陶坯剖制而成。平面呈等腰梯形，上厚下薄。凸面的上半部饰斜向交错绳纹，下半部饰凹弦纹间竖向绳纹。长47厘米，宽32厘米~33厘米。

铁矛　1件。标本M36：8，锈蚀严重。尖锋，矛叶扁平，脊不显，箭口呈圆形，箭一侧有一环纽。长17.4厘米，宽2.6厘米。（图六二，6）

二九、M37

1. 墓葬概况

M37位于Ⅰ区T15北部，开口于第一层下，距地表深0.22米。

该墓为长方形土坑竖穴合葬墓，方向5°。墓葬平面呈长方形，直壁，平底。墓葬南北长3.7米，东西宽2米，深0.96米。（图六三；图版一九，1）

墓葬填土为黄褐色五花土，质地较硬，结构致密，经过夯打。

墓底南部发现东西并列的2具木棺痕迹。其中西棺痕长2.08米，宽0.6米。棺内发现1具

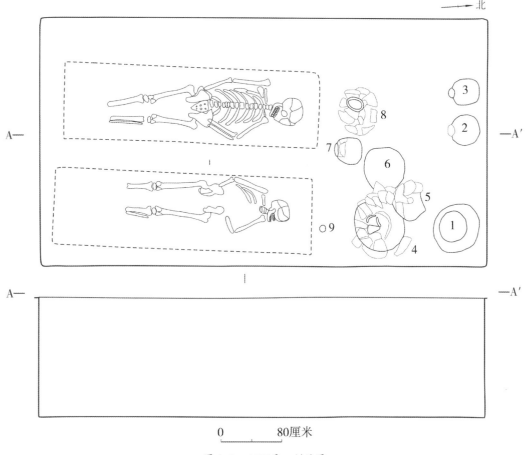

图六三　M37平、剖面图
1、5.陶瓮　2~4、6~8.陶罐　9.铜镜

人骨，人骨保存较差，葬式为仰身直肢，面向东，性别、年龄不详。东棺痕长2.12米，宽0.6米。棺内发现1具人骨，人骨保存较差，葬式为仰身直肢，面向东，性别、年龄不详。

2. 出土遗物

随葬器物9件，计有陶罐6件，陶瓮2件，铜镜1件。均放置于棺外北端。（图版一九，2）

陶瓮　2件。标本M37：1，泥质灰陶。方圆唇，矮领，弧肩，弧腹，圜底。器表及底部饰交错绳纹。高27.7厘米，口径19.8厘米，腹径36.1厘米。（图六四，2）

标本M37：5，残。泥质灰陶。方唇，矮领，弧肩，圜底。口径21厘米。（图六四，1）

陶罐　6件。标本M37：2，泥质灰陶。口残。有颈，溜肩，弧腹稍直，平底微内凹。腹部及底部饰交错绳纹。残高22.2厘米，腹径20.4厘米，底径8厘米。（图六四，7）

标本M37：3，泥质灰陶。口残。有颈，溜肩，肩部有两个对称的孔，弧腹稍直，平底微内凹。腹部及底部饰交错绳纹。残高19.2厘米，腹径20.4厘米，底径8.8厘米。（图六四，6）

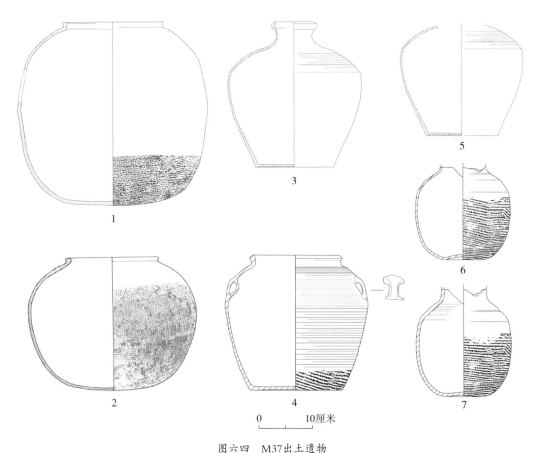

0　　　　　　10厘米

图六四　M37出土遗物

1、2.陶瓮（M37：5、M37：1）　　3~7.陶罐（M37：8、M37：6、M37：7、M37：3、M37：2）

标本M37：4，泥质黑灰陶。残。敛口，尖唇，广肩。肩部饰凹弦纹间竖向绳纹。

标本M37：6，泥质灰陶。卷沿，尖圆唇，敞口，束颈，溜肩，肩部有两个对称的牛鼻耳，弧腹向下内收，平底。腹部饰多周凹弦纹间锥刺纹，下腹部及底部饰绳纹。高27厘米，口径19.2厘米，腹径29.6厘米，底径19厘米。（图六四，4）

标本M37：7，泥质灰陶。口残。广肩，弧腹，下腹内收，平底。肩部饰数周锥刺纹间凹弦纹。残高27.8厘米，肩径33.4厘米，底径20.6厘米。（图六四，5）

标本M37：8，泥质灰陶。折沿，沿面有凹槽，方唇，直口，束颈，广肩，弧腹，下腹内收，平底。肩部饰数周锥刺纹间凹弦纹。高35厘米，口径11.8厘米，肩径33.4厘米，底径19.6厘米。（图六四，3）

铜镜　1面。标本M37：9，圆形，三弦纽，纽外有一周凸弦纹。镜面平直。直径5.1厘米，缘厚0.21厘米。（图六五）

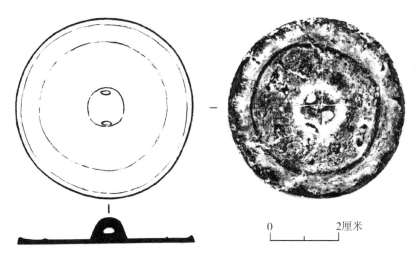

0　　　　　2厘米

图六五　M37出土铜镜（M37：9）

三〇、M38

1. 墓葬概况

M38位于Ⅰ区T10南部，开口于第一层下，距地表深0.2米。

该墓为长方形土坑竖穴墓，方向200°。墓葬平面呈长方形，直壁，底部不太平坦。墓葬东西长2.64米，南北宽1.7米，深0.8米。（图六六；图版二〇，1）

墓葬填土为黄褐色五花土，质地较软，结构疏松。

墓底西部发现1具人骨，保存较差，仅存少量肢骨，葬式、性别、年龄不详。

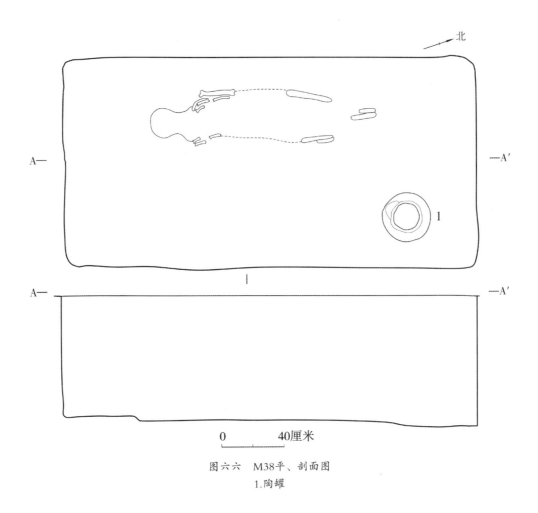

图六六　M38平、剖面图
1.陶罐

2. 出土遗物

随葬器物仅1件陶罐，放置于墓底东北角。

陶罐　1件。标本M38：1，泥质灰陶。敞口，方唇，矮领，弧肩，弧腹，下腹内收，平底。下腹部饰竖向细绳纹。高26厘米，口径20.5厘米，肩径32.3厘米，底径20.2厘米。（图六七）

图六七　M38出土陶罐（M38：1）

三一、M39

1. 墓葬概况

M39位于Ⅰ区T17西北部，开口于第一层下，距地表深0.2米，向下打破M40。

该墓为长方形土坑竖穴墓，方向0°。墓葬平面呈长方形，直壁，平底。墓葬南北长4米，东西宽2.4米，深0.4米。（图六八；图版二〇，2）

墓葬填土为黄褐色五花土，质地较软，结构疏松。

该墓未见人骨、葬具痕迹。

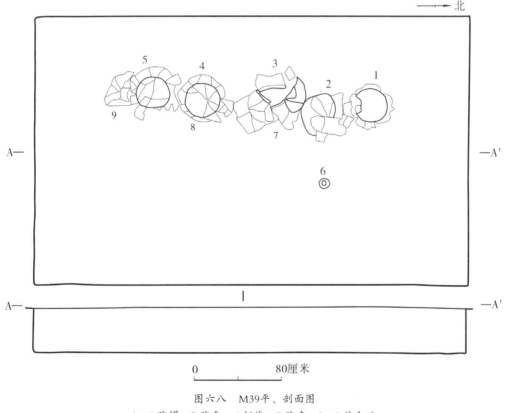

图六八　M39平、剖面图
1~4.陶罐　5.陶盒　6.铜钱　7.陶壶　8、9.陶合碗

2. 出土遗物

随葬器物9件，计有陶罐4件，陶合碗2件，陶盒、陶壶各1件，铜钱1枚。陶器放置于墓底西侧，铜钱放置于墓葬中部偏北。其中2件陶罐和陶壶残破严重，无法复原。

陶罐　4件。标本M39：1，泥质灰陶。口残。广肩，弧腹，下腹内收，平底，肩部饰数周锥刺纹间凹弦纹。残高34.3厘米，肩径34厘米，底径18.2厘米。（图六九，1）

标本M39：4，泥质灰陶。敞口，方唇，束颈，斜弧肩，弧腹，肩腹分界明显，平底。高16.7厘米，口径13.6厘米，肩径19.2厘米，底径13.4厘米。（图六九，2）

陶合碗　2件。标本M39：8，泥质灰陶。由两件形制相同的陶钵上下扣合而成。敛口，圆唇，弧腹，平底微内凹。通高13厘米，口径15.6厘米，底径8.2厘米；盖高6.8厘米，口径15厘米。（图六九，4）

标本M39：9，泥质灰陶。由两件形制相同的陶钵上下扣合而成。敛口，圆唇，弧腹，平底微内凹。通高13.2厘米，口径15.6厘米，底径6.2厘米；盖高6.6厘米，口径14.8厘米。（图六九，5）

陶盒　1件。标本M39：5，泥质灰陶。残破严重，无法复原。仅知器身为子口，弧腹。（图六九，3）

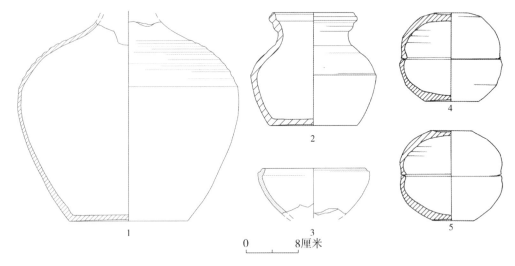

0 ⸻ 8厘米

图六九　M39出土陶器
1、2.陶罐（M39：1、M39：4）　3.陶盒（M39：5）　4、5.陶合碗（M39：8、M39：9）

铜五铢钱　1枚。标本M39：6，钱的正面边缘有一周凸起的周郭，正方形穿，穿之左右有篆书"五铢"两字；钱的背面边缘有周郭，而且穿四边也有郭。五字中间两笔是弯曲的，中间两笔和上下两画相接的地方略向内靠拢，五字如两个相对的炮弹形；铢字笔画清晰，其中金字四点较长，朱字头方折。直径2.5厘米。重2.8克。（图七〇）

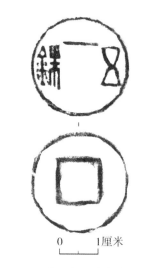

图七〇　M39出土铜五铢钱（M39：6）

三二、M40

1. 墓葬概况

M40位于Ⅰ区T17东部，开口于第一层下，距地表深0.2米，西北部被M39打破。

该墓为长方形土坑竖穴墓，方向0°。墓葬平面呈长方形，直壁，平底。墓葬南北长5.5米，东西宽2.4米，深0.45米。（图七一；图版二一，1）

墓葬填土为黄褐色五花土，质地较软，结构疏松。

墓底东北部发现1具木棺朽痕，长2.2米，宽0.6米，厚0.1米。

棺内未见人骨。

2. 出土遗物

随葬器物22件，计有陶罐、陶盘、陶耳杯、陶斗各2件，陶鼎、陶盒、陶壶、陶盘、陶匜、陶甗、陶鐎盉、陶卮、陶盆、不知名陶器、铁剑各1件，铜钱1枚，柿蒂形铜饰（按1件计）、铅车马器多件（按1件计）。陶耳杯、陶盘、陶盆、陶卮、铁剑、铜柿蒂形饰、铅车马器放置于棺内，其余陶器放置于棺外西侧。其中陶盆、1件陶罐、不知名陶器、铜柿蒂形饰、铅车马饰件残破严重，无法复原。（图版二一，2）

陶罐　2件。其中一件残。标本M40：8，泥质灰陶。口残。广肩，弧腹，下腹内收，

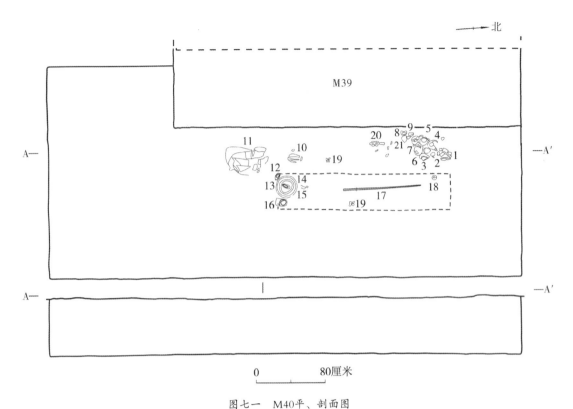

图七一　M40平、剖面图

1.陶盒　2.陶灶　3.陶斗（2件）　4.陶器　5.陶匜　6.陶鼎　7.陶盆　8、21.陶罐
9.陶甂　10.陶鐎盉　11.陶壶　12、13.陶耳杯　14、15.陶盘　16.陶卮　17.铁剑
18.铜钱　19.铜柿蒂形饰　20.铅车马器

平底。肩部饰数周锥刺纹间凹弦纹。残高31.4厘米，肩径33.6厘米，底径20厘米。（图
七二，1）

　　陶鼎　1件。标本M40：6，泥质黑皮陶。有盖，盖为覆盘形，敞口，弧壁，弧顶近平
并有一周凸棱。器为子口内敛，两侧有两个对称的长方形附耳，附耳上部外撇，弧腹，圜
底，下附三高蹄足，蹄足断面呈多边形。腹部饰一周凸弦纹。通高25.6厘米，口径19.5厘
米；盖高6.3厘米，口径20.7厘米。（图七二，2；图版二二，1）

　　陶盒　1件。标本M40：1，泥质灰陶。有盖，盖为覆盘形，敞口，弧壁，弧顶近平并
有一周凸棱。器为子口内敛，弧腹，平底，矮圈足较直。通高15.4厘米，口径19.8厘米，圈
足径7.8厘米；盖高5厘米，口径20厘米。（图七二，8；图版二二，2）

　　陶壶　1件。标本M40：11，泥质灰陶。器身残破严重，无法复原，仅剩器盖。盖为盔
形，敞口，口内有舌，盖顶隆起。高4.5厘米，口径17.7厘米。（图七二，6）

　　陶盘　2件。标本M40：14，泥质灰陶。敞口，折沿，弧腹，平底。高4.8厘米，口径
17.2厘米，底径7.6厘米。（图七二，4）

　　标本M40：15，泥质灰陶。敞口，折沿，弧腹，平底。高5.4厘米，口径21厘米，底径
9.8厘米。（图七二，5）

陶匜　1件。标本M40:5，泥质灰陶。前有槽形流，器身呈倭角长方形，尖圆唇，弧腹，平底。器身饰漫漶不清的绳纹。高8.2厘米，带流长24.1厘米，宽19.3厘米；底长10.8厘米，宽8.2厘米。（图七二，3）

陶斗　2件。标本M40:3-1，泥质灰陶。圆形，微侈口，圆唇，弧腹，圜底，口一侧有一鸡首形柄。高11.7厘米，口径10.2厘米。（图七三，7）

标本M40:3-2，泥质灰陶。圆形，微侈口，圆唇，弧腹，圜底，口一侧有一鹅首形柄，另一侧有一扁形纽。高9.4厘米，口径9.4厘米。（图七三，6）

陶甗　1件。标本M40:9，泥质灰陶。由上甑下釜组合而成。甑为敞口，折沿，方唇，斜弧腹，平底，底部有五个圆孔，矮圈足。釜为敛口，矮领，上腹圆鼓，腹两侧有两个对称的铺首，下腹内收，上下腹之间有一周较宽的腰沿，平底。通高26.4厘米，甑高11.8厘米，口径22.4厘米，底径9厘米；釜高15.4厘米，口径6.8厘米，底径9厘米。（图七三，1；图版二二，4）

鐎盉　1件。标本M40:10，泥质灰陶。有盖，盖为敞口，口内缘有一周凸棱，弧壁，

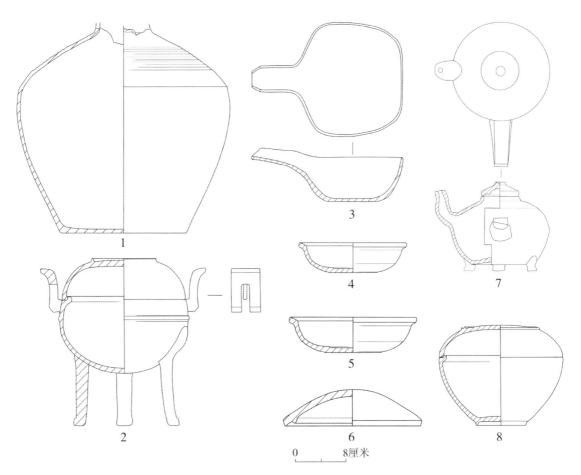

0　　　8厘米

图七二　M40出土陶器

1.陶罐（M40:8）　2.陶鼎（M40:6）　3.陶匜（M40:5）　4、5.陶盘（M40:14、M40:15）
6.陶壶盖（M40:11）　7.鐎盉（M40:10）　8.陶盒（M40:1）

弧顶，顶有一个凹形环纽。器为敛口，矮领，圆鼓腹，一侧有前而上冲的圆柱形流，腹一侧有一长方形柄，平底，下附三矮蹄形足。通高13.2厘米，口径5厘米，腹径15厘米，底径9.3厘米；盖高2.1厘米，口径6厘米。（图七二，7；图版二二，3）

陶灶　1件。标本M40：2，泥质灰陶。整体呈圆形，前端有一半圆形火门，后端设有龟首形烟孔，灶面较平，中间有一个圆形火口，灶壁微弧近直。高9.8厘米，长23.2厘米，灶身直径19厘米。（图七三，3；图版二二，6）

陶卮　1件。标本M40：16，泥质灰陶。有盖，盖为覆盘形，直口，弧壁，弧顶近平。器为子口内敛，直腹，一侧有一扁形纽，平底，下附三矮蹄形足。通高12.7厘米，口径9厘

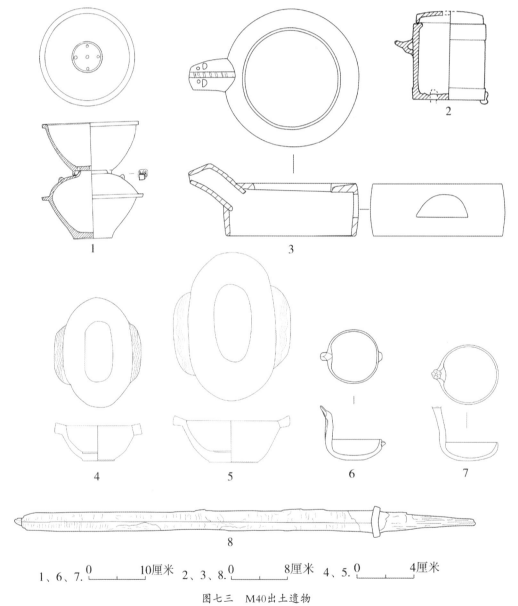

图七三　M40出土遗物

1.陶甗（M40：9）　2.陶卮（M40：16）　3.陶灶（M40：2）　4、5.陶耳杯（M40：12、M40：13）
6、7.陶斗（M40：3-2、M40：3-1）　8.铁剑（M40：17）

米，底径10.2厘米；盖高1.8厘米，口径10厘米。（图七三，2；图版二二，5）

陶耳杯　2件。标本M40：12，泥质灰陶。器身呈椭圆形，敞口，新月形双耳，弧腹，平底。新月形耳面上饰波浪纹。高3.1厘米，口长9.4厘米，宽7.6厘米；底长5.5厘米，宽3厘米。（图七三，4）

标本M40：13，泥质灰陶。器身呈椭圆形，敞口，新月形双耳，弧腹，平底。新月形耳面上饰波浪纹。高4.2厘米，长13.7厘米，宽10.9厘米；底长8.9厘米，宽5.1厘米。（图七三，5）

铁剑　1件。标本M40：17，残断，锈蚀严重。尖锋，双刃，剑身中间微有脊，茎为扁长方形，茎与剑身交界处有铜镡。镡中间起脊，一端中间稍向前突出，另一端中间向前稍凹入。残长65.2厘米。（图七三，8）

铜五铢钱　1枚。标本M40：18，钱的正面边缘有一周凸起的周郭，正方形穿，穿之左右有篆书"五铢"两字；钱的背面边缘有周郭，而且穿四边也有郭。钱文的书体特点明显。五字中间两笔是弯曲的，中间两笔和上下两画相接的地方略向内靠拢，中间两笔和上下两横相接的地方是垂直的；铢字笔画清晰，其中金字四点较长，朱字头方折。直径2.55厘米。重4克。（图七四）

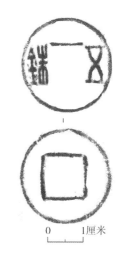

图七四　M40出土铜五铢钱（M40：18）

三三、M41

1. 墓葬概况

M41位于Ⅰ区T10南部，开口于第一层下，距地表深0.2米。

该墓为长方形土坑竖穴墓，方向180°。墓葬平面呈长方形，直壁，平底。墓葬南北长3.3米，东西宽1.4米～1.54米，深1.45米。（图七五；图版二三，1）

墓葬填土为黄褐色五花土，质地较软，结构疏松。

墓底发现1具人骨，未见葬具痕迹。人骨保存较差，仅存头骨和下肢骨，葬式、性别、年龄不详。

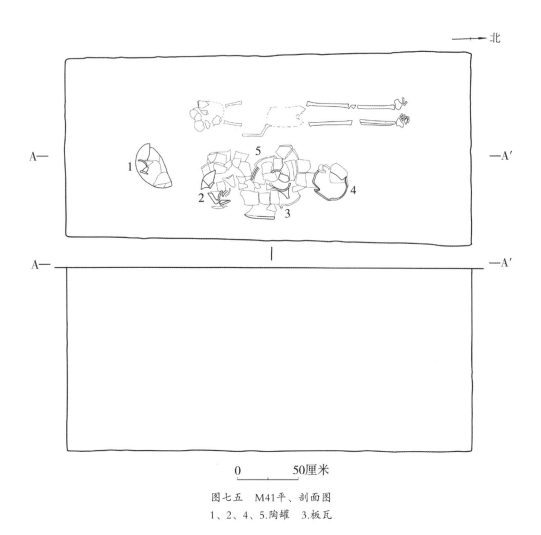

图七五 M41平、剖面图
1、2、4、5.陶罐 3.板瓦

2. 出土遗物

随葬器物5件，计有陶罐4件，板瓦1件，均放置于墓主人东侧。（图版二三，2）

陶罐 4件。标本M41：1，泥质灰陶。口沿残缺，斜弧肩，弧腹稍直，圜底近平。下腹部及底部饰交错细绳纹。残高24.8厘米，腹径20.6厘米。（图七六，3）

标本M41：2，泥质灰陶。圆唇，矮领，广肩，弧腹，下腹内收，肩腹分界明显，平底。器表饰漫漶不清的绳纹。高28.3厘米，口径21.4厘米，肩径34.9厘米，底径19.2厘米。（图七六，4）

标本M41：4，泥质灰陶。方唇，唇面有凹槽，矮领，广肩，弧腹，肩腹分界明显，平底。器表饰凹弦纹间竖绳纹。高27厘米，口径18.8厘米，肩径32.3厘米，底径15.2厘米。（图七六，1）

标本M41：5，泥质深灰陶。盘形口，束颈，广肩，弧腹近直，圜底近平。下腹部及底

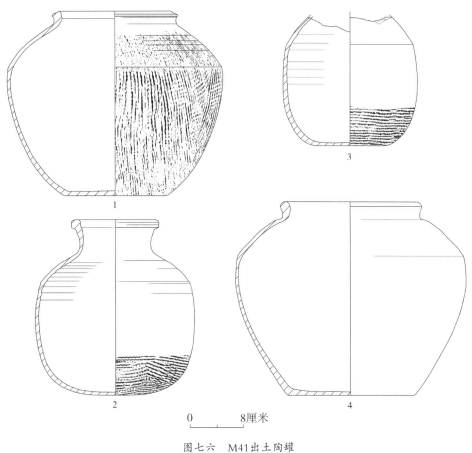

图七六　M41出土陶罐

1~4.M41：4、M41：5、M41：1、M41：2

部饰交错绳纹。高25.9厘米，口径13.2厘米，腹径24.1厘米。（图七六，2）

　　板瓦　1件。标本M41：3，泥质灰陶。残。板状，略有弧度，由筒形陶坯剖制而成。凸面饰凹弦纹间竖向绳纹。残长21.3厘米，宽31.2厘米。

三四、M42

1. 墓葬概况

　　M42位于Ⅰ区T15西南部，开口于第一层下，距地表深0.28米，向下打破M47。

　　该墓为长方形土坑竖穴墓，方向10°。墓葬平面呈长方形，直壁，平底。墓葬南北长3.7米，东西宽1.64米，深0.76米。（图十七；图版二四，1）

　　墓葬填土为黄褐色五花土，质地较硬，结构致密，经过夯打。

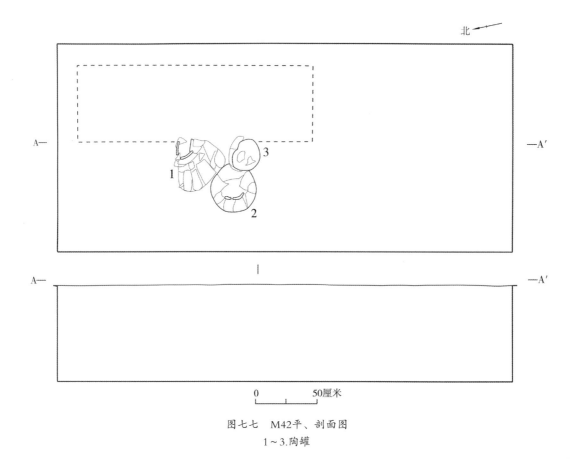

图七七　M42平、剖面图
1～3.陶罐

墓底东北部发现1具木棺朽痕，长1.92米，宽0.6米。
棺内未见人骨。

2. 出土遗物

随葬器物3件，均为陶罐，放置于棺外西侧。（图版二四，2）

陶罐　3件。标本M42：1，泥质灰陶。口残，束颈，斜弧肩，弧腹向下内收，肩腹
分界明显，圜底微内凹。下腹部及底部饰横向绳纹。高20.8厘米，肩径21.3厘米。（图
七八，3）

标本M42：2，泥质灰陶。方圆唇，矮领，弧肩，弧腹，平底。器表饰漫漶不清的绳
纹。高22厘米，口径19.7厘米，肩径31.7厘米，底径21厘米。（图七八，2）

标本M42：3，泥质灰陶。方圆唇，矮领，溜肩，弧腹，平底。高22.8厘米，口径15.4
厘米，肩径29.6厘米，底径15.3厘米。（图七八，1）

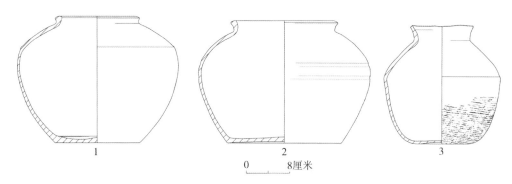

图七八　M42出土陶罐
1~3.M42：3、M42：2、M42：1

三五、M43

1. 墓葬概况

M43位于Ⅰ区T16中部，开口于第一层下，距地表深0.15米，向下打破M44。

该墓为长方形土坑竖穴墓，方向185°。墓葬平面呈长方形，直壁，平底。墓葬南北长2.5米，东西宽1.5米，深0.8米。（图七九；图版二五，1）

墓葬填土为灰色五花土，质地较软，结构疏松。

墓底东南部发现1具木棺朽痕，长1.72米，北端宽0.38米，南端宽0.58米。

棺内发现1具人骨，人骨保存较差，葬式为仰身直肢，性别、年龄不详。

2. 出土遗物

随葬器物4件，计有陶罐3件，铜钱19枚（按1件计）。铜钱置于棺内墓主人头骨右侧，陶罐置于棺外西侧。

陶罐　3件。其中一件残。标本M43：1，泥质灰陶。口残。广肩，鼓腹，下腹内收，平底。肩部饰数周锥刺纹间凹弦纹。残高30.2厘米，肩径32.8厘米，底径18厘米。（图八〇，1）

标本M43：2，泥质灰陶。盘形口，盘壁有凹槽，束颈，溜肩，鼓腹，下腹内收，圈底内凹。下腹部及底部饰交错绳纹。高23.4厘米，口径11.6厘米，肩径20厘米。（图八〇，2）

铜五铢钱　19枚。钱的正面边缘有一周凸起的周郭，正方形穿，穿之左右有篆书“五铢”两字；钱的背面边缘有周郭，而且穿四边也有郭。标本M43：4-1，直径2.44厘米。

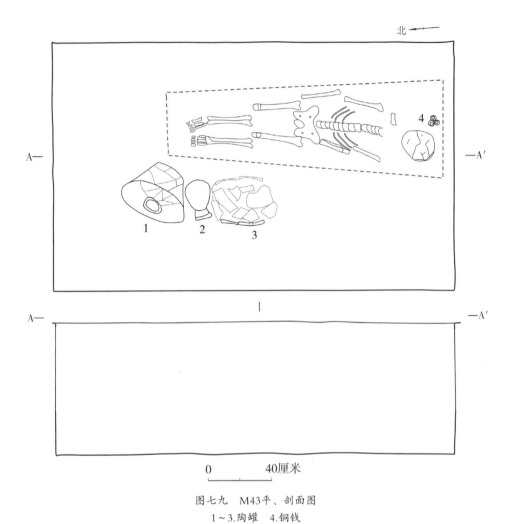

图七九　M43平、剖面图
1~3.陶罐　4.铜钱

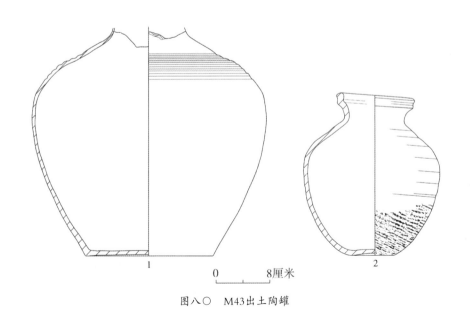

图八〇　M43出土陶罐
1、2. M43∶1、M43∶2

重3.4克。（图八一，1）

　　标本M43：4-2，直径2.55厘米。重3克。（图八一，2）

　　标本M43：4-3，直径2.6厘米。重3.8克。（图八一，3）

　　标本M43：4-4，直径2.54厘米。重4.07克。（图八一，4）

　　标本M43：4-5，直径2.4厘米。重3克。（图八一，5）

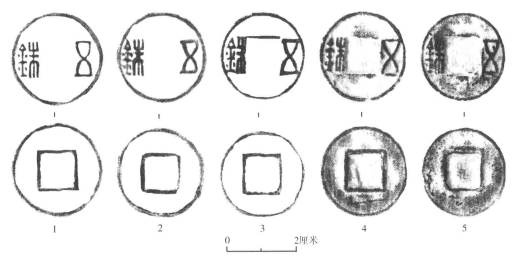

图八一　M43出土铜五铢钱

1～5. M43：4-1～5

三六、M44

1. 墓葬概况

　　M44位于Ⅰ区T16南部，开口于第一层下，距地表深0.15米，被M43打破。

　　该墓为长方形土坑竖穴墓，方向5°。墓葬平面呈长方形，直壁，平底。墓葬南北长2.7

米，东西宽1.5米，深1.2米。（图八二；图版二五，2）

　　墓葬填土为黄褐色五花土，质地较软，结构疏松。

　　该墓未见人骨、葬具痕迹。

2. 出土遗物

　　随葬器物2件，均为陶罐，放置于墓底东北部。

　　陶罐　2件。标本M44：1，泥质灰陶。口残。弧肩，鼓腹，平底。上腹部饰数周凹弦

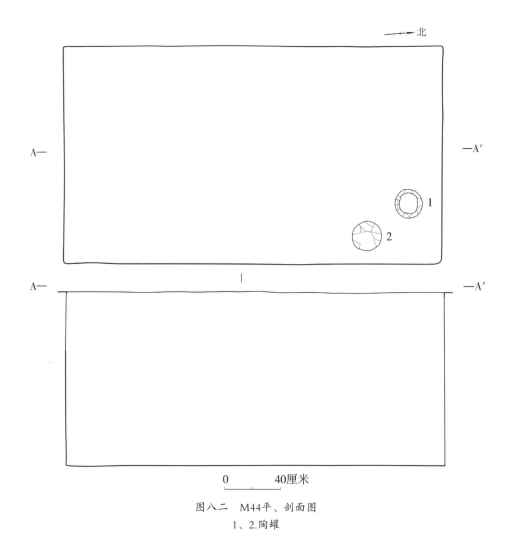

图八二　M44平、剖面图
1、2.陶罐

纹，下腹部饰交错绳纹。残高20.6厘米，腹径24.3厘米，底径9.4厘米。（图八三，1）

标本M44：2，泥质灰陶。口残。束颈，鼓腹，平底。上腹部饰数周凹弦纹，下腹部饰交错绳纹。残高22.4厘米，腹径20.3厘米，底径7.6厘米。（图八三，2）

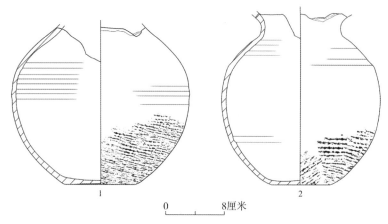

图八三　M44出土陶罐
1、2.M44：1、M44：2

三七、M46

1. 墓葬概况

M46位于Ⅰ区T13西部，开口于第一层下，距地表深0.15米。

该墓为长方形土坑竖穴墓，方向195°。墓葬平面呈长方形，直壁，平底。墓葬南北长3米，东西宽1.2米，深1米。（图八四；图版二六，1）

墓葬填土为灰色五花土，质地较软，结构疏松。

墓底中部偏西处发现1具木棺朽痕，南北长2米，东西宽0.56米。棺痕区域略低于墓底。

棺内发现1具人骨，保存较差，葬式为仰身直肢，上肢交叉放置于腹部，面向东，性别、年龄不详。

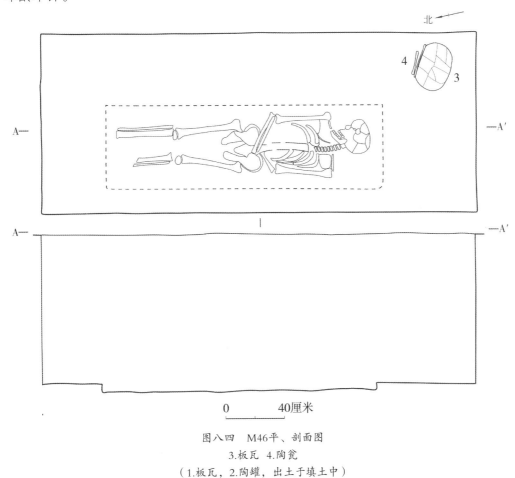

图八四　M46平、剖面图
3.板瓦　4.陶瓮
（1.板瓦，2.陶罐，出土于填土中）

2. 出土遗物

随葬器物4件，计有陶罐、陶瓮各1件，板瓦2件。其中1件板瓦和陶瓮放置于棺外东南部，另外1件板瓦和陶罐发现于填土中。2件板瓦破碎严重，无法复原。

陶瓮　1件。标本M46：4，泥质灰陶。敞口，方圆唇，矮领，斜弧肩，鼓腹，圜底近平。下腹部饰交错绳纹。高23.4厘米，肩径28.2厘米。（图八五，1；图版二六，2）

陶罐　1件。标本M46：2，泥质灰陶。口残。束颈，斜弧肩，弧腹稍直，圜底近平。下腹部及底部饰交错绳纹。残高23.2厘米，腹径20.2厘米。（图八五，2）

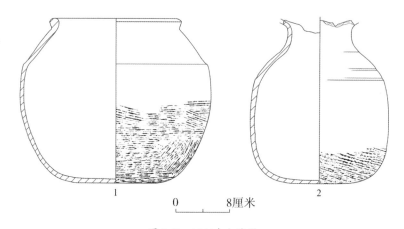

0 ——— 8厘米

图八五　M46出土陶器
1.陶瓮（M46：4）　2.陶罐（M46：2）

三八、M47

1. 墓葬概况

M47位于Ⅰ区T15南部，开口于第一层下，距地表深0.28米，被M42和一个圆形盗洞打破。

该墓为梯形土坑竖穴墓，方向185°。墓葬平面呈梯形，直壁，平底。墓葬南北长3.6米，北端宽1.5米，南端宽1.8米，深0.9米。（图八六；图版二六，4）

墓葬填土为黄褐色五花土，质地较硬，结构致密，夹杂有少量料姜石和螺壳，经过夯打。

墓底东北部发现1具木棺朽痕，长2.1米，宽0.54米。

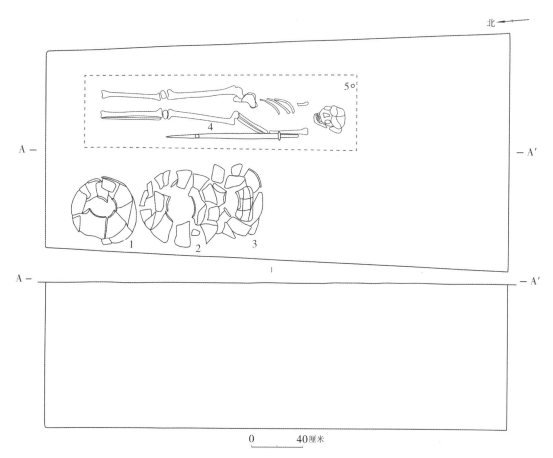

图八六　M47平、剖面图
1.陶瓮　2、3.陶罐　4.铁剑　5.铜钱

棺内发现1具人骨，保存较差，葬式为仰身直肢，男性，年龄不详。

2. 出土遗物

随葬器物5件，计有陶罐2件，陶瓮、铁剑各1件，铜钱2枚（按1件计）。其中陶器放置于棺外西侧，铁剑放置于棺内墓主人西侧，铜钱放置于棺内墓主人头端。

陶瓮　1件。标本M47：1，泥质红陶。直口，方圆唇，矮领，弧肩，鼓腹，圜底微内凹。肩部及上腹部饰竖绳纹，下腹部及底饰交错绳纹。高28厘米，口径23.8厘米，肩径37.6厘米。（图八七，1；图版二六，3）

陶罐　2件。标本M47：2，泥质灰陶。残。敞口，尖圆唇，矮领，弧肩。

标本M47：3，泥质灰陶。残。敛口，尖圆唇，矮领，广肩。

铁剑　1件。标本M47：4，残断，锈蚀严重。尖锋，双刃，剑身中间微有脊，茎为扁长方形，茎与剑身交界处有铜镡。镡中间起脊，一端中间稍向前突出，另一端中间向前稍凹入。残长101厘米。（图八七，2）

铜五铢钱　2枚。钱的正面边缘有一周凸起的周郭，正方形穿，穿之左右有篆书"五铢"两字，大部分钱上的铢字不太清楚；钱的背面边缘有周郭，而且穿四边也有郭。五字中间两笔是直的或近乎直的，整个字形如两个对顶三角形；铢字中的"金"字如一带翼箭镞，也有的近似三角形，"铢"字中的"朱"字方折。标本M47：5-1，直径2.55厘米。重4.1克。（图八八）

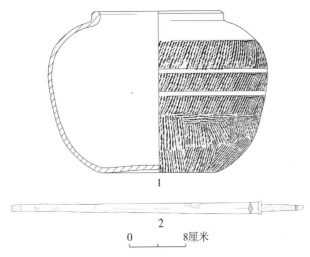

图八七　M47出土遗物

1.陶瓮（M47：1）　2.铁剑（M47：4）

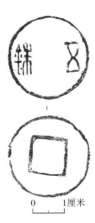

图八八　M47出土铜五铢钱（M47：5-1）

三九、M48

1. 墓葬概况

M48位于Ⅰ区T19中部，开口于第一层下，距地表深0.2米。

该墓为长方形土坑竖穴合葬墓，方向195°。墓葬平面呈长方形，直壁，平底。墓葬南北长3.5米，东西宽1.5米，深0.76米。（图八九；图版二七，1）

墓葬填土为黄褐色五花土，质地较软，结构疏松。

墓底东北部发现1具木棺朽痕，长1.87米，宽0.6米，厚0.1米。

棺内发现1具人骨，葬式为仰身直肢，面向西，上肢交叉放置于腹部，性别、年龄不详。

棺痕西侧发现1具人骨，人骨保存较差，葬式为仰身直肢，面向东，与第一具人骨对视，性别、年龄不详。

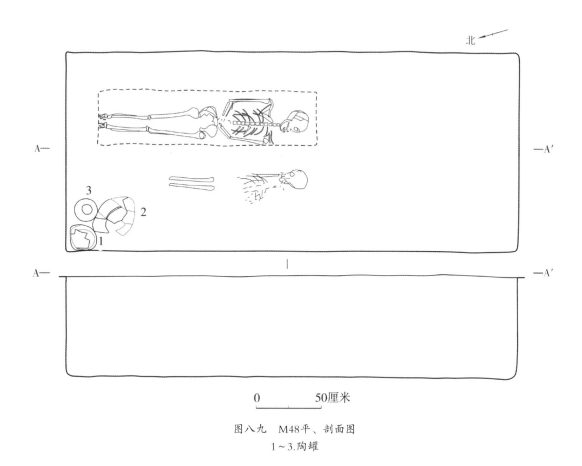

图八九　M48平、剖面图
1～3.陶罐

2. 出土遗物

随葬器物3件，均为陶罐，放置于墓底西北角。

陶罐　3件。标本M48：1，泥质灰陶。口残，广肩，弧腹，下腹内收，平底。肩部饰竖绳纹间凹弦纹。残高26.3厘米，肩径26.2厘米，底径14.6厘米。（图九〇，3）

标本M48：2，泥质灰陶。敞口，圆唇，矮领，溜肩，鼓腹，平底。高15.2厘米，腹径18.6厘米，底径13厘米。（图九〇，1）

标本M48：3，泥质灰陶。口残，溜肩，弧腹，肩腹分界明显，平底。下腹部及底部饰交错绳纹。残高21.2厘米，肩径21.8厘米，底径10.6厘米。（图九〇，2）

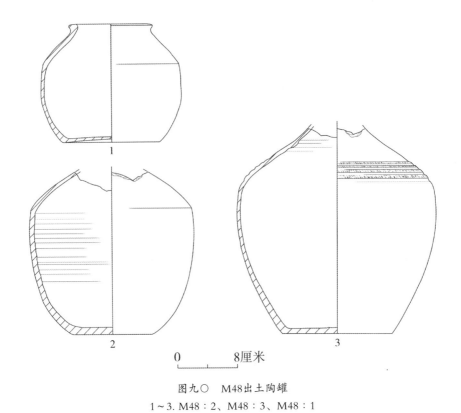

图九〇　M48出土陶罐
1~3. M48：2、M48：3、M48：1

四〇、M49

1. 墓葬概况

M49位于Ⅰ区T10西北部，开口于第一层下，距地表深0.2米。

该墓为长方形土坑竖穴墓，方向185°。墓葬平面呈长方形，直壁，平底。墓葬南北长3.4米，东西宽1.8米~2米，深1.3米。（图九一；图版二七，2）

墓葬填土为黄褐色五花土，质地较软，结构疏松。

墓底中西部发现1具人骨，未见葬具痕迹，葬式为仰身直肢，下肢交叉，头向南，面朝西，性别、年龄不详。

2. 出土遗物

随葬器物7件，计有陶罐4件，陶瓮2件，板瓦1件，放置于墓底西部和东南角。其中1件

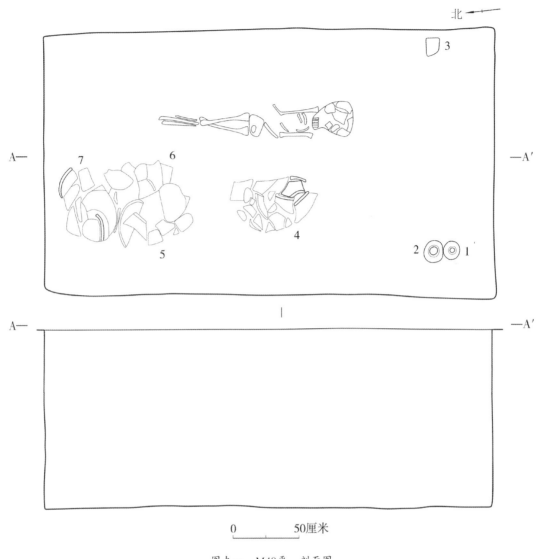

北 ←

A—   —A'

A—   —A'

0   50厘米

图九一　M49平、剖面图
1、2、4、6.陶罐　3.板瓦　5、7.陶瓮

板瓦、1件陶罐破碎严重，无法修复。（图版二八，1）

　　陶瓮　2件。标本M49：5，泥质灰陶。敞口，圆唇，矮领，溜肩，鼓腹，圜底近平。下腹部及底部饰交错绳纹。高31厘米，口径24.6厘米，腹径40厘米，底径27厘米。（图九二，2）

　　标本M49：7，泥质灰陶。折沿，方唇，唇面有凹槽，直口，鼓肩，垂腹，圜底近平。上腹部饰漫漶不清的竖向绳纹，下腹部及底部饰交错细绳纹。高27.8厘米，口径24.8厘米，腹径38厘米。（图九二，1）

　　陶罐　4件。标本M49：1，泥质褐陶。口残，溜肩，鼓腹，平底。残高8.4厘米，腹径12.6厘米，底径9厘米。（图九二，4）

　　标本M49：2，泥质灰陶。折沿，方唇，束颈，鼓腹，平底。高11.9厘米，口径8.6厘

米，腹径13.8厘米，底径10厘米。（图九二，3）

标本M49：4，泥质灰陶。敞口，方唇，束颈，溜肩，鼓腹，平底。高16厘米，口径9厘米，腹径16.2厘米，底径12.8厘米。（图九二，5）

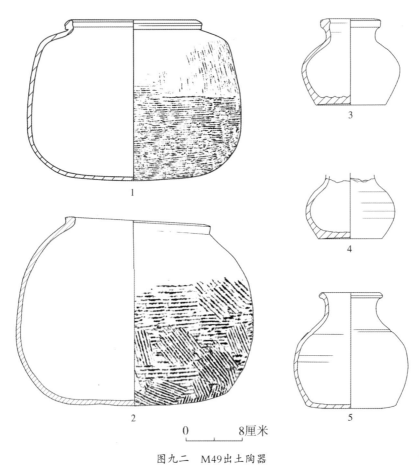

0　　　　8厘米

图九二　M49出土陶器

1、2.陶瓮（M49：7、M49：5）　3～5.陶罐（M49：2、M49：1、M49：4）

四一、M50

1. 墓葬概况

M50位于Ⅰ区T10中部，开口于第一层下，距地表深0.25米，被M45打破，向下打破M51、M59。

该墓为不规则形土坑竖穴墓，方向350°。墓葬平面呈不规则长方形，直壁，平底。墓葬南北长3.06米，北部宽1.44米，南部宽0.74米，深0.8米。（图九三）

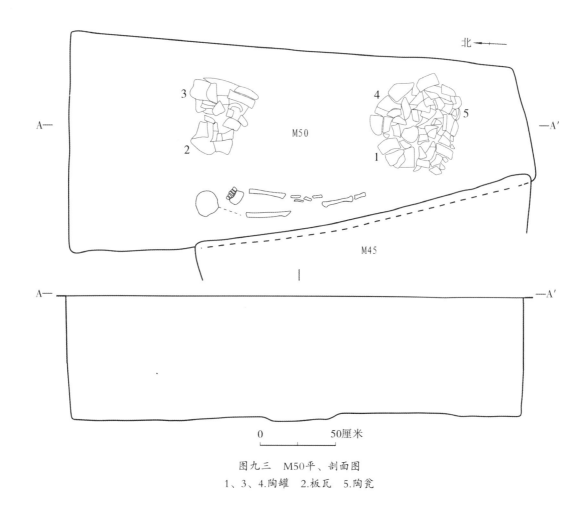

图九三　M50平、剖面图
1、3、4.陶罐　2.板瓦　5.陶瓮

墓葬填土为浅黄色五花土，质地较软，结构疏松。

墓底西部发现1具人骨，未见葬具痕迹，人骨保存较差，仅存头骨和肢骨，葬式为仰身直肢，性别、年龄不详。

2. 出土遗物

随葬器物5件，计有陶罐3件，陶瓮、板瓦各1件，均放置于墓底中部。其中1件板瓦、1件陶罐破碎严重，无法复原。（图版二八，2）

陶瓮　1件。标本M50：5，泥质褐陶。直口，方圆唇，矮领，弧肩，鼓腹，圜底近平。器表饰交错绳纹。高33.2厘米，口径24.2厘米，腹径41.4厘米。（图九四，2）

陶罐　3件。其中一件残。标本M50：3，泥质灰陶。敞口，尖圆唇，束颈，斜弧肩，弧腹，肩腹分界明显，圜底内凹。下腹部及底部饰竖绳纹。高20.6厘米，肩径18.8厘米。（图九四，3）

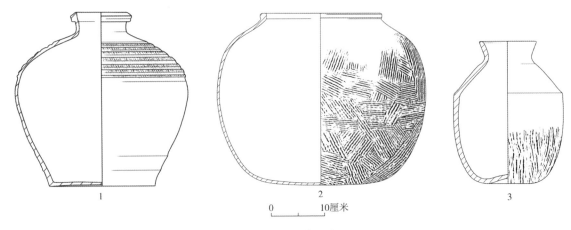

图九四　M50出土陶器

1、3.陶罐（M50：4、M50：3）　2.陶瓮（M50：5）

标本M50：4，泥质灰陶。折沿，方唇，敞口，束颈，广肩，弧腹，下腹内收，平底。肩部饰数周凹弦纹间竖绳纹，腹部饰漫漶不清的竖绳纹。高33.6厘米，口径12厘米，肩径34.4厘米，底径21厘米。（图九四，1）

四二、M51

1. 墓葬概况

M51位于Ⅰ区T10中部偏东，开口于第一层下，距地表深0.25米，被M50打破。

该墓为长方形土坑竖穴墓，方向10°。墓葬平面呈长方形，直壁，平底。墓葬南北长3米，东西宽1.4米，深0.9米。（图九五）

墓葬填土为深黄褐色五花土，质地较软，结构疏松。

墓底中南部发现1具人骨，未见葬具痕迹，人骨保存较差，仅存头骨和少量肢骨，摆放凌乱，可能为二次葬，葬式、性别、年龄不详。

2. 出土遗物

随葬器物2件，均为陶罐，放置于墓底北部。

陶罐　2件。标本M51：1，泥质灰陶。沿面有凹槽，方唇内凸，敞口，矮领，鼓肩，弧腹，平底。肩部及腹部饰数周凹弦纹间竖绳纹。高32.8厘米，口径24.8厘米，肩径26厘

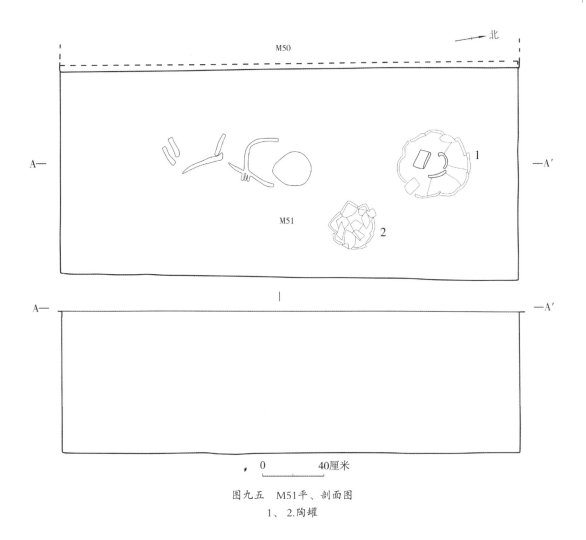

图九五　M51平、剖面图
1、2.陶罐

米，底径23.6厘米。（图九六，2）

　　标本M51：2，泥质灰陶。口残，束颈，斜弧肩，弧腹，圜底近平。下腹部及底部饰交错细绳纹。残高22.6厘米，肩径21.5厘米。（图九六，1）

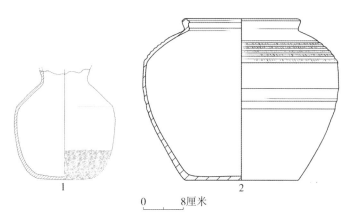

图九六　M51出土陶罐
1、2. M51：2、M51：1

四三、M52

1. 墓葬概况

M52位于Ⅰ区T18中部，开口于第一层下，距地表深0.4米。

该墓为长方形土坑竖穴墓，方向195°。墓葬平面呈长方形，直壁，平底。墓葬南北长2.7米，东西宽1.7米~1.8米，深1.6米。（图九七）

墓葬填土为黄褐色五花土，质地较软，结构疏松。

墓底中部发现1具木棺朽痕，南北长1.92米，东西宽1.04米。棺痕区域稍低于墓底。

棺内发现1具人骨，保存较差，葬式为仰身直肢，上肢交叉放于腹部，男性，年龄不详。

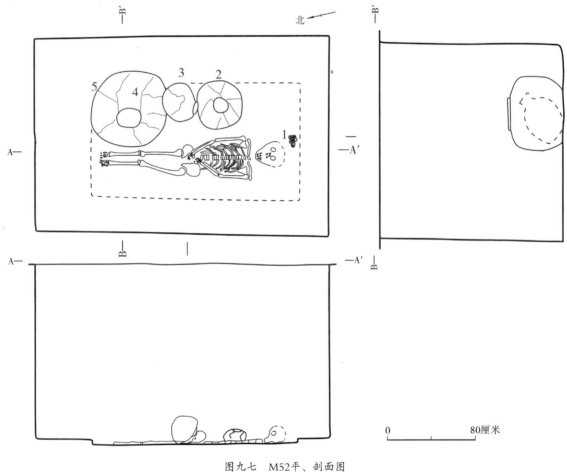

图九七　M52平、剖面图
1.铜钱　2、3、5.陶罐　4.陶瓷

2. 出土遗物

随葬器物5件，计有陶罐3件，陶瓮1件，铜钱36枚（按1件计）。陶器放置于墓主人右侧，铜钱放置墓主人头端。

陶瓮　1件。泥质灰陶。残。敞口，宽圆唇，矮领，鼓腹。

陶罐　3件。其中一件残。标本M52：3，泥质灰陶。折沿，沿面有凹槽，方唇，敞口，束颈，广肩，弧腹，下腹内收，平底。肩部饰数周凹弦纹间竖绳纹。高31.8厘米，口径12厘米，肩径32.4厘米，底径20.8厘米。（图九八，1）

标本M52：5，泥质灰陶。口残。束颈，斜弧肩，腹较直，肩腹分界明显，平底。下腹部及底部饰漫漶不清的细弦纹间交错绳纹。高30.6厘米，肩径22.6厘米，底径10.4厘米。（图九八，2）

铜五铢钱　37枚。多已残破。钱的正面边缘有一周凸起的周郭，正方形穿，穿之左右有篆书"五铢"两字；钱的背面边缘有周郭，而且穿四边也有郭。钱文的书体特点明显。标本M52：1-1，直径2.55厘米。重2.9克。（图九九，1）

标本M52：1-2，直径2.55厘米。重3.6克。（图九九，2）

标本M52：1-3，直径2.54厘米。重3.2克。（图九九，3）

标本M52：1-4，直径2.5厘米。重3.8克。（图九九，4）

标本M52：1-5，直径2.54厘米。重3.2克。（图九九，5）

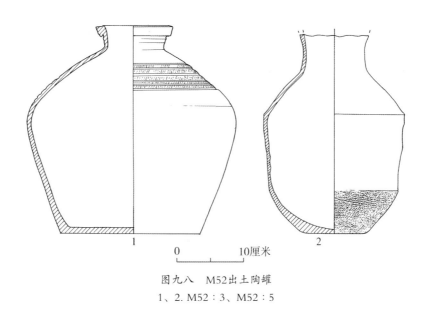

图九八　M52出土陶罐
1、2. M52：3、M52：5

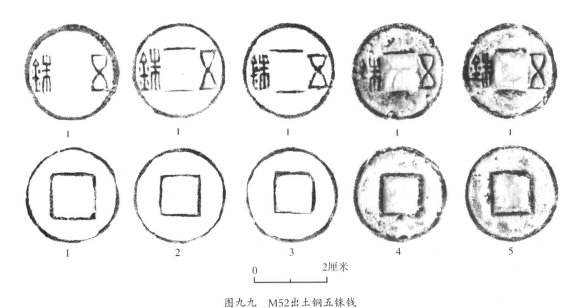

0   2厘米

图九九　M52出土铜五铢钱

1～5.M52：1～5

四四、M53

1. 墓葬概况

M53位于Ⅱ区南部，开口于第一层下，距地表深0.25米。

该墓为长方形土坑竖穴墓，方向5°。墓葬平面呈长方形，直壁，平底。墓葬南北长3.5米，东西宽1.4米，深1.6米。（图一〇〇；图版二九，1）

墓葬填土为灰色五花土，质地较软，结构疏松。

墓底东南部发现1具木棺朽痕，南北长2米，东西宽0.6米。

棺内发现1具人骨，保存较差，葬式可能为仰身直肢，性别、年龄不详。

2. 出土遗物

随葬器物7件，计有陶钵2件，陶瓮、陶鼎、陶盒、陶壶、陶盘各1件，放置于棺外北端。其中陶鼎残破严重，无法复原。（图版二九，2）

陶瓮　1件。标本M53：4，泥质灰陶。折沿，方唇，口微敛，斜弧肩，垂腹，肩腹分界明显，圜底。下腹部及底部饰交错绳纹。高27.2厘米，口径21.8厘米，腹径31.2厘米。

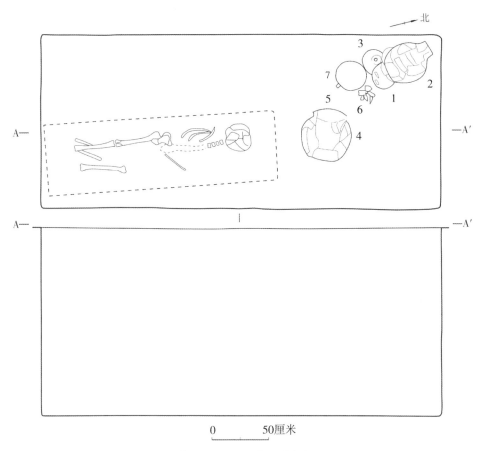

图一〇〇 M53平、剖面图
1.陶盒 2.陶壶 3.陶盘 4.陶瓮 5、6.陶钵 7.陶鼎

（图一〇一，1）

　　陶盒 1件。标本M53：1，泥质红陶。盖残，盖为覆钵形，敛口，尖圆唇，弧壁，弧顶。盒身为子口内敛，弧腹，平底。通高14厘米，口径18.4厘米，底径9.2厘米；盖高5.8厘米，口径19厘米。（图一〇一，6）

　　陶壶 1件。标本M53：2，泥质黑陶。有盖，盖为盉形，折沿，敞口，口内有舌，弧壁，弧顶。器为敞口，方唇，束颈，溜肩，鼓腹，圜底近平，高圈足微外撇。通高43厘米，口径17厘米，腹径32.6厘米，圈足径21.6厘米；盖高4.3厘米，口径19.8厘米。（图一〇一，4）

　　陶盘 1件。标本M53：3，泥质红陶。折沿，方唇，唇面有凹槽，斜弧腹，平底。高3.7厘米，口径16.6厘米，底径5厘米。（图一〇一，5）

　　陶钵 2件。标本M53：5，泥质灰陶。口微敛，方唇，折弧腹，平底。高6.9厘米，口径19.5厘米，底径13.6厘米。（图一〇一，3）

　　标本M53：6，泥质灰陶。敛口，圆唇，折弧腹，平底微内凹。高6.5厘米，口径14.7厘米，底径6厘米。（图一〇一，2）

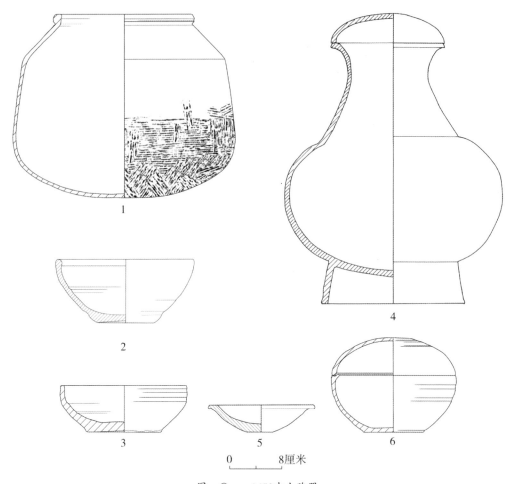

图一〇一　M53出土陶器

1.陶瓮（M53∶4）　2、3.陶钵（M53∶6、M53∶5）　4.陶壶（M53∶2）
5.陶盘（M53∶3）　6.陶盒（M53∶1）

四五、M54

1. 墓葬概况

M54位于Ⅰ区T10东北部，开口于第一层下，距地表深0.25米，被M24、M30打破。
该墓为长方形土坑竖穴墓，方向5°。墓葬平面呈长方形，直壁，平底。墓葬南北长2.7
米，东西宽1.5米，深0.7米。（图一〇二）
墓葬填土为黄褐色五花土，质地较软，结构疏松。
该墓未见人骨、葬具痕迹。

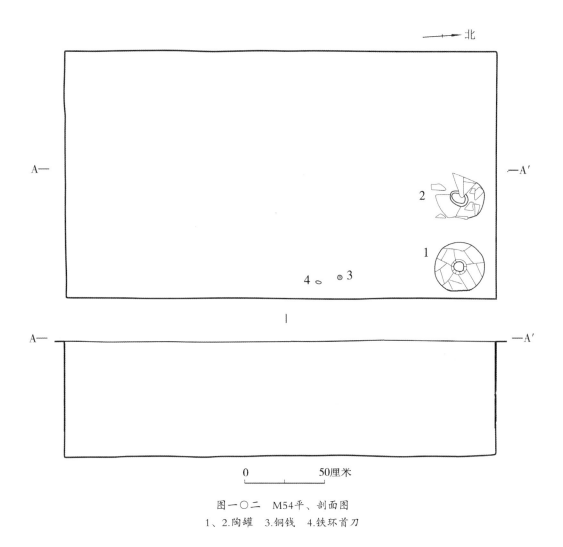

图一〇二 M54平、剖面图
1、2.陶罐 3.铜钱 4.铁环首刀

2. 出土遗物

随葬器物4件，计有陶罐2件，铜钱、铁环首刀各1件。铁环首刀、铜钱置于墓底东部，陶罐放置于墓室东北部。（图版三〇，1）

陶罐 2件。标本M54：1，泥质灰陶。折沿，沿面有凹槽，方唇，敞口，束颈，广肩，弧腹，下腹内收，平底。肩部饰数周凹弦纹间竖绳纹，下腹部饰漫漶不清的绳纹。高35厘米，口径12厘米，肩径33厘米，底径19.6厘米。（图一〇三，2）

标本M54：2，泥质灰陶。折沿，沿面有凹槽，方唇，敞口，束颈，广肩，弧腹，下腹内收，平底。肩部饰数周凹弦纹间竖绳纹，下腹部饰漫漶不清的绳纹。高35厘米，口径12.8厘米，肩径34厘米，底径23.4厘米。（图一〇三，1）

铁环首刀 1件。标本M54：4，锈蚀严重。直背，直刃，刀末一小段斜杀成弧形，扁圆形环。长28.6厘米。（图一〇三，3）

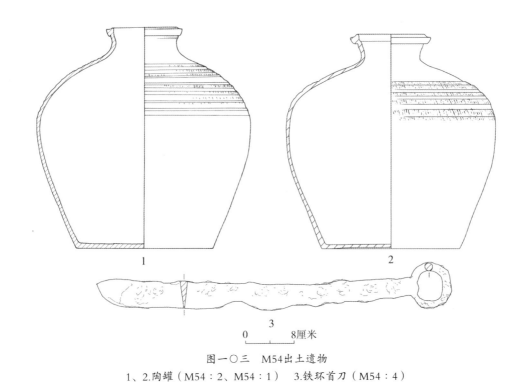

图一〇三　M54出土遗物

1、2.陶罐（M54：2、M54：1）　3.铁环首刀（M54：4）

　　铜半两钱　1枚。标本M54：3，残破。圆形方穿，"半两"二字分列穿之左右，右"半"左"两"，笔画方折。

四六、M55

1. 墓葬概况

　　M55位于Ⅰ区T10西南部，开口于第一层下，距地表深0.25米。

　　该墓为圆角长方形土坑竖穴墓，方向185°。墓葬平面呈圆角长方形，直壁，平底。墓葬南北长4米，东西宽2米，深1.1米。（图一〇四）

　　墓葬填土为黄褐色五花土，质地较软，结构疏松。

　　墓底北部略偏西处发现1具木棺朽痕，南北长2米，东西宽0.7米。

　　棺内发现1具人骨，保存较差，仅存头骨、下肢骨和一侧上肢骨，葬式、性别、年龄不详。

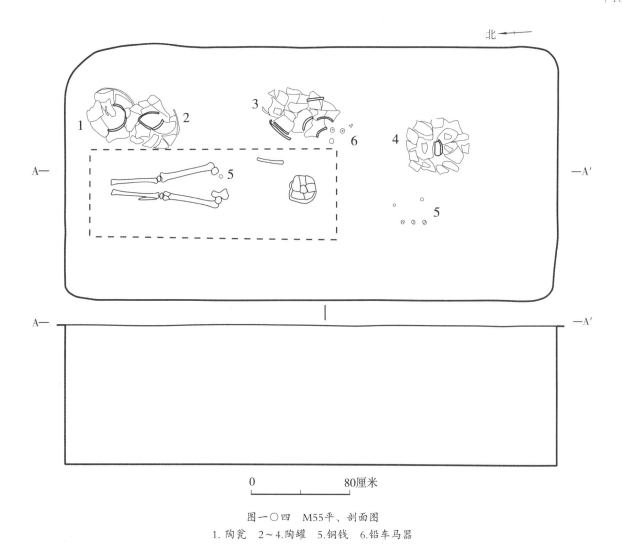

图一○四　M55平、剖面图

1.陶瓮　2～4.陶罐　5.铜钱　6.铅车马器

2. 出土遗物

随葬器物6件，计有陶罐3件，陶瓮1件，铜钱1枚，铅车马器多件（按1件计），分别放置于棺外东侧和南端。其中铅车马器残破严重，无法复原。（图版三○，2）

陶瓮　1件。标本M55：1，泥质褐陶。卷沿，方唇，敛口，溜肩，鼓腹，平底。上腹部饰竖向绳纹，下腹部及底部饰交错绳纹。高25厘米，口径21.4厘米，腹径38厘米，底径20厘米。（图一○五，1）

陶罐　3件。标本M55：2，泥质灰陶。敞口，方唇，矮颈，鼓肩，下腹内收，平底。高33.4厘米，口径21.6厘米，肩径37.6厘米，底径20.4厘米。（图一○五，4）

标本M55：3，泥质灰陶。直口，方唇内凸，矮领，鼓肩，弧腹，下腹内收，平底。肩部饰数周凹弦纹间竖向绳纹。高30.4厘米，口径18.4厘米，肩径34.7厘米，底径22厘米。（图一○五，2）

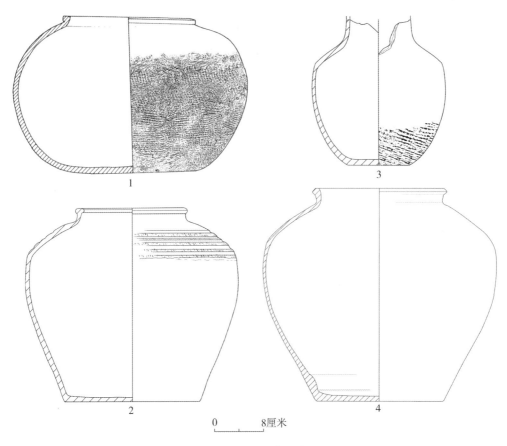

图一〇五　M55出土陶器
1.陶瓮（M55：1）　2~4.陶罐（M55：3、M55：4、M55：2）

标本M55：4，泥质灰陶。口残，有颈，弧肩，弧腹，肩腹分界明显，平底。下腹部及底部饰交错细绳纹。残高22.8厘米，肩径21.3厘米，底径9.6厘米。（图一〇五，3）

铜五铢钱　2枚。标本M55：5，残破。钱的正面边缘有一周凸起的周郭，正方形穿，穿之左右有篆书"五铢"两字；钱的背面边缘有周郭，而且穿四边也有郭。钱文的书体特点明显。五字中间两笔是弯曲的，中间两笔和上下两画相接的地方略向内靠拢，中间两笔和上下两横相接的地方是垂直的；铢字笔画清晰，朱字头方折。

四七、M56

1. 墓葬概况

M56位于Ⅰ区T10中部略偏南，开口于第一层下，距地表深0.25米，北部被M45打破，南部被M31打破。

　　该墓为梯形土坑竖穴墓，方向25°。墓葬平面呈梯形，直壁，平底。墓葬南北长3.3米，南端宽2.36米，北端宽1.8米，深0.6米。（图一〇六）

　　墓葬填土为黄褐色五花土，质地较软，结构疏松。

　　墓底南部发现少量人骨，保存较差，头向北，葬式、性别、年龄不详。未见葬具痕迹。

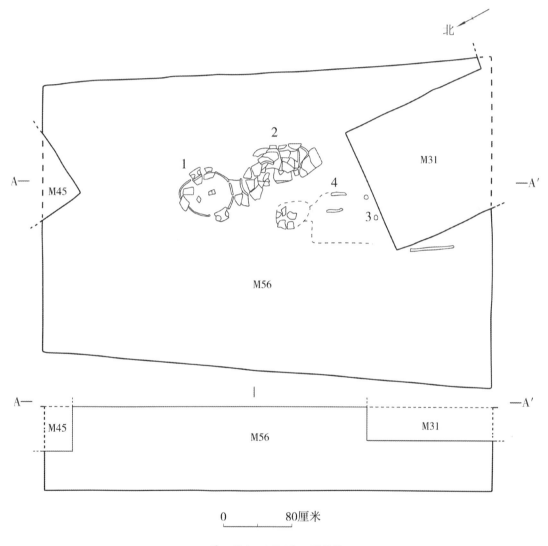

图一〇六　M56平、剖面图
1.陶双牛鼻耳罐　2.陶罐　3.铜钱　4.铁削

2. 出土遗物

　　随葬器物4件，计有陶罐、陶双牛鼻耳罐、铁削各1件，铜钱3枚（按1件计）。其中铜钱、铁削位于人骨中间，陶罐放置于墓主头骨东北部。铁削残破严重，无法复原。（图版三一，2）

陶双牛鼻耳罐 1件。标本M56：1，泥质灰陶。敞口，方圆唇，矮领，溜肩，肩部有两个对称的牛鼻耳，弧腹内收，平底。肩部及上腹部饰多周凹弦纹。高25.2厘米，口径20.6厘米，腹径30厘米，底径19厘米。（图一〇七，1）

陶罐 1件。标本M56：2，泥质灰陶。敛口，方圆唇，矮领，广肩，弧腹，平底。高29.4厘米，口径21.6厘米，肩径40.4厘米，底径23厘米。（图一〇七，2）

铜五铢钱 4枚。为剪轮五铢。残破。穿之左右有篆书"五铢"两字，钱文的书体特点明显。五字中间两笔是弯曲的，中间两笔和上下两画相接的地方略向内靠拢，中间两笔和上下两横相接的地方是垂直的；铢字笔画清晰，朱字头方折。

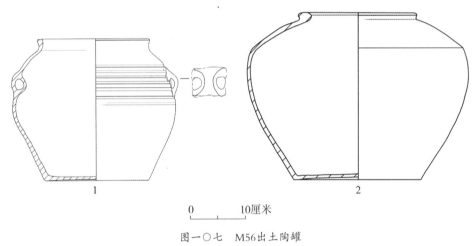

0　　　　　10厘米

图一〇七　M56出土陶罐
1.陶双牛鼻耳罐（M56：1）　2.陶罐（M56：2）

四八、M57

1. 墓葬概况

M57位于Ⅰ区T10西南角，开口于第一层下，距地表深0.25米，东北部被M31打破。

该墓为长方形土坑竖穴墓，方向180°。墓葬平面呈长方形，直壁，平底。墓葬南北长2.9米，东西宽1.3米~1.4米，深1.4米。（图一〇八；图版三一，1）

墓葬填土为黄褐色五花土，质地较软，结构疏松。

墓底中部偏西处发现1具人骨，未见葬具痕迹，人骨保存较差，葬式为仰身直肢，性别、年龄不详。

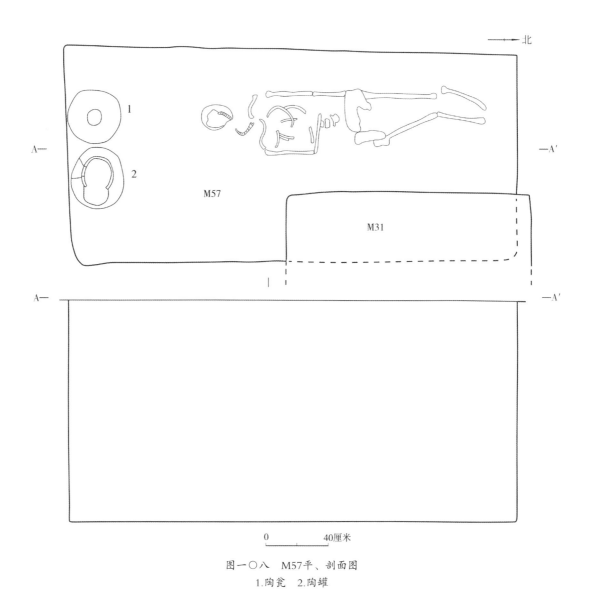

图一〇八　M57平、剖面图
1.陶瓮　2.陶罐

2. 出土遗物

随葬器物2件，计有陶瓮、陶罐各1件，放置于墓底南部。（图版三二，2）

陶瓮　1件。标本M57：1，泥质褐陶。卷沿，圆唇，直口，束颈，弧肩，鼓腹，圜底。肩部及上腹部饰凹弦纹间竖向绳纹，下腹部及底部饰交错绳纹。高23.8厘米，口径18厘米，腹径32厘米。（图一〇九，2）

陶罐　1件。标本M57：2，泥质灰陶。折沿，沿面有凹槽，方唇，敞口，束颈，广肩，弧腹，下腹内收，平底。肩部饰数周凹弦纹间竖绳纹。高33.2厘米，口径11.2厘米，肩径32.1厘米，底径20.2厘米。（图一〇九，1）

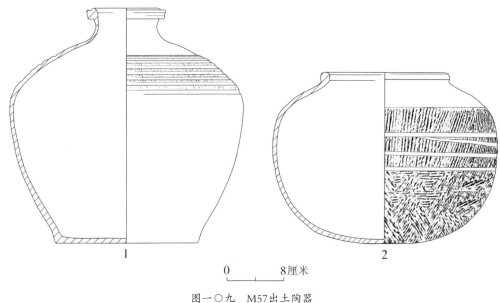

图一〇九 M57出土陶器

1.陶罐（M57：2） 2.陶瓮（M57：1）

四九、M58

1. 墓葬概况

M58位于Ⅱ区西北部，开口于第一层下，距地表深0.25米。

该墓为长方形土坑竖穴墓，方向0°。墓葬平面呈长方形，直壁，平底。墓葬南北长2.8米，东西宽0.9米，深0.85米。（图一一〇；图版三二，1）

墓葬填土为灰色五花土，质地较软，结构疏松。

墓底发现1具木棺朽痕，南北长2米，东西宽0.6米。

棺内发现1具人骨，葬式为仰身直肢，保存较差，性别、年龄不详。

2. 出土遗物

随葬器物5件，计有陶瓮、陶合碗、陶钵各1件，铜钱3枚（按1件计），玻璃珠4颗（按1件计）。其中铜钱和玻璃珠放置于棺内墓主头部左上方，陶器放置于棺外北侧。

陶瓮 1件。标本M58：1，泥质灰陶。卷沿，方唇，唇面有凹槽，弧肩，垂腹，肩腹分界明显，圆底。下腹部及底部饰交错绳纹。高24.2厘米，口径21.4厘米，腹径36.1厘米。

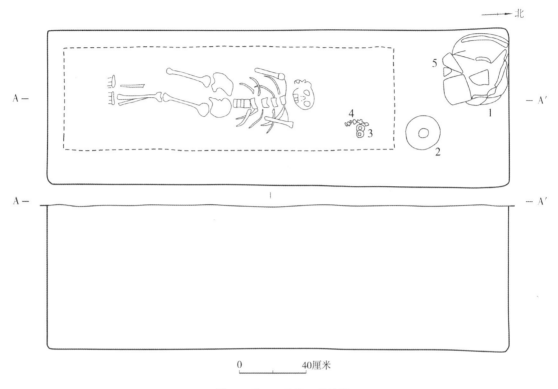

图一一〇　M58平、剖面图
1.陶瓮　2.陶合碗　3.铜钱　4.玻璃珠　5.陶钵

（图一一一，1）

　　陶合碗　1件。标本M58：2，泥质灰褐陶。由两个形制基本相同的陶钵上下扣合组成，口微敛，圆唇，弧腹，平底。通高11.6厘米，口径13.2厘米，底径6.8厘米，盖顶径4厘米。（图一一一，2）

　　陶钵　1件。标本M58：5，泥质灰陶。敛口，圆唇，折腹，下腹斜直内收，平底。高6厘米，口径15.5厘米，底径7.2厘米。（图一一一，3）

　　玻璃珠　4颗。标本M58：4，整体呈系领分段珠，两端珠较小，中间较大，上下有穿孔。长1厘米～1.6厘米。（彩版一三，4、5）

　　铜五铢钱　3枚。残破。钱的正面边缘有一周凸起的周郭，正方形穿，穿之左右有篆书"五铢"两字；钱的背面边缘有周郭，而且穿四边也有郭。钱文的书体特点明显。五字中间两笔是弯曲的，中间两笔和上下两画相接的地方略向内靠拢，中间两笔和上下两横相接的地方是垂直的；铢字笔画清晰，朱字头方折。

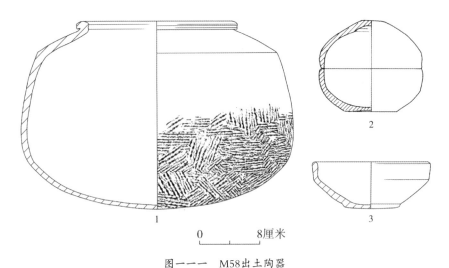

图一一一 M58出土陶器

1.陶瓮（M58：1）　2.陶合碗（M58：2）　3.陶钵（M58：5）

五〇、M59

1. 墓葬概况

M59位于Ⅱ区西北部，开口于第一层下，距地表深0.15米，向下打破M66。

该墓为长方形空心砖室墓，方向0°。墓圹平面呈长方形，直壁，平底。墓圹南北长3.9米，东西宽1.4米，深1.6米。墓圹内用空心砖砌筑，其中东西两壁分别用6块空心砖叠砌，南壁用2块空心砖叠砌，底部用10块空心砖平铺，顶部用22块空心砖盖顶，北壁未见空心砖。墓底南部为墓室，北部为头箱。砖室内部南北长3.4米，东西宽1.08米，高1米。（图一一二；图版三三，1）

墓葬填土为灰色五花土，质地较软，结构疏松。

砖室底部残存少量人骨，保存较差，葬式、性别、年龄不详。

2. 出土遗物

随葬器物9件，计有陶壶、陶盒各2件，陶瓮、陶盆、陶鼎、陶盘、铜印章各1件，均放置于头箱内。（图版三三，2）其中陶瓮残破严重，无法复原。

陶盆　1件。标本M59：3，泥质灰陶。敞口，折平沿，方唇，弧腹向下内收，平底。器表饰数周凹弦纹。高8.3厘米，口径25厘米，底径12厘米。（图一一三，3；图版三四，6）

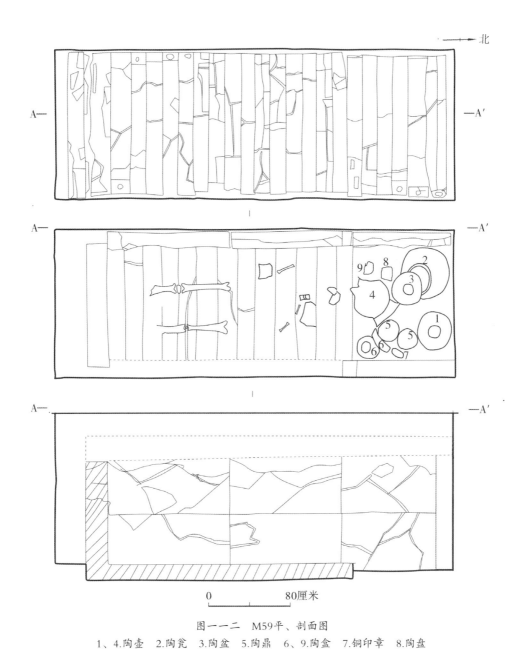

图一一二　M59平、剖面图

1、4.陶壶　2.陶瓮　3.陶盆　5.陶鼎　6、9.陶盒　7.铜印章　8.陶盘

陶鼎　1件。标本M59：5，泥质褐陶。有盖，盖为覆钵形，子口，双耳残缺，弧腹，圜底近平，下附三蹄形足。通高14厘米，口径17.6厘米；盖高9.6厘米，口径15.2厘米。（图一一三，1；图版三四，1）

陶盒　2件。标本M59：6，泥质灰陶。有盖，盖为覆钵形，敛口，圆唇，弧壁，弧顶。器为子口内敛，弧腹，平底。通高12.3厘米，口径16厘米，底径3.4厘米；盖高9.4厘米，口径15.8厘米。（图一一三，2；图版三四，2）

标本M59：9，泥质褐陶。器身残破，仅剩器盖。盖为覆钵形，敞口，方唇内凸，弧壁，弧顶。高5.4厘米，口径17.2厘米。（图一一三，4）

陶壶　2件。标本M59：1，泥质灰陶。有盖，盖为覆盘形，敞口，口内有舌，圆唇，弧壁，弧顶近平。器为敞口，方唇，束颈，溜肩，鼓腹，圜底，高圈足外撇。颈肩之间饰一周凹弦纹。通高34.2厘米，口径12.8厘米，腹径24厘米，圈足径16.4厘米；盖高2.4厘米，口径14厘米。（图一一三，5；图版三四，3）

标本M59：4，泥质灰陶。有盖，盖为覆盘形，敞口，口内有舌，方唇，弧壁，弧顶近平。器为敞口，圆唇，束颈，溜肩，鼓腹，圜底，高圈足外撇。颈肩之间饰一周凹弦纹。通高35厘米，口径14.6厘米，腹径28厘米，圈足径14厘米；盖高18厘米，口径11.8厘米。（图一一三，7）

陶盘　1件。标本M59：8，泥质灰陶。折沿，方唇，敞口，折腹，平底。高3厘米，口径14.9厘米，底径5.7厘米。（图一一三，6）

铜印　1件。标本M59：7，呈扁方形，无纽，有穿孔，双面印，字皆为篆书。一面为"宋魘"，一面为"隐阳三老"。（图一一四；图版三四，4、5）

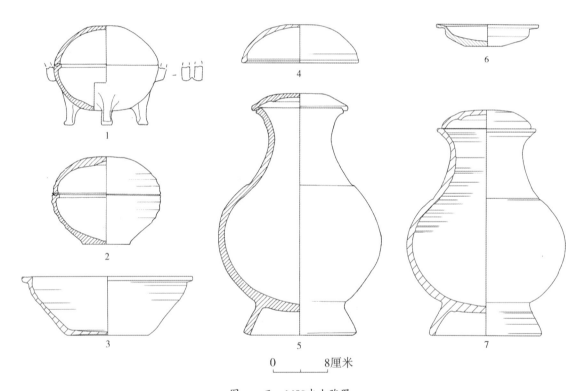

0 ────── 8厘米

图一一三　M59出土陶器

1.陶鼎（M59：5）　2.陶盒（M59：6）　3.陶盆（M59：3）

4.陶盒盖（M59：9）　5、7.陶壶（M59：1、M59：4）　6.陶盘（M59：8）

图一一四　M59出土铜印（M59：7）

五一、M60

1. 墓葬概况

M60位于Ⅱ区中部偏西，开口于第一层下，距地表深0.15米。

该墓为长方形土坑竖穴墓，方向5°。墓葬平面呈长方形，直壁，平底。墓葬南北长4.3米，东西宽1.7米，深1.7米。（图一一五；图版三五，1）

墓葬填土为灰色五花土，质地较软，结构疏松。

墓底东侧发现1具人骨，保存较差，葬式为仰身直肢，性别、年龄不详。

2. 出土遗物

随葬器物15件，计有陶壶4件，陶瓮、陶鼎、陶盒、陶盆各2件，陶杯、陶器盖各1件，分别放置于墓主右侧和头部上方。另外在填土中发现一件铁锸。（图版三五，2）

陶瓮　2件。标本M60：1，泥质灰陶。折沿，方唇，敛口，折肩，垂腹，圜底。下腹部及底部饰交错绳纹。高28.6厘米，口径20.2厘米，腹径34.8厘米。（图一一六，1；图版三六，1）

标本M60：2，泥质灰陶。器身变形。卷沿，方唇，敛口，广肩，垂腹，肩腹分界明显，圜底。下腹部及底部饰交错细绳纹。高29.2厘米，口径22.4厘米，腹径36.2厘米。（图一一六，2；图版三六，2）

陶盆　2件。标本M60：10，泥质红陶。敞口，圆唇，斜弧腹，平底。腹部饰数周凹弦纹。高7.6厘米，口径20.6厘米，底径11.4厘米。（图一一六，3）

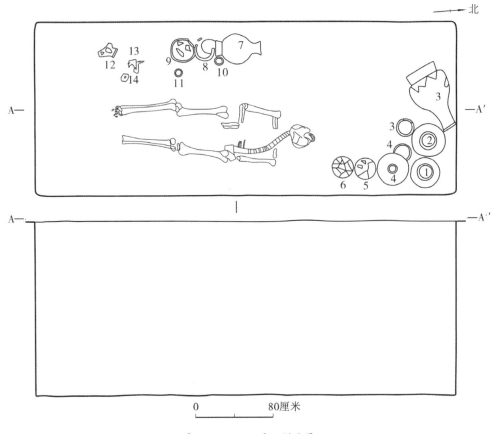

图一一五　M60平、剖面图
1、2.陶瓷　3、4、7、11.陶壶　5、6.陶盒　8、9.陶鼎　10、12.陶盆
13.陶杯　14.陶器盖

标本M60：12，泥质灰陶。敞口，圆唇，斜弧腹，平底。高7.4厘米，口径19.2厘米，底径9.2厘米。（图一一六，4）

陶鼎　2件。标本M60：8，泥质灰陶。有盖，盖为覆钵形，敛口，弧壁，弧顶，顶部残留有朱砂痕迹。器为子口内敛，两侧有两个对称的长方形附耳，附耳微外撇，弧腹，圜底，下附三蹄形足。通高14.8厘米，口径21.2厘米；盖高6厘米，口径21.2厘米。（图一一七，3；图版三六，6）

标本M60：9，泥质灰陶。器身变形。有盖，盖为覆钵形，敛口，弧壁，弧顶。器为子口内敛，两侧有两个对称的长方形附耳，附耳微外撇，弧腹，圜底，下附三蹄形足。通高16.5厘米，口径20.2厘米；盖高6.6厘米，口径20.2厘米。（图一一七，4；图版三六，3）

陶盒　2件。标本M60：5，泥质灰陶。有盖，盖为覆钵形，敞口，方唇，弧壁，弧顶。器为子口内敛，弧腹，平底。通高11.8厘米，口径21厘米，底径9厘米；盖高6厘米，口径21厘米。（图一一七，5；图版三六，5）

标本M60：6，泥质灰陶。有盖，盖为覆钵形，敞口，方唇，弧壁，弧顶。器为子口内敛，弧腹，平底。通高13.1厘米，口径20.2厘米，底径7.2厘米；盖高6厘米，口径20.2厘

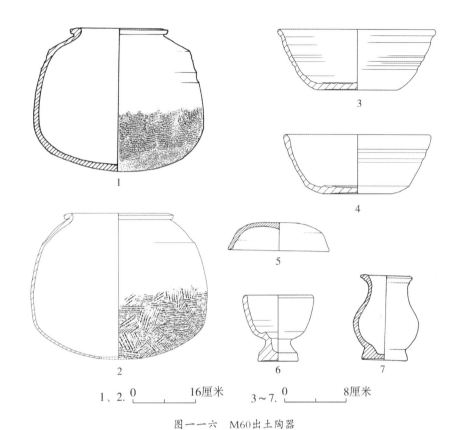

图一一六　M60出土陶器

1、2.陶瓮（M60：1、M60：2）　　3、4.陶盆（M60：10、M60：12）　　5.陶器盖（M60：14）

6.陶杯（M60：13）　　7.陶壶（M60：11）

米。（图一一七，6；图版三六，4）

　　陶壶　4件。标本M60：3，泥质灰陶。敞口，方唇，束颈，溜肩，鼓腹，圜底，高圈足微外撇。腹部饰两周粗绳纹，下腹部饰漫漶不清的绳纹。高47.8厘米，口径20.6厘米，腹径38厘米，圈足径29.4厘米。（图一一七，1）

　　标本M60：4，泥质灰陶。口残，束颈，溜肩，鼓腹，圜底，高圈足微外撇。残高45.2厘米，腹径35.6厘米，圈足径27.8厘米。（图一一七，2）

　　标本M60：7，泥质灰陶。敞口，方唇，束颈，溜肩，鼓腹，圜底，高圈足微外撇。高33.2厘米，口径14.6厘米，腹径26.6厘米，圈足径19.5厘米。（图一一七，7）

　　标本M60：11，泥质灰陶。敞口，圆唇，束颈，溜肩，鼓腹，假圈足，平底。高10.6厘米，口径6.8厘米，腹径8.6厘米，底径6厘米。（图一一六，7）

　　陶器盖　1件。标本M60：14，泥质灰陶。为覆钵形，敞口，方唇内凸，弧壁，弧顶近平。高5.8厘米，口径21.2厘米。（图一一六，5）

　　陶杯　1件。标本M60：13，泥质灰陶。侈口，圆唇，深腹内收，饼状底，底与腹之间呈亚腰形。高8.3厘米，口径9.1厘米，底径5.3厘米。（图一一六，6）

　　铁锸　1件。标本M60：15，填土中发现，残破严重，无法复原。

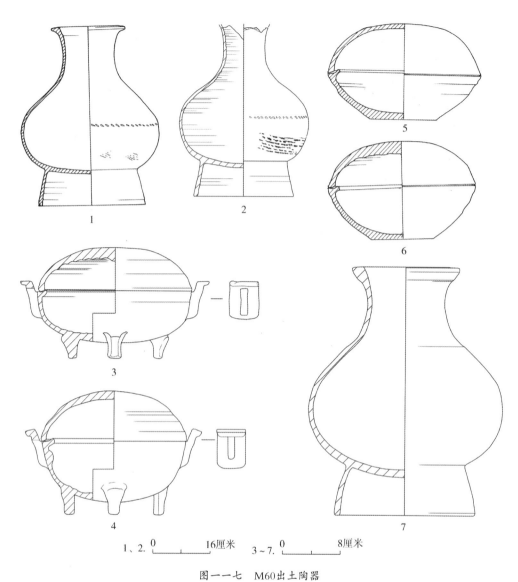

1、2. $\underset{0}{\underline{\qquad\qquad}}$ 16厘米   3～7. $\underset{0}{\underline{\qquad\qquad}}$ 8厘米

图一一七　M60出土陶器
1、2、7.陶壶（M60:3、M60:4、M60:7）　3、4.陶鼎（M60:8、M60:9）
5、6.陶盒（M60:5、M60:6）

五二、M61

1. 墓葬概况

M61位于Ⅱ区西南部，开口于第一层下，距地表深0.3米。

该墓为不规则形土坑竖穴墓，方向270°。墓葬平面呈不规则长方形，直壁，平底。墓

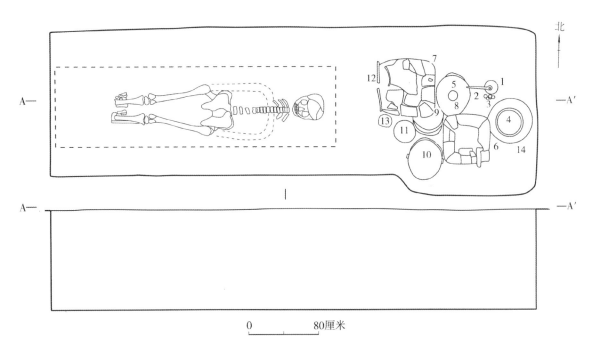

图一一八　M61平、剖面图

1.铜镜　2.铁削　3.铜钱　4、7.陶瓮　5.陶壶　6.陶钫　8、14.陶盆　9.陶盒　10.陶鼎
11.陶钵　12.铜蚁鼻钱　13.陶器盖

葬东西长3.5米，西端宽1米，东端宽1.1米，深0.7米。（图一一八；图版三七，1）

墓葬填土为黄褐色五花土，质地较软，结构疏松。

墓底发现1具木棺朽痕，东西长2米，南北宽0.56米。

棺内发现1具人骨，保存较差，葬式为仰身直肢，性别、年龄不详。

2. 出土遗物

随葬器物14件，计有陶瓮、陶盆、铜蚁鼻钱各2件，陶鼎、陶盒、陶壶、陶钫、铜镜、铁削、陶器盖各1件，铜钱12枚（按1件计），均放置于墓底棺外东端。其中铁削残破严重，无法复原。（图版三七，2）

陶瓮　2件。标本M61：4，泥质灰陶。折沿，方唇，敛口，弧肩，垂腹，圜底。上腹部饰三周凹弦纹间竖向绳纹，下腹部及底部饰交错绳纹。高30厘米，口径19.4厘米，腹径36厘米。（图一一九，6；图版三八，1）

标本M61：7，泥质褐陶。卷沿，方唇，敛口，弧肩，垂腹，圜底。下腹部及底部饰交错绳纹。高31厘米，口径22.6厘米，腹径37.5厘米。（图一一九，7）

陶盆　2件。其中一件残。标本M61：8，泥质灰陶。敞口，圆唇，弧腹，平底。器身饰数周不规则凹弦纹。高8.6厘米，口径21.8厘米，底径11厘米。（图一一九，3；图版

三八，4）

陶鼎　1件。标本M61：10，泥质灰陶。有盖，盖为覆钵形，敞口，方唇，弧壁，弧顶，顶部彩绘漫漶不清。器为子口微敛，两侧有两个对称的长方形附耳，一耳竖直，一耳微外撇，弧腹，圜底，下附三蹄形足。通高14.8厘米，口径20.3厘米；盖高5厘米，口径20.6厘米。（图一一九，1；图版三八，2）

陶盒　1件。标本M61：9，泥质灰陶。有盖，盖为覆钵形，敞口，方唇，弧壁，弧顶，顶部彩绘漫漶不清，下部饰四周红色彩绘。器为子口微敛，弧腹，平底。通高14厘米，口径20.5厘米，底径8厘米；盖高5厘米，口径20.8厘米。（图一一九，2；图版三八，3）

陶壶　1件。标本M61：5，泥质灰陶。敞口，圆唇，束颈，溜肩，鼓腹，圜底，高圈足微外撇。高32.4厘米，口径14.6厘米，腹径24.3厘米，圈足径20.7厘米。（图一一九，4）

陶钫　1件。标本M61：6，泥质灰陶。上部残，鼓腹，平底，方圈足微外撇。残高32.8厘米，方圈足边长21.6厘米。（图一一九，5）

陶器盖　1件。标本M61：13，泥质灰陶。盖为覆盘形，敞口，方唇，腹内壁中部有凸棱，弧壁，弧顶。高3厘米，口径16厘米。（图一一九，8）

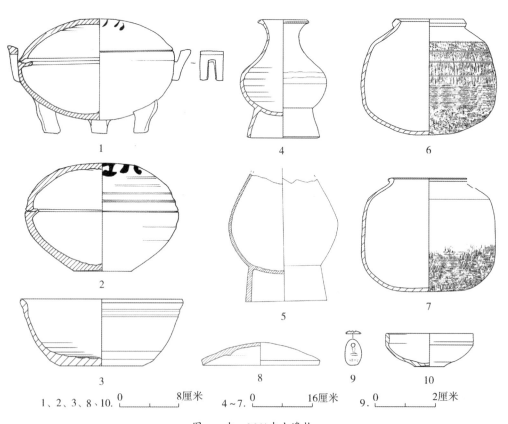

图一一九　M61出土遗物

1.陶鼎（M61：10）　2.陶盒（M61：9）　3.陶盆（M61：8）　4.陶壶（M61：5）
5.陶钫（M61：6）　6、7.陶瓮（M61：4、M61：7）　8.陶器盖（M61：13）
9.铜蚁鼻钱（M61：12）　10.陶钵（M61：11）

陶钵　1件。标本M61：11，泥质灰陶。敞口，圆唇，折弧腹，平底。高5.7厘米，口径15.3厘米，底径3.7厘米。（图一一九，10；图版三八，5）

铜镜　1面。标本M61：1，残。圆形，三弦纽，纽外饰几何纹，几何纹外的双线方框内有铭文，铭文漫漶不清。规矩纹将内区分为四方八区，内填蟠螭纹，宽素平缘。镜面微凸。直径10.7厘米，缘厚0.57厘米。（图一二〇；图版三八，6）

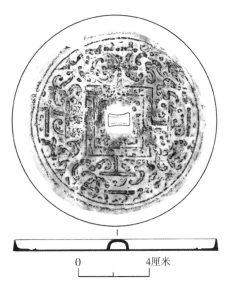

图一二〇　M61出土铜镜（M61：1）

铜半两钱　12枚。有的已残破。圆形方穿，"半两"二字分列穿之左右，右"半"左"两"，笔画方折。标本M61：3-1，直径2.34厘米。重2.5克。（图一二一，1）

标本M61：3-2，直径2.32厘米。重2.9克。（图一二一，2）

标本M61：3-4，面文隐起。直径2.68厘米。重3.48克。（图一二一，3）

标本M61：3-5，面文隐起。直径2.6厘米。重3.5克。（图一二一，4）

标本M61：3-6，面文隐起。直径2.4厘米。重2.53克。（图一二一，6）

标本M61：3-7，面文隐起。直径2.4厘米。重2.5克。（图一二一，7）

标本M61：3-8，面径2.28，背径2.4厘米。重2.66克。（图一二一，8）

标本M61：3-9，面径2.32，背径2.42厘米。重2.7克。（图一二一，9）

铜蚁鼻钱　2枚。标本M61：3-3，椭圆形，背平，面弧，上部有穿孔。面有铭文"朱"。长2厘米，宽1.08厘米。重2.5克。（图一二一，5）

标本M61：12，椭圆形，背平，面弧，上部有穿孔。面有铭文"巽"。长1.6厘米，宽1厘米。重1.5克。（图一二一，10）

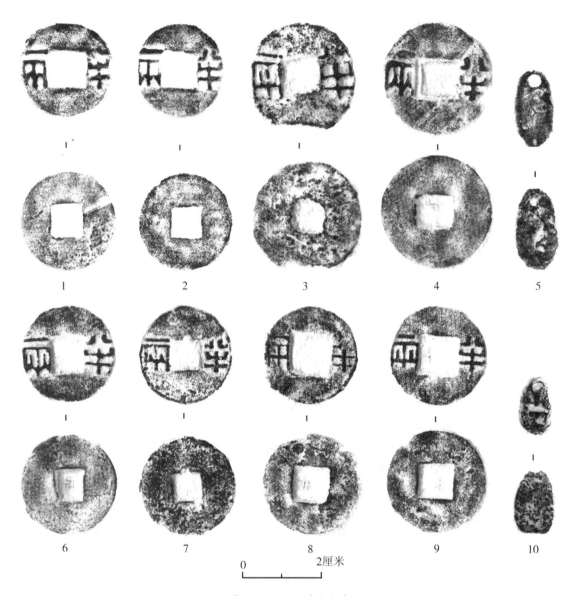

图一二一　M61出土铜钱

1~4.铜半两钱（M61：3-1、2，M61：3-4、5）　　5、10.铜蚁鼻钱（M61：3-3、M61：3-12）

6~9.铜半两钱（M61：3-6~9）

五三、M62

1. 墓葬概况

M62位于Ⅱ区西南部，开口于第一层下，距地表深0.5米。

该墓为梯形土坑竖穴墓，方向90°。墓葬平面呈梯形，直壁，平底。墓葬东西长3.6

米，西端宽1.6米，东端宽1.4米，深1.4米。（图一二二；图版三九，1）

墓葬填土为黄褐色五花土，质地较软，结构疏松。

墓底发现1具木棺朽痕，东西长2米，南北宽0.9米。

棺内发现1具人骨，葬式为仰身直肢，上肢交叉放于腹部，性别、年龄不详。

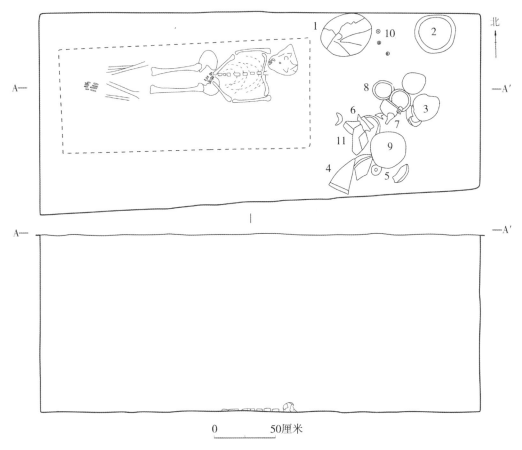

0   50厘米

图一二二　M62平、剖面图
1、2.陶瓮　3、5.陶壶　4.陶钫　6、8.陶盒　7、9.陶鼎
10.铜钱　11.陶盘

2．出土遗物

随葬器物11件，计有陶瓮、陶鼎、陶壶、陶盒各2件，陶钫、陶盘各1件，铜钱19枚
（按1件计），均放置于墓底棺外东端。（图版三九，2）

陶瓮　2件。标本M62：1，泥质灰陶。卷沿，沿面有凹槽，方唇，敛口，弧肩，垂
腹，圜底。下腹部及底部饰交错绳纹。高29.2厘米，口径22.6厘米，腹径37厘米。（图
一二三，2）

标本M62：2，泥质灰陶。折沿，方唇，敛口，弧肩，垂腹，圜底。下腹部及底部饰

交错绳纹。高28.5厘米，口径24厘米，腹径35.7厘米。（图一二三，1）

陶鼎　2件。标本M62：7，泥质灰陶。有盖，盖为覆钵形，敞口，弧壁，弧顶。器为子口微敛，两侧有两个对称的长方形附耳，附耳微外撇，弧腹，圜底，下附三蹄形足。通高15厘米，口径19.5厘米；盖高5厘米，口径19厘米。（图一二三，4）

标本M62：9，泥质红陶。残破严重，无法复原。

陶盒　2件。标本M62：6，泥质灰陶。有盖，盖为覆钵形，敛口，弧壁，小平顶。器为子口内敛，弧腹，平底。通高15厘米，口径19.8厘米，底径8.5厘米；盖高5厘米，口径19厘米。（图一二三，6）

标本M62：8，泥质灰陶。有盖，盖为覆钵形，敛口，弧壁，小平顶。器为子口内敛，弧腹，平底。通高15厘米，口径19.3厘米，底径8.5厘米；盖高5厘米，口径19厘米。（图一二三，5）

陶壶　2件。标本M62：3，泥质灰陶。敞口，方唇，束颈，溜肩，鼓腹，圜底，高圈

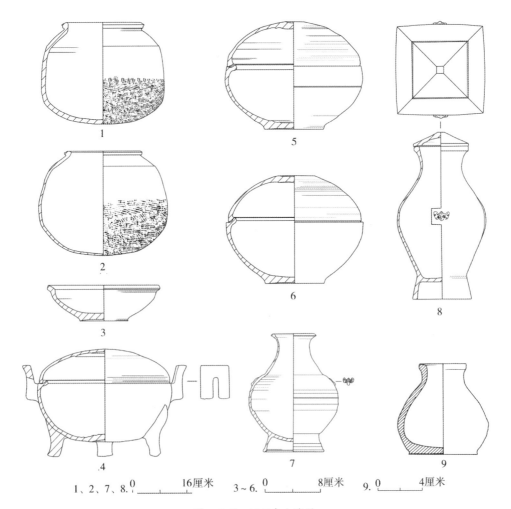

图一二三　M62出土陶器

1、2.陶瓮（M62：2、M62：1）　3.陶盘（M62：11）　4.陶鼎（M62：7）
5、6.陶盒（M62：8、M62：6）　7、9.陶壶（M62：3、M62：5）　8.陶钫（M62：4）

足微外撇。腹部饰数周较宽的凹弦纹。高42厘米，口径16.7厘米，腹径32.7厘米，圈足径22厘米。（图一二三，7）

标本M62：5，泥质灰陶。敞口，圆唇，束颈，鼓腹，平底。高8厘米，口径4.3厘米，腹径8.2厘米，底径6.2厘米。（图一二三，9）

陶钫　1件。标本M62：4，泥质红陶。有盖，盖为盝顶形。器为方口微侈，束颈，鼓腹，腹部有两个对称的铺首，平底，方圈足微外撇。通高47.2厘米，口边长15.5厘米，方圈足边长16.8厘米；盖高5厘米，口边长16厘米。（图一二三，8）

陶盘　1件。标本M62：11，泥质灰陶。折沿，圆唇，敞口，斜弧腹，平底。高5厘米，口径16.5厘米，底径7厘米。（图一二三，3）

铜半两钱　19枚。标本M62：10，残破。圆形方穿，"半两"二字分列穿之左右，右"半"左"两"，笔画方折。

五四、M63

1. 墓葬概况

M63位于Ⅱ区西南部，开口于第一层下，距地表深0.3米。

该墓为长方形土坑竖穴墓，方向270°。墓葬平面呈长方形，直壁，平底。墓葬东西长3.8米，南北宽1.8米，深1.6米。南壁有一长方形壁龛，内壁圆弧，宽1米，高0.5米，进深0.8米。（图一二四；图版四〇，1）

墓葬填土为黄褐色五花土，质地较软，结构疏松。

墓底发现1具木棺朽痕，东西长2.3米，南北宽1.1米。

棺内发现1具人骨，保存较差，葬式为仰身直肢，性别、年龄不详。

2. 出土遗物

随葬器物5件，计有陶瓮、陶鼎、陶壶、陶钵各1件，铜半两钱68枚（按1件计），均放置于墓底棺外东端。（图版四〇，2）

陶瓮　1件。标本M63：4，泥质褐陶。卷沿，沿面有凹槽，方唇，敛口，弧肩，鼓腹，圜底近平。肩部及上腹部饰凹弦纹间竖向绳纹，下腹部及底部饰交错绳纹。高23.8厘米，口径18厘米，腹径32厘米。（图一二五，1）

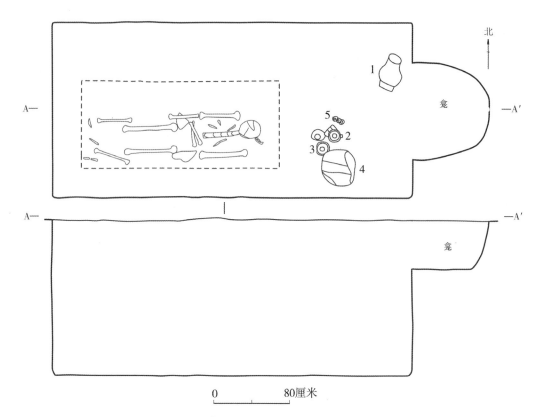

图一二四　M63平、剖面图
1.陶壶　2.陶鼎　3.陶钵　4.陶瓮　5.铜钱

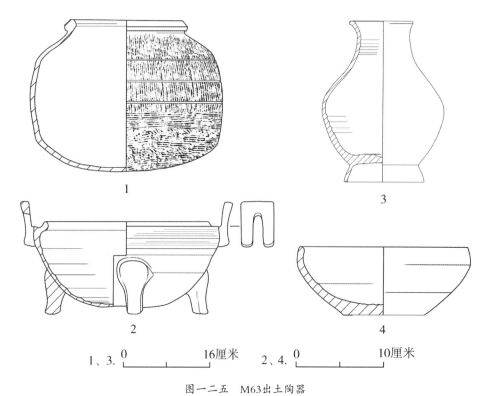

图一二五　M63出土陶器
1.陶瓮（M63：4）　2.陶鼎（M63：2）　3.陶壶（M63：1）　4.陶钵（M63：3）

陶鼎　1件。标本M63：2，泥质灰陶。子口内敛，两侧有两个对称的长方形附耳，附耳微外撇，弧腹，圜底，下附三蹄形足。高10厘米，口径17厘米。（图一二五，2）

陶壶　1件。标本M63：1，泥质褐陶。敞口，方唇，束颈，溜肩，鼓腹，平底，圈足外撇。高28.6厘米，口径11.6厘米，腹径22.2厘米，圈足径14.8厘米。（图一二五，3）

陶钵　1件。标本M63：3，泥质灰陶。敛口，圆唇，上腹较直，下腹斜直内收，平底。高6.1厘米，口径15.4厘米，底径7.5厘米。（图一二五，4）

铜半两钱　68枚。多已残破。圆形方穿，"半两"二字分列穿之左右，右"半"左"两"，笔画方折。标本M63：5-1，直径2.31厘米。重3.1克。（图一二六，1）

标本M63：5-2，直径2.39厘米。重3.5克。（图一二六，2）

标本M63：5-3，直径2.29厘米。重1.2克。（图一二六，3）

标本M63：5-4，直径2.7厘米。重2.49克。（图一二六，4）

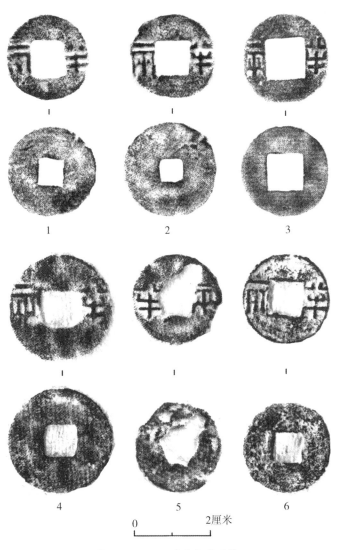

图一二六　M63出土铜半两钱
1～6.M63：5-1～6

标本M63：5-5，直径2.34厘米。重2.4克。（图一二六，5）

标本M63：5-6，直径2.33厘米。重1.93克。（图一二六，6）

五五、M64

1. 墓葬概况

M64位于Ⅱ区西北部，开口于第一层下，距地表深0.3米，向下打破M78。

该墓为梯形土坑竖穴墓，方向185°。墓葬平面呈梯形，直壁，底部南高北低。墓葬南北长4.06米，东西宽2.2米～2.4米，深1.8米～1.9米。（图一二七）

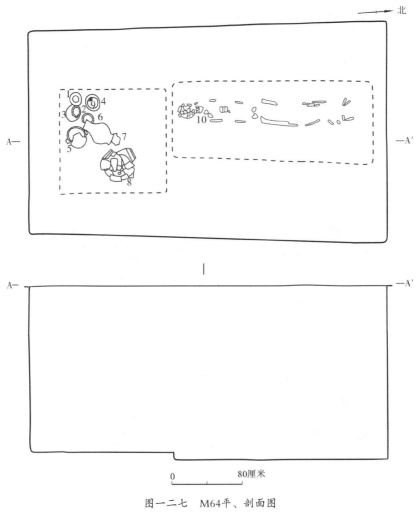

图一二七　M64平、剖面图

1.陶盘　2.陶匜　3.陶器盖　4.陶盒　5.陶鼎　6、7.陶壶

8.陶瓮　9.铜钱　10.残玉块

墓葬填土为黄褐色五花土，质地较软，结构疏松。

墓底北部发现1具木棺朽痕，南北长2.46米，东西宽0.84米。

棺内发现1具人骨，保存较差，葬式可能为仰身直肢，性别、年龄不详。

墓底南部发现1个头箱朽痕，南北长1.2米，东西宽1.16米。

2. 出土遗物

随葬器物10件，计有陶壶2件，陶器盖、陶盘、陶鼎、陶盒、陶瓮、陶匜、残玉块各1件，铜钱1串。其中玉块置于棺内墓主头骨口内，其余器物放置于南端头箱内。

陶瓮　1件。标本M64：8，泥质灰陶。卷沿，方唇，唇缘有凹槽，敛口，斜弧肩，垂腹，肩腹分界明显，圜底。下腹部及底部饰交错绳纹。高24.9厘米，口径20.8厘米，腹径33厘米。（图一二八，1）

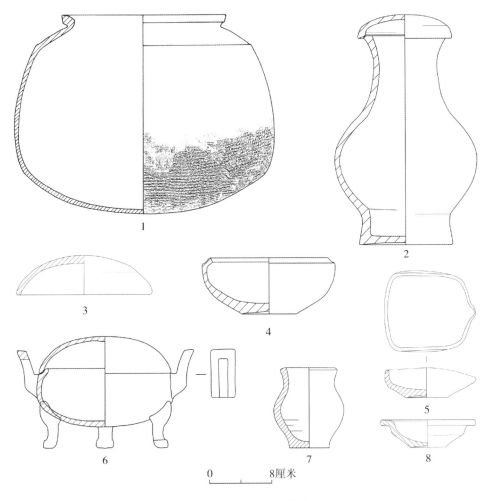

0 _____ 8厘米

图一二八　M64出土陶器

1.陶瓮（M64：8）　2、7.陶壶（M64：6、M64：7）　3.陶器盖（M64：3）　4.陶盒（M64：4）

5.陶匜（M64：2）　6.陶鼎（M64：5）　8.陶盘（M64：1）

陶鼎　1件。标本M64：5，泥质灰陶。有盖，盖为覆钵形，敞口，圆唇，弧壁，弧顶。器为子口内敛，两侧有两个对称的长方形附耳，附耳微外撇，弧腹，圈底近平，下附三蹄形足。通高13.9厘米，口径17厘米；盖高5厘米，口径17厘米。（图一二八，6）

陶盒　1件。标本M64：4，泥质浅灰陶。仅剩器身。子口内敛，弧腹，平底内凹。高7厘米，口径15.2厘米，底径7厘米。（图一二八，4）

陶壶　2件。标本M64：6，泥质灰陶。有盖，盖为覆盘形，敞口，方唇，唇缘有凹槽，弧壁，弧顶近平。器为敞口，方唇，束颈，鼓腹，假圈足。通高28.8厘米，口径10.6厘米，腹径18.4厘米，圈足径12厘米；盖高3厘米，口径12.1厘米。（图一二八，2）

标本M64：7，泥质灰陶。敞口，圆唇，束颈，溜肩，鼓腹，平底。高10厘米，口径7.4厘米，底径5.2厘米。（图一二八，7）

陶盘　1件。标本M64：1，泥质灰陶。折平沿，方唇，敞口，弧腹，平底微内凹。高3.4厘米，口径13厘米，底径4.6厘米。（图一二八，8）

陶匜　1件。标本M64：2，泥质灰陶。前有短扁流，器身呈倭角方形，圆唇，弧腹，平底。下腹部有刀削痕。高3.8厘米，带流长11.9厘米，宽10.2厘米；底长5厘米，宽1.5厘米。（图一二八，5）

陶器盖　1件。标本M64：3，泥质灰陶。敞口，方唇，唇缘有凹槽，弧壁，弧顶。高6.2厘米，口径16.4厘米。（图一二八，3）

玉块　1件。残。标本M64：10，青白玉。微透明，上饰卷云纹。

铜五铢钱　1串。标本M64：9，锈蚀严重。

五六、M65

1. 墓葬概况

M65位于Ⅱ区西北部，开口于第一层下，距地表深0.2米。

该墓为“甲”字形空心砖室墓，方向0°。墓葬由墓道和墓室两部分组成。

墓道位于墓室北端，平面呈长方形，直壁，坡状底，发掘部分长0.64米，东西宽1.4米，深0.76米~1米。

墓室位于墓道南端，平面呈长方形，直壁，平底，底部低于墓道底部1.1米。墓圹南北长4米，东西宽2米，深2.1米。墓圹内用空心砖砌筑墓室，砖室内部南北长2.8米，东西宽1.34米，高1.4米。底部用10块1.3米×0.26米×0.2米空心砖平铺，南北两壁各用2块1.3米

×0.5米×0.14米空心砖砌筑，东西两壁受损严重，推测使用与南北两壁规格相近的空心砖各4块砌筑，顶部用12块1.3米×0.22米×0.19米空心砖盖顶。（图一二九；图版四一，1）

墓葬填土为黄褐色五花土，质地较软，结构疏松。

砖室底部发现少量人骨，保存较差，葬式可能为仰身直肢，性别、年龄不详。

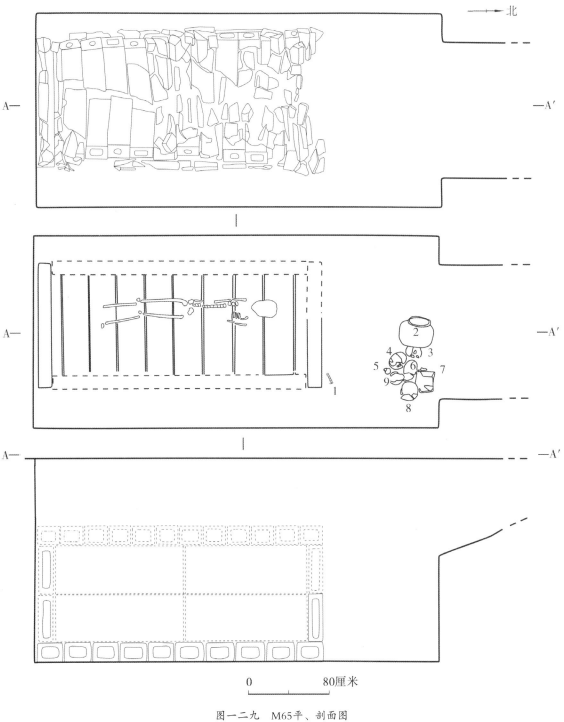

图一二九　M65平、剖面图
1.铜钱　2.陶瓮　3.陶罐　4、9.陶鼎　5.陶壶　6、8.陶盒　7.陶钫

2. 出土遗物

随葬器物9件，计有陶鼎、陶盒各2件，陶瓮、陶罐、陶壶、陶钫各1件，铜钱43枚（按1件计），放置于墓底北部、砖室外北侧。其中陶钫残破严重，无法复原。（图版四二，2）

陶瓮　1件。标本M65：2，泥质灰陶。折沿，方唇，敛口，弧肩，垂腹，圜底。下腹部及底部饰交错绳纹。高27.8厘米，口径21.4厘米，腹径34.1厘米。（图一三〇，2）

陶鼎　2件。标本M65：4，泥质红灰陶。有盖，盖为覆钵形，方唇内凸，弧壁，弧顶。器为子口内敛，两侧有两个对称的长方形附耳，附耳微外撇，弧腹，圜底，下附三蹄形足。通高13.7厘米，口径16.2厘米；盖高5厘米，口径17厘米。（图一三〇，1）

标本M65：9，泥质红灰陶。有盖，盖为覆钵形，方唇，弧壁，弧顶。器为子口内敛，弧腹，圜底近平，下附三蹄形足。通高13.2厘米，口径16.3厘米；盖高5厘米，口径16.5厘米。（图一三〇，4）

陶盒　2件。标本M65：6，泥质灰陶。有盖，盖为覆钵形，敞口，方唇内凸，弧壁，

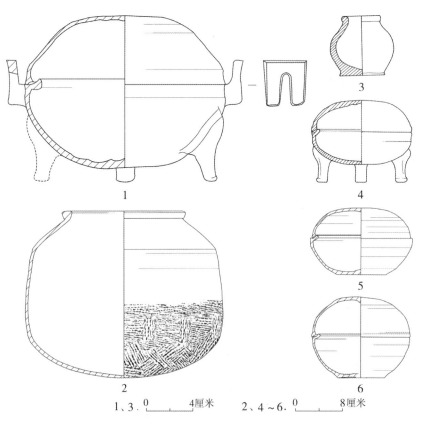

1、3.　0 ____ 4厘米　　　2、4～6.　0 ____ 8厘米

图一三〇　M65出土陶器

1、4.陶鼎（M65：4、M65：9）　2.陶瓮（M65：2）　3.陶壶（M65：5）

5、6.陶盒（M65：8、M65：6）

弧顶。器为子口内敛，弧腹，平底。通高13.4厘米，口径16.7厘米，底径8厘米；盖高7厘米，口径17厘米。（图一三〇，6）

标本M65：8，泥质灰陶。有盖，盖为覆钵形，敞口，方唇内凸，弧壁，弧顶。器为子口内敛，弧腹，平底。通高11厘米，口径17.3厘米，底径8.5厘米；盖高5厘米，口径16.7厘米。（图一三〇，5）

陶壶　1件。标本M65：5，泥质红陶。敞口，圆唇，束颈，鼓腹，平底。高4.9厘米，口径4.3厘米，腹径5.4厘米，底径3.8厘米。（图一三〇，3）

铜半两钱　43枚。多已残破。圆形方穿，"半两"二字分列穿之左右，右"半"左"两"，笔画方折。标本M65：1-1，直径2.38厘米。重2.3克。（图一三一，1）

标本M65：1-2，直径2.3厘米。重2.4克。（图一三一，2）

标本M65：1-3，直径2.31厘米。重2.5克。（图一三一，3）

标本M65：1-4，直径2.5厘米。重3克。（图一三一，4）

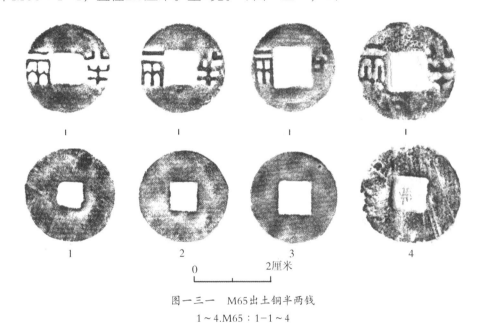

图一三一　M65出土铜半两钱
1～4.M65：1-1～4

五七、M66

1. 墓葬概况

M66位于Ⅱ区西北部，开口于第一层下，距地表深0.15米，被M59打破。

该墓为长方形土坑竖穴墓，方向0°。墓葬平面呈长方形，斜壁，平底。墓口南北长3.4

米，东西宽1.7米；墓底南北长3.2米，东西宽1.6米；墓深1.7米。（图一三二；图版四二，1）

墓葬填土为五花土，质地较软，结构疏松。

墓底发现有木棺和边箱朽痕。棺痕位于墓底中部，南北长1.98米，东西宽0.7米，厚0.08米。棺内发现1具人骨，保存较差，仅存部分头骨和下肢骨，葬式、性别、年龄不详。

边箱位于墓底西部和北部，呈曲尺形，南北长2.94米，北部宽1.6米，南部宽0.56米。

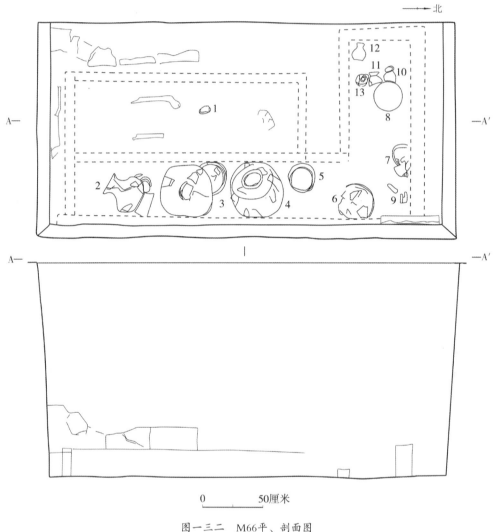

图一三二　M66平、剖面图
1.蚌壳　2、3、12、13.陶壶　4.陶瓮　5.陶合碗　6、8.陶鼎　7.陶盒
9.铅车马器　10、11.陶杯

2. 出土遗物

随葬器物13件，计有陶壶4件，陶鼎、陶杯各2件，陶瓮、陶盒、陶合碗各1件，另外还有蚌壳1件和铅车马器多件（按1件计）。蚌壳放置于棺内墓主腹部，其余器物放置于边箱

内。铅车马器残破严重，无法复原。（图版四二，2）

陶瓮　1件。标本M66：4，泥质黑皮陶。折沿，方唇，敛口，弧肩，垂腹，肩腹分界明显，圜底。上腹部饰间隔竖绳纹，下腹部及底部饰交错绳纹。高28.7厘米，口径21.7厘米，腹径40.5厘米。（图一三三，1）

陶鼎　2件。标本M66：6，泥质灰陶。有盖，盖为覆钵形，敞口，方唇，弧壁，弧顶。器为子口内敛，两侧有两个对称的长方形附耳，附耳微外撇，弧腹，圜底，下附三蹄形足。下腹部有刀削痕迹。通高17厘米，口径20.8厘米；盖高6.5厘米，口径20厘米。（图一三三，3）

标本M66：8，泥质灰陶。有盖，盖为覆钵形，敞口，方唇，弧壁，弧顶。器为子口内敛，两侧有两个对称的长方形附耳，附耳微外撇，弧腹，圜底，下附三蹄形足。通高16.7厘米，口径20.4厘米；盖高6厘米，口径19.6厘米。（图一三三，2）

陶壶　4件。标本M66：2，泥质灰陶。有盖，盖为盔形，敞口，方唇内凸，弧壁，弧

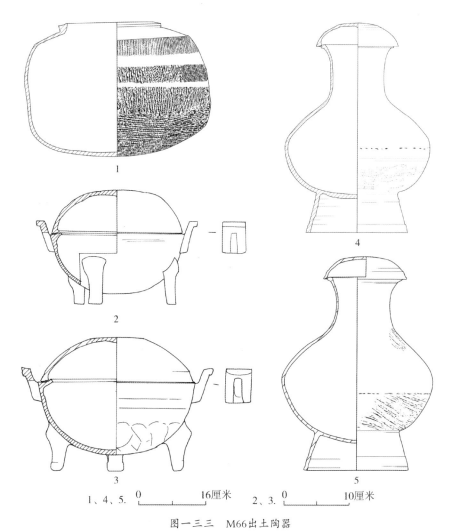

图一三三　M66出土陶器
1.陶瓮（M66：4）　2、3.陶鼎（M66：8、M66：6）　4、5.陶壶（M66：3、M66：2）

顶。器为敞口，方唇，束颈，溜肩，鼓腹，圜底，圈足外撇。腹部饰漫漶不清的绳纹。通高50.3厘米，口径18.2厘米，腹径37厘米，圈足径25.7厘米；盖高4.5厘米，口径20.2厘米。（图一三三，5）

标本M66：3，泥质灰陶。有盖，盖为盔形，敞口，方唇内凸，弧壁，弧顶。器为敞口，方唇，束颈，溜肩，鼓腹，圜底，圈足外撇。腹部饰漫漶不清的绳纹。通高49.3厘米，口径17.6厘米，腹径35.5厘米，圈足径24.8厘米；盖高3.5厘米，口径20厘米。（图一三三，4）

标本M66：12，泥质灰陶。敞口，圆唇，束颈，溜肩，弧腹，平底。高10.4厘米，口径6.2厘米，腹径8.6厘米，底径6厘米。（图一三四，1）

标本M66：13，泥质灰陶。敞口，圆唇，束颈，溜肩，弧腹，平底。高10.5厘米，口径6.6厘米，腹径8.8厘米，底径6厘米。（图一三四，2）

陶合碗　1件。标本M66：5，泥质灰陶。有盖，盖为敞口，圆唇，弧壁，平顶。器为敞口，圆唇，折弧腹，平底。通高12.5厘米，口径16厘米，底径7厘米；盖高6.8厘米，口径15.3厘米，顶径5.8厘米。（图一三四，5）

陶杯　2件。标本M66：10，泥质灰陶。侈口，圆唇，深腹内收，饼状底，底与腹之间呈亚腰形。高9.3厘米，口径9.5厘米，底径5.2厘米。（图一三四，4）

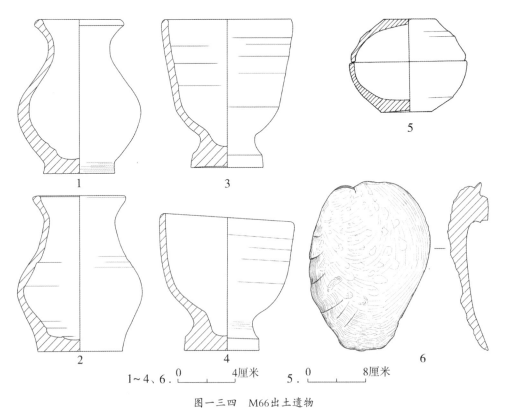

图一三四　M66出土遗物

1、2.陶壶（M66：12、M66：13）　3、4.陶杯（M66：11、M66：10）

5.陶合碗（M66：5）　6.蚌壳（M66：1）

标本M66∶11，泥质灰陶。侈口，圆唇，深腹内收，饼状底，底与腹之间呈亚腰形。高10厘米，口径9厘米，底径5厘米。（图一三四，3）

蚌壳 1件。标本M66∶1，保存基本完整。长11.3厘米，宽8厘米。（图一三四，6）

五八、M67

1. 墓葬概况

M67位于Ⅱ区中部偏西，开口于第一层下，距地表深0.15米，西部被M60打破。

该墓为"甲"字形土坑竖穴墓，方向5°。墓葬由墓道和墓室两部分组成。

墓道位于墓室南端，平面呈长方形，直壁，坡状底。南北长2.3米，东西宽1.4米，底端深0.55米。

墓室位于墓道北端，平面呈长方形，斜壁，平底，底部有生土二层台。墓口南北长3.4米，东西宽2.3米；墓底南北长2.24米，东西宽1米；墓深1.9米。墓底四周生土二层台宽窄不一，东、南、西生土二层台宽0.1米，北生土二层台宽0.7米，高0.15米。（图一三五；图版四三，1）

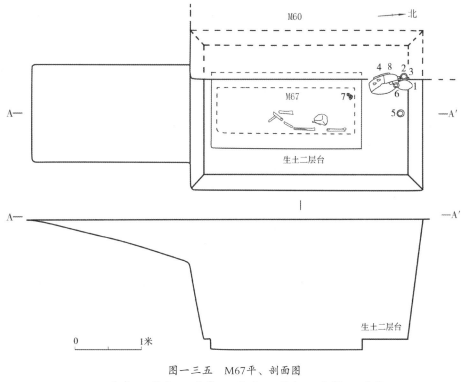

图一三五 M67平、剖面图

1、3.陶壶 2.陶鼎 4.陶瓮 5.陶盘 6.陶盒 7.铜钱 8.陶钵

墓葬填土为黄褐色五花土，质地较软，结构疏松。

墓室底部发现1具木棺朽痕，棺痕南北长2.02米，东西宽0.66米。

棺内发现1具人骨，保存较差，仅存头骨和少量肢骨，肢骨凌乱，葬式、性别、年龄不详。

2. 出土遗物

随葬器物8件，计有陶壶2件，陶瓮、陶鼎、陶盒、陶钵、陶盘各1件，铜钱27枚（按1件计）。其中铜钱放置于棺内墓主头骨西北侧，陶器放置于墓底北部生土二层台上。（图版四三，2）

陶瓮 1件。标本M67：4，泥质灰陶。折沿，方唇，敛口，弧肩，垂腹，肩腹分界明显，圜底。下腹部及底部饰交错绳纹。高27.8厘米，口径19.6厘米，腹径35.4厘米。（图一三六，4）

陶鼎 1件。标本M67：2，泥质红陶。有盖，盖为覆钵形，敞口，方唇内凸，弧壁，弧顶近平。器为子口内敛，两侧有两个对称的长方形附耳，附耳微外撇，弧腹，圜底，下附三蹄形足。通高13.2厘米，口径16.8厘米；盖高4.6厘米，口径17厘米。（图一三六，3）

陶盒 1件。标本M67：6，泥质灰陶。仅有器身。子口内敛，弧腹，平底。高7.6厘米，口径17.5厘米，底径8厘米。（图一三六，6）

陶壶 2件。标本M67：1，泥质灰陶。敞口，方唇，束颈，鼓腹，平底，圈足外撇。高32.3厘米，口径12.4厘米，圈足径15.4厘米。（图一三六，5）

标本M67：3，泥质灰陶。敞口，尖圆唇，束颈，溜肩，弧腹，平底。高5.8厘米，口径2.7厘米，底径4.3厘米。（图一三六，7）

陶盘 1件。标本M67：5，泥质褐陶。折沿，方圆唇，敞口，斜弧腹，平底。高4.1厘米，口径15.4厘米，底径5.6厘米。（图一三六，2）

陶钵 1件。标本M67：8，泥质红灰陶。敛口，圆唇，弧腹，平底。高6.5厘米，口径15.9厘米，底径6.8厘米。（图一三六，1）

铜五铢钱 27枚。有的残破。钱的正面边缘有一周凸起的周郭，正方形穿，穿之左右有篆书"五铢"两字；钱的背面边缘有周郭，而且穿四边也有郭。钱文的书体特点明显。五字中间两笔是弯曲的，中间两笔和上下两画相接的地方略向内靠拢，中间两笔和上下两横相接的地方是垂直的；铢字笔画清晰，朱字头方折。标本M67：7-1，直径2.63厘米。重2.6克。（图一三七，1）

标本M67：7-2，直径2.58厘米。重2.5克。（图一三七，2）

标本M67：7-3，直径2.2厘米。重2.3克。（图一三七，3）

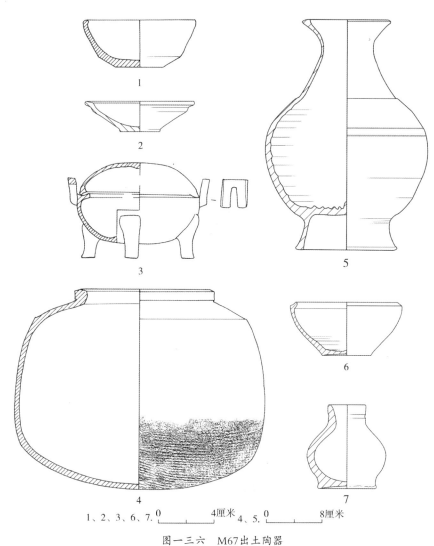

图一三六　M67出土陶器

1陶钵（M67：8）　2.陶盘（M67：5）　3.陶鼎（M67：2）　4.陶瓮（M67：4）

5、7.陶壶（M67：1、M67：3）　6.陶盒（M67：6）

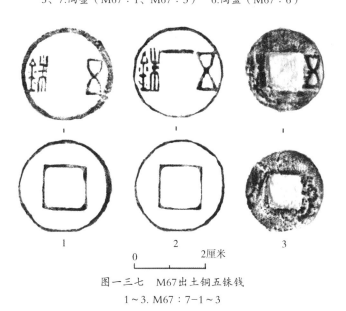

图一三七　M67出土铜五铢钱

1~3. M67：7-1~3

五九、M68

1. 墓葬概况

M68位于Ⅱ区西南部，开口于第一层下，距地表深0.3米，向下打破M75。

该墓为长方形土坑竖穴墓，方向270°。墓葬平面呈长方形，斜壁，平底。墓底东部和东北部有生土台。墓口东西长4.9米，南北宽2.32米；墓底东西长3.7米，南北宽1.8米；墓深2.2米。东部生土台长1.3米，宽0.32米，高0.35米；东北部生土台长1.03米，宽0.64米，高0.64米。（图一三八；图版四四，1）

墓葬填土为黄褐色五花土，质地坚硬，结构致密，可能经过夯打。

墓底西部发现1具木棺朽痕，东西长2米，南北宽0.8米。

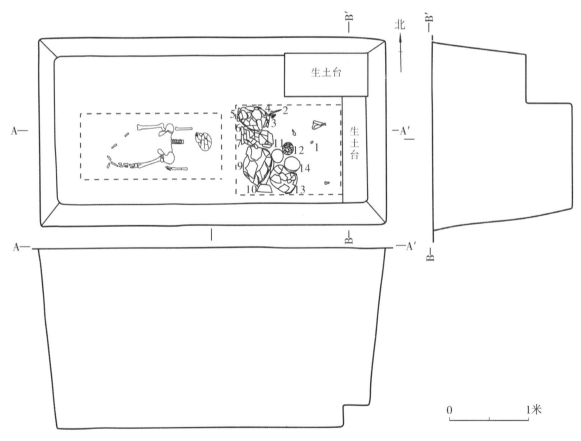

图一三八 M68平、剖面图

1.骨牌 2.铁环首刀 3.铜钱 4.铜带钩 5.陶壶 6.陶钫 7、13.陶瓮

8、12.陶盒 9.陶鼎 10、14.陶盆 11.陶盘

棺内发现1具人骨，保存较差，头向东，面向西，下肢交叉，性别、年龄不详。

棺外东端为头箱朽痕，东西长1.48米，南北宽1.1米。

2. 出土遗物

随葬器物14件，计有陶瓮、陶盒、陶盆各2件，陶鼎、陶壶、陶钫、陶盘、铜带钩、铁环首刀、骨牌各1件，铜钱24枚（按1件计），均放置于头箱内。其中陶壶残破严重，无法复原。（图版四四，2）

陶瓮　2件。标本M68：7，泥质灰陶。折沿，沿面有凹槽，方唇，敛口，斜肩，垂腹，肩腹分界明显，圜底。下腹部及底部饰交错绳纹。高29.6厘米，口径20.8厘米，腹径34.4厘米。（图一三九，1）

标本M68：13，泥质灰陶。折沿，方唇，敛口，斜弧肩，垂腹，肩腹分界明显，圜底。下腹部及底部饰交错绳纹。高28.4厘米，口径20.4厘米，腹径34.2厘米。（图

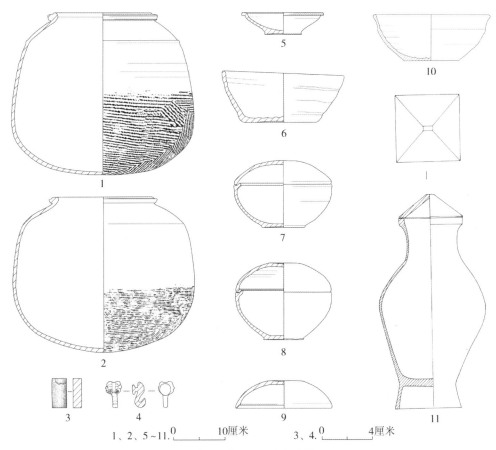

图一三九　M68出土遗物

1、2.陶瓮（M68：7、M68：13）　3.骨牌（M68：1）　4.铜带钩（M68：4）
5.陶盘（M68：11）　6、10.陶盆（M68：14、M68：10）　7、8.陶盒（M68：8、M68：12）
9.陶鼎盖（M68：9）　11.陶钫（M68：6）

一三九，2）

陶鼎　1件。标本M68：9，泥质灰陶。器身残破严重，仅余鼎盖。盖为覆钵形，敞口，方唇内凸，弧壁，弧顶近平。高5厘米，口径18.1厘米。（图一三九，9）

陶盒　2件。标本M68：8，泥质褐陶。有盖，盖为覆钵形，敞口，圆唇，弧壁，弧顶。器为子口内敛，弧腹，平底。通高12.2厘米，口径18.6厘米，底径8厘米；盖高4.5厘米，口径18.4厘米。（图一三九，7）

标本M68：12，泥质灰陶。有盖，盖为覆钵形，敞口，方唇内凸，弧壁，弧顶近平。器为子口内敛，弧腹，平底。通高14厘米，口径18厘米，底径7.6厘米；盖高5.5厘米，口径18.2厘米。（图一三九，8）

陶盘　1件。标本M68：11，泥质灰陶。折沿，方唇，唇面有凹槽，斜弧腹，平底。高4厘米，口径15.4厘米，底径6.9厘米。（图一三九，5）

陶钫　1件。标本M68：6，泥质黑皮陶。有盖，盖为盝顶形，敞口，斜直壁。器为方口外敞，方唇，束颈，鼓腹，平底，方圈足外撇。通高47.8厘米，口边长15厘米，方圈足边长15.6厘米；盖高5厘米，口边长15厘米。（图一三九，11）

陶盆　2件。标本 M68：10，泥质灰陶。敞口，圆唇，束颈，弧腹，平底。高8.4厘米，口径22.2厘米，底径10.2厘米。（图一三九，10）

标本M68：14，泥质灰陶。敞口，圆唇，弧腹，平底。腹部有两周凹槽。高9.4厘米，口径23厘米，底径13.4厘米。（图一三九，6）

铜带钩　1件。标本M68：4，钩为兽首形，背部有一圆纽，腹短而近圆形，腹部有兽形花纹。长2.2厘米。（图一三九，4）

铁环首刀　1件。标本M68：2，残破锈蚀严重。扁圆形环。

骨牌　1件。标本M68：1，象牙质，体呈长方形。长2.6厘米，宽1.4厘米，厚0.8厘米。（图一三九，3）

铜半两钱　24枚。标本M68：3，残破锈蚀严重。圆形方穿，"半两"二字分列穿之左右，右"半"左"两"，笔画方折。

六〇、M69

1. 墓葬概况

M69位于Ⅱ区中部偏南，开口于第一层下，距地表深0.3米，向下打破M73。

该墓为"甲"字形土坑竖穴墓，方向0°。墓葬由墓道和墓室两部分组成。

墓道位于墓室南端，平面呈长方形，直壁，底部呈阶梯状。墓道南北长1.3米，东西宽1.2米，底端深0.86米；台阶高约0.06米。

墓室位于墓道北端，平面呈长方形，直壁，平底略凹。南北长4米，东西宽1.7米～1.9米，深1.7米。（图一四〇；图版四五，1）

墓葬填土为黄褐色五花土，质地较软，结构疏松。

墓底西南部发现1具木棺朽痕，长2.3米，宽0.68米。

棺内发现1具人骨，保存较差，仅存头骨和少量肢骨，葬式、性别、年龄不详。

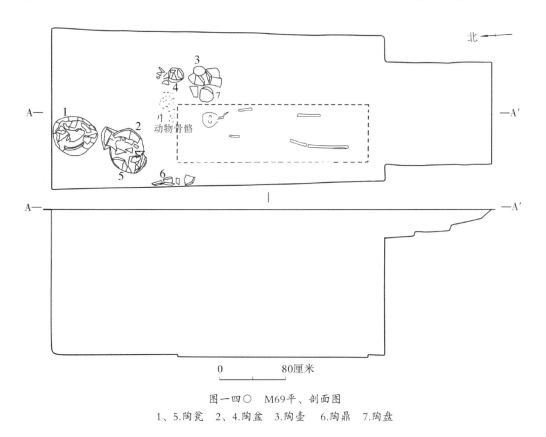

图一四〇　M69平、剖面图
1、5.陶瓮　2、4.陶盆　3.陶壶　6.陶鼎　7.陶盘

2. 出土遗物

随葬器物7件，计有陶瓮、陶盆各2件，陶鼎、陶壶、陶盘各1件，均放置于棺外北部。（图版四五，2）

陶瓮　2件。标本M69：1，泥质灰陶。折沿，方唇，敛口，斜弧肩，垂腹，肩腹分界明显，圆底。下腹部及底部饰交错绳纹。高27.4厘米，口径20厘米，腹径35.2厘米。（图一四一，2）

标本M69：5，泥质灰陶。方唇，矮领，领壁有凹槽，斜弧肩，垂腹，圆底。下腹部及

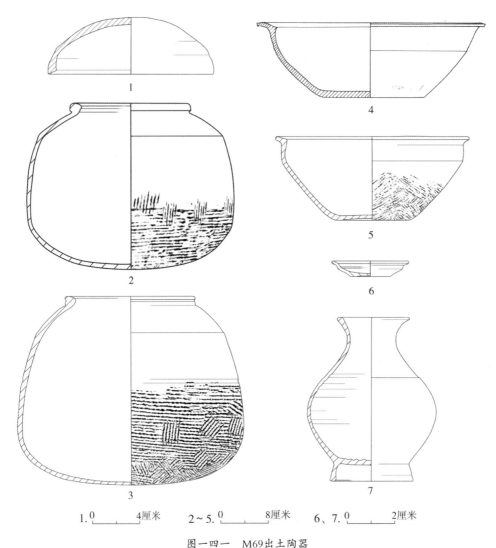

图一四一　M69出土陶器

1.陶鼎盖（M69：6）　2、3.陶瓮（M69：1、M69：5）　4、5.陶盆（M69：2、M69：4）
6.陶盘（M69：7）　7.陶壶（M69：3）

底部饰交错绳纹。高30.8厘米，口径22.2厘米，腹径38.4厘米。（图一四一，3）

陶盆　2件。标本M69：2，泥质灰陶。折沿，方唇，唇缘有凹槽，肩微折，斜弧腹，平底。高12.2厘米，口径37厘米，底径16.8厘米。（图一四一，4）

标本M69：4，泥质灰陶。折沿，方唇，敛口，折肩，斜弧腹，平底。高13.7厘米，口径32.4厘米，底径12.2厘米。（图一四一，5）

陶鼎　1件。标本M69：6，泥质红褐陶。器身残破，仅剩器盖。盖为覆钵形，敞口，方唇内凸，弧壁，弧顶。高4.5厘米，口径14.5厘米。（图一四一，1）

陶壶　1件。标本M69：3，泥质灰陶。敞口，尖圆唇，束颈，鼓腹，颈腹间有一周凸棱，平底，圈足微外撇。高28厘米，口径12.2厘米，腹径23厘米，圈足径14.8厘米。（图一四一，7）

陶盘　1件。标本M69：7，泥质灰陶。敞口，折沿，弧腹，平底。高2.7厘米，口径13.8厘米，底径7厘米。（图一四一，6）

六一、M70

1. 墓葬概况

M70位于Ⅱ区中部，开口于第一层下，距地表深0.3米。

该墓为"甲"字形土坑竖穴墓，方向180°。墓葬由墓道和墓室两部分组成。

墓道位于墓室南端，平面呈长方形，直壁，底部呈台阶状。墓道南北长3米，东西宽1.5米，底端深1.9米。

墓室位于墓道北端，平面呈长方形，斜壁，平底。墓口南北长4.1米，东西宽2米；墓底南北长3.9米，东西宽1.6米；墓深2.2米。（图一四二；图版四六，1）

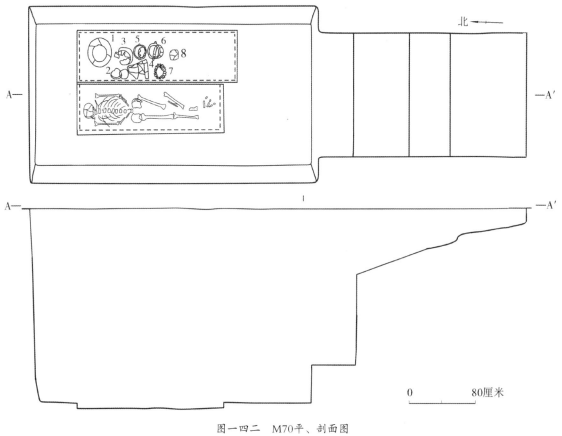

图一四二　M70平、剖面图
1.陶瓮　2.陶盒　3.陶壶　4.陶钫　5、6.陶鼎　7.铜钱　8.陶盘

墓葬填土为黄褐色五花土，质地较硬，结构致密，经过夯打。

墓底中部发现1具木棺朽痕，长2米，宽0.55米。棺痕区域低于墓底7厘米～10厘米。

棺内发现1具人骨，保存较差，葬式为仰身直肢，性别、年龄不详。

棺东侧有长方形边箱朽痕，长2.25米，宽0.65米。边箱痕区域低于墓底7厘米～10厘米。

2. 出土遗物

随葬器物8件，计有陶鼎2件，陶瓮、陶盒、陶壶、陶盘、陶钫各1件，铜钱13枚（按1件计），均放置于墓底棺东侧边箱内。（图版四六，2）

陶瓮 1件。标本M70：1，泥质灰陶。折沿，方唇，直口，斜弧肩，垂腹，肩腹分界明显，圜底。下腹部及底部饰交错绳纹。高26.6厘米，口径19.4厘米，腹径32.4厘米。（图一四三，1）

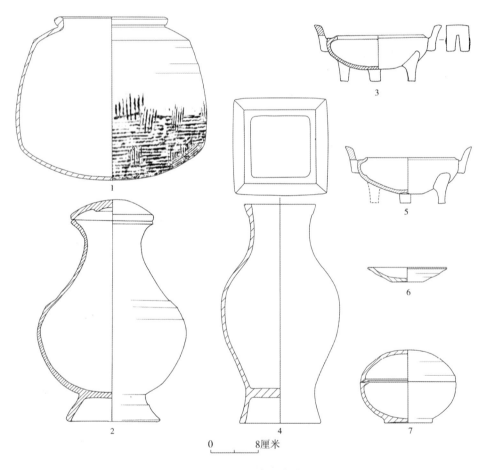

图一四三 M70出土陶器

1.陶瓮（M70：1） 2.陶壶（M70：3） 3、5.陶鼎（M70：5、M70：6） 4.陶钫（M70：4）

6.陶盘（M70：8） 7.陶盒（M70：2）

陶鼎　2件。标本M70：5，泥质灰陶。子口内敛，两侧有两个对称的长方形附耳，附耳微外撇，弧腹，平底，下附三蹄形足。高10.3厘米，口径16厘米。（图一四三，3）

标本M70：6，泥质灰陶。子口内敛，两侧有两个对称的长方形附耳，附耳微外撇，弧腹，平底，下附三蹄形足。高10.4厘米，口径16厘米。（图一四三，5）

陶盒　1件。标本M70：2，泥质红陶。有盖，盖为覆钵形，敞口，方唇内凸，弧壁，弧顶。器为子口内敛，弧腹，平底。盖壁饰两周凹弦纹。通高11.8厘米，口径16厘米，底径8厘米；盖高5厘米，口径16.6厘米。（图一四三，7）

陶壶　1件。标本M70：3，泥质红陶。有盖，盖为覆盘形，敞口，口内有舌，弧顶。器为敞口，方唇，束颈，鼓腹，肩腹之间有一周凸棱，平底，圈足外撇，通高36厘米，口径14厘米，腹径25.4厘米，圈足径16厘米；盖高3厘米，口径14厘米。（图一四三，2）

陶钫　1件。标本M70：4，泥质灰陶。方形敞口，方唇，束颈，鼓腹，平底，方圈足微外撇。高35.6厘米，口边长12厘米，方圈足边长16厘米。（图一四三，4）

陶盘　1件。标本M70：8，泥质灰陶。折沿，尖唇，敞口，斜弧腹，平底。高2.4厘米，口径13.2厘米，底径5.2厘米。（图一四三，6）

铜半两钱　13枚。标本M70：7，残破。圆形方穿，"半两"二字分列穿之左右，右"半"左"两"，笔画方折。

六二、M71

1. 墓葬概况

M71位于Ⅱ区中部偏北，开口于第一层下，距地表深0.2米，向下打破M81。

该墓为长方形空心砖室墓，方向0°。墓圹平面呈长方形，直壁，平底。南北长4.4米，东西宽1.7米，深1.3米。墓圹内用空心砖砌筑，砖室由墓室和头箱两部分组成。

墓室位于南部，底部用13块条形空心砖铺底，南北两壁各用2块长方形空心砖竖砌，东西两壁各用8块完整的条形空心砖和4块半截的条形空心砖砌筑，顶部用16块条形空心砖盖顶。砖室内部南北长2.46米，东西宽1米，高0.7米。（图一四四；图版四七，1）

砖室底部发现1具人骨，保存较差，仅存头骨和少量肢骨，葬式可能为仰身直肢，性别、年龄不详。

头箱位于墓室北侧，底部未铺空心砖，南壁即墓室北壁。北壁用2块长方形空心砖砌筑，东西两壁各用2块空心砖砌筑，顶部用6块条形空心砖盖顶。头箱内部南北长0.88米，

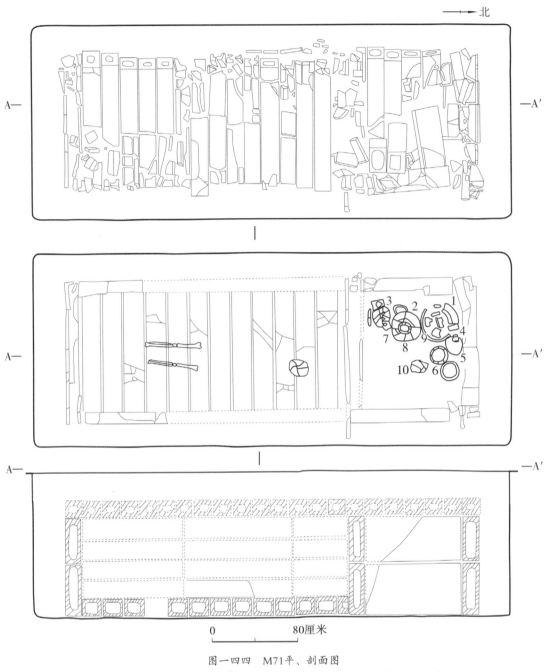

图一四四　M71平、剖面图

1.陶瓮　2、3.陶壶　4.陶罐　5、6.陶盒　7、8.陶鼎　9.陶钵　10.陶盘

东西宽1米，高0.86米。

2. 出土遗物

随葬器物10件，计有陶鼎、陶盒、陶壶各2件，陶瓮、陶罐、陶钵、陶盘各1件，均放置于头箱内。（图版四七，2）

陶瓮　1件。标本M71：1，泥质灰陶。卷沿，沿面有凹槽，方唇，斜弧肩，弧腹，肩腹分界明显，圜底。下腹部及底部饰交错绳纹。高24厘米，口径18.2厘米，腹径34厘米。（图一四五，1）

陶鼎　2件。标本M71：7，泥质灰褐陶。有盖，盖为覆盘形，敞口，方唇内凸，弧壁，弧顶近平。器为子口内敛，两侧有两个对称的长方形附耳，附耳微外撇，弧腹，圜底近平，下附三蹄形足。通高14厘米，口径17厘米；盖高4.5厘米，口径17厘米。（图一四五，3）

标本M71：8，泥质红褐陶。有盖，盖为覆盘形，敞口，方唇内凸，弧壁，弧顶。器为子口内敛，两侧有两个对称的长方形附耳，附耳微外撇，弧腹，圜底，下附三蹄形足。通高14.6厘米，口径4.6厘米；盖高5厘米，口径17厘米。（图一四五，4）

陶盒　2件。标本M71：5，泥质灰褐陶。有盖，盖为覆盘形，敞口，方唇内凸，弧

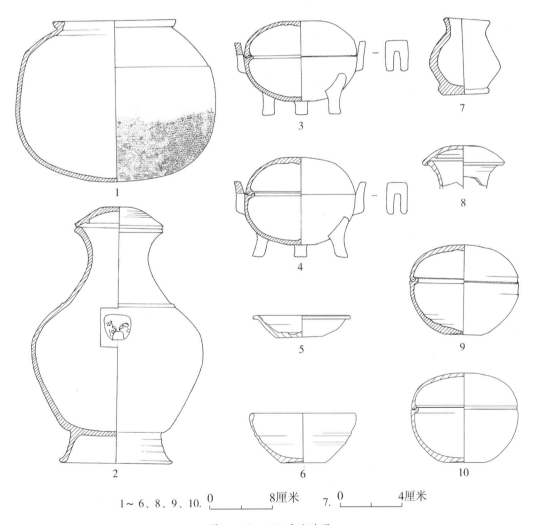

1～6、8、9、10. 0 _____ 8厘米　　7. 0 _____ 4厘米

图一四五　M71出土陶器

1.陶瓮（M71：1）　2、8.陶壶（M71：3、M71：2）　3、4.陶鼎（M71：7、M71：8）　5.陶盘（M71：10）

6.陶钵（M71：9）　7.陶罐（M71：4）　9、10.陶盒（M71：6、M71：5）

壁，弧顶。器为子口内敛，弧腹，平底。通高12.2厘米，口径17厘米，底径7.1厘米；盖高5厘米，口径16.8厘米。（图一四五，10）

标本M71：6，泥质灰褐陶。有盖，盖为覆盘形，敞口，方唇内凸，弧壁，弧顶。器为子口内敛，弧腹，平底。通高13.3厘米，口径16.4厘米，底径6厘米；盖高5.2厘米，口径17厘米。（图一四五，9）

陶壶 2件。标本M71：2，泥质红陶。有盖，为盔形，敞口，口内有舌，方唇，弧壁，弧顶。器身只有残口沿。盖高3.2厘米，口径13.8厘米。（图一四五，8）

标本M71：3，泥质红陶。有盖，为盔形，敞口，口内有舌，方唇，弧壁，弧顶近平。器为敞口，方唇，束颈，鼓腹，平底，圈足外撇。通高38厘米，口径13.4厘米，圈足径16.1厘米；盖高3.5厘米，口径13.4厘米。（图一四五，2）

陶盘 1件。标本M71：10，泥质红褐陶。折沿，方唇，敞口，弧腹，平底。高3.4厘米，口径15厘米，底径7厘米。（图一四五，5）

陶钵 1件。标本M71：9，泥质灰陶。敛口，圆唇，弧腹，平底。腹部有两周凸棱。高7.4厘米，口径16.3厘米，底径6.8厘米。（图一四五，6）

陶罐 1件。标本M71：4，泥质褐陶。敞口，圆唇，束颈，鼓腹，平底。器身残留有彩绘。高5.7厘米，口径3.6厘米，底径3.9厘米。（图一四五，7）

六三、M72

M72位于Ⅱ区北部，开口于第一层下，距地表深0.2米。

该墓为"甲"字形砖室墓，方向180°。墓葬由墓道和墓室两部分组成。墓圹平面呈长方形，直壁，南部为墓道，北部为墓室。墓圹南北长5.8米，宽1.92米。

墓道平面为长方形，直壁，坡状底。墓道南北长2.6米，东西宽1.92米，深0.68米~0.97米。

墓室平面为长方形，直壁，平底。南北长3.2米，东西宽1.92米，深0.97米；砖室保存较差，仅存南段及封门。封门用单排墓砖错缝平砌，墓室底部用单砖错缝平铺，北、西、东三壁用单砖错缝平砌。（图一四六）

墓葬填土为黄褐色五花土，质地较软，结构疏松。

未见葬具、人骨痕迹及随葬器物。

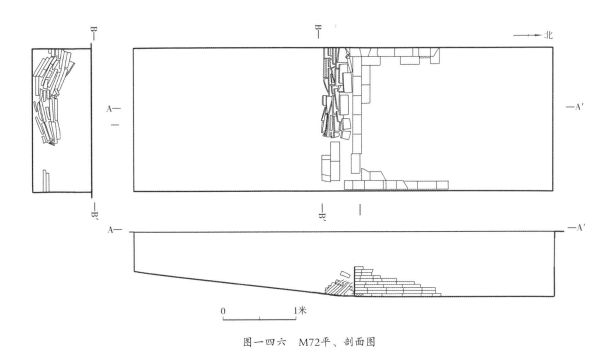

图一四六　M72平、剖面图

六四、M73

1. 墓葬概况

M73位于Ⅱ区中部偏东，开口于第一层下，距地表深0.15米，东侧被M69打破。

该墓为"甲"字形空心砖室墓，方向0°。墓葬由墓道和墓室两部分组成。

墓道位于墓室南端，平面呈长方形，直壁，坡状底。墓道南北长1.7米，东西宽1.3米，深0.56米～1.2米。

墓室位于墓道北端，墓圹平面呈长方形，直壁，平底。南北长4.6米，东西宽2.3米，深2.26米。墓室用空心砖砌筑，底部用11块条形空心砖铺就，东西两壁各用2块长方形空心砖和2块条形空心砖砌筑，北端用2块长方形空心砖砌筑，南端用4块长方形空心砖砌筑，顶部用13块条形空心砖盖顶。墓室内部南北长2.48米，东西宽1.3米，高0.7米。

头箱位于墓室北部，北壁用1块条形空心砖和1块长方形空心砖砌筑，南壁即墓室北壁，底部未铺砖，顶部用4块条形空心砖盖顶。头箱内部东西长1.22米，南北宽0.6米，高0.9米。（图一四七；图版四八，1）

墓葬填土为黄褐色五花土，质地较软，结构疏松。

砖室底部发现1具人骨，葬式为仰身直肢，上肢交叉放于腹部，性别、年龄不详。

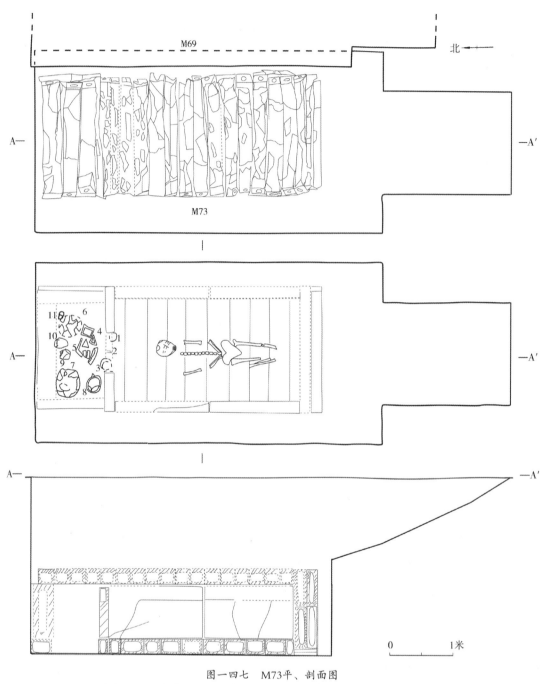

图一四七　M73平、剖面图

1、2.陶盒　3、8.陶鼎　4、6.陶壶　5.陶钫　7.陶瓮　9.陶盆　10.陶器盖　11.陶盘

2. 出土遗物

随葬器物11件，计有陶鼎、陶盒、陶壶各2件，陶瓮、陶盆、陶钫、陶盘、陶器盖各1件，均放置于头箱内。其中陶瓮、陶壶残破严重，无法复原。（图版四八，2）

陶鼎　2件。标本M73：3，泥质浅灰陶。有盖，盖为覆钵形，敞口，方唇内凸，弧

壁，弧顶。器为子口内敛，两侧有两个对称的长方形附耳，附耳微外撇，弧腹，圜底近平，下附三蹄形足。通高14.2厘米，口径15.5厘米；盖高5.6厘米，口径15.4厘米。（图一四八，6）

标本M73：8，泥质灰陶。器身残破，仅存器盖。盖为覆钵形，敞口，方唇内凸，弧壁，弧顶近平。盖高5.4厘米，口径18.5厘米。（图一四八，8）

陶盒　2件。标本M73：1，泥质灰陶。有盖，盖为覆钵形，敞口，方唇内凸，弧壁，弧顶。器为子口内敛，弧腹，平底。通高13厘米，口径17.2厘米，底径8厘米；盖高5.2厘米，口径15.5厘米。（图一四八，3）

标本M73：2，泥质浅灰陶。有盖，盖为覆钵形，敞口，方唇内凸，弧壁，弧顶。器为子口内敛，弧腹，平底。通高12.2厘米，口径15.8厘米，底径5.8厘米；盖高5.3厘米，口径

图一四八　M73出土陶器

1.陶钫（M73：5）　2.陶盘（M73：11）　3、4.陶盒（M73：1、M73：2）　5.陶盆（M73：9）
6.陶鼎（M73：3）　7、10.陶壶（M73：6、M73：4）　8.陶鼎盖（M73：8）　9.陶器盖（M73：10）

15.8厘米。（图一四八，4）

陶壶　2件。标本M73：4，泥质灰陶。口残。有颈，鼓腹，平底。残高8.2厘米，圈足径5.4厘米。（图一四八，10）

标本M73：6，泥质红陶。残。敞口，方唇，束颈，鼓腹，平底，圈足外撇。残高26.2厘米，圈足径15.4厘米。（图一四八，7）

陶钫　1件。标本M73：5，泥质灰陶。有盖，盖为盝顶形，敞口，斜直壁。器为方形敞口，方唇，束颈，鼓腹，平底，方圈足外撇。通高38.8厘米，口边长12.2厘米，方圈足边长12.8厘米；盖高4.2厘米，口边长12.6厘米。（图一四八，1）

陶盆　1件。标本M73：9，泥质褐陶。折沿，方唇，弧折肩，斜弧腹，平底。高12.3厘米，口径26.2厘米，底径9.4厘米。（图一四八，5）

陶器盖　1件。标本M73：10，泥质浅灰陶。盖为覆钵形，敞口，方唇内凸，弧壁，弧顶近平。高5.2厘米，口径16厘米。（图一四八，9）

陶盘　1件。标本M73：11，泥质浅灰陶。圆唇，敞口，斜弧腹，平底。高2.9厘米，口径13.6厘米，底径6.1厘米。（图一四八，2）

六五、M74

1. 墓葬概况

M74位于Ⅱ区东南部，开口于第一层下，距地表深0.3米。

该墓为长方形空心砖室墓，方向180°。墓圹平面呈长方形，直壁，平底。南北长2.4米，东西宽1.4米，深1.5米。墓圹内用空心砖砌筑墓室，底部用4块长方形空心砖铺底，南北两端各用1块长方形空心砖砌筑，东西两壁各用2块长方形空心砖砌筑，顶部用6块空心砖盖顶。砖室内部南北长2米，东西宽0.64米，高0.54米。（图一四九）

墓葬填土为黄褐色五花土，质地较软，结构疏松。

砖室底部发现1具人骨，保存较差，葬式可能为仰身直肢，性别、年龄不详。

2. 出土遗物

随葬器物2件，计有陶罐1件，铜钱17枚（按1件计），放置于墓室南端、墓主人头顶端。

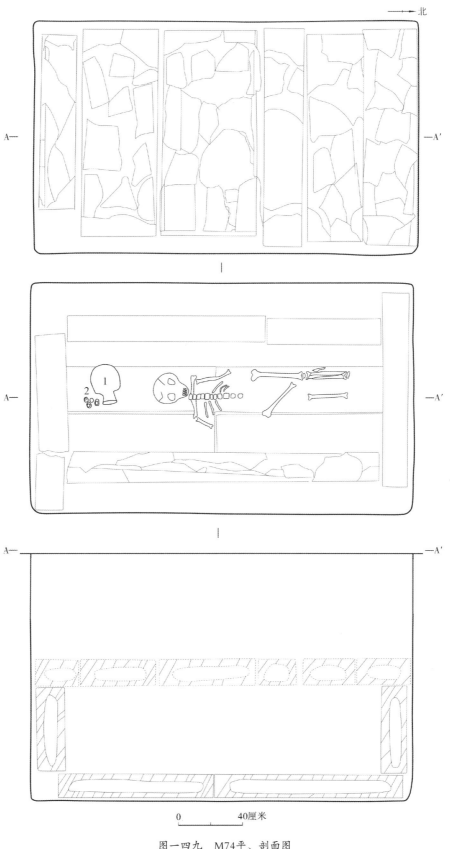

图一四九　M74平、剖面图

1.陶罐　2.铜钱

　　陶罐　1件。标本M74：1，泥质灰陶。盘形口，束颈，溜肩，鼓腹，肩腹分界明显，圜底内凹。下腹部及底部饰交错绳纹。高23.6厘米，口径12.4厘米，腹径21厘米。（图一五〇）

　　铜半两钱　17枚。有的残破。圆形方穿，"半两"二字分列穿之左右，右"半"左"两"，笔画方折。标本M74：2-1，直径2.29厘米。重2克。（图一五一，1）

　　标本M74：2-2，直径2.2厘米。重2.1克。（图一五一，2）

　　标本M74：2-3，直径2.24厘米。重2.29克。（图一五一，3）

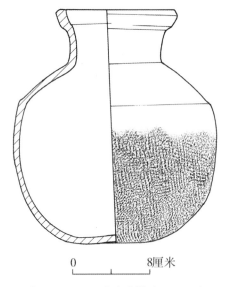

0　　　　　8厘米

图一五〇　M74出土陶罐（M74：1）

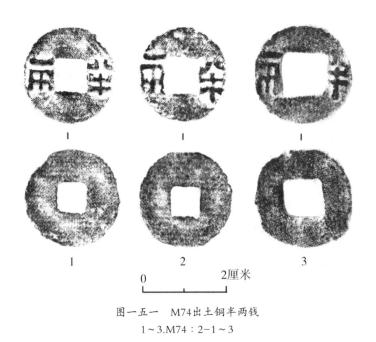

1　　　　　2　　　　　3

0　　　　　2厘米

图一五一　M74出土铜半两钱
1～3.M74：2-1～3

六六、M75

1. 墓葬概况

M75位于Ⅱ区西南部，开口于第一层下，距地表深0.29米，南部被M68打破。

该墓为"甲"字形土坑竖穴墓，方向270°。墓葬由墓道和墓室两部分组成。

墓道位于墓室东端，平面呈长方形，直壁，坡状底。墓道南北长2.2米，东西宽1.1米，底端深0.8米。

墓室位于墓道西端，平面呈长方形，斜壁，平底。墓口东西长4米，南北宽1.8米；墓底东西长3.6米，南北宽1.4米；墓室深3米。（图一五二；图版四九，1）

墓葬填土为黄褐色五花土，质地较软，结构疏松。

墓底发现1具木棺朽痕和1个头箱朽痕。

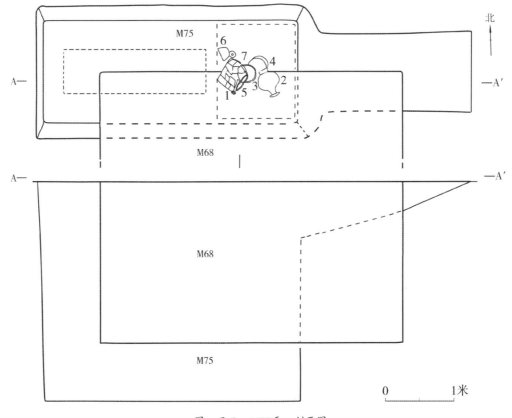

图一五二　M75平、剖面图

1.陶瓮　2、7.陶壶　3.陶盘　4.陶盆　5.铜钱　6.陶盒

棺痕东西长2米，南北宽0.6米。棺内未见人骨。

头箱位于棺痕东侧，南北长1.28米，东西宽1.1米。

2. 出土遗物

随葬器物7件，计有陶壶2件，陶瓮、陶盒、陶盘、陶盆各1件，铜钱10枚（按1件计），均放置于东端头箱内。（图版四九，2）

陶瓮　1件。标本M75：1，泥质红褐陶。折沿，沿面有凹槽，方唇，敛口，斜弧肩，弧腹近直，肩腹分界明显，圜底。下腹部及底部饰交错绳纹。高25.2厘米，口径25.3厘米，腹径34.6厘米。（图一五三，3）

陶盒　1件。标本M75：6，泥质灰陶。子口内敛，弧腹，平底。高7.6厘米，口径20.4厘米，底径9.2厘米。（图一五三，1）

陶壶　2件。标本M75：2，泥质灰陶。器身残破，仅存壶盖。盖为覆钵形，敞口，方唇，弧壁，弧顶近平。高4.2厘米，口径17.3厘米。（图一五三，2）

标本M75：7，泥质灰陶。敞口，方唇，束颈，鼓腹，平底。高10.1厘米，口径5.6厘米，腹径9.8厘米，底径5.6厘米。（图一五三，4）

陶盘　1件。标本M75：3，泥质灰陶。折沿，方唇，唇缘有凹槽，敞口，弧腹，平底。高4.3厘米，口径22.2厘米。（图一五三，5）

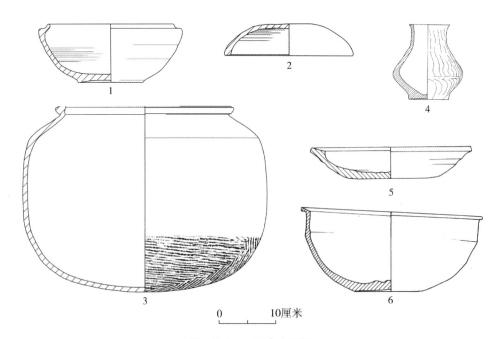

图一五三　M75出土陶器
1.陶盒（M75：6）　2.陶壶盖（M75：2）　3.陶瓮（M75：1）
4.陶壶（M75：7）　5.陶盘（M75：3）　6.陶盆（M75：4）

陶盆 1件。标本M75:4，泥质灰陶。折沿，尖圆唇，敞口，弧腹，平底微内凹。高11.4厘米，口径25厘米，底径9.6厘米。（图一五三，6）

铜半两钱 13枚。有的残破。圆形方穿，"半两"二字分列穿之左右，右"半"左"两"，笔画方折。标本M75:5-1，直径2.2厘米。重1.7克。（图一五四，1）

标本M75:5-2，直径2.3厘米。重1.4克。（图一五四，2）

标本M75:5-3，直径2.19厘米。重1.12克。（图一五四，3）

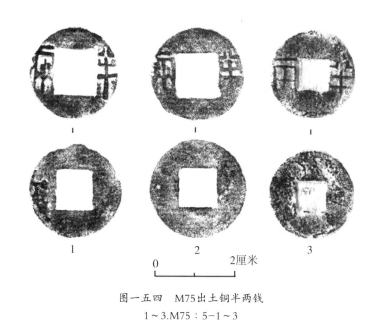

图一五四 M75出土铜半两钱
1~3.M75:5-1~3

六七、M78

1.墓葬概况

M78位于Ⅱ区西北部，开口于第一层下，距地表深0.2米，被M64打破。

该墓为长方形空心砖室墓，方向185°。墓葬平面呈长方形，直壁，平底。墓圹南北长2.9米，东西宽1.5米~1.55米，深1.3米。墓圹内用空心砖砌筑墓室，其中东西两壁各用2块长方形空心砖，南北两壁各用1块长方形空心砖砌筑，底部平铺4块长方形空心砖，顶部用10块长条形空心砖盖顶。（图一五五；图版五〇，1）

墓葬填土为黄褐色五花土，质地较软，结构疏松。

砖室底部发现少量人骨，保存较差，葬式可能为仰身直肢，性别、年龄不详。

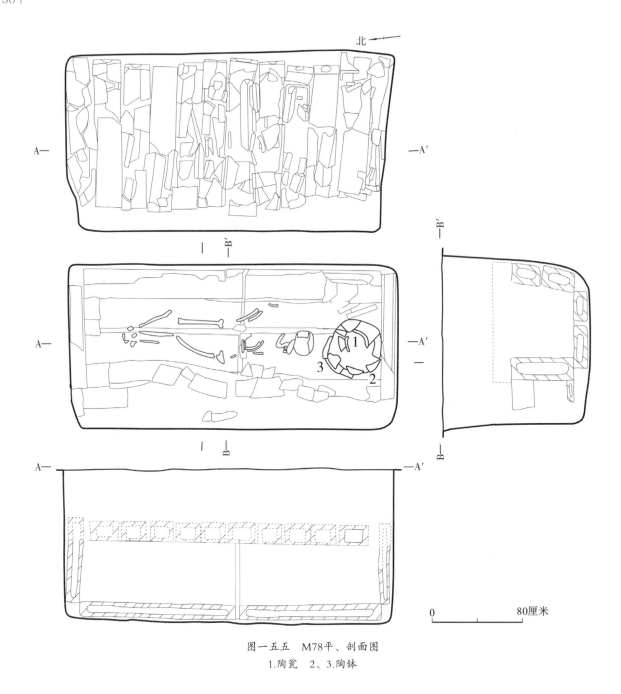

图一五五　M78平、剖面图
1.陶瓮　2、3.陶钵

2. 出土遗物

随葬器物3件，计有陶钵2件，陶瓮1件，均放置于砖室内南端。（图版五〇，2）

陶瓮　1件。标本M78：1，泥质褐陶。折沿，方唇，敛口，弧肩，鼓腹，圈底。肩部及上腹部饰凹弦纹间竖向绳纹，下腹部及底部饰交错绳纹。高32厘米，口径20.8厘米，腹径37.6厘米。（图一五六，3）

陶钵　2件。标本M78：2，泥质灰陶。敞口，方唇，弧腹，平底。高6.7厘米，口径

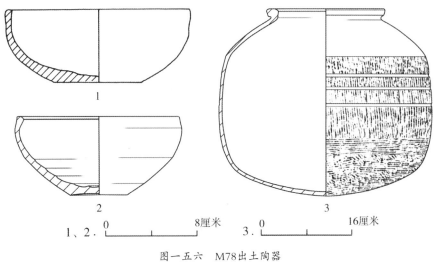

图一五六　M78出土陶器

1、2.陶钵（M78：3、M78：2）　3.陶瓮（M78：1）

14.3厘米，底径5厘米。（图一五六，2）

标本M78：3，泥质灰陶。敞口，方唇，折弧腹，平底。高6.2厘米，口径16.2厘米，底径7.6厘米。（图一五六，1）

六八、M79

1. 墓葬概况

M79位于Ⅱ区东北部，开口于第一层下，距地表深0.25米。

该墓为砖室墓，方向10°。墓葬由墓道、墓室和耳室三部分组成。

墓道位于墓室北端，平面呈长方形，直壁，坡状底。墓道南北长1.8米，东西宽1.2米，底端深1米。

墓室位于墓道南端，墓圹平面呈长方形，直壁，平底，南北长3.25米，东西宽1.2米，深1米。墓室四壁用子母砖单排错缝平砌，底部用墓砖平铺，南部三排纵向平铺，北部一排横向平铺，顶部用墓砖券拱顶。墓室内部南北长3.06米，东西宽0.92米，残高0.8米。

耳室位于墓室北端西侧，墓圹平面呈长方形。北、西、东三壁用子母砖单排错缝竖砌，顶部用墓砖券拱顶，底部未铺砖。耳室宽0.9米，高0.68米，进深0.78米。（图一五七；图版五一，1）

墓葬填土为灰色五花土，质地较软，结构疏松。

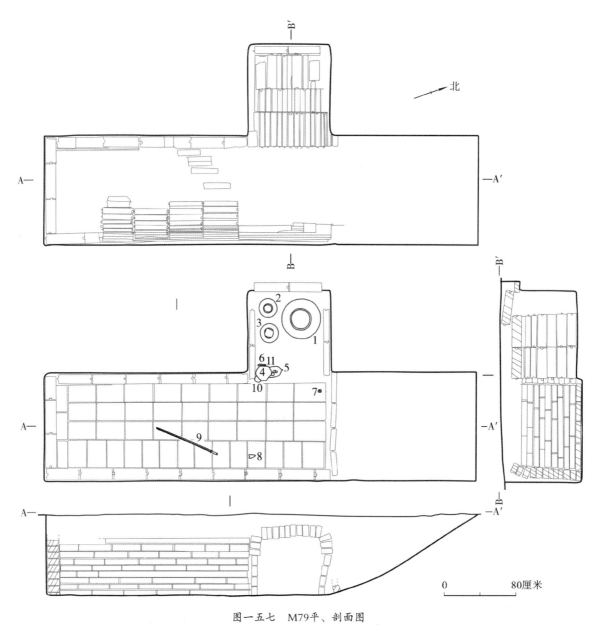

图一五七　M79平、剖面图

1、4.陶罐　2、3.陶壶　5.陶灶　6.陶井　7、8.铜钱　9.铁剑　10.陶磨　11.陶汲水瓶

未见人骨、葬具痕迹。

2. 出土遗物

随葬器物11件，计有陶罐、陶壶各2件，陶灶、陶井、陶磨、陶汲水瓶、铁剑各1件，铜钱3枚（按2件计）。其中铜钱放置于墓室北端，铁剑放置于墓室中部东侧，陶器放置于耳室内。（图版五一，2）

陶罐　2件。标本M79：1，泥质灰陶。圆唇，矮领，鼓肩，弧腹，平底。高34.4厘

米，口径22.6厘米，肩径37厘米，底径23.6厘米。（图一五八，5）

标本M79：4，泥质灰陶。敛口，圆唇外凸，矮领，鼓肩，弧腹，平底。高13.5厘米，口径13.5厘米，底径14厘米。（图一五八，1）

陶壶　2件。标本M79：2，泥质灰陶。口残，溜肩，鼓腹，圜底，圈足外撇。残高20.2厘米，腹径21.2厘米，圈足径12.4厘米。（图一五八，4）

标本M79：3，泥质灰陶。口残，溜肩，鼓腹，圜底，圈足外撇。残高21厘米，腹径21.1厘米，底径12.8厘米。

陶灶　1件。标本M79：5，泥质灰陶。由灶身、釜、甑、罐等部分构成。灶身平面后端弧角三角形，后端有一稍向后倾的圆柱状烟囱。火门呈半圆形，灶面有两个火眼，后端火眼上置陶盆，盆上置甑。灶面周边有戳印圆点纹，灶壁饰竖向绳纹。盆为敞口，折沿，尖圆唇，斜腹，平底。底部饰绳纹。高3.4厘米，口径9厘米，底径5.8厘米。甑为敞口，沿

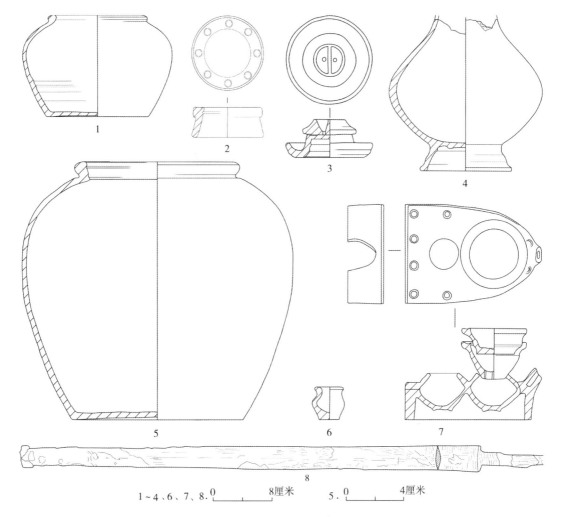

1～4、6、7、8.0 ‗‗‗‗ 8厘米　　5. 0 ‗‗‗‗ 4厘米

图一五八　M79出土遗物

1、5.陶罐（M79：4、M79：1）　2.陶井（M79：6）　3.陶磨（M79：10）　4.陶壶（M79：2）
6.陶汲水瓶（M79：11）　7.陶灶（M79：5）　8.铁剑（M79：9）

微上翘，圆唇，斜腹，平底，底部有5个甑孔。高5厘米，口径9厘米，底径3厘米。灶高7厘米，长19厘米，宽13厘米。（图一五八，7）

陶井　1件。标本M79：6，泥质灰陶。体呈圆筒形，口微敛，方唇，井身下部略大。井口有八个戳印圆点纹。高4厘米，口径9.6厘米。（图一五八，2）

陶汲水瓶　1件。标本M79：11，泥质灰陶。敛口，圆唇，束颈，鼓腹，平底。高4.4厘米，口径4厘米，底径2.8厘米。（图一五八，6）

陶磨　1件。标本M79：10，泥质灰陶。分上下两扇。上扇呈圆形，中部下凹成两个月牙形凹槽，凹槽底部各有一穿孔。下扇磨盘面平，并刻有凹槽。下扇下接圆盘，圆盘为敞口，底部中空。通高4.7厘米，上扇直径6.8厘米，圆盘直径11厘米。（图一五八，3）

铁剑　1件。标本M79：9，锈蚀严重。尖锋，双刃，剑身中间微有脊，茎为扁长方形，末端残留有剑鞘上的铜饰。长75.5厘米。（图一五八，8）

大泉五十　2枚。钱的正面边缘有一周凸起的周郭，正方形穿外也有郭，穿之上下左右有篆书"大泉五十"4字；钱的背面边缘和穿四边有郭。五字中间两笔是屈曲的，如两个相对的炮弹形。标本M79：8-1，直径2.55厘米。重3.2克。（图一五九，2）

大布黄千　1枚。标本M79：7，平首，平肩，平足，腰身略收。首部穿一孔，用以系绳。正背两面皆铸为不通穿。钱文为右读，布局在中线左右两侧，均匀得体，笔画流畅。长5.81厘米，宽1.43厘米~2.54厘米。重11.1克。（图一五九，1）

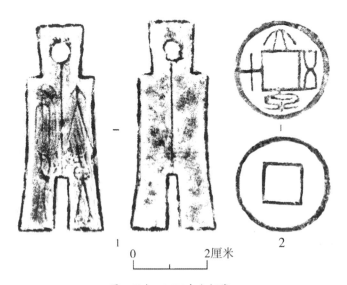

0　　　　2厘米

图一五九　M79出土铜钱
1.大布黄千（M79：7）　2.大泉五十（M79：8-1）

六九、M80

1. 墓葬概况

M80位于Ⅱ区东北部，开口于第一层下，距地表深0.2米，向下打破M82。

该墓为"甲"字形空心砖室墓，方向0°。墓葬由墓道和墓室两部分组成。

墓道位于墓室北端，平面呈梯形，直壁，坡状底。墓道南北长1.2米，东西宽1米～1.14米，底端深0.08米。

墓室位于墓道南端，平面呈梯形，直壁，东壁与墓道东壁在同一直线上，平底。墓圹南北长3.9米，东西宽1.6米～2米，深1.5米。墓圹内用空心砖砌筑墓室，底部用9块条形空心砖铺底，南壁用2块条形空心砖竖砌，北壁已毁，顶部用13块条形空心砖盖顶，东西两壁未砌砖。砖室内部南北长2米，东西宽1米，高0.6米。

头箱位于砖室北部，底部用3块条形空心砖铺底，南壁与墓室共用，已毁，北壁用2块长方形空心砖竖砌，东西两壁用空心砖竖砌，顶部用4块条形空心砖盖顶。头箱内部南北长0.64米，东西宽0.92米，高0.9米。（图一六〇；图版五二，1）

墓葬填土为黄褐色五花土，质地较软，结构疏松。

未见人骨、葬具。

2. 出土遗物

随葬器物14件，计有陶盒3件，陶壶、陶鼎、陶盘、陶匜各2件，陶瓮、陶罐、陶合碗各1件，均放置于北端头箱内。（图版五二，2）

陶瓮　1件。标本M80：11，泥质灰陶。方圆唇外凸，矮领，斜弧肩，垂腹，圜底。下腹部及底部饰交错绳纹。高25.6厘米，口径20厘米，腹径33.6厘米。（图一六一，4）

陶鼎　2件。标本M80：5，泥质灰陶。有盖，盖为覆钵形，敞口，方唇，唇缘有一周凹槽，弧壁，弧顶。器为子口内敛，两侧有两个对称的长方形附耳，附耳微外撇，弧腹，圜底，下附三蹄形足。通高13.9厘米，口径16.5厘米；盖高5.5厘米，口径15.5厘米。（图一六一，2）

标本M80：9，泥质灰陶。子口内敛，两侧有两个对称的长方形附耳，附耳微外撇，弧腹，圜底，下附三蹄形足。高13.2厘米，口径14厘米。（图一六一，1）

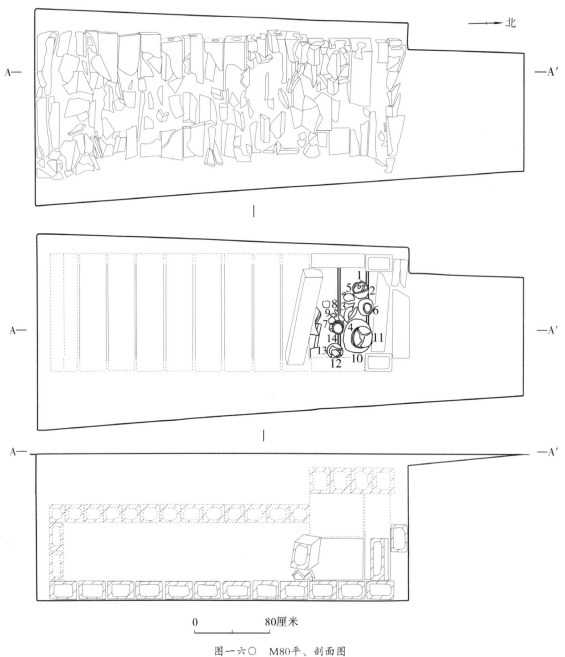

图一六〇　M80平、剖面图
1、2、10.陶盒　3、6.陶壶　4.陶罐　5、9.陶鼎　7、12.陶匜　8.陶合碗　11.陶瓮
13、14.陶盘

陶盒　3件。标本M80：1，泥质灰陶。有盖，盖为覆钵形，敞口，方唇，弧壁，弧顶。器为子口内敛，弧腹，平底。通高11.4厘米，口径16.6厘米，底径7厘米；盖高4.8厘米，口径16.5厘米。（图一六一，10）

标本M80：2，泥质灰陶。有盖，盖为覆钵形，敞口，弧壁，弧顶。器为子口内敛，弧腹，平底。通高11.8厘米，口径15.6厘米，底径6.4厘米；盖高5厘米，口径15.6厘米。（图一六一，9）

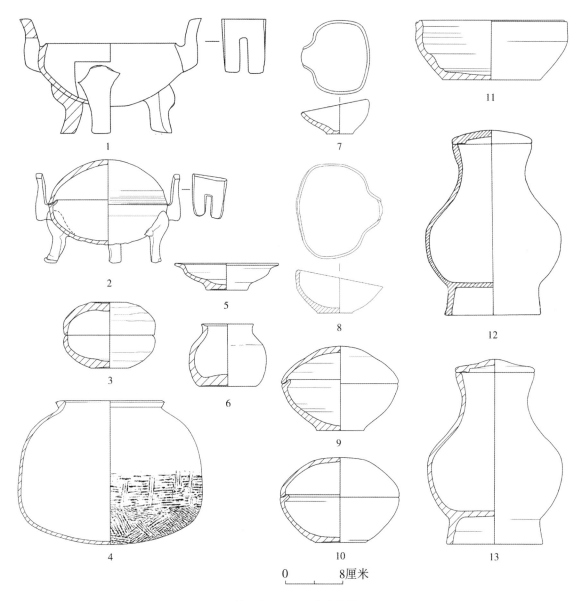

图一六一　M80出土陶器

1、2.陶鼎（M80：9、M80：5）　3.陶合碗（M80：8）　4.陶瓮（M80：11）
5.陶盘（M80：13）　6.陶罐（M80：4）　7、8.陶匜（M80：7、M80：12）
9~11.陶盒（M80：2、M80：1、M80：10）　12、13.陶壶（M80：3、M80：6）

　　标本M80：10，泥质灰陶。子口微内敛，弧腹，平底。腹部有刀削痕。高8厘米，口径21厘米，底径13.4厘米。（图一六一，11）

　　陶壶　2件。标本M80：3，泥质灰陶。有盖，盖为覆盘形，弧壁，弧顶。器为敞口，方唇，束颈，溜肩，鼓腹，平底，圈足微外撇。通高24.8厘米，口径10.9厘米，腹径18.8厘米，圈足径13.4厘米；盖高1.8厘米，口径10厘米。（图一六一，12）

　　标本M80：6，泥质灰陶。有盖，敞口，口内有舌，弧顶近平。器为敞口，方唇，束颈，溜肩，鼓腹，平底，圈足微外撇。通高25.8厘米，口径10.7厘米，腹径17.8厘米，圈

足径13厘米；盖高1.8厘米，口径10厘米。（图一六一，13）

陶盘　2件。标本M80：13，泥质灰陶。折沿，尖唇，敞口，弧腹，平底。高3.6厘米，口径16.2厘米，底径5.5厘米。（图一六一，5）

标本M80：14，泥质灰陶。折沿，尖唇，敞口，弧腹，平底。高4.1厘米，口径14.3厘米，底径5.4厘米。

陶匜　2件。标本M80：7，泥质灰陶。前有短扁流，器身大体呈椭圆形，圆唇，弧腹，平底。高5.8厘米，带流长10.2厘米，宽10.2厘米，底径4.4厘米。（图一六一，7）

标本M80：12，泥质灰陶。前有短扁流，器身呈倭角长方形，圆唇，弧腹，平底。高5.5厘米，带流长11.8厘米，宽12.5厘米，底径4.8厘米。（图一六一，8）

陶罐　1件。标本M80：4，泥质灰陶。敞口，方唇，唇缘有凹槽，束颈，鼓腹，平底。高8.3厘米，口径7.8厘米，腹径10.6厘米，底径8厘米。（图一六一，6）

陶合碗　1件。标本M80：8，泥质灰陶。有盖，盖为敞口，圆唇，弧壁，平顶。器为敞口，圆唇，弧腹，平底。通高8.2厘米，口径12.2厘米，底径5.8厘米；盖高4厘米，口径12.2厘米，顶径5.2厘米。（图一六一，3）

七〇、M81

1. 墓葬概况

M81位于Ⅱ区中部偏北，开口于第一层下，距地表深0.2米，被M71打破。

该墓为梯形土坑竖穴墓，方向355°。墓葬平面呈梯形，斜壁，平底。墓口南北长4米，东西宽1.7米～1.95米；墓底南北长3.8米，东西宽1.5米～1.75米；墓深1.5米。（图一六二；图版五三，1）

墓葬填土为黄褐色五花土，质地较软，结构疏松。

墓底中南部发现1具木棺朽痕，南北长1.9米，东西宽0.6米。

棺内发现少量人骨，葬式、性别、年龄不详。

2. 出土遗物

随葬器物10件，计有陶钵、陶鼎各2件，陶瓮、陶盒、陶壶、陶盘、陶钫各1件，铜钱1枚，均放置于墓底北部。其中标本M81：5为标本M81：4鼎的盖。陶鼎、陶盒、陶钫器

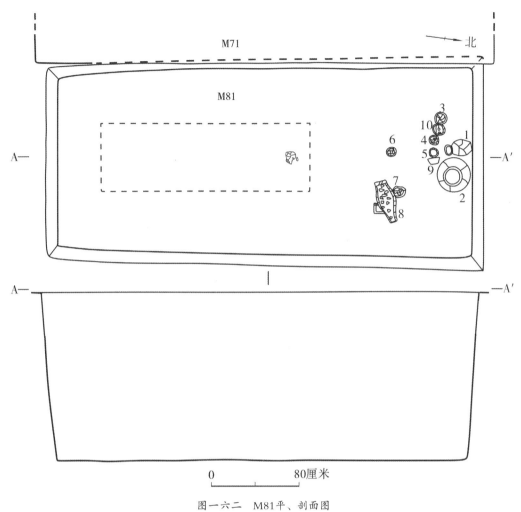

图一六二 M81平、剖面图
1.陶壶 2.陶瓮 3.陶盒 4.陶鼎 5.陶鼎盖 6.陶盘 7、9.陶钵 8.陶钫 10.铜钱

身和1件陶钵残破严重，无法复原。（图版五三，2）

陶瓮 1件。标本M81：2，泥质灰陶。卷沿，方唇，敛口，斜弧肩，鼓腹，圜底。上腹部饰凹弦纹间竖向绳纹，下腹部及底部饰交错绳纹。高28.8厘米，口径20.2厘米，腹径35厘米。（图一六三，2）

陶壶 1件。标本M81：1，泥质浅灰陶。敞口，方唇，束颈，溜肩，鼓腹，平底，圈足微外撇。高33厘米，口径12.4厘米，腹径25.4厘米，圈足径16.6厘米。（图一六三，3）

陶盘 1件。标本M81：6，泥质红陶。折沿，方唇，唇缘有凹槽，敞口，斜弧腹，平底。高3.9厘米，口径15.4厘米，底径7厘米。（图一六三，5）

陶钵 2件。其中一件残。标本M81：9，泥质灰陶。口微敛，圆唇，折弧腹，平底。高6厘米，口径15厘米，底径8厘米。（图一六三，4）

陶钫 1件。标本M81：8，泥质灰陶。器身残破，仅剩器盖。盖为盝顶形。盖高3.6厘米，口边长12.5厘米。（图一六三，1）

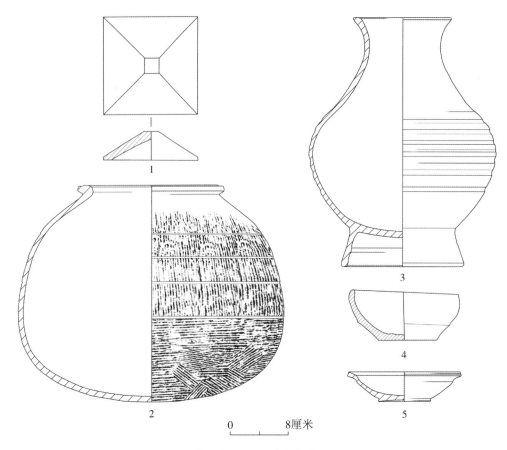

图一六三　M81出土陶器

1.陶钫盖（M81：8）　2.陶瓮（M81：2）　3.陶壶（M81：1）　4.陶钵（M81：9）　5.陶盘（M81：6）

　　铜半两钱　1枚。标本M81：10，残破。圆形方穿，"半两"二字分列穿之左右，右"半"左"两"，笔画方折。

七一、M82

1. 墓葬概况

　　M82位于Ⅱ区东部，开口于第一层下，距地表深0.3米，西部被M80打破。

　　该墓为长方形土坑竖穴墓，方向0°。墓葬平面呈长方形，斜壁，平底，底部四周有生土二层台。墓口南北长4.1米，东西宽1.8米；墓底南北长2.6米，东西宽1.3米；墓深1.5米。北二层台宽1.1米，东二层台宽0.1米，南二层台宽0.08米，西二层台宽0.12米，二层台高0.3米。（图一六四；图版五四，1）

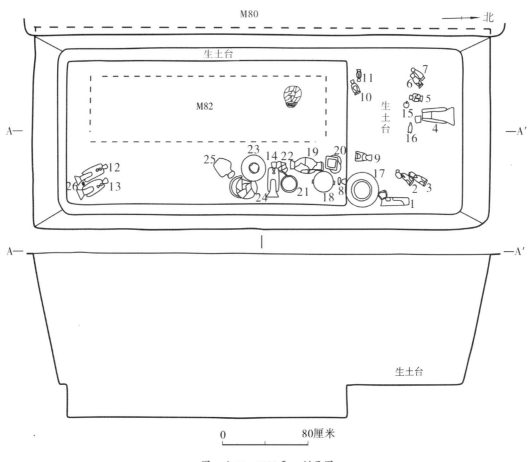

图一六四　M82平、剖面图

1～14.陶俑　15.陶狗　16.陶猪　17.陶瓮　18.陶盒　19.陶钫
20.陶合碗　21.陶钵　22.陶盘（2件）　23.陶壶　24.陶鼎　25.陶罐　26.铜钱

墓葬填土为黄褐色五花土，质地较软，结构疏松。

墓底西侧发现1具木棺朽痕，南北长2.2米，东西宽0.6米。

棺内北部发现1个人头骨，未见其他部位骨骼，葬式、性别、年龄不详。

2. 出土遗物

随葬器物27件，计有陶俑14件，陶盘2件，陶瓮、陶罐、陶鼎、陶盒、陶壶、陶合碗、陶钵、陶钫、陶狗、陶猪各1件，铜钱28枚（按1件计），放置于棺外东侧和北端的生土二层台上。其中陶壶残破严重，无法复原。（图版五四，2；彩版二）

陶瓮　1件。标本M82：17，泥质灰陶。卷沿，方唇，唇缘有凹槽，敛口，广肩，垂腹，圜底。下腹部及底部饰交错绳纹。高28.7厘米，口径20.8厘米，腹径34.2厘米。（图一六五，1）

陶罐　1件。标本M82：25，泥质灰陶。盘形口，束颈，溜肩，弧腹，肩腹分界明显，圜底。下腹部及底部饰交错绳纹。高22.7厘米，口径11.8厘米，肩径20.2厘米。（图一六五，3）

陶鼎　1件。标本M82：24，泥质灰陶。有盖，盖为覆钵形，敞口，方唇内凸，弧壁，弧顶。器为子口内敛，两侧有两个对称的长方形附耳，附耳微外撇，弧腹，圜底，下附三蹄形足。通高15.7厘米，口径19.8厘米；盖高5厘米，口径19厘米。（图一六五，2）

陶盒　1件。标本M82：18，泥质灰陶。仅剩器身。子口内敛，弧腹，平底。高8.9厘米，口径19.5厘米，底径8.4厘米。（图一六五，8）

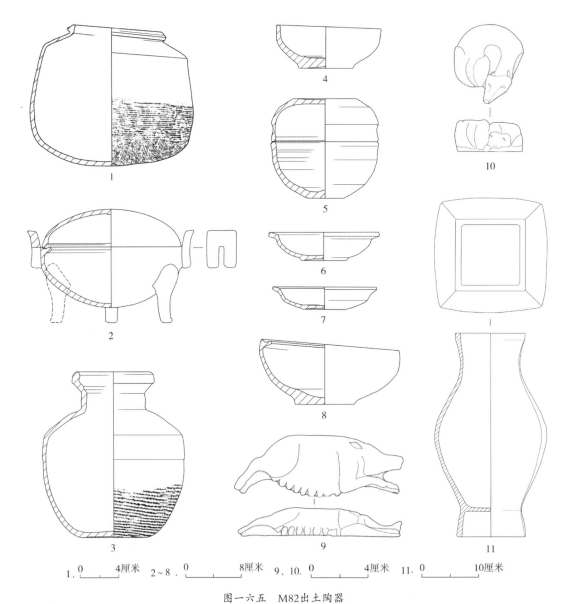

1. 0 ____ 4厘米　2~8. 0 ____ 8厘米　9、10. 0 ____ 4厘米　11. 0 ____ 10厘米

图一六五　M82出土陶器

1.陶瓮（M82：17）　2.陶鼎（M82：24）　3.陶罐（M82：25）　4.陶钵（M82：21）
5.陶合碗（M82：20）　6、7.陶盘（M82：22-2、M82：22-1）　8.陶盒（M82：18）　9.陶猪（M82：16）
10.陶狗（M82：15）　11.陶钫（M82：19）

陶盘　2件。标本M82：22-1，泥质灰陶。折沿，尖唇，敞口，弧腹，平底。高3.1厘米，口径15.7厘米，底径5.8厘米。（图一六五，7）

标本M82：22-2，泥质红陶。折沿，尖圆唇，敞口，弧腹，平底。高3.8厘米，口径15.4厘米，底径6.4厘米。（图一六五，6）

陶钫　1件。标本M82：19，泥质灰陶。方口微侈，束颈，鼓腹，平底，方圈足微外撇。高34.6厘米，口边长12.2厘米，方圈足边长13厘米。（图一六五，11）

陶合碗　1件。标本M82：20，泥质灰陶。器身变形。有盖，盖为覆钵形，口近直，圆唇，弧壁，平顶。器口近直，圆唇，弧腹，平底。器身有刀削痕。通高13.6厘米，口径15.2厘米，底径5.2厘米；盖高8厘米，口径14.4厘米~16.4厘米，顶径9.8厘米。（图一六五，5）

陶钵　1件。标本M82：21，泥质灰陶。敞口，圆唇，折弧腹，平底。高5.9厘米，口径14.7厘米，底径7.6厘米。（图一六五，4）

陶狗　1件。标本M82：15，泥质红陶。身躯匍匐卷曲，首尾相交。高2.5厘米，长6.2厘米，宽5.6厘米。（图一六五，10）

陶猪　1件。标本M82：16，泥质红陶。侧卧状。母猪，嘴微上翘，前腿前伸，后退后蹬，乳头刻画抽象。长11.6厘米。（图一六五，9）

陶侍女立俑　6件。标本M82：1，泥质红陶。俑直立，中空。通体施白陶衣，但多已脱落。头梳中分双髻，长发束于脑后，发尾处挽成环状垂髻。面目圆润，低首垂目，面带微笑。落肩，双手交袖，身着右衽两重衣。外衣为宽袖曳地束腰喇叭形长衣。高33厘米。（图一六六，1；彩版三，1、2）

标本M82：8，泥质红陶。俑直立，中空。通体施白陶衣，但多已脱落。头梳中分双髻，长发束于脑后，发尾处挽成环状垂髻。面目圆润，低首垂目，面带微笑。落肩，双手交袖，身着右衽两重衣。外衣为宽袖曳地束腰喇叭形长衣。高33厘米。（图一六六，2；彩版三，3、4）

标本M82：12，泥质红陶。俑直立，中空。通体施白陶衣，但多已脱落。头梳中分双髻，长发束于脑后，发尾处挽成环状垂髻。面目圆润，低首垂目，面带微笑。落肩，双手交袖，身着右衽两重衣。外衣为宽袖曳地束腰喇叭形长衣。高33厘米。（图一六七，1；彩版四；彩版五，1、2）

标本M82：14，泥质红陶。俑直立，中空。通体施白陶衣，但多已脱落。头梳中分双髻，长发束于脑后，发尾处挽成环状垂髻。面目圆润，低首垂目，面带微笑。落肩，双手交袖，身着右衽两重衣。外衣为宽袖曳地束腰喇叭形长衣。高33厘米。（图一六七，2；彩版五，3、4；彩版六）

标本M82：4，泥质红陶。俑直立，中空。通体施白陶衣，但多已脱落。头梳中分双髻，长发束于脑后。面目圆润，低首垂目，面带微笑。落肩，双手交袖，身着右衽两重

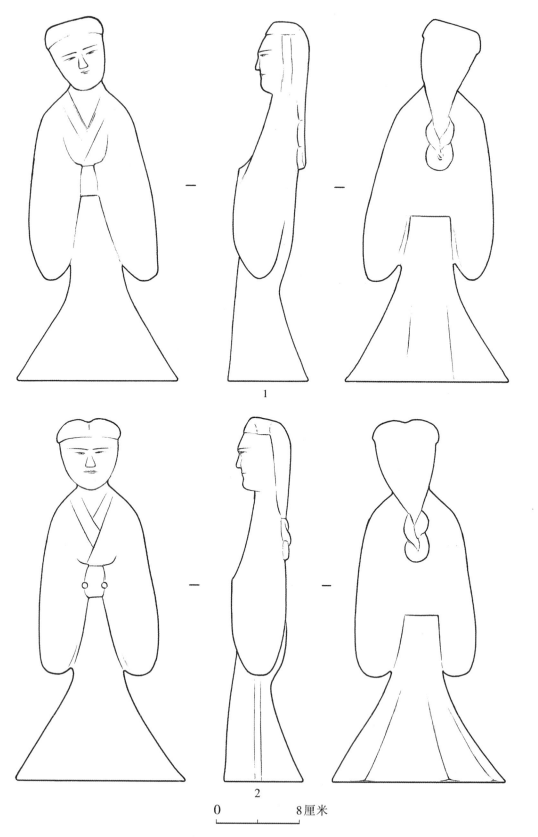

1

2

0   8厘米

图一六六　M82出土陶侍女立俑
1.M82：1　2.M82：8

图一六七　M82出土陶侍女立俑
1.M82：12　2.M82：14

衣。外衣为宽袖曳地长衣。高44厘米。（图一六八，1；彩版七）

标本M82：13，泥质红陶。俑直立，中空。通体施白陶衣，但多已脱落。头梳中分双髻，长发束于脑后。面目圆润，低首垂目，面带微笑。落肩，双手交袖，身着右衽两重衣。外衣为宽袖曳地长衣。高44厘米。（图一六八，2；彩版八）

陶女踞坐俑　4件。标本M82：2，泥质红陶。踞坐，中空。通体施白陶衣，但多已脱落。头发前为中分，向后拢起盘为圆髻。面目圆润，低首垂目，面带微笑。身着宽袖右衽两重衣。两腕置于膝上。双手缺失，手、臂连接处有一圆孔，可知手与臂系分别制作。高22厘米。（图一六九，1；彩版九）

标本M82：3，泥质红陶。踞坐，中空。通体施白陶衣，但多已脱落。头发前为中分，向后拢起盘为圆髻。面目圆润，低首垂目，面带微笑。身着宽袖右衽两重衣。两腕置于膝上。双手缺失，手、臂连接处有一圆孔，可知手与臂系分别制作。高22厘米。（图一六九，2；彩版一〇）

标本M82：5，泥质红陶。踞坐，中空。通体施白陶衣，但多已脱落。发髻梳于脑后。五官模糊不清。身着广袖长衣。曲臂拱手。双手缺失，手、臂连接处有一圆孔，可知手与臂系分别制作。高14.7厘米。（图一七〇，1；彩版一一，1、2）

标本M82：9，泥质红陶。踞坐，中空。通体施白陶衣，但多已脱落。发髻中分梳于脑后。五官模糊不清。身着广袖长衣。双手交于胸前，双手缺失，手、臂连接处有一圆孔，可知手与臂系分别制作。高16厘米。（图一七〇，2；彩版一一，3、4）

陶男踞坐俑　4件。标本M82：6，泥质红陶。踞坐，中空。通体施白陶衣，但多已脱落。发髻梳于脑后。五官模糊不清。身着广袖长衣。双臂弯曲前伸。双手缺失，手、臂连接处有一圆孔，可知手与臂系分别制作。高15厘米。（图一七一，1；彩版一二，1、2）

标本M82：7，泥质红陶。踞坐，中空。通体施白陶衣，但多已脱落。发髻梳于脑后。五官模糊不清。头偏右前倾。身着广袖长衣。双手置于膝上。高16厘米。（图一七一，2；彩版一二，3、4）

标本M82：10，泥质红陶。踞坐。通体施白陶衣，但多已脱落。发髻梳于脑后。五官模糊不清。身着广袖长衣。左手置于膝上；右臂微曲向前，右手残失，手、臂连接处有一圆孔，可知手与臂系分别制作。高14.7厘米。（图一七二，1；彩版一三，1）

标本M82：11，泥质红陶。踞坐，中空。通体施白陶衣，但多已脱落。发髻梳于脑后。五官模糊不清。身着广袖长衣。双臂弯曲前伸。双手缺失，手、臂连接处有一圆孔，可知手与臂系分别制作。高15厘米。（图一七二，2；彩版一三，2）

铜半两钱　28枚。标本M82：26。均残破。圆形方穿，"半两"二字分列穿之左右，右"半"左"两"，笔画方折。

图一六八　M82出土陶侍女立俑

1.M82：4　2.M82：13

1

2

0   8厘米

图一六九 M82出土陶女踞坐俑
1.M82：2 2.M82：3

图一七〇　M82出土陶女踞坐俑

1.M82：5　2.M82：9

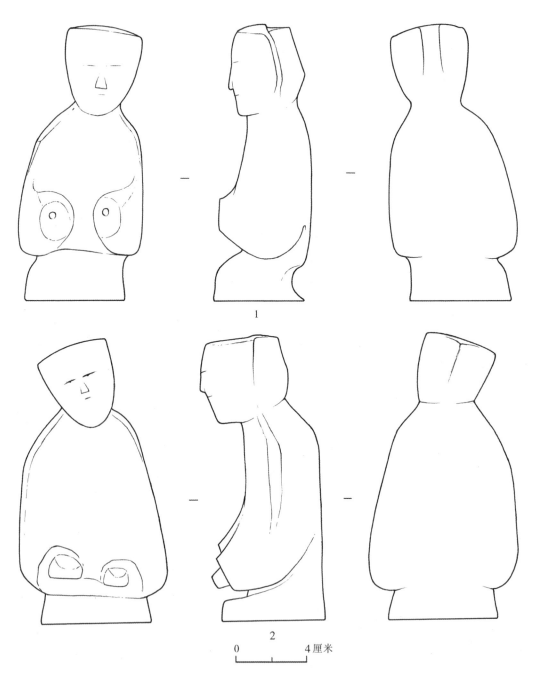

1

2

0   4厘米

图一七一　M82出土陶男踞坐俑

1.M82：6　2.M82：7

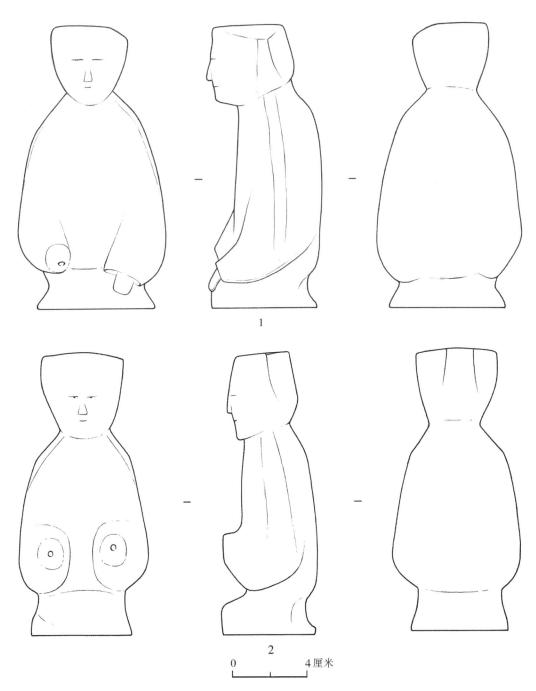

1

2

0   4厘米

图一七二　M82出土陶男踞坐俑
1.M82：10　2.M82：11

七二、M86

1. 墓葬概况

M86位于Ⅲ区西北部，开口于第一层下，距地表深0.2米，向下打破M87、M88。

该墓为曲尺形土坑竖穴墓，方向190°。墓葬平面呈曲尺形，直壁，平底。墓葬南北长2.72米，北端宽1.5米，南端宽1.8米，深0.5米。（图一七三；图版五五，1）

墓葬填土为黄褐色五花土，质地较软，结构疏松。

未见人骨、葬具痕迹。

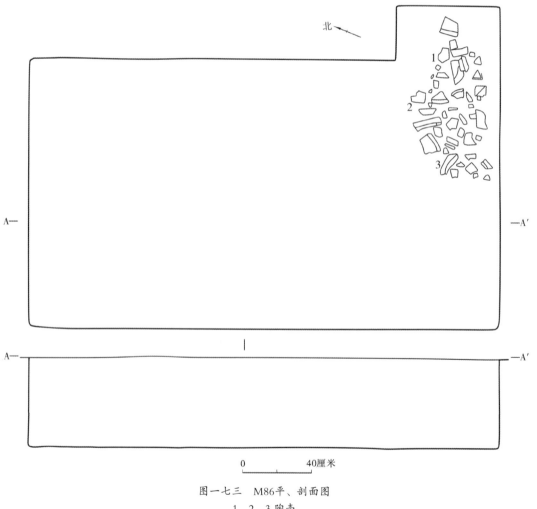

图一七三　M86平、剖面图
1、2、3.陶壶

2. 出土遗物

随葬器物3件，均为陶壶，放置于墓底东南部。

陶壶　3件。标本M86：1，泥质灰陶。盘形口，束颈，扁圆腹，圜底内凹，圈足外撇。上腹部饰凹弦纹，下腹部饰交错绳纹。高24.3厘米，口径12.7厘米，腹径20.8厘米，圈足径12.2厘米。（图一七四，1）

标本M86：2，泥质灰陶。盘形口，束颈，扁圆腹，下部残缺。残高21.4厘米，口径14.1厘米，腹径21.5厘米。（图一七四，2）

标本M86：3，泥质灰陶。盘形口，束颈，扁圆腹，下部残缺。残高17厘米，口径14厘米。

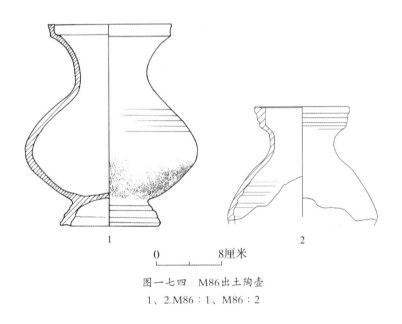

0　　　　8厘米

图一七四　M86出土陶壶
1、2.M86：1、M86：2

七三、M87

M87位于Ⅲ区东部，开口于第一层下，距地表深0.25米。

该墓为"刀"形砖室合葬墓，方向10°。墓葬由墓道和墓室两部分组成。

墓道位于墓室北端一侧，平面呈长方形，直壁，坡状底。墓道南北长1.6米，东西宽1米，深0.3米～0.8米。

墓室位于墓道南端。墓圹平面呈长方形，南北长3.8米，东西宽2.4米，深0.8米。墓圹底部东西并列砌筑两个砖室，砖室均被严重破坏。西侧砖室底部用单砖平铺，四壁用单砖错缝平砌。东侧砖室破坏严重，砌筑方式不详。（图一七五；图版五五，2）

墓葬填土为黄褐色五花土，质地较软，结构疏松。

未见人骨、葬具痕迹及随葬器物。

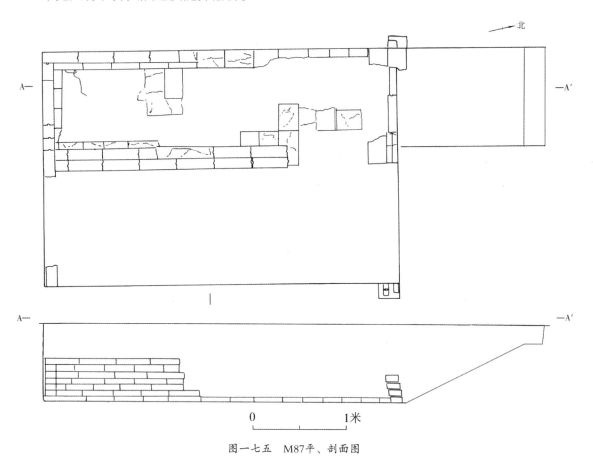

图一七五 M87平、剖面图

七四、M88

1. 墓葬概况

M88位于Ⅲ区西北部，开口于第一层下，距地表深0.2米，墓道及墓室西北部被M86打破。

该墓为"刀"形砖室合葬墓，方向10°。墓葬由墓道和墓室两部分组成。

墓道位于墓室北端，平面呈长方形，直壁，底部略斜。墓道南北长4.2米，东西宽1.24米，深0.6米～0.9米。

　　墓室位于墓道南端，平面呈长方形，斜壁，平底。墓口南北长3.9米，东西宽1.8米；墓底南北长3.7米，东西宽1.6米；墓深1.34米。墓圹内用砖砌墓室，破坏严重，砌筑方式不详。（图一七六）

　　墓葬填土为黄褐色五花土，质地较软，结构疏松。

　　未见人骨、葬具痕迹及随葬器物。

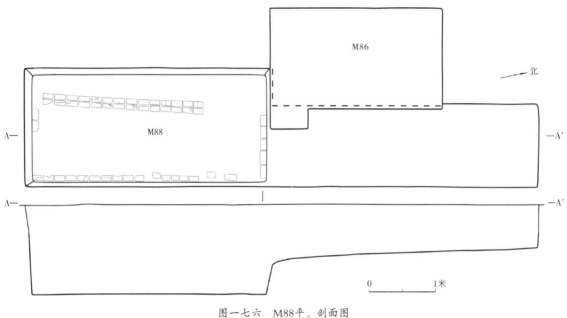

图一七六　M88平、剖面图

2. 出土遗物

　　在扰土中发现陶灶1件。

　　陶灶　1件。标本M88：1，泥质灰陶。残。拱形火门，灶面上有一大一小两个火眼，后端有一道挡火墙，墙内侧有一斜向烟囱。高11.8厘米，长25.6厘米。（图一七七）

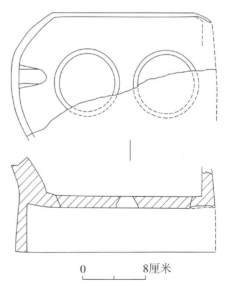

图一七七　M88出土陶灶（M88：1）

七五、M89

1. 墓葬概况

M89位于Ⅲ区北部，开口于第一层下，距地表深0.25米。

该墓为不规则形土坑竖穴合葬墓，方向10°。墓室平面呈不规则形，斜壁，平底。墓口南北长3.6米，东西宽2.2米～2.4米；墓底南北长3.3米，东西宽1.9米～2.1米；墓深0.7米。

墓葬东北部近墓底处有一龛，平面呈方形，与墓室东北部连为一体。宽0.8米，残高0.3米，进深0.8米。（图一七八；图版五六，1）

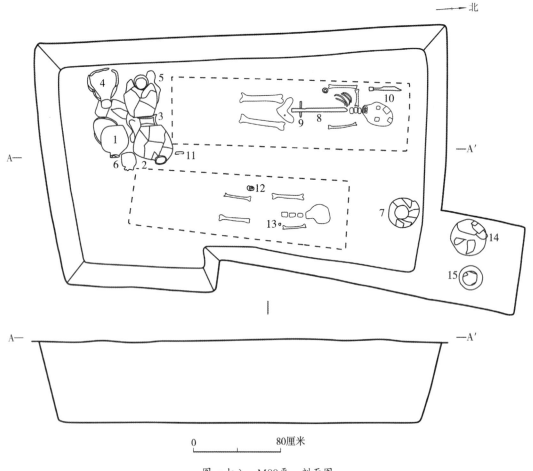

图一七八　M89平、剖面图
1.陶双牛鼻耳罐　2、5~7、14、15.陶罐　3、4.釉陶壶　8.铁刀　9.铜带钩
10.铜矛　11.铜镈　12.铜钱　13.玻璃珠

墓葬填土为黄褐色五花土，质地较软，结构疏松。

墓底发现2具木棺朽痕。其中西侧棺痕南北长2.2米，东西宽0.6米。棺内发现1具人骨，保存较差，葬式可能为仰身直肢，性别、年龄不详。

东侧棺痕南北长2米，东西宽0.6米。棺内发现1具人骨，保存较差，葬式可能为仰身直肢，性别、年龄不详。

2. 出土遗物

随葬器物15件，计有陶罐6件，釉陶壶2件，陶双牛鼻耳罐、铜矛、铜带钩、铜镯、铁刀、玻璃珠各1件，铜钱2枚（按1件计）。其中铁刀、铜带钩、铜矛放置于西侧棺内，铜钱、玻璃珠放置于东侧棺内，其余陶器分别放置于墓底西南部、东北部和壁龛内。（图版五六，2）

陶双牛鼻耳罐　1件。标本M89：1，泥质灰陶。敞口，尖圆唇，束颈，溜肩，肩部有两个对称的牛鼻形耳，鼓腹，圜底近平。上腹部饰多周凹弦纹，下腹部及底部饰交错绳纹。高25.2厘米，口径12.2厘米，最大腹径25.8厘米。（图一七九，3）

陶罐　6件。标本M89：2，泥质灰陶。折沿，沿面有凹槽，方唇，束颈，广肩，弧腹，下腹内收，平底。肩部饰数周凹弦纹。高34厘米，口径12.8厘米，肩径34厘米，底径21.8厘米。（图一七九，6）

标本M89：5，泥质灰陶。折沿，沿面有凹槽，方唇，束颈，广肩，鼓腹，平底。肩部饰数周凹弦纹，肩腹之间饰一周锥刺纹。高34.8厘米，口径12.8厘米，肩径33.5厘米，底径21厘米。（图一七九，7）

标本M89：6，泥质灰陶。口残。广肩，弧腹，平底。下腹部饰交错绳纹。残高24厘米，肩径20.8厘米，底径9.7厘米。（图一七九，2）

标本M89：7，泥质灰陶。口残。束颈，溜肩，鼓腹，平底。残高22.2厘米，腹径21厘米，底径12.2厘米。

标本M89：14，泥质灰陶。敞口，方唇，唇面有凹槽，束颈，溜肩，弧腹，平底。周身饰数周凹弦纹。高14.6厘米，口径9.4厘米，肩径13.6厘米，底径9.7厘米。（图一七九，1）

标本M89：15，泥质灰陶。口残。广肩，弧腹，平底。肩部及腹部饰凹弦纹。残高32.8厘米，腹径34.2厘米，底径18.6厘米。

釉陶壶　2件。标本M89：3，泥质红陶。盘形口，束颈，溜肩，肩部饰两个对称的铺首衔环，鼓腹，圜底，矮圈足较直。器表施黄釉。颈肩部和腹部各饰两周凹弦纹。高34.3厘米，口径16厘米，腹径27.8厘米，圈足径12.5厘米。（图一七九，5）

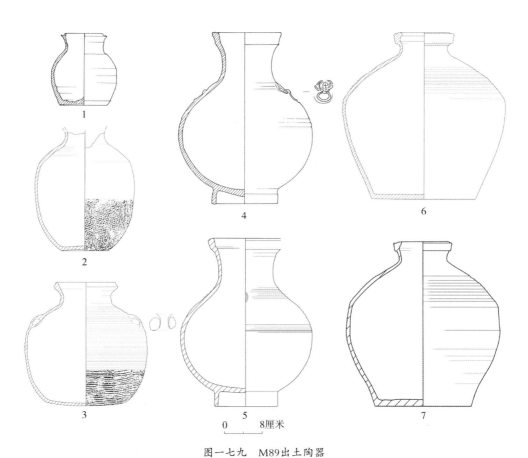

图一七九　M89出土陶器

1、2、6、7.陶罐（M89：14、M89：6、M89：2、M89：5）　3.陶双牛鼻耳罐（M89：1）

4、5.釉陶壶（M89：4、M89：3）

标本M89：4，泥质红陶。盘形口，尖圆唇，矮领，束颈，溜肩，肩部饰两个对称的铺首衔环，鼓腹，圜底，矮圈足较直。器表施黄釉。颈肩部和腹部各饰两周凹弦纹。高34.9厘米，口径14.4厘米，腹径28厘米，圈足径14厘米。（图一七九，4）

铜矛　1件。标本M89：10，尖锋，矛叶双刃，有脊，喇叭形骹，骹侧有一环钮，圆形骹口平整，骹中部有一周凸棱，骹部纹饰漫漶不清。通长19.2厘米，刃长9.4厘米，骹口外径2.9厘米。（图一八〇，3）

铜镦　1件。标本M89：11，整体呈圆筒状，上端开口，下端闭塞，下部有长圆形穿孔。长6.1厘米，口径1.8厘米。（图一八〇，2）

铜带钩　1件。标本M89：9，残。钩为兽首形，背部有一圆钮，腹部较长，腹上部鼓起呈弧形。残长5.8厘米。（图一八〇，1）

铁刀　1件。标本M89：8，残。锈蚀严重。直背，直刃，扁圆形环。残长49.5厘米。（图一八〇，4）

玻璃珠　1颗。标本M89：13，蓝色，透明，圆柱形，两端微平。直径0.6厘米，高0.6厘米。（彩版一三，3）

铜五铢钱 2枚。钱的正面边缘有一周凸起的周郭，正方形穿，穿之左右有篆书"五铢"两字；钱的背面边缘有周郭，而且穿四边也有郭。钱文的书体特点明显。五字中间两笔是弯曲的，中间两笔和上下两画相接的地方略向内靠拢，中间两笔和上下两横相接的地方是垂直的；铢字笔画清晰，金字四点较长，朱字头方折。标本M89：12-1，直径2.6厘米。重2.6克。（图一八一）

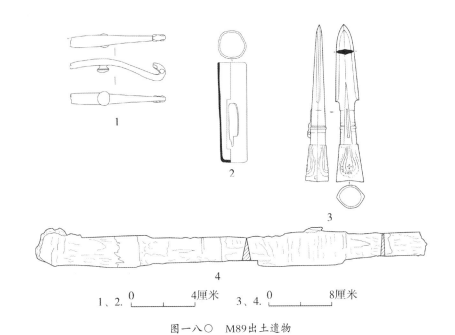

1、2. ⊢————⊣ 4厘米   3、4. ⊢————⊣ 8厘米

图一八〇 M89出土遗物
1.铜带钩（M89：9） 2.铜镡（M89：11） 3.铜矛（M89：10） 4.铁刀（M89：8）

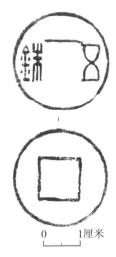

⊢———⊣ 1厘米

图一八一 M89出土铜五铢钱（M89：12-1）

七六、M90

M90位于Ⅲ区西南部,开口于第一层下,距地表深0.2米。

该墓为长方形砖室墓,方向0°。墓葬平面呈长方形,直壁,平底。墓葬南北长2.8米,东西宽0.8米,深0.6米。墓底用单砖横向平铺,四壁用单砖错缝平砌,砖室被破坏严重,内部尺寸不详。(图一八二;图版五七,1)

墓葬填土为黄褐色五花土,质地较软,结构疏松。

未见人骨、葬具痕迹及随葬器物。

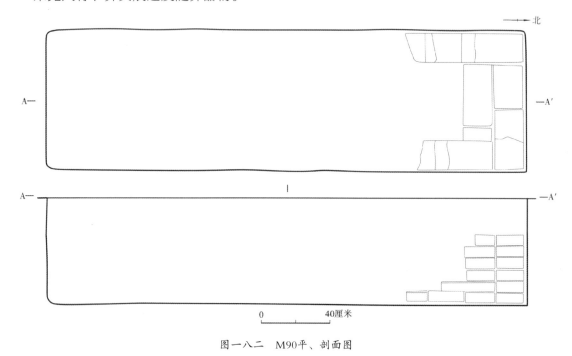

图一八二　M90平、剖面图

七七、M91

1. 墓葬概况

M91位于Ⅲ区东北部,开口于第一层下,距地表深0.25米。

该墓为不规则形土坑竖穴合葬墓,方向10°。墓葬由墓室和耳室两部分组成。

　　墓室平面呈梯形，斜壁，平底。墓口南北长3.2米，东西宽2.2米~2.5米；墓底南北长2.8米，东西宽2米~2.1米；墓深0.45米。

　　耳室位于墓室北部，平面呈不规则长方形，斜壁，平底。口部东西长3.15米，南北宽1.3米~1.45米；底部东西长2.95米，南北宽1.2米~1.3米；深0.38米。（图一八三；图版五七，2）

　　墓葬填土为黄褐色五花土，质地较软，结构疏松。

　　墓底发现2具木棺朽痕。西侧棺痕长2.32米，宽0.56米，棺内发现1具人骨，人骨保存较差，葬式为仰身直肢，性别、年龄不详。

　　东侧棺痕长2.14米，宽0.54米。棺内发现1具人骨，人骨保存较差，葬式为仰身直肢，性别、年龄不详。

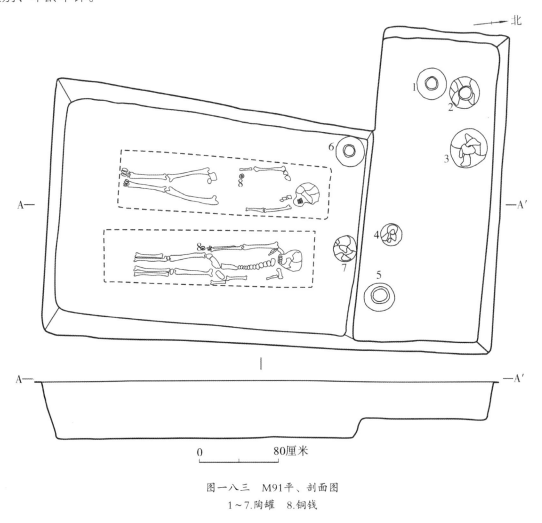

图一八三　M91平、剖面图
1~7.陶罐　8.铜钱

2. 出土遗物

　　随葬器物8件，计有陶罐7件，铜钱41枚（按1件计）。铜钱分别放置于东西两棺内人骨上，陶器放置于墓底棺外北侧和耳室内。

陶罐　7件。标本M91：1，泥质灰陶。口残。广肩，弧腹，平底。肩部饰数周凹弦纹。高25厘米，肩径26.6厘米，底径16厘米。（图一八四，4）

标本M91：2，泥质灰陶。口残。广肩，弧腹，平底。肩部饰数周凹弦纹间竖向绳纹。残高33.5厘米，肩径33.6厘米，底径18.5厘米。（图一八四，7）

标本M91：3，泥质灰陶。口残。广肩，弧腹，平底。肩部饰数周凹弦纹。残高32.2厘米，肩径34厘米，底径18.5厘米。（图一八四，1）

标本M91：4，泥质灰陶。口残。溜肩，鼓腹，平底。下腹部饰交错绳纹。残高23.5厘米，腹径21.6厘米，底径8.5厘米。（图一八四，2）

标本M91：5，泥质浅灰陶。敞口，圆唇，矮领，广肩，弧腹，平底。周身饰凹弦纹。高25厘米，口径16.5厘米，肩径29.3厘米，底径17厘米。（图一八四，3）

标本M91：6，泥质浅灰陶。圆唇，矮领，广肩，弧腹，平底。高25.2厘米，口径17.4厘米，底径16.9厘米。（图一八四，5）

标本M91：7，泥质灰陶。口残。溜肩，弧腹近直，平底。下腹部及底部饰交错绳纹。

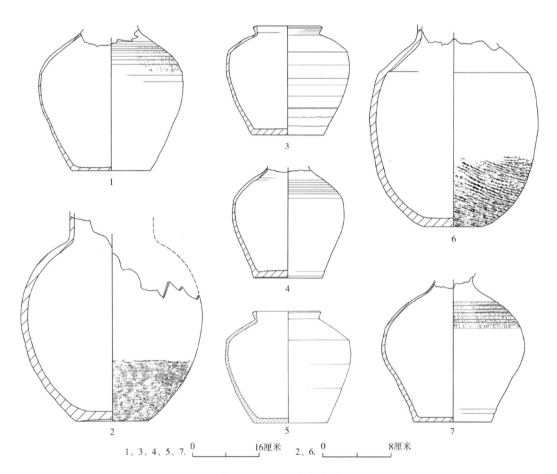

1、3、4、5、7.　0　16厘米　　2、6.　0　8厘米

图一八四　M91出土陶罐

1～7.M91：3、M91：4、M91：5、M91：1、M91：6、M91：7、M91：2

残高22.5厘米，腹径19.8厘米，底径7厘米。（图一八四，6）

　　铜五铢钱　41枚。钱的正面边缘有一周凸起的周郭，正方形穿，穿之左右有篆书"五铢"两字，大部分钱上的铢字不太清楚；钱的背面边缘有周郭，而且穿四边也有郭。五字中间两笔是直的或近乎直的，整个字形如两个对顶三角形；铢字的金字头如一带翼箭镞，也有的近似三角形；铢字的朱字头方折。标本M91：8-1，直径2.43厘米。重3.1克。（图一八五，1）

　　标本M91：8-2，直径2.58厘米。重3.5克。（图一八五，2）

　　标本M91：8-11，直径2.48厘米。重1.25克。（图一八五，3）

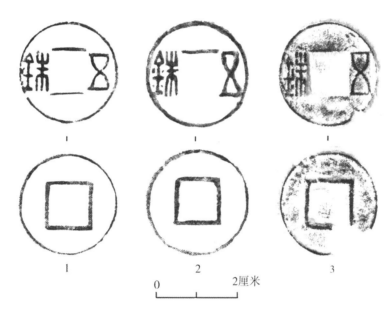

图一八五　M91出土铜五铢钱
1、2.M91：8-1、M91：8-2　3.M91：8-11

七八、M92

1. 墓葬概况

　　M92位于Ⅰ区中东部，开口于第一层下，距地表深0.3米，向下打破M93。

　　该墓为长方形土坑竖穴墓，方向10°。墓葬平面呈长方形，斜壁，平底，北端被破坏。墓口南北长5米，东西宽1.9米；墓底南北长4.9米，东西宽1.7米；墓深0.95米。（图一八六；图版五八，1）

　　墓葬填土为黄褐色五花土，夹杂少量料姜石，质地较软，结构疏松。

墓底部发现残存的朽木痕，根据朽痕结构分析，该墓葬有木棺、边箱和头箱。

木棺位于墓底中西部，棺痕南北长2米，东西宽0.56米。棺内发现1具人骨，骨骼保存较差，头向北，葬式为仰身直肢，女性，年龄不详。

边箱位于木棺东侧，边箱痕南北长2米，东西宽0.64米。

头箱位于木棺和边箱北部，头箱痕东西长1.2米，南北宽0.66米。

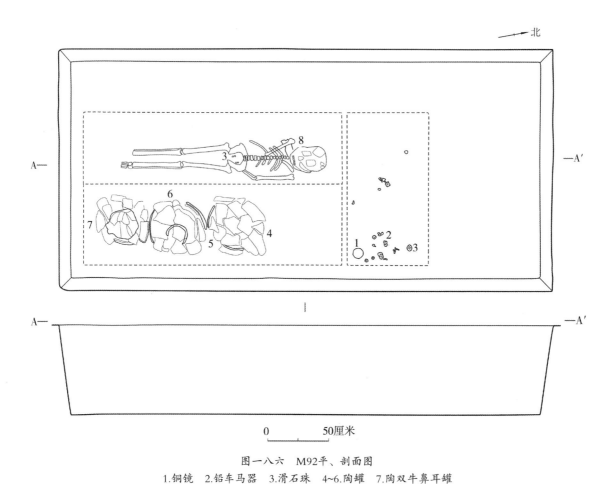

图一八六　M92平、剖面图
1.铜镜　2.铅车马器　3.滑石珠　4~6.陶罐　7.陶双牛鼻耳罐

2. 出土遗物

随葬遗物7件，计有陶罐3件，陶双牛鼻耳罐、铜镜各1件，滑石珠3颗（按1件计），铅车马器多件（按1件计）。其中铜镜和铅车马器放置于头箱内，滑石珠放置于棺内墓主人盆骨和肩胛骨处，陶罐置于边箱内。铜镜、滑石珠、铅车马器残破严重，无法复原。（图版五八，2）

陶罐　3件。标本M92：4，泥质灰陶。折沿，沿面有凹槽，方唇，唇缘有凹槽，敛口，广肩，鼓腹，平底。高28.5厘米，口径21.5厘米，肩径36.4厘米，底径23.5厘米。（图

一八七，4）

标本M92：5，泥质灰陶。折沿，沿面有凹槽，方圆唇，敛口，矮领，广肩，鼓腹，平底。肩部饰数周凹弦纹间锥刺纹。高35.3厘米，口径23.5厘米，肩径40.5厘米，底径26.7厘米。（图一八七，1）

标本M92：6，泥质灰陶。口残。束颈，广肩，弧腹近直，肩腹分界明显，平底。下腹部及底部饰交错绳纹。残高23.5厘米，肩径22.8厘米，底径7厘米。（图一八七，3）

陶双牛鼻耳罐　1件。标本M92：7，泥质灰陶。口残。溜肩，肩部有两个对称的牛鼻形耳，鼓腹，平底。上腹部饰多周凹弦纹，下腹部及底部饰交错细绳纹。残高22.6厘米，腹径24厘米，底径15厘米。（图一八七，2）

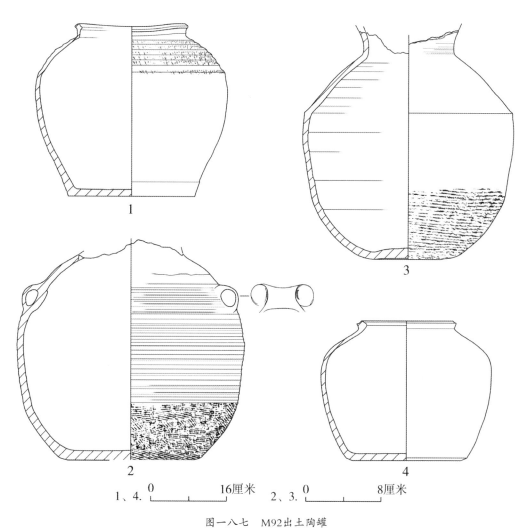

1、4. 0 ———— 16厘米 　 2、3. 0 ———— 8厘米

图一八七　M92出土陶罐

1、3、4.陶罐（M92：5、M92：6、M92：4）　2.陶牛鼻耳罐（M92：7）

七九、M93

1. 墓葬概况

M93位于Ⅰ区中东部，开口于第一层下，距地表深0.25米，东北部被M92打破。

该墓为长方形土坑竖穴墓，方向20°。墓葬平面呈长方形，直壁，平底。墓葬南北长3.9米，东西宽2米，深1.2米。（图一八八）

墓葬填土为黄褐色五花土，夹杂少量料姜石，质地较软，结构疏松。

墓底东南部发现有木棺朽痕，长2.04米，宽0.56米。

棺内发现1具人骨，保存较差，头向北，葬式为仰身直肢，可能为男性，年龄不详。

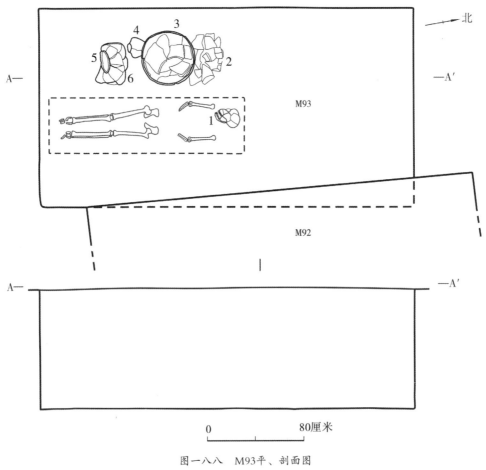

图一八八　M93平、剖面图

1.滑石珠　2~6.陶罐

2. 出土遗物

随葬遗物6件，计有陶罐5件，滑石珠3颗（按1件计）。其中滑石珠放置于墓主人颈部，陶罐放置于木棺西侧。滑石珠残破严重，无法复原。

陶罐　5件。标本M93：2，泥质灰陶。口残，广肩，弧腹近直，肩腹分界明显，平底。下腹部及底部饰交错细绳纹。残高20厘米，肩径21.1厘米，底径10.4厘米。（图一八九，1）

标本M93：3，泥质灰陶。敛口，方唇内凸，矮领，广肩，弧腹，平底。肩部饰数周凹弦纹间竖向细绳纹。高36.8厘米，口径25.2厘米，肩径45.4厘米，底径28.4厘米。（图一八九，5）

标本M93：4，泥质灰陶。口残。广肩，弧腹近直，平底。残高21厘米，肩径21厘

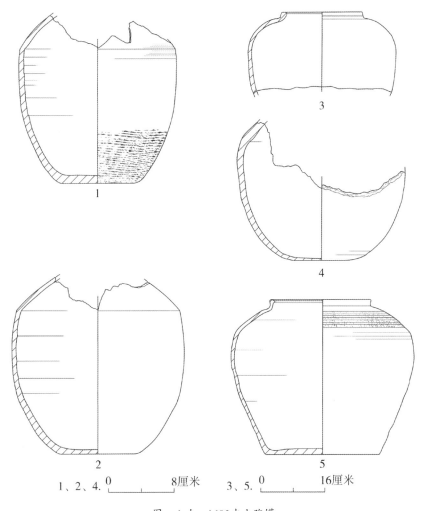

1、2、4. 0　　　　8厘米　　3、5. 0　　　　16厘米

图一八九　M93出土陶罐

1～5.M93：2、M93：4、M93：5、M93：6、M93：3

米，底径10厘米。（图一八九，2）

标本M93：5，泥质红陶。残。敛口，方唇，矮领，广肩。残高19.2厘米，口径17.5厘米。（图一八九，3）

标本M93：6，泥质灰陶。上部残缺。弧腹近直，平底。残高18.3厘米，底径7厘米。（图一八九，4）

八〇、M96

1. 墓葬概况

M96位于Ⅲ区中部偏东，开口于第一层下，距地表深0.2米，南端被M85打破，北端被扰坑打破。

该墓为长方形土坑竖穴墓，方向10°。墓葬平面呈长方形，直壁，平底。墓葬南北长3.4米，东西宽2.1米，深1.2米。（图一九〇；图版五九，1）

墓葬填土为黄褐色五花土，质地较软，结构疏松。

墓底中部偏东发现2具东西并列的木棺朽痕。西侧棺痕长1.96米，宽0.6米。棺内发现1具人骨，保存较差，仅存头骨和下肢骨，葬式、性别、年龄不详。

东侧棺痕长1.92米，宽0.6米。棺内未见人骨。

2. 出土遗物

随葬器物7件，计有釉陶壶3件，陶罐、铜盆、铜带钩各1件，铜钱1串。铜钱、铜带钩放置于西侧棺内，其余器物放置于墓底北部。其中铜带钩残破严重，无法复原。

陶罐　1件。标本M96：5，泥质红陶。口残。溜肩，鼓腹，圜底内凹。下腹部及底部饰交错绳纹。残高21.6厘米，腹径22厘米。（图一九一，3）

釉陶壶　3件。标本M96：2，泥质红陶。有盖，盖为盔形，沿折平，口内有舌，弧壁，弧顶。器身残破，仅见口部，为盘形口。器表施黄釉。口径13.2厘米，残高9.8厘米；盖高5厘米，口径15.3厘米。（图一九一，1）

标本M96：3，泥质红陶。有盖，盖为盔形，沿折平，口内有舌，弧壁，弧顶。器身残破，无法复原。器表施绿釉。盖高5厘米，口径16厘米。（图一九一，4）

标本M96：4，泥质红陶。有盖，盖为盔形，沿折平，口内有舌，弧壁，弧顶。器为盘

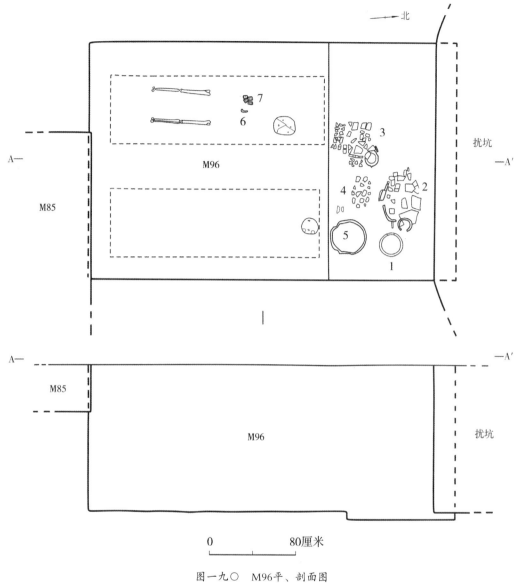

图一九〇 M96平、剖面图
1.铜盆 2~4.釉陶壶 5.陶罐 6.铜钱 7.铜带钩

形口，束颈，溜肩，肩部饰两个对称的铺首，鼓腹，圜底，圈足。盖顶及器身施绿釉。颈肩部饰两周凹弦纹。通高42.5厘米，口径14厘米，腹径30.3厘米，圈足径13.4厘米；盖高4.1厘米，口径15厘米。（图一九一，2）

　　铜盆　1件。标本M96：1，残破。折沿，敛口，弧腹，平底。高7厘米，口径20.5厘米，底径15厘米。（图一九一，5）

　　铜五铢钱　1串。残破锈蚀严重。钱的正面边缘有一周凸起的周郭，正方形穿，穿之左右有篆书"五铢"两字。

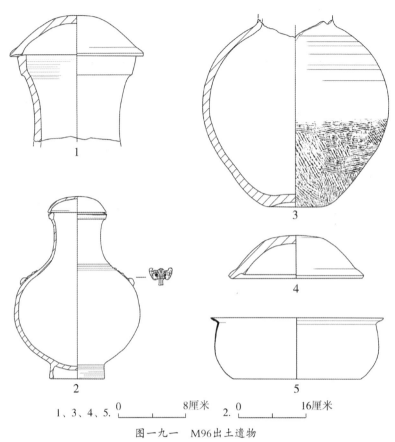

图一九一　M96出土遗物

1、2.釉陶壶（M96：2、M96：4）　3.陶罐（M96：5）　4.釉陶壶盖（M96：3）　5.铜盆（M96：1）

八一、M97

1. 墓葬概况

M97位于Ⅲ区西部，开口于第一层下，距地表深0.2米。

该墓为带墓道的曲尺形砖室合葬墓，方向10°。墓葬由墓道和墓室两部分组成。

墓道位于墓室南端一侧，平面呈长方形，直壁，坡状底。墓道南北长1.4米，东西宽1.6米，深0.08米～0.26米。

墓室位于墓道北端，平面呈长方形，直壁，南北长3.6米，东西宽2.4米。墓底为两个并列分布的长方形砖砌墓室。东侧砖室南北长3.6米，东西宽2.4米，深0.94米。底部用单砖横向对缝平铺，四壁用单砖错缝平砌。西侧砖室南北长3.6米，东西宽2.4米，深1.1米。砖室保存较差，砌筑方式不详。东西两砖室之间用生土梁隔开，东室底部略高于西室底部。

（图一九二；图版五九，2）

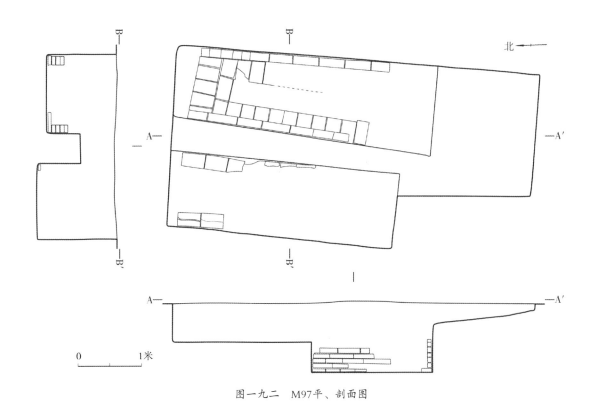

图一九二 M97平、剖面图

墓葬填土为黄褐色五花土，质地较软，结构疏松。

未见葬具、人骨。

2. 出土遗物

在扰土中发现铜五铢钱7枚，小泉直一6枚，货泉1枚。

铜五铢钱 7枚。钱的正面边缘有一周凸起的周郭，正方形穿，穿之左右有篆书"五铢"两字；钱的背面边缘有周郭，而且穿四边也有郭。五字中间两笔是弯曲的，中间两笔和上下两画相接的地方略向内靠拢，五字如两个相对的炮弹形；铢字笔画清晰，金字四点较长，朱字头方折。标本M97：1-1，直径2.52厘米。重3.2克。（图一九三，1）

标本M97：1-2，直径2.5厘米。重2.5克。（图一九三，2）

小泉直一 6枚。钱的正、背面边缘均有一周凸起的周郭，方穿。钱面文字为直读，篆书。标本M97：1-3，直径1.44厘米。重1.1克。（图一九三，3）

标本M97：1-4，直径1.46厘米。重1克。（图一九三，4）

货泉 1枚。标本M97：1-7，锈蚀残破严重。

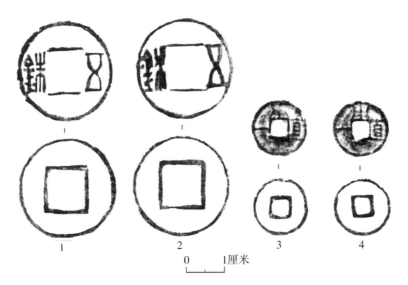

图一九三　M97出土铜钱
1、2. 铜五铢钱（M97：1-1、M97：1-2）　3、4.小泉直一（M97：1-3、M97：1-4）

八二、M98

1. 墓葬概况

M98位于Ⅱ区南部，开口于第一层下，距地表深0.2米，向下打破M100。

该墓为"甲"字形空心砖室墓，方向180°。墓葬平面呈"甲"字形，由墓道和墓室两部分组成。

墓道位于墓室南端，平面呈长方形，直壁，底为台阶状。墓道南北长1.4米，东西宽1.2米，深0.3米~0.5米。

墓室位于墓道北端，墓圹平面呈长方形，斜壁，平底。墓圹口部南北长4米，东西宽2米；底部南北长3.75米，东西宽1.2米；深1.5米。墓圹内用空心砖砌筑墓室，破坏严重。（图一九四；图版六〇，1）

墓葬填土为黄褐色五花土，质地较软，结构疏松。

墓底发现少量人骨，保存较差，头向北，葬式、性别、年龄不详。

2. 出土遗物

随葬器物7件，计有陶盒2件，陶瓮、陶鼎、陶壶、陶钫、陶器盖各1件，均放置于墓室

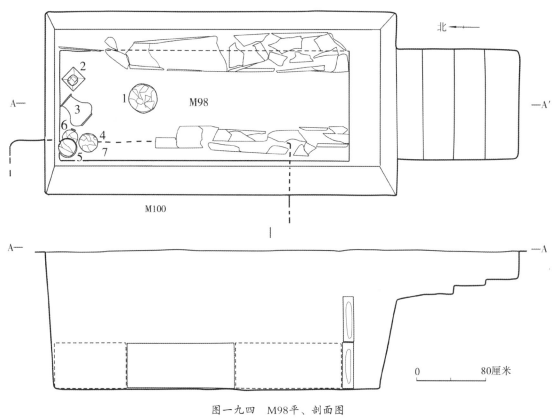

图一九四　M98平、剖面图
1.陶瓮　2.陶钫　3.陶壶　4、5.陶盒　6.陶鼎　7.陶器盖

北部。（图版六〇，2）

陶瓮　1件。标本M98：1，泥质灰陶。卷沿，方唇，敛口，广肩，鼓腹，肩腹分界明显，圜底。下腹部及底部饰交错绳纹。高29厘米，口径20.4厘米，腹径35厘米。（图一九五，3）

陶鼎　1件。标本M98：6，残。泥质灰陶。子口内敛，口部有两个对称的长方形附耳，附耳外撇，弧腹，圜底。高9.2厘米，口径16.4厘米。（图一九五，1）

陶盒　2件。其中一件残。标本M98：4，泥质灰陶。有盖，盖为覆钵形，口微敛，方唇，唇缘有凹槽，弧壁，弧顶。器为子口内敛，弧腹，圜底微内凹。通高12.7厘米，口径16.8厘米；盖高5.5厘米，口径16.2厘米。（图一九五，2）

陶壶　1件。标本M98：3，泥质灰陶。敞口，方唇，束颈，溜肩，鼓腹，圜底，圈足残。残高27厘米，口径14.1厘米，腹径21厘米。（图一九五，4）

陶钫　1件。标本M98：2，泥质灰陶。器身残破。盖为盝顶形，敞口，斜壁，平顶。盖高4.5厘米，口边长12.5厘米。（图一九五，6）

陶器盖　1件。标本M98：7，泥质灰陶。盖为覆盘形，敞口，口内有舌，弧壁，弧顶近平。盖高5厘米，口径22.4厘米。（图一九五，5）

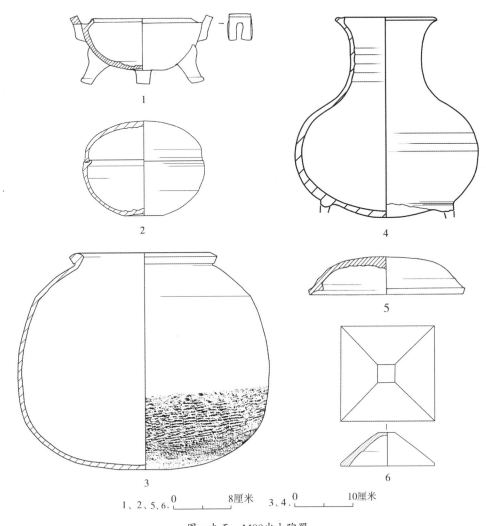

图一九五　M98出土陶器

1.陶鼎（M98：6）　2.陶盒（M98：4）　3.陶瓮（M98：1）　4.陶壶（M98：3）
5.陶器盖（M98：7）　6.陶钫盖（M98：2）

八三、M99

1. 墓葬概况

M99位于Ⅱ区东部，开口于第一层下，距地表深0.2米。

该墓为长方形土坑竖穴墓，方向0°。墓葬平面呈长方形，斜壁，平底。墓口南北长3.8米，东西宽1.7米；墓底南北长3.1米，东西宽1.2米；墓深1.5米。

南壁上部有一半圆形龛，顶部不存，斜壁，底部近平。龛上宽0.7米，下宽0.8米，残高

0.42米，进深0.76米。（图一九六；图版六一，1）

　　墓葬填土为黄褐色五花土，质地较软，结构疏松。

　　墓底发现1具木棺朽痕，南北长2.36米，东西宽0.8米。

　　棺内发现1具人骨，保存较差，葬式为侧身屈肢，性别、年龄不详。

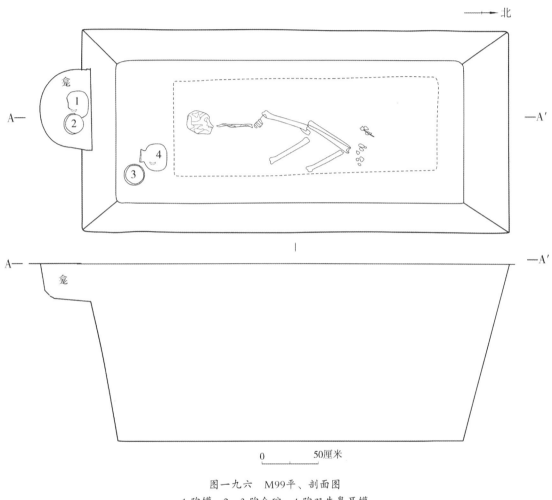

图一九六　M99平、剖面图
1.陶罐　2、3.陶合碗　4.陶双牛鼻耳罐

2. 出土遗物

　　随葬器物4件，计有陶合碗2件，陶罐、陶双牛鼻耳罐各1件。其中1件陶合碗和1件陶双牛鼻耳罐放置于棺外墓底东南部，另外1件陶合碗和1件陶罐出土于壁龛内。（图版六一，2）

　　陶罐　1件。标本M99：1，泥质灰陶。盘形口，束颈，广肩，弧腹，平底。周身饰数周凹弦纹。高18.6厘米，口径12厘米，肩径19.2厘米，底径11.6厘米。（图一九七，4）

　　陶双牛鼻耳罐　1件。标本M99：4，泥质灰陶。卷沿，圆唇，敞口，束颈，溜肩，肩

部有两个对称的牛鼻形耳，垂腹，圆底。上腹部饰数周凹弦纹，下腹部及底部饰交错绳纹。高23.7厘米，口径12厘米，腹径25.3厘米，底径9厘米。（图一九七，1）

陶合碗　2件。标本M99：2，泥质灰陶。由两件形制基本相同的陶钵上下扣合而成，盖稍残。器为敛口，圆唇，弧腹，平底。通高13.4厘米，口径16厘米，底径6.4厘米；盖高7.2厘米，顶径7.4厘米。（图一九七，2）

标本M99：3，泥质灰陶。由两件形制相同的陶钵上下扣合而成。器为敛口，圆唇，弧腹，平底。通高13.6厘米，口径15厘米，底径6.2厘米；盖高7厘米，顶径5.8厘米。（图一九七，3）

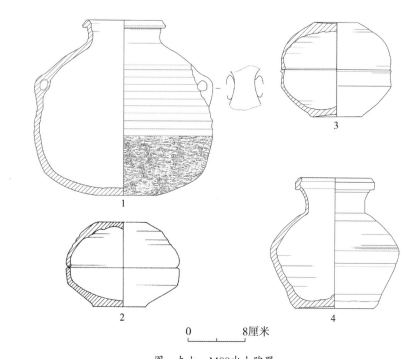

0　　　　8厘米

图一九七　M99出土陶器
1.陶双牛鼻耳罐（M99：4）　2、3.陶合碗（M99：2、M99：3）　4.陶罐（M99：1）

八四、M100

1. 墓葬概况

M100位于Ⅱ区南部，开口于第一层下，距地表深0.2米，东南部被M98打破。

该墓为长方形土坑竖穴墓，方向0°。墓葬平面呈长方形，斜壁，平底，墓底北部和东部有生土二层台。墓口南北长3.8米，东西宽2米；墓底南北长3.7米，东西宽1.8米；墓深

1.06米。北生土二层台宽0.28米，东生土二层台宽0.75米，二层台高0.3米。（图一九八；图版六二，1）

墓葬填土为灰色五花土，质地较软，结构疏松。

墓底南部发现1具木棺朽痕，南北长2米，东西宽0.7米～0.76米。

棺内发现1具人骨，保存较差，葬式、性别、年龄不详。

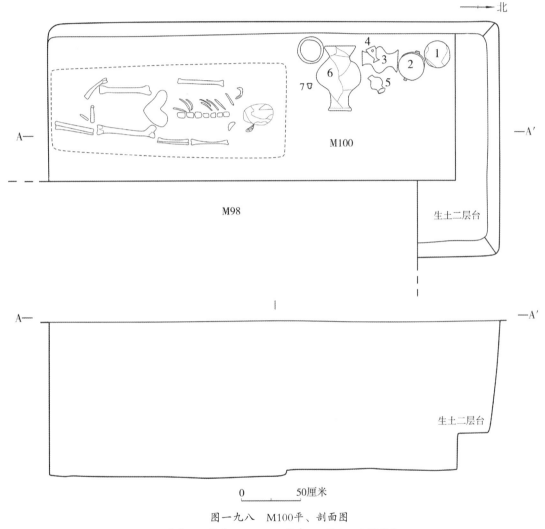

图一九八　M100平、剖面图
1.陶盒　2.陶鼎　3、5、6.陶壶　4.陶杯　7.陶耳杯

2. 出土遗物

随葬器物7件，计有陶壶3件，陶鼎、陶盒、陶杯、陶耳杯各1件，放置于墓底西北部。（图版六二，2）

陶鼎　1件。标本M100∶2，泥质灰陶。有盖，盖为覆钵形，敞口，方唇内凸，弧壁，弧顶。器为子口内敛，两侧有两个对称的长方形附耳，附耳微外撇，弧腹，圜底，下附三

兽面蹄形足。器身残留漫漶不清的彩绘。通高17.2厘米，口径20厘米；盖高5.5厘米，口径20.6厘米。（图一九九，3）

陶盒　1件。标本M100：1，泥质灰陶。有盖，盖为覆钵形，敞口，方唇，唇缘有凹槽，弧壁，弧顶。器为子口内敛，弧腹，平底微内凹。器盖及器身有多周宽凹弦纹，并残留有红色彩绘痕迹。通高14.8厘米，口径20.3厘米，底径9.3厘米；盖高4厘米，口径20.9厘米。（图一九九，2）

陶壶　3件。标本M100：3，泥质灰陶。有盖，盖为盔形，敞口，口内有舌，弧壁，弧顶。器为侈口，方唇，束颈，溜肩，鼓腹，圜底，高圈足外撇。通高32厘米，口径12.5厘米，腹径20.5厘米，圈足径20.2厘米；盖高4厘米，口径14.4厘米。（图一九九，4）

标本M100：5，泥质灰陶。敞口，方唇，束颈，溜肩，鼓腹，平底。高10.7厘米，口径6厘米，腹径9.2厘米，底径7厘米。（图一九九，5）

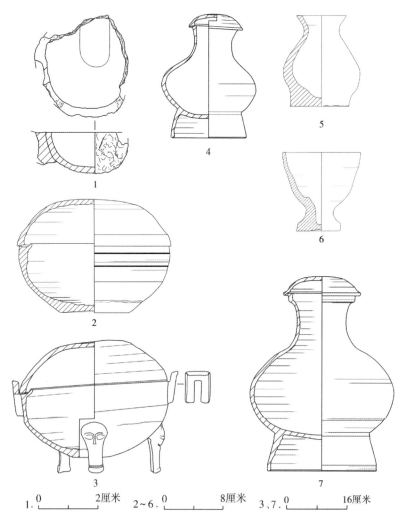

图一九九　M100出土陶器
1.陶耳杯（M100：7）　2.陶盒（M100：1）　3.陶鼎（M100：2）
4、5、7.陶壶（M100：3、M100：5、M100：6）　6.陶杯（M100：4）

标本M100：6，泥质灰陶。有盖，盖为覆盘形，敞口，口内有舌，弧壁，弧顶近平。器为盘形口，束颈，溜肩，鼓腹，平底，圈足外撇。通高50.6厘米，口径18厘米，腹径38.5厘米，圈足径14.4厘米；盖高5厘米，口径20.3厘米。（图一九九，7）

陶杯　1件。标本M100：4，泥质灰陶。敞口，方圆唇，深腹内收，饼状底，底与腹之间呈亚腰形。高11.4厘米，口径10.6厘米，底径6厘米。（图一九九，6）

陶耳杯　1件。标本M100：7，残。泥质灰陶。体呈椭圆形，敞口，两侧有新月形耳，弧腹，圜底。高2.4厘米。（图一九九，1）

八五、M101

1. 墓葬概况

M101位于Ⅱ区西部，开口于第一层下，距地表深0.25米，墓道东部被一圆形盗洞破坏。

该墓为"甲"字形空心砖室墓，方向180°。墓葬平面呈"甲"字形，由墓道和墓室两部分组成。

墓道位于墓室南端，平面呈长方形，直壁，坡状底。墓道南北长1.8米，东西宽1米，底端深0.44米。

墓室位于墓道北端，墓圹平面呈长方形，北、东、西三壁上部内斜，南壁竖直。墓圹口部南北长3.2米，东西宽1.92米；底部南北长3米，东西宽1.4米；墓深2米。墓圹内用空心砖砌筑墓室和头箱。墓室底部用6块长方形空心砖铺底，南北两壁各用2块长方形空心砖竖砌，东西两壁各用4块长方形空心砖竖砌，顶部用14块长条形空心砖盖顶。墓室内部南北长2米，东西宽0.72米，高0.78米。

头箱底部用2块长方形空心砖铺底，南壁用2块长方形空心砖竖砌，北壁即墓室南壁，东西两壁各用1块长方形空心砖竖砌，顶用2块长条形空心砖盖顶。头箱内部东西长0.72米，南北宽0.4米，高0.8米。（图二〇〇；图版六三，1、2）

墓葬填土为黄褐色五花土，质地较软，结构疏松。

砖室底部发现1具人骨，葬式为仰身直肢，性别、年龄不详。

2. 出土遗物

随葬器物8件，计有陶瓮、陶鼎、陶盒、陶壶、陶盘、铁削、砺石各1件，铜钱30枚

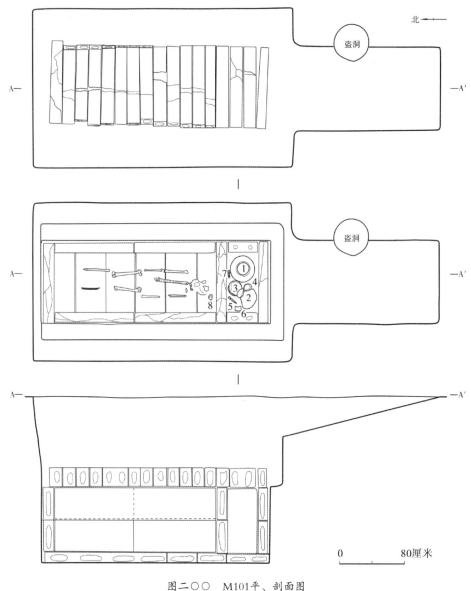

图二〇〇　M101平、剖面图
1.陶瓮　2.陶壶　3.陶鼎　4.陶盒　5.铁削　6.砺石　7.铜钱　8.陶盘

（按1件计），均放置于南端头箱内。其中陶鼎残破严重，无法复原。

陶瓮　1件。标本M101：1，泥质灰陶。折沿，方唇，敛口，束颈，广肩，垂腹，肩腹分界明显，圜底。下腹部及底部饰交错绳纹。高26.5厘米，口径19.6厘米，腹径32.7厘米。（图二〇一，5）

陶盒　1件。标本M101：4，泥质红陶。仅剩器身。子口内敛，弧腹，平底。高7厘米，口径17.2厘米，底径9厘米。（图二〇一，2）

陶壶　1件。标本M101：2，器为泥质红灰陶，盖为泥质灰陶。盖为盔形，敞口，口内有舌，弧壁，弧顶。器为敞口，方圆唇，束颈，溜肩，弧腹，下部稍残。通高31.5厘米，口径11.5厘米；盖高3.1厘米，口径11.5厘米。（图二〇一，3）

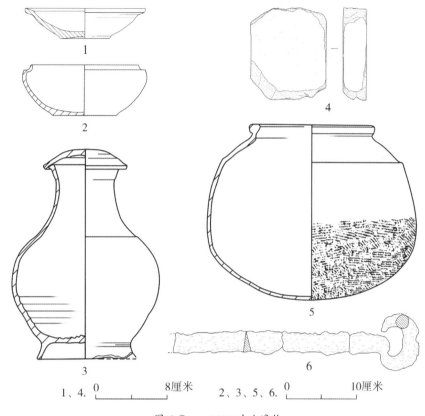

图二〇一　M101出土遗物

1.陶盘（M101：8）　2.陶盒（M101：4）　3.陶壶（M101：2）
4.砺石（M101：6）　5.陶瓮（M101：1）　6.铁削（M101：5）

　　陶盘　1件。标本M101：8，泥质灰陶。折沿，方圆唇，弧腹，平底微凹。高3.3厘米，口径13.5厘米，底径5.5厘米。（图二〇一，1）

　　铁削　1件。标本M101：5，残，锈蚀严重。直背，直刃，扁圆形环。残长21.1厘米。（图二〇一，6）

　　砺石　1件。标本M101：6，紫红色砂岩。整体呈长方体，上下两面及两侧磨制平滑，另两侧加工不整。长9.2厘米，宽8厘米，厚2.7厘米。（图二〇一，4）

　　铜半两钱　30枚。有的残破。圆形方穿，"半两"二字分列穿之左右，右"半"左"两"，笔画方折。标本M101：7-1，直径2.32厘米。重1.8克。（图二〇二，1）

　　标本M101：7-2，直径2.3厘米。重1.4克。（图二〇二，2）

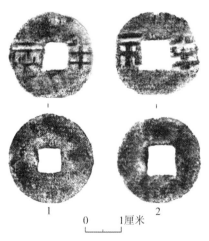

图二〇二　M101出土铜半两钱

1.M101：7-1　2.M101：7-2

八六、M104

1. 墓葬概况

M104位于Ⅱ区南部，开口于第一层下，距地表深0.25米。

该墓为长方形土坑竖穴墓，方向190°。墓葬平面呈长方形，直壁，底部北高南低。墓葬南北长3.5米，东西宽1.4米，深1.25米～1.35米。（图二〇三；图版六四，1）

墓葬填土为黄褐色五花土，质地较软，结构疏松。

墓底中北部发现1具木棺朽痕，南北长2米，东西宽0.6米。

棺内发现1具人骨，保存较差，仅存头骨和下肢骨，葬式、性别、年龄不详。

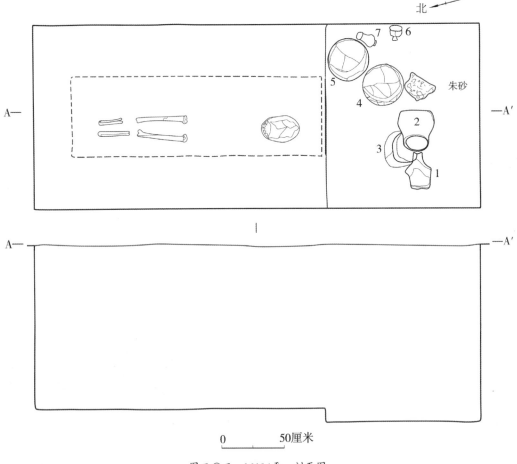

图二〇三　M104平、剖面图
1、7.陶壶　2、3.陶瓮　4.陶盒　5.陶鼎　6.陶杯

2. 出土遗物

随葬器物7件，计有陶瓮、陶壶各2件，陶鼎、陶盒、陶杯各1件，均放置于墓底南部。其中陶杯残破严重，无法复原。（图版六四，2）

陶瓮 2件。标本M104：2，泥质灰陶。折沿，方唇，敛口，广肩，垂腹，肩腹分界明显，圜底。下腹部及底部饰交错细绳纹。高27.5厘米，口径19厘米，腹径34.5厘米。（图二〇四，5）

标本M104：3，泥质灰陶。折沿，方唇，敛口，广肩，垂腹，肩腹分界明显，圜底。肩部及上腹部饰数周凹弦纹，下腹部及底部饰交错细绳纹。高28厘米，口径22.7厘米，腹径37厘米。（图二〇四，6）

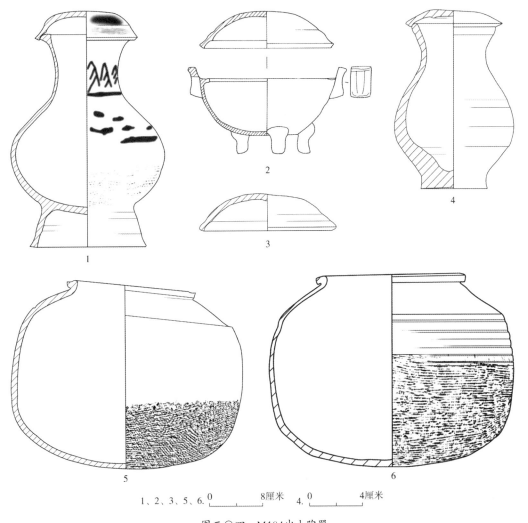

1、2、3、5、6. 0 ___ 8厘米 4. 0 ___ 4厘米

图二〇四 M104出土陶器

1、4.陶壶（M104：1、M104：7） 2.陶鼎（M104：5） 3.陶盒盖（M104：4）
5、6.陶瓮（M104：2、M104：3）

陶鼎　1件。标本M104：5，泥质灰陶。有盖，盖为覆钵形，敞口，口内有舌，方唇，弧壁，弧顶。器为子口内敛，两侧有两个对称的长方形附耳，附耳微外撇，弧腹，圜底，下附三蹄形足。器高17厘米，口径20厘米；盖高5.4厘米，口径20.5厘米。（图二〇四，2）

陶壶　2件。标本M104：1，泥质灰陶。有盖，盖为盝形，敞口，口内有舌，方圆唇，弧壁，弧顶。器为敞口，方唇，束颈，溜肩，弧腹，圜底，圈足微外撇。壶顶及器身饰彩绘图案。通高34.2厘米，口径13.8厘米，腹径23厘米，圈足径17.6厘米；盖高4.2厘米，口径15.3厘米。（图二〇四，1）

标本M104：7，泥质灰陶。有盖，盖为敞口，口内有舌，方唇，弧壁，弧顶近平。器为敛口，方唇，束颈，溜肩，弧腹，平底。通高13厘米，口径6.3厘米，底径5厘米；盖高2.5厘米，口径7.3厘米。（图二〇四，4）

陶盒　1件。标本M104：4，泥质灰陶。器残，仅剩器盖。盖为覆钵形，敞口，口内有舌，方唇，弧壁，弧顶。高5.4厘米，口径20.5厘米。（图二〇四，3）

八七、M105

1. 墓葬概况

M105位于Ⅱ区南部，开口于第一层下，距地表深0.2米。

该墓为长方形空心砖室墓，方向0°。墓圹平面呈长方形，斜壁，平底。墓圹口部南北长3.8米，东西宽1.8米；底部南北长3.6米，东西宽1.4米；墓深0.9米。墓圹内用空心砖砌筑墓室，底部用2块长方形空心砖纵向铺底，东西两壁各用2块长方形空心砖竖砌，南北两壁各用2块长方形空心砖竖砌，顶部用11块长条形空心砖盖顶。砖室内部南北长2.6米，东西宽0.66米，高0.46米。（图二〇五；图版六五，1）

墓葬填土为黄褐色五花土，质地较软，结构疏松。

砖室底部发现1具人骨，保存较差，葬式为仰身直肢，上肢交叉放置于腹部，性别、年龄不详。

2. 出土遗物

随葬器物4件，计有陶瓮、陶盆、陶合碗各1件，铜钱10枚（按1件计），均放置于墓

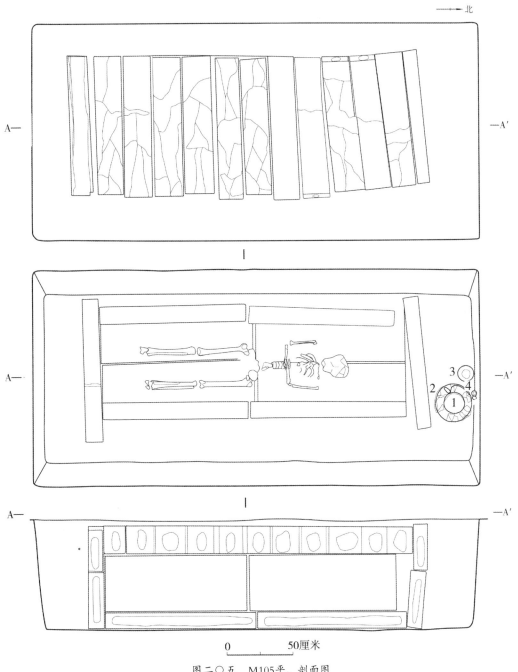

图二〇五　M105平、剖面图
1.陶盆　2.陶瓮　3.陶合碗　4.铜钱

底北端。（图版六五，2）

陶瓮　1件。标本M105：2，泥质褐陶。卷沿，方唇，敛口，广肩，垂腹，肩腹分界明显，圜底。下腹部及底部饰交错绳纹。高31.5厘米，口径23.5厘米，腹径38.7厘米。（图二〇六，1）

陶盆　1件。标本M105：1，泥质灰陶。折沿，方唇，敞口，折肩，弧腹，平底。器身饰数周凹弦纹。高14.5厘米，口径37厘米，底径14.6厘米。（图二〇六，3）

陶合碗　1件。标本M105：3，泥质灰陶。由两件形制基本相同的陶钵上下扣合而成。盖为敛口，圆唇，弧壁，平顶。器为敛口，圆唇，弧腹，平底微凹。通高11.5厘米，口径14.8厘米，底径8厘米；盖高5.3厘米，顶径6.9厘米。（图二〇六，2）

铜半两钱　11枚。标本M105：4，残破严重。圆形方穿，"半两"二字分列穿之左右，右"半"左"两"，笔画方折。

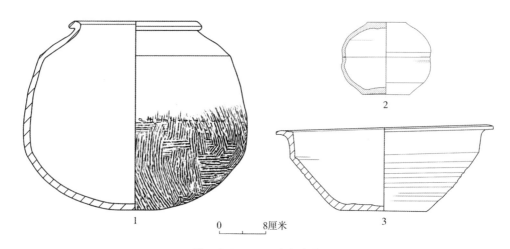

图二〇六　M105出土陶器

1.陶瓮（M105：2）　2.陶合碗（M105：3）　3.陶盆（M105：1）

八八、M106

1.墓葬概况

M106位于Ⅱ区南部，开口于第一层下，距地表深0.25米，向下打破M107。

该墓为长方形土坑竖穴墓，方向270°。墓葬平面呈长方形，直壁，平底。墓葬东西长4.4米，南北宽1.6米，深0.9米。（图二〇七；图版六六，1）

墓葬填土为黄褐色五花土，质地较软，结构疏松。

墓底中部发现1具木棺朽痕，东西长1.8米，南北宽0.58米。

棺内未见人骨。

2.出土遗物

随葬器物12件，计有陶壶4件，陶鼎、陶盒、陶杯各2件，陶瓮1件，铜钱74枚（按1件

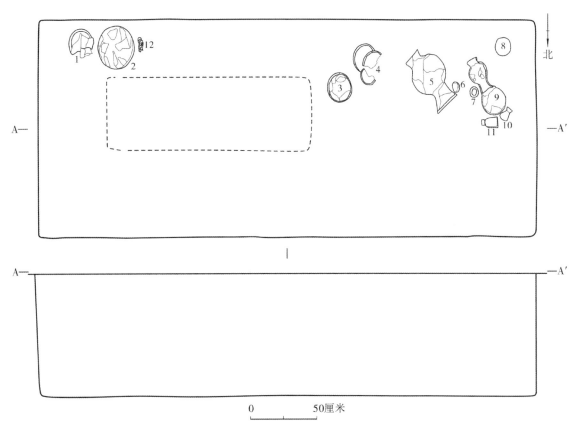

图二〇七　M106平、剖面图
1、4.陶盒　2.陶瓮　3、9.陶鼎　5~8.陶壶　10、11.陶杯　12.铜钱

计），分别放置于墓底棺外西端和东南部。（图版六六，2）

陶瓮　1件。标本M106：2，泥质灰陶。残破严重。广肩，垂腹，肩腹分界明显，圜底。残高23.5厘米。（图二〇八，1）

陶鼎　2件。其中一件残。标本M106：9，泥质灰陶。有盖，盖为覆钵形，敞口，方唇内凸，弧壁，弧顶。器为子口内敛，两侧有两个对称的长方形附耳，附耳微外撇，弧腹，圜底，下附三兽面蹄形足。器表有彩绘图案，已脱落。通高16.4厘米，口径20厘米；盖高5.8厘米，口径20厘米。（图二〇八，2）

陶盒　2件。标本M106：1，泥质灰陶。仅剩器身。子口内敛，弧腹，平底。高6.6厘米，口径19.8厘米，底径7.5厘米。（图二〇八，3）

标本M106：4，泥质灰陶。仅剩器盖。盖为覆钵形，敞口，方唇内凸，弧壁，弧顶。盖壁饰两周凹弦纹。高6厘米，口径19.8厘米。（图二〇八，7）

陶壶　4件。标本M106：5，泥质灰陶。器身残破，仅剩器盖。盖为覆盘形，敞口，口内有舌，方圆唇，弧壁，弧顶。高3.8厘米，口径20.5厘米。（图二〇八，8）

标本M106：6，泥质灰陶。口残。束颈，溜肩，鼓腹，平底。残高10.2厘米，腹径8.8厘米，底径5.7厘米。（图二〇八，5）

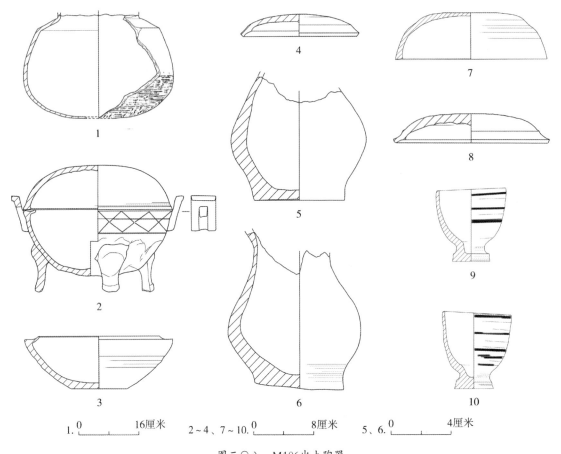

图二〇八　M106出土陶器

1.陶瓮（M106：2）　2.陶鼎（M106：9）　3、7.陶盒（M106：1、106：4）
4、8.陶壶盖（M106：8、M106：5）　5、6.陶壶（M106：6、M106：7）
9、10.陶杯（M106：11、M106：10）

标本M106：7，泥质灰陶。口残。溜肩，鼓腹，平底。残高8厘米，腹径9厘米，底径6厘米。（图二〇八，6）

标本M106：8，泥质灰陶。器身残破，仅剩器盖。盖为覆盘形，敞口，口内有舌，方圆唇，弧壁，弧顶。高2.9厘米。（图二〇八，4）

陶杯　2件。标本M106：10，泥质灰陶。侈口，圆唇，深腹内收，饼状底，底与腹之间呈亚腰形。器表饰五周彩绘。高9.5厘米，口径9.2厘米，底径5厘米。（图二〇八，10）

标本M106：11，泥质灰陶。侈口，圆唇，深腹内收，饼状底，底与腹之间呈亚腰形。器表饰数周彩绘。高10厘米，口径9.2厘米，底径5.2厘米。（图二〇八，9）

铜半两钱　74枚。有的残破。圆形方穿，"半两"二字分列穿之左右，右"半"左"两"，笔画方折。标本M106：12-1，直径2.36厘米。重2.8克。（图二〇九，1）

标本M106：12-2，直径2.32厘米。重2.4克。（图二〇九，2）

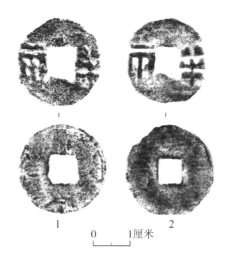

图二○九　M106出土铜半两钱
1、2.M106：12-1、M106：12-2

八九、M107

1. 墓葬概况

M107位于Ⅱ区南部，开口于第一层下，距地表深0.25米，南壁被M106打破。

该墓为长方形土坑竖穴墓，方向270°。墓葬平面呈长方形，斜壁，平底。墓口东西长4米，南北宽1.7米；墓底东西长3.72米，南北宽1.38米；墓深1米。（图二一○；图版六七，1）

墓葬填土为黄褐色五花土，质地较软，结构疏松。

墓底东南部发现1具木棺朽痕，东西长2米，南北宽0.5米～0.6米。

棺内发现1具人骨，保存较差，仅存头骨和下肢骨，葬式、性别、年龄不详。

2. 出土遗物

随葬器物9件，计有陶壶3件，陶瓮、陶鼎、陶盒、陶盘、陶盆各1件，铜钱24枚（按1件计），放置于墓底棺外北侧和西端。其中1件陶盒、2件陶壶残破严重，无法复原。（图版六七，2）

陶瓮　1件。标本M107：1，泥质灰陶。卷沿，圆唇，敛口，广肩，鼓腹，肩腹分界明显，圜底。上腹部饰凹弦纹间竖向绳纹，下腹部及底部饰交错绳纹。高29厘米，口径19.8

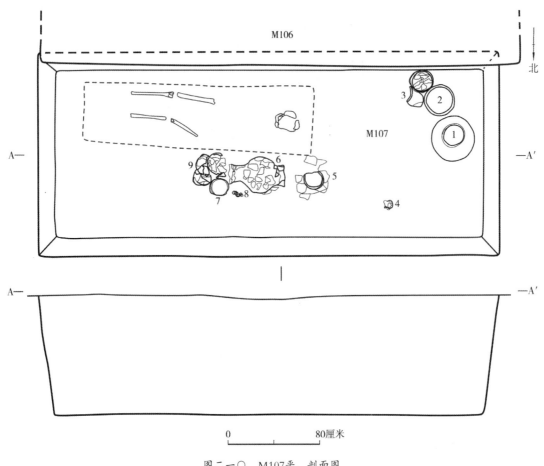

图二一〇　M107平、剖面图
1.陶瓮　2.陶盆　3.陶鼎　4~6.陶壶　7.陶盒　8.铜钱　9.陶盘

厘米，腹径37.8厘米。（图二一一，4）

陶盆　1件。标本M107：2，泥质灰陶。折沿，尖唇，口微敛，折肩，弧腹，平底。高10厘米，口径27.4厘米，底径10厘米。（图二一一，5）

陶鼎　1件。标本M107：3，泥质灰陶。有盖，盖为覆钵形，敞口，方唇内凸，弧壁，弧顶近平。器为子口内敛，两侧有两个对称的长方形附耳，附耳微外撇，弧腹，圜底，下附三蹄形足。通高16.6厘米，口径17厘米；盖高7.4厘米，口径19.5厘米。（图二一一，1）

陶壶　3件。其中2件残。标本M107：5，泥质红陶。有盖，盖为覆钵形，敞口，圆唇，弧壁，弧顶。器为敞口，方圆唇，束颈，溜肩，鼓腹，腹两侧饰两个对称的铺首，圜底，圈足外撇。通高43厘米，口径17厘米，腹径32.2厘米，圈足径20.8；盖高4.2厘米，口径18.4厘米。（图二一一，2）

陶盘　1件。标本M107：9，泥质红陶。折沿，尖唇，敞口，弧腹，平底。高4厘米，口径15.5厘米，底径7.4厘米。（图二一一，3）

铜半两钱　24枚。标本M107：8。残破锈蚀严重。圆形方穿，"半两"二字分列穿之左右，右"半"左"两"，笔画方折。

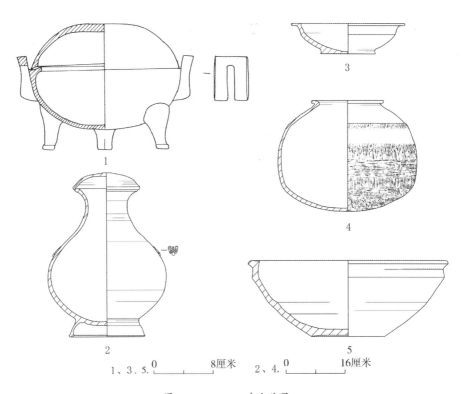

图二一一　M107出土陶器

1.陶鼎（M107：3）　2.陶壶（M107：5）　3.陶盘（M107：9）　4.陶瓮（M107：1）　5.陶盆（M107：2）

九〇、M108

1. 墓葬概况

M108位于Ⅱ区东部，开口于第一层下，距地表深0.25米。

该墓为"甲"字形砖室墓，方向10°。墓葬平面呈"甲"字形，由墓道和墓室两部分组成。

墓道位于墓室北端，平面呈长方形，直壁，坡状底。墓道南北长1米，东西宽0.68米，底端深0.3米。

墓室位于墓道南端，墓圹平面呈长方形，直壁，平底。墓圹南北长2.4米，东西宽0.84米，深0.3米。墓圹内东西两壁用子母砖错缝平砌，南壁和底部未见墓砖。砖室内部南北长2.4米，东西宽0.63米。（图二一二；图版六八，1）

墓葬填土为黄褐色五花土，质地较软，结构疏松。

墓底北端仅发现6颗人牙齿。

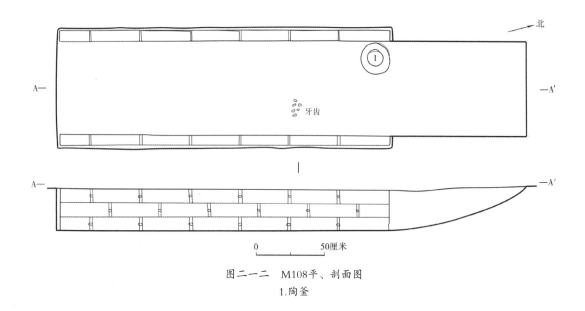

图二一二　M108平、剖面图
1.陶釜

2. 出土遗物

随葬器物仅1件陶釜，放置于墓室西北部。

陶釜　1件。标本M108：1，泥质灰陶。敛口，口下有3个小圆孔，方唇，广肩，鼓腹，圜底近平。肩部及腹部饰数周凹弦纹，下腹部及底部饰交错绳纹。高10.5厘米，口径10.7厘米，腹径18.2厘米，底径5厘米。（图二一三）

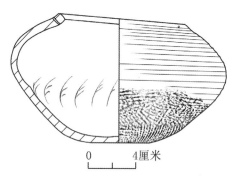

图二一三　M108出土陶釜（M108：1）

九一、M109

1. 墓葬概况

M109位于Ⅱ区东部，开口于第一层下，距地表深0.25米，向下打破M113。

该墓为长方形土坑竖穴墓，方向90°。墓葬平面呈长方形，直壁，平底。墓葬东西长3.2米，南北宽1.2米，深0.4米。（图二一四；图版六八，2）

墓葬填土为灰色五花土，质地较软，结构疏松。

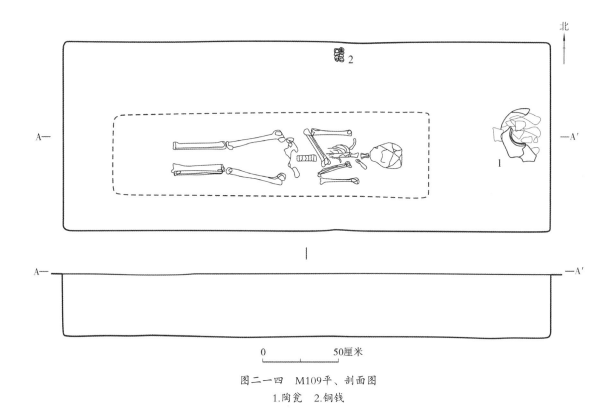

图二一四 M109平、剖面图
1.陶瓮 2.铜钱

墓底发现1具木棺朽痕，东西长2.08米，南北宽0.52米～0.56米。

棺内发现1具人骨，葬式为仰身直肢，上肢交叉放置于胸部，性别、年龄不详。

2. 出土遗物

随葬器物2件，计有陶瓮1件，铜钱78枚（按1件计）。其中陶瓮置于墓底棺外东端，铜钱放置于墓底棺外北侧。

陶瓮 1件。标本M109：1，泥质灰陶。折沿，方唇，敛口，广肩，弧腹近直，圜底。上腹部饰数周凹弦纹，下腹部及底部饰交错细绳纹。高27.6厘米，口径24.5厘米。（图二一五）

铜半两钱 78枚。多残破锈蚀严重。圆形方穿，"半两"二字分列穿之左右，右"半"左"两"，笔画方折。标本M109：2－1，字形长。直径2.37厘米。重1.69克。（图二一六）

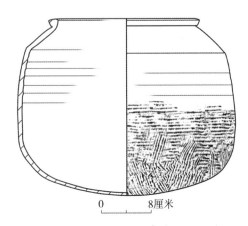

图二一五　M109出土陶瓮（M109：1）

图二一六　M109出土铜半两钱（M109：2-1）

九二、M110

1. 墓葬概况

M110位于Ⅱ区东部，开口于第一层下，距地表深0.2米。

该墓为长方形土坑竖穴墓，方向10°。墓葬平面呈长方形，直壁，平底。墓葬南北长2米，东西宽0.8米，深0.6米。（图二一七；图版六九，1）

墓葬填土为灰色五花土，质地较软，结构疏松。

墓底发现1具人骨，保存较差，仅存头骨和少量下肢骨，头向南，葬式、性别、年龄不详。未见葬具痕迹。

2. 出土遗物

随葬器物2件，计有陶罐1件，铜钱2枚（按1件计）。其中铜钱放置于墓主人头顶部，陶罐放置于墓底西南部。

陶罐　1件。标本M110：1，泥质褐陶。盘形口，束颈，溜肩，弧腹近直，圈底近平。下腹部及底部饰交错绳纹。高25.5厘米，口径13.2厘米，肩径22.5厘米，底径8厘米。（图二一八）

铜半两钱　2枚。标本M110：2。残破严重。圆形方穿，"半两"二字分列穿之左右，右"半"左"两"，笔画方折。

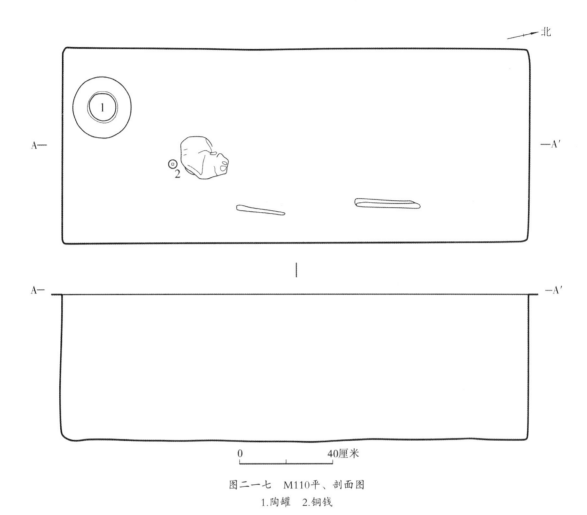

图二一七　M110平、剖面图
1.陶罐　2.铜钱

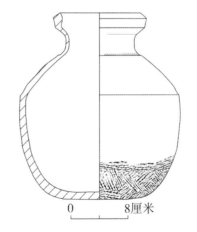

图二一八　M110出土陶罐（M110：1）

九三、M111

1. 墓葬概况

M111位于Ⅱ区东部，开口于第一层下，距地表深0.2米。

该墓为长方形土坑竖穴墓，方向10°。墓葬平面呈长方形，直壁，平底。墓葬南北长2.9米，东西宽1.1米，深0.5米。（图二一九；图版六九，2）

墓葬填土为黄褐色五花土，质地较软，结构疏松。

墓底发现1具木棺朽痕，南北长2.1米，东西宽0.56米。

棺内发现1具人骨，葬式为仰身直肢，上肢交叉放置于腹部，性别、年龄不详。

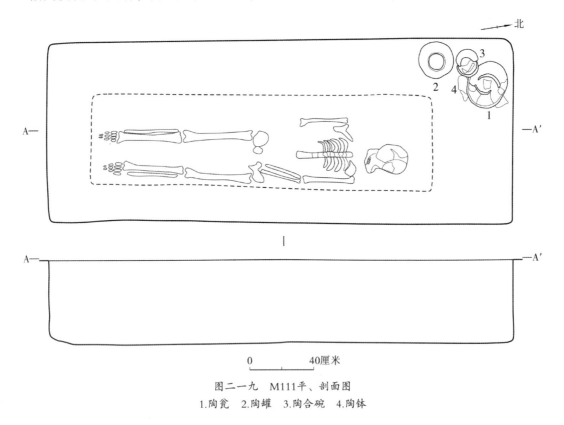

图二一九　M111平、剖面图
1.陶瓮　2.陶罐　3.陶合碗　4.陶钵

2. 出土遗物

随葬器物4件，计有陶瓮、陶罐、陶合碗、陶钵各1件，均放置于墓底西北部。（图版七〇，2）

陶瓮　1件。标本M111：1，泥质灰陶。卷沿，方唇，敛口，广肩，垂腹，肩腹分界明显，圜底。下腹部及底部饰交错绳纹。高29.5厘米，口径22.8厘米。（图二二〇，1）

陶罐　1件。标本M111：2，泥质灰陶。盘形口，束颈，折肩，弧腹近直，圜底内凹。下腹部及底部饰交错绳纹。高22.7厘米，口径13厘米，肩径21厘米，底径8厘米。（图二二〇，4）

陶合碗　1件。标本M111：3，泥质灰陶。由两件形制相近的陶钵上下扣合而成。盖口微敛，圆唇，弧壁，平顶微内凹。器为敛口，圆唇，弧腹，平底。通高12厘米，口径13.6厘米，底径8厘米；盖高5厘米，顶径6.2厘米。（图二二〇，2）

陶钵　1件。标本M111：4，泥质灰陶。敞口，圆唇，弧腹，平底。高5.4厘米，口径16.8厘米，底径9厘米。（图二二〇，3）

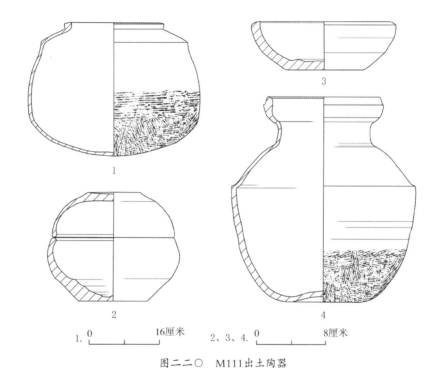

图二二〇　M111出土陶器

1.陶瓮（M111：1）　2.陶合碗（M111：3）　3.陶钵（M111：4）　4.陶罐（M111：2）

九四、M112

1. 墓葬概况

M112位于Ⅱ区东部，开口于第　层下，距地表深0.2米。

该墓为凸字形土坑竖穴墓，方向0°。墓葬平面呈凸字形，斜壁，平底，底部南端有生土台。墓口南北长4米，南端宽1.6米，北端宽2.4米；墓底南北长3.5米，南端宽1.4米，北端宽2米；墓深0.8米。南端生土台宽0.2米，高0.13米。（图二二一；图版七〇，1）

墓葬填土为黄褐色五花土夹少量料姜石，质地较软，结构疏松。

墓底中部偏南发现1具木棺朽痕，南北长2.1米，东西宽0.6米。

棺内发现1具人骨，保存较差，葬式为仰身直肢，面向西，上肢交叉放置于腹部，性别、年龄不详。

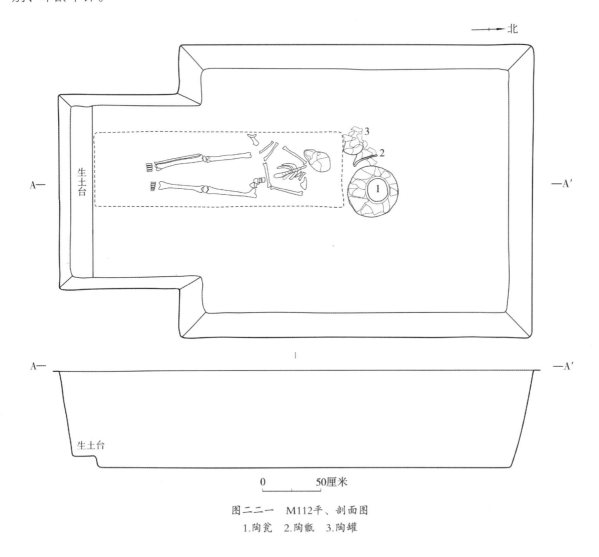

图二二一　M112平、剖面图
1.陶瓮　2.陶甑　3.陶罐

2. 出土遗物

随葬器物3件，计有陶瓮、陶罐、陶甑各1件，均放置于墓底棺外北部。

陶瓮　1件。标本M112：1，泥质褐陶。卷沿，方唇，敛口，广肩，垂腹，肩腹分界明显，圜底。上腹部饰凹弦纹，下腹部及底部饰交错绳纹。高32.3厘米，口径22.7厘米。（图二二二，1）

　　陶罐　1件。标本M112：3，泥质灰陶。口残，折肩，弧腹近直，圜底内凹。下腹部及底部饰交错绳纹。残高17.8厘米，肩径22厘米。（图二二二，3）

　　陶甑　1件。标本M112：2，泥质灰陶。折沿，方唇，敞口，斜直腹，平底，底部中心有一圆孔。高11.6厘米，口径27厘米，底径16厘米。（图二二二，2）

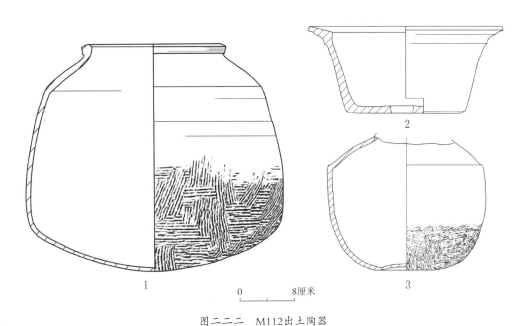

图二二二　M112出土陶器
1.陶瓮（M112：1）　2.陶甑（M112：2）　3.陶罐（M112：3）

九五、M113

1. 墓葬概况

　　M113位于Ⅱ区东部，开口于第一层下，距地表深0.25米，被M109打破。

　　该墓为长方形土坑竖穴墓，方向90°。墓葬平面呈长方形，直壁，平底。墓葬东西长3.2米，南北宽1.1米，深0.4米。（图二二三；图版七一，1）

　　墓葬填土为灰色五花土，质地较软，结构疏松。

　　墓底发现1具木棺朽痕，东西长2.1米，南北宽0.64米。

　　棺内发现1具人骨，葬式为仰身直肢，面向北，上肢交叉放置于腹部，性别、年龄不详。

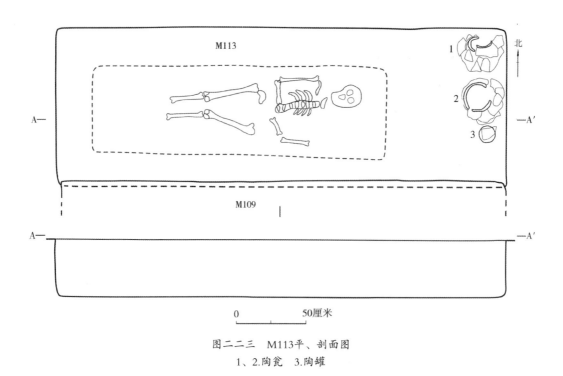

图二二三　M113平、剖面图
1、2.陶瓮　3.陶罐

2. 出土遗物

随葬器物3件，计有陶瓮2件，陶罐1件，放置于墓底棺外东端。（图版七一，2）

陶瓮　2件。标本M113：1，泥质灰陶。折沿，方唇，敛口，广肩，垂腹，肩腹分界明显，圜底。下腹部及底部饰交错细绳纹。高28.5厘米，口径23.4厘米。（图二二四，2）

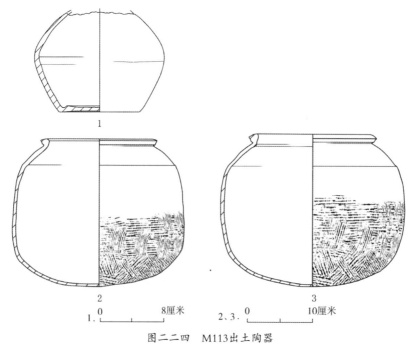

图二二四　M113出土陶器
1.陶罐（M113：3）　2、3.陶瓮（M113：1、M113：2）

标本M113：2，泥质灰陶。卷沿，方唇，唇缘有凹槽，敛口，广肩，弧腹近直，肩腹分界明显，圜底。下腹部及底部饰交错细绳纹。高29.5厘米，口径24.8厘米。（图二二四，3）

陶罐　1件。标本M113：3，泥质灰陶。口残。溜肩，鼓腹，平底。残高12厘米，底径10.3厘米。（图二二四，1）

九六、M114

1. 墓葬概况

M114位于Ⅱ区西南部，开口于第一层下，距地表深0.25米。

该墓为不规则形土坑竖穴墓，方向190°。墓葬平面呈不规则形，斜壁，平底。墓口南北长5米，东西宽2.2米；墓底南北长4.6米，东西宽1.8米；墓深1.1米。（图二二五；图版七二，1）

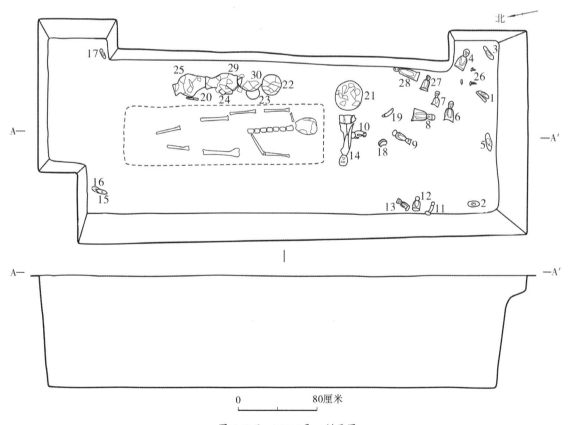

图二二五　M114平、剖面图

1～17、27、28.陶俑　18.陶狗　19.陶猪　20.铜镈　21.陶瓮　22、29.陶鼎　23、30.陶盒　24、25.陶壶　26.铅车马器

墓葬填土为灰色五花土，质地较软，结构疏松。

墓底中部发现1具木棺朽痕，南北长2米，东西宽0.6米。

棺内发现1具人骨，保存较差，葬式可能为仰身直肢，性别、年龄不详。

2. 出土遗物

随葬器物31件，计有陶俑19件，陶鼎、陶盒、陶壶、陶器盖各2件，陶瓮、陶狗、陶猪各1件，铜镦1件，另外还有铅车马器多件（按1件计）。墓室四角放置5件陶俑，其余器物放置于墓底棺外西侧和南端。其中有4件陶俑残破严重，无法修复。（图版七二，2；彩版一四）

陶瓮　1件。标本M114：21，泥质灰陶。卷沿，方唇，敛口，广肩，垂腹，肩腹分界明显，圜底。上腹部饰数周凹弦纹，下腹部及底部饰交错绳纹。高28.5厘米，口径20.8厘米。（图二二六，10）

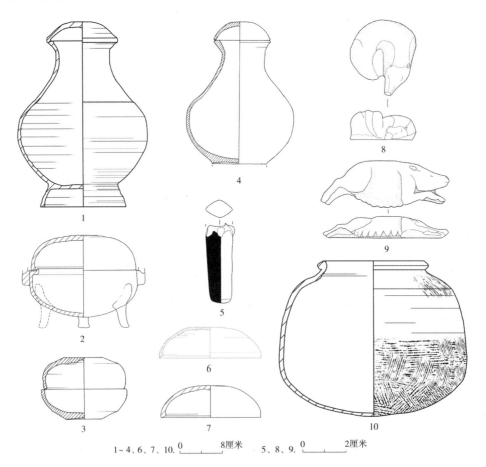

图二二六　M114出土遗物

1、4.陶壶（M114：24、M114：25）　2.陶鼎（M114：22）　3.陶盒（M114：23）
5.铜镦（M114：20）　6.陶鼎盖（M114：29）　7.陶盒盖（M114：30）
8.陶狗（M114：18）　9.陶猪（M114：19）　10.陶瓮（M114：21）

陶鼎　2件。标本M114∶22，泥质红陶。有盖，盖为覆钵形，敞口，方唇内凸，弧壁，弧顶。器为子口内敛，双耳残缺，弧腹，圜底，下附三蹄形足。通高16.6厘米，口径20厘米；盖高6厘米，口径18.9厘米。（图二二六，2）

标本M114∶29，泥质褐陶。器身残破，无法复原。有盖，盖为覆钵形，方唇内凸，弧壁，弧顶。盖高5.6厘米，口径19.2厘米。（图二二六，6）

陶盒　1件。标本M114∶23，泥质灰陶。有盖，盖为覆钵形，敞口，方唇内凸，弧壁，弧顶。器为子口内敛，弧腹，平底。通高14厘米，口径18.5厘米，底径9.2厘米；盖高6厘米，口径19.4厘米。（图二二六，3）

标本M114∶30，泥质灰陶。器身残破，无法复原。有盖，盖为覆钵形，方唇内凸，弧壁，弧顶。盖高5.8厘米，口径18.7厘米。（图二二六，7）

陶壶　2件。标本M114∶24，泥质红陶。有盖，盖为覆盘形，敞口，圆唇，弧壁，弧顶近平。器为敞口，方唇，束颈，溜肩，鼓腹，平底，矮圈足外撇。肩部及上腹部饰数周凹弦纹。通高36.7厘米，口径15厘米，腹径26.5厘米，圈足径15.6厘米；盖高6厘米，口径15.3厘米。（图二二六，1）

标本M114∶25，泥质红陶。有盖，盖为覆盘形，敞口，圆唇，弧壁，弧顶近平。器为敞口，方唇，束颈，溜肩，鼓腹，平底，圈足残缺。器身有数周凹弦纹。残高27.4厘米，口径13.4厘米，腹径24.9厘米；盖高3.6厘米，口径14.4厘米。（图二二六，4）

陶猪　1件。标本M114∶19，泥质红陶。侧卧状。母猪，嘴微上翘，前腿前伸，后退后蹬，乳头刻画抽象。长11.6厘米。（图二二六，9）

陶狗　1件。标本M114∶18，泥质红陶。身躯匍匐卷曲，首尾相交。长6.2厘米，宽5.6厘米，高2.5厘米。（图二二六，8）

陶侍女立俑　5件。标本M114∶2，泥质红陶。俑直立，中空。通体施白陶衣，但多已脱落。头梳中分双髻，长发束于脑后，发尾处挽成辫状垂髻。面目圆润，低首垂目，面带微笑。落肩，双手交袖，身着右衽两重衣。外衣为宽袖曳地束腰喇叭形长衣。高33厘米。（图二二七；彩版一五，1、2）

标本M114∶3，泥质红陶。俑直立，中空。通体施白陶衣，但多已脱落。头梳中分双髻，长发束于脑后。面目圆润，低首垂目，面带微笑。落肩，双手交袖，身着右衽两重衣。外衣为宽袖曳地长衣。高44厘米。（图二二八，1；彩版一五，3、4；彩版一六）

标本M114∶5，泥质红陶。俑直立，中空。通体施白陶衣，但多已脱落。头梳中分双髻，长发束于脑后。面目圆润，低首垂目，面带微笑。落肩，双手交袖，身着右衽两重衣。外衣为宽袖曳地长衣。高44厘米。（图二二八，2；彩版一七；彩版一八，1、2）

标本M114∶14，泥质红陶。俑直立，中空。通体施白陶衣，但多已脱落。头梳中分双髻，长发束于脑后。面目圆润，低首垂目，面带微笑。落肩，双手交袖，身着右衽两重

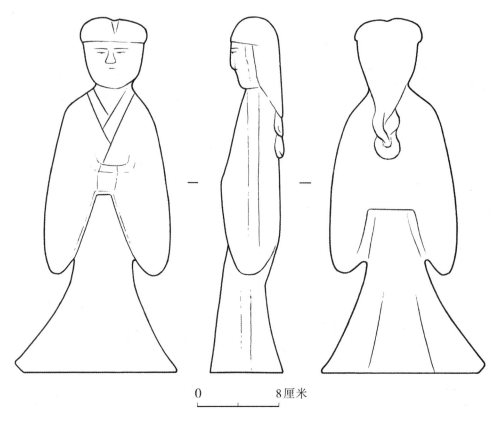

0　　　　　　8厘米

图二二七　　M114出土陶侍女立俑（M114：2）

衣。外衣为宽袖曳地长衣。高44厘米。（图二二九，1；彩版一八，3、4）

标本M114：28，泥质红陶。俑直立，中空。通体施白陶衣，但多已脱落。头梳中分双髻，长发束于脑后。面目圆润，低首垂目，面带微笑。落肩，双手交袖，身着右衽两重衣。外衣为宽袖曳地长衣。高44厘米。（图二二九，2；彩版一九；彩版二〇）

陶女踞坐俑　6件。标本M114：4，泥质红陶。踞坐，中空。通体施白陶衣，但多已脱落。头发前为中分，向后拢起盘为圆髻。面目圆润，低首垂目，面带微笑。身着宽袖右衽两重衣。两腕置于膝上。双手缺失，手、臂连接处有一圆孔，可知手与臂系分别制作。高22厘米。（图二三〇，1；彩版二一；彩版二二，1、2）

标本M114：6，泥质红陶。踞坐，中空。通体施白陶衣，但多已脱落。头发前为中分，向后拢起盘为圆髻。面目圆润，低首垂目，面带微笑。身着宽袖右衽两重衣。两腕置于膝上。双手缺失，手、臂连接处有一圆孔，可知手与臂系分别制作。高22厘米。（图二三〇，2；彩版二二，3、4；彩版二三）

标本M114：8，泥质红陶。踞坐，中空。通体施白陶衣，但多已脱落。头发前为中分，向后拢起盘为圆髻。面目圆润，低首垂目，面带微笑。身着宽袖右衽两重衣。两腕置于膝上。双手缺失，手、臂连接处有一圆孔，可知手与臂系分别制作。高22厘米。（图二三一，2；彩版二四）

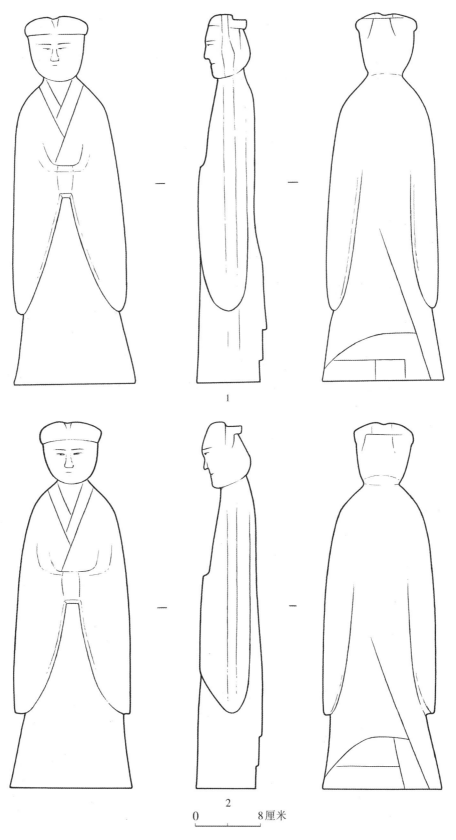

1

2

0 ⊢———⊣ 8厘米

图二二八 M114出土陶侍女立俑
1.M114：3 2.M114：5

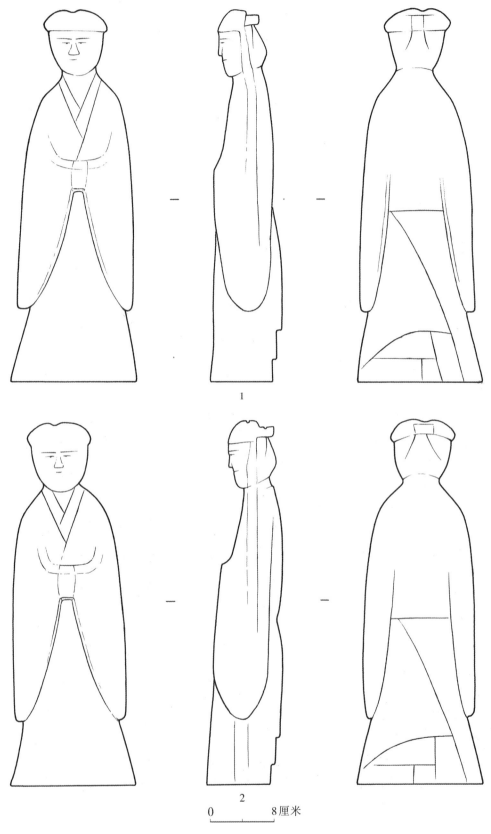

1

2

0　　　　　8厘米

图二二九　M114出土陶侍女立俑
1.M114：14　2.M114：28

图二三〇　M114出土陶女踞坐俑
1.M114：4　2.M114：6

　　标本M114：10，泥质红陶。踞坐。通体施白陶衣，但多已脱落。发髻梳于脑后。五官模糊不清。身着广袖长衣。曲臂拱手。双手缺失，手、臂连接处有一圆孔，可知手与臂系分别制作。高14.7厘米。（图二三一，1；彩版二五）

　　标本M114：12，泥质红陶。踞坐，中空。通体施白陶衣，但多已脱落。发髻中分梳于脑后。五官模糊不清。身着广袖长衣。双手交袖于胸前。高16厘米。（图二三二，1；彩版二六，1、2）

图二三一　M114出土陶女踞坐俑
1.M114：10　2.M114：8

　　标本M114：27，泥质红陶。踞坐，中空。通体施白陶衣，但多已脱落。头发前为中分，向后拢起盘为圆髻。面目圆润，低首垂目，面带微笑。身着宽袖右衽两重衣。两腕置于膝上。双手缺失，手、臂连接处有一圆孔，可知手与臂系分别制作。高22厘米（图二三二，2；彩版二六，3、4；彩版二七）。

　　陶男踞坐俑　4件。标本M114：7，泥质红陶。踞坐。通体施白陶衣，但多已脱落。发髻梳于脑后。五官模糊不清。身着广袖长衣。左手置于膝上；右臂微曲向前，右手残

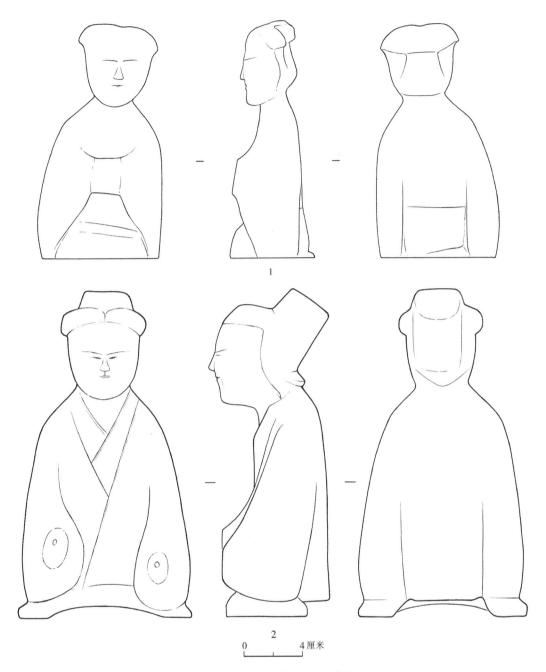

图二三二 M114出土陶女踞坐俑
1.M114：12 2.M114：27

失，手、臂连接处有一圆孔，可知手与臂系分别制作。高14.7厘米。（图二三三，1；彩版二八，1、2）

标本M114：9，泥质红陶。踞坐，中空。通体施白陶衣，但多已脱落。发髻梳于脑后。五官模糊不清。身着广袖长衣。双臂弯曲前伸。双手缺失，手、臂连接处有一圆孔，可知手与臂系分别制作。高15厘米。（图二三三，2；彩版二八，3、4）

标本M114：11，泥质红陶。踞坐，中空。通体施白陶衣，但多已脱落。发髻梳于脑

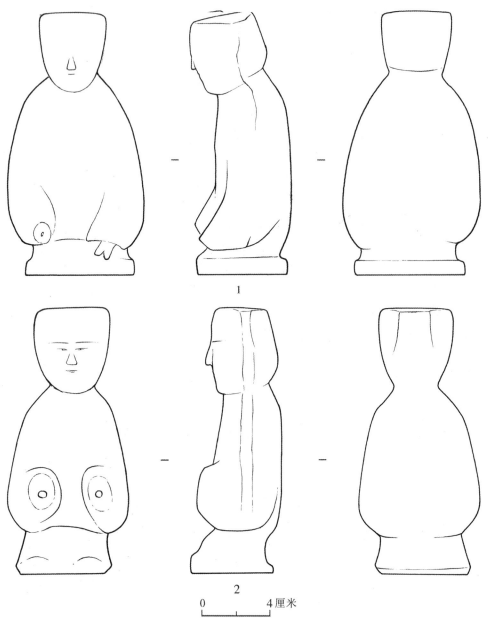

图二三三　M114出土陶男踞坐俑
1.M114：7　2.M114：9

后。五官模糊不清。身着广袖长衣。双臂弯曲前伸。双手缺失，手、臂连接处有一圆孔，
可知手与臂系分别制作。高15厘米。（图二三四，1；彩版二九，1、2）

　　标本M114：13，泥质红陶。踞坐，中空。通体施白陶衣，但多已脱落。发髻梳于
脑后。五官模糊不清。头偏右前倾。身着广袖长衣。双手置于膝上。高16厘米。（图
二三四，2；彩版二九，3、4）

　　铜镈　1件。标本M114：20，残。整体呈扁菱形状，上端开口，下端闭塞。残长7.3厘
米。（图二二六，5）

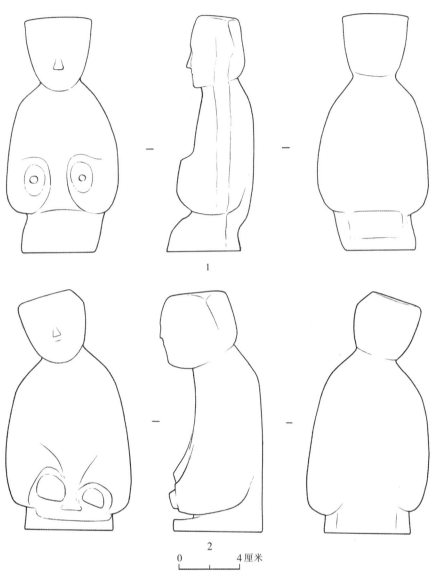

1

2

0　　　　　4厘米

图二三四　M114出土陶男踞坐俑
1.M114：11　2.M114：13

九七、M115

1. 墓葬概况

M115位于Ⅱ区西部，开口于第一层下，距地表深0.2米，向下打破M116。

该墓为长方形土坑竖穴墓，方向180°。墓葬平面呈长方形，斜壁，平底，北端有生土台。墓口南北长3.6米，东西宽1.3米；墓底南北长3.3米，东西宽1.1米；墓深0.8米。北端生

土台宽0.15米，高0.4米。（图二三五；图版七三，1）

墓葬填土为灰色五花土，质地较软，结构疏松。

墓底发现1具木棺朽痕，长2.2米，宽0.6米。

棺内发现1具人骨，葬式为仰身直肢，性别、年龄不详。

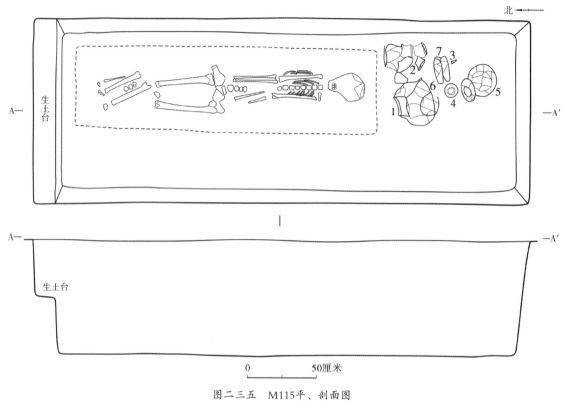

图二三五　M115平、剖面图
1.陶瓮　2、4.陶壶　3.陶鼎　5.陶盒　6.陶钵　7.陶器盖

2. 出土遗物

随葬器物7件，计有陶壶2件，陶瓮、陶鼎、陶盒、陶钵、陶器盖各1件，均放置于墓底棺外南端。（图版七三，2）

陶瓮　1件。标本M115：1，泥质灰陶。卷沿，方唇，敛口，广肩，垂腹，肩腹分界明显，圜底。下腹部及底部饰交错细绳纹。高30.7厘米，口径21.2厘米。（图二三六，1）

陶鼎　1件。标本M115：3，泥质灰陶。子口内敛，两侧有两个对称的长方形附耳，附耳微外撇，弧腹，圜底，下附三蹄形足，足上有绳纹。高10.7厘米，口径18厘米。（图二三六，5）

陶盒　1件。标本M115：5，泥质灰陶。有盖，盖为覆盘形，敞口，圆唇，弧壁，弧顶近平。器为子口内敛，弧腹，平底。器盖上有彩绘。通高8.7厘米，口径17.6厘米，底径6厘米；盖高4厘米，口径17.7厘米。（图二三六，3）

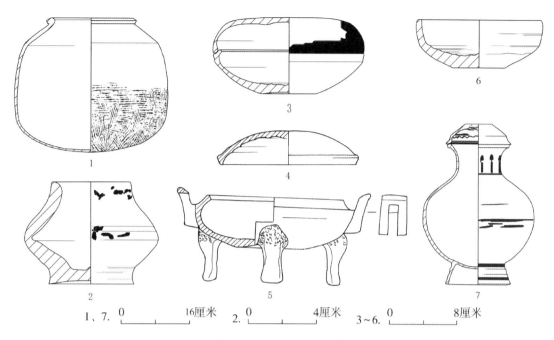

图二三六　M115出土陶器

1.陶瓮（M115：1）　2、7.陶壶（M115：4、M115：2）　3.陶盒（M115：5）

4.陶器盖（M115：7）　5.陶鼎（M115：3）　6.陶钵（M115：6）

陶壶　2件。标本M115：2，泥质灰陶。有盖，盖为覆盘形，折平沿，尖唇，敞口，弧壁，平顶。器为敞口，方唇，唇缘有凹槽，束颈，溜肩，鼓腹，圜底，圈足外撇。器盖内部饰彩绘，器表有漫漶不清的绳纹和彩绘。通高36.7厘米，口径15厘米，腹径26.5厘米，圈足径15.6厘米；盖高4.8厘米，口径15.3厘米。（图二三六，7）

标本M115：4，泥质灰陶。敞口，圆唇，束颈，溜肩，扁腹，平底。器表有彩绘。高5.8厘米，口径4.7厘米，腹径7.8厘米，底径5厘米。（图二三六，2）

陶钵　1件。标本M115：6，泥质灰陶。敞口，圆唇，折弧腹，平底。高5.5厘米，口径14.8厘米，底径6.3厘米。（图二三六，6）

陶器盖　1件。标本M115：7，泥质灰陶。覆盘形，方唇外凸，弧壁，弧顶近平。高3.8厘米，口径16.7厘米。（图二三六，4）

九八、M116

1. 墓葬概况

M116位于Ⅱ区西部，开口于第一层下，距地表深0.2米，被M115打破。

该墓为长方形土坑竖穴墓，方向180°。墓葬平面呈长方形，斜壁，平底，北部略低，南部略高。墓口南北长3.6米，东西宽1.9米；墓底南北长3.2米，东西宽1.7米；墓深1.2米。（图二三七；图版七四，1）

墓葬填土为灰色五花土，质地较软，结构疏松。

墓底西北部发现1具木棺朽痕，长2.1米，宽0.6米。

棺内发现1具人骨，保存较差，葬式可能为仰身直肢，性别、年龄不详。

墓底东北部发现有长方形边箱朽痕，长2.1米，宽0.7米。

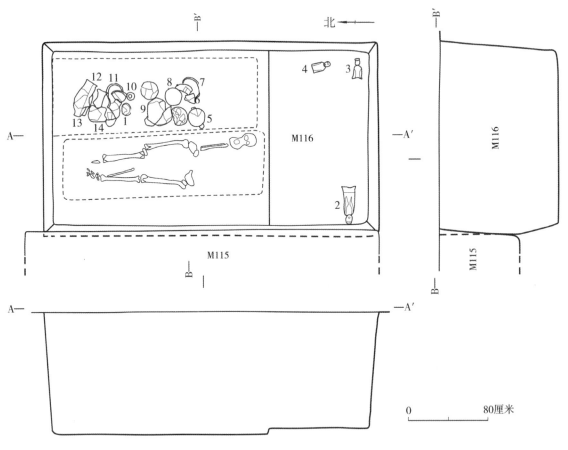

图二三七　M116平、剖面图
1、11、14.陶钵　2~4.陶俑　5、6.陶鼎　7、8.陶盒　9.陶瓮
10、13.陶壶　12.陶钫

2. 出土遗物

随葬器物14件，计有陶钵、陶俑各3件，陶鼎、陶盒、陶壶各2件，陶瓮、陶钫各1件。3件陶俑放置于墓底东南角和西南角，余皆置于棺东侧边箱内。

陶瓮　1件。标本M116：9，泥质灰陶。折沿，沿面有凹槽，方唇，敛口，广肩，垂腹，圜底。肩部饰一周凹弦纹，下腹部及底部饰交错绳纹。高25厘米，口径17.2厘米，腹径32.6厘米。（图二三八，1；图版七四，2）

　　陶鼎　2件。标本M116：5，泥质红陶。器身残，仅剩器盖。盖为覆盘形，敞口，方唇内凸，弧壁，弧顶。高6厘米，口径19.6厘米。（图二三八，2）

　　标本M116：6，泥质灰陶。器身残，仅剩器盖。盖为覆盘形，敞口，方唇内凸，弧壁，弧顶。高6厘米，口径19.6厘米。（图二三八，4）

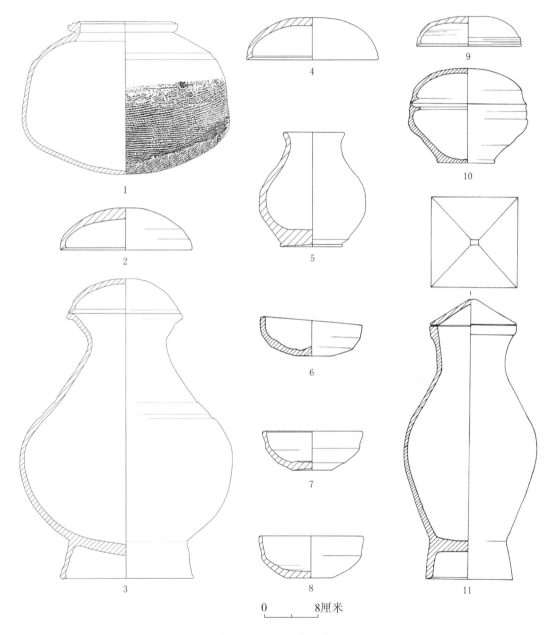

0　　　　8厘米

图二三八　M116出土陶器

1.陶瓮（M116：9）　2、4.陶鼎盖（M116：5、M116：6）　3、5.陶壶（M116：13、M116：10）

6～8.陶钵（M116：14、M116：1、M116：11）　9.陶盒盖（M116：7）

10.陶盒（M116：8）　11.陶钫（M116：12）

陶盒 2件。标本M116：7，泥质褐陶。仅剩盒盖。盖为覆盘形，敞口，方唇内凸，弧壁，弧顶近平。盖边缘饰两周凹弦纹。高4.2厘米，口径16.8厘米。（图二三八，9）

标本M116：8，器为泥质灰陶，盖为泥质黑皮陶。盖为覆钵形，敞口，方唇内凸，弧壁，弧顶。器为子口内敛，弧腹，平底。通高13.2厘米，口径18厘米，底径8.8厘米；盖高4.8厘米，口径18厘米。（图二三八，10）

陶壶 2件。标本M116：10，泥质红陶。敞口，圆唇，矮束颈，溜肩，鼓腹，平底。高8.1厘米，口径4.6厘米，腹径8厘米，底径4.2厘米。（图二三八，5）

标本M116：13，泥质灰陶。有盖，盖为覆盘形，敞口，方唇内凸，弧壁，弧顶近平。器为敞口，尖圆唇，束颈，溜肩，鼓腹，圜底，圈足外撇。上腹部饰一周凹弦纹。通高37.8厘米，口径17.2厘米，腹径31.6厘米，圈足径19.8厘米；盖高4.8厘米，口径17厘米。（图二三八，3）

陶钵 3件。标本M116：1，泥质灰陶。口微敛，圆唇，折腹，平底。高5.8厘米，口径15.2厘米，底径5.8厘米。（图二三八，7）

标本M116：11，泥质灰陶。敞口，圆唇，腹微折，平底。高5.4厘米，口径14.9厘米，底径6厘米。（图二三八，8）

标本M116：14，泥质灰陶。敞口，圆唇，折腹，平底。高6.6厘米，口径15.6厘米，底径7.6厘米。（图二三八，6）

陶钫 1件。标本M116：12，盖为泥质浅灰陶，器为泥质灰陶。盖为盝顶形，敞口，斜直壁，小平顶。器为方口微敞，束颈，鼓腹，平底，方圈足微外撇。通高38.4厘米，口边长11.4厘米，方圈足边长13.3厘米；盖高3.8厘米，口边长11.4厘米。（图二三八，11；图版七四，3）

陶女踞坐俑 3件。其中一件残破严重，无法复原。标本M116：3，泥质红陶。踞坐，中空。通体施白陶衣，但多已脱落。头发前为中分，向后拢起盘为圆髻。面目圆润，低首垂目，面带微笑。身着宽袖右衽两重衣。两腕置于膝上。双手缺失，手、臂连接处有一圆孔，可知手与臂系分别制作。高21厘米。（图二三九，1；彩版三〇；彩版三一）

标本M116：4，泥质红陶。踞坐，中空。通体施白陶衣，但多已脱落。发髻中分梳于脑后。五官模糊不清。身着广袖长衣。双手交袖于胸前。高16厘米。（图二三九，2；彩版三二）

图二三九　M116出土陶女跽坐俑

1. M116：3　2. M116：4

九九、M117

1. 墓葬概况

M117位于Ⅱ区南部，开口于第一层下，距地表深0.2米。

该墓为长方形土坑竖穴墓，方向0°。墓葬平面呈长方形，斜壁，平底，北壁有生土台。墓口南北长4.3米，东西宽2米；墓底南北长3.8米，东西宽1.6米；墓深1.3米。北部生

土台宽0.3米，高0.4米。（图二四○；图版七五，1）

　　墓葬填土为灰色五花土，质地较软，结构疏松。

　　墓底南部发现1具木棺朽痕，南北长2.3米，东西宽0.7米。

　　棺内发现1具人骨，葬式为仰身直肢，下肢交叉，性别、年龄不详。

　　墓底木棺东侧发现边箱朽痕，长1.5米，宽0.5米。

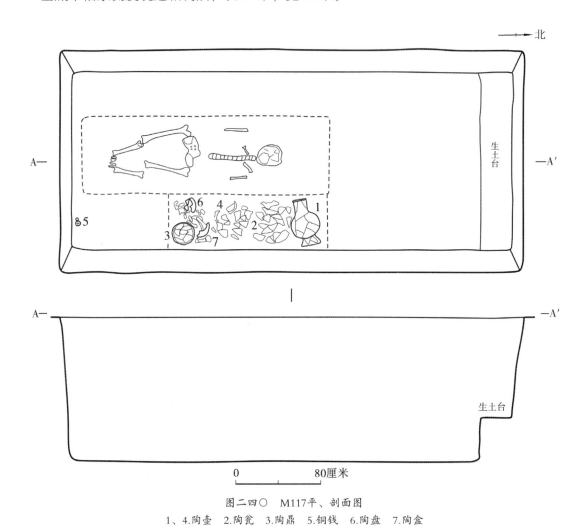

图二四○　M117平、剖面图
1、4.陶壶　2.陶瓮　3.陶鼎　5.铜钱　6.陶盘　7.陶盒

2. 出土遗物

　　随葬器物7件，计有陶壶2件，陶瓮、陶鼎、陶盒、陶盘各1件，铜钱8枚（按1件计），陶器放置于东部边箱内，铜钱放置于墓底棺外东南角。其中陶盒残破严重，无法复原。（图版七五，2）

　　陶瓮　1件。标本M117：2，泥质灰陶。卷沿，方唇，敛口，广肩，垂腹，肩腹分界明显，圜底。下腹部及底部饰交错绳纹。高25.4厘米，口径24.4厘米，腹径36.4厘米。（图

二四一，1）

　　陶鼎　1件。标本M117：3，泥质灰陶。子口内敛，两侧有两个对称的长方形附耳，弧腹，圜底，下附三蹄形足。高11厘米，口径16.5厘米。（图二四一，3）

　　陶壶　2件。标本M117：1，泥质灰陶。有盖，盖为盔形，敞口，口内有舌，弧壁，弧顶。器为敞口，方圆唇，束颈，溜肩，扁圆腹，圜底，高圈足外撇。通高39.8厘米，口径15.6厘米，腹径27.6厘米，圈足径20厘米；盖高3.6厘米，口径16.8厘米。（图二四一，5）

　　标本M117：4，泥质灰陶。器身残破，无法复原。有盖，盖为盔形，敞口，口内有舌，弧壁，弧顶。高3.2厘米，口径13.8厘米。（图二四一，4）

　　陶盘　1件。标本M117：6，泥质灰陶。残。折沿，尖圆唇，弧腹，平底。高3.2厘米，口径13.8厘米，底径5.8厘米。（图二四一，2）

　　铜半两钱　8枚。标本M117：5。残破锈蚀严重。圆形方穿，"半两"二字分列穿之左右，右"半"左"两"，笔画方折。

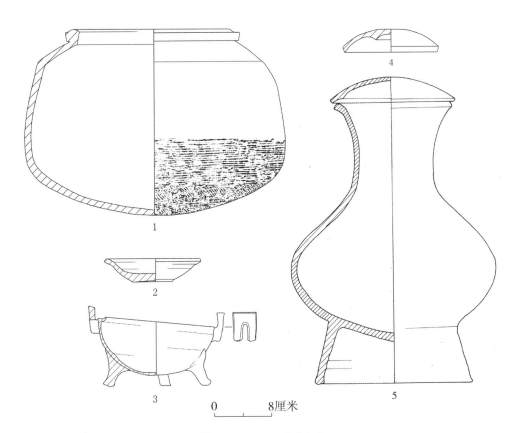

图二四一　M117出土陶器
1.陶瓮（M117：2）　2.陶盘（M117：6）　3.陶鼎（M117：3）
4.陶壶盖（M117：4）　5.陶壶（M117：1）

一〇〇、M118

1. 墓葬概况

M118位于Ⅱ区南部，开口于第一层下，距地表深0.2米。

该墓为长方形土坑竖穴墓，方向180°。墓葬平面呈长方形，斜壁，平底，底部南、北、东三壁有生土二层台。墓口南北长4米，东西宽1.8米；墓底南北长2.74米，东西宽1.46米；墓深1.4米。南生土二层台宽0.4米，北生土二层台宽0.66米，东生土二层台宽0.2米，生土二层台高0.2米。（图二四二；图版七六，1）

墓葬填土为灰色五花土，质地较软，结构疏松。

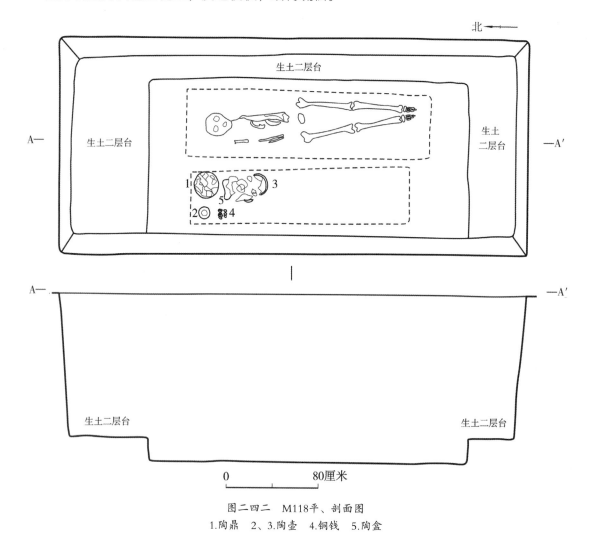

图二四二　M118平、剖面图
1.陶鼎　2、3.陶壶　4.铜钱　5.陶盒

墓底发现1具木棺朽痕，长2.1米，宽0.54米。

棺内发现1具人骨，葬式为仰身直肢，性别、年龄不详。

墓底西侧有边箱痕迹，长1.88米，宽0.48米。

2. 出土遗物

随葬器物5件，计有陶壶2件，陶鼎、陶盒各1件，铜钱20枚（按1件计），均置于西侧边箱内。其中陶鼎、陶盒和1件陶壶残破严重，无法复原。

陶壶 2件。标本M118：2，泥质红陶。敞口，圆唇，束颈，鼓腹，平底。高8.2厘米，口径4.6厘米，腹径8.4厘米，底径5.4厘米。（图二四三）

铜半两钱 20枚。大多残破锈蚀严重。圆形方穿，"半两"二字分列穿之左右，右"半"左"两"，笔画方折。标本M118：4-1，直径2.34厘米。重2克。（图二四四，1）

标本M118：4-2，直径2.34厘米。重1.8克。（图二四四，2）

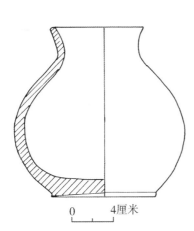

图二四三　M118出土陶壶（M118：2）

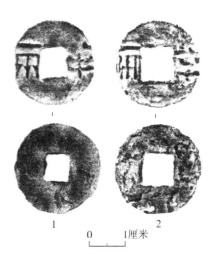

图二四四　M118出土铜半两钱
1、2.（M118：4-1、M118：4-2）

一〇一、M119

1. 墓葬概况

M119位于Ⅱ区西部，开口于第一层下，距地表深0.2米。

该墓为长方形土坑竖穴墓，方向5°。墓葬平面呈长方形，斜壁，平底。东、西壁和北壁有生土二层台。墓口南北长4.4米，东西宽2米；墓底南北长3.4米，东西宽1.2米～1.45米；墓深1.2米。西生土二层台宽0.25米，北生土二层台宽0.6米，东生土二层台宽0.24米～0.28米，生土二层台高0.5米。（图二四五；图版七六，2）

墓葬填土为灰色五花土，质地较软，结构疏松。

墓底北部发现1具木棺朽痕，长2.24米，宽0.54米。

棺内发现1具人骨，保存较差，葬式可能为仰身直肢，性别、年龄不详。

南部头箱朽痕东西长1.4米，南北宽1.2米；西侧边箱朽痕南北长2.24米，东西宽0.6米。

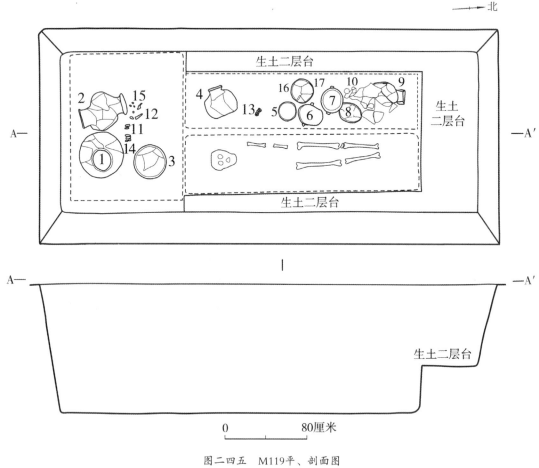

图二四五　M119平、剖面图

1.陶瓮　2、10.陶壶　3.陶盆　4.陶罐　5.陶钵　6、7.陶鼎　8.陶盘　9.陶钫
11.骨牌　12.铜镞　13.铜钱　14.陶狗　15.铅车马器　16、17.陶盒

2. 出土遗物

随葬器物17件，计有陶鼎、陶盒、陶壶各2件，陶瓮、陶罐、陶盆、陶盘、陶钵、陶钫、陶狗各1件，铜钱24枚（按1件计），铜镞2件（按1件计），骨牌6件（按1件计），铅

车马器多件（按1件计），分别放置于东部边箱和南端头箱内。铅车马器破碎，无法复原。

　　陶瓮　1件。标本M119：1，泥质灰陶。卷沿，方唇，敛口，广肩，垂腹，肩腹分界明显，圜底。下腹部及底部饰交错绳纹。高28.5厘米，口径21.2厘米，腹径37厘米。（图二四六，2；图版七七，1）

　　陶罐　1件。标本M119：4，泥质灰陶。盘形口，束颈，溜肩，垂腹，圜底。肩部及上腹部饰数周凹弦纹，下腹部及底部饰交错绳纹。高28.6厘米，口径14.4厘米，腹径30.6厘米。（图二四六，3；图版七七，4）

　　陶盆　1件。标本M119：3，泥质灰陶。卷沿，方唇，敛口，折弧腹，平底微内凹。高10.1厘米，口径26.8厘米，底径16.4厘米。（图二四六，4；图版七七，5）

　　陶鼎　2件。标本M119：6，泥质褐陶。有盖，盖为覆钵形，敞口，方唇内凸，弧壁，弧腹，弧顶。器为子口内敛，两侧有两个对称的长方形附耳，弧腹，圜底，下附三蹄形足。器高12.5厘米，口径17.3厘米。盖高5.2厘米，口径18厘米。（图二四六，5；图版七七，2）

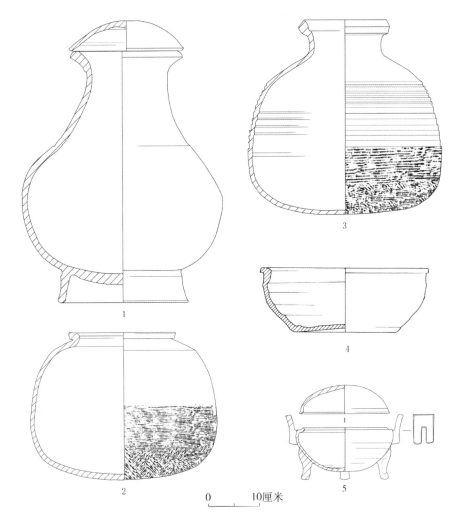

图二四六　M119出土陶器

1.陶壶（M119：2）　2.陶瓮（M119：1）　3.陶罐（M119：4）　4.陶盆（M119：3）　5.陶鼎（M119：6）

标本M119：7，泥质灰陶。器身残破，仅余器盖。盖为覆钵形，敞口，方唇内凸，弧壁，弧腹，弧顶。高5.6厘米，口径18.4厘米。（图二四七，3）

陶盒　2件。器身均残，仅剩器盖。标本M119：16，泥质灰陶。覆盘形，敞口，方唇内凸，弧壁，弧顶内凹。高4.2厘米，口径17.8厘米。（图二四七，4）

标本M119：17，泥质灰陶。覆钵形，敞口，方唇内凸，弧壁，弧腹，弧顶。高5.2厘米，口径18厘米。（图二四七，2）

陶壶　2件。其中一件残。标本M119：2，泥质灰陶。有盖，盖为覆盘形，敞口，圆唇，弧壁，弧顶近平。器为敞口，圆唇，束颈，溜肩，鼓腹，圜底，圈足外撇。通高42.5厘米，口径17.4厘米，腹径31.2厘米，圈足径20.4厘米；盖高4.6厘米，口径17.8厘米。（图二四六，1；图版七七，3）

陶盘　1件。标本M119：8，泥质褐陶。折平沿，方圆唇，敞口，弧腹，平底。高3.9厘米，口径16.2厘米，底径7厘米。（图二四七，6）

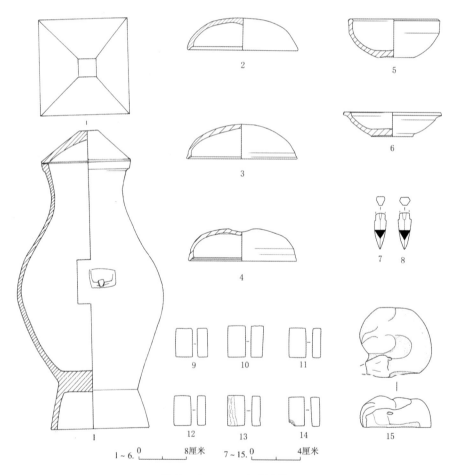

图二四七　M119出土遗物
1.陶钫（M119：9）　　2、4.陶盒盖（M119：17、M119：16）　3.陶鼎盖（M119：7）
5.陶钵（M119：5）　6.陶盘（M119：8）　7、8.铜镞（M119：12-1、M119：12-2）
9~14.骨牌（M119：11-1~6）　15.陶狗（M119：14）

陶钵　1件。标本M119：5，泥质灰陶。口微敛，圆唇，折弧腹，平底。高6.3厘米，口径15.2厘米，底径6厘米。（图二四七，5）

陶钫　1件。标本M119：9，泥质褐陶。盖为盝顶形，敞口，斜直壁，小平顶。器为方口微侈，束颈，鼓腹，平底，方圈足微外撇。腹上部饰两个对称的铺首。通高47.6厘米，口边长15.4厘米，方圈足边长16.6厘米；盖高7厘米，口边长15.4厘米。（图二四七，1；图版七七，6）

陶狗　1件。标本M119：14，泥质红陶。身躯匍匐卷曲，首尾相接。长6.2厘米，宽5.6厘米，高2.5厘米。（图二四七，15）

骨牌　6件。标本M119：11-1~6，其中两件残缺。象牙质，体呈长方形。长2~2.2厘米，宽1~1.1厘米，厚0.4~0.7厘米。（图二四七，9~14）

铜镞　2件。标本M119：12-1，铤残失。尖锋，三棱形镞头。残长2.9厘米。（图二四七，7）

标本M119：12-2，铤残失。尖锋，三棱形镞头。残长2.9厘米。（图二四七，8）

铜半两钱　24枚。有的残破。圆形方穿，"半两"二字分列穿之左右，右"半"左"两"，笔画方折。标本M119：13-1，直径2.38厘米。重2.5克。（图二四八，1）

标本M119：13-2，直径2.33厘米。重2.1克。（图二四八，2）

标本M119：13-3，直径2.41厘米。重2.2克。（图二四八，3）

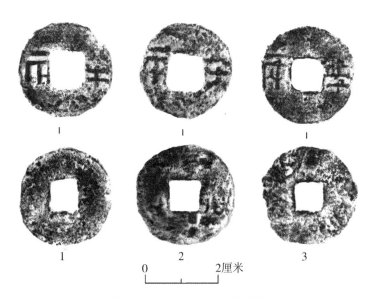

图二四八　M119出土铜半两钱
1~3.M119：13-1、M119：13-2、M119：13-3

一○二、M120

1. 墓葬概况

M120位于Ⅱ区西南部，开口于第一层下，距地表深0.2米。

该墓为长方形空心砖室墓，方向90°。墓圹平面呈长方形，直壁，平底。墓圹东西长4米，南北宽2米，深0.6米。墓圹内用空心砖砌筑墓室，底部用12块长方形空心砖铺底，四壁用长方形空心砖竖砌，顶部已毁。砖室内部东西长3.38米，南北宽0.8米，残高0.24米。（图二四九）

墓葬填土为黄褐色五花土，质地较软，结构疏松。

砖室底部发现1具人骨，保存较差，葬式为仰身直肢，性别、年龄不详。

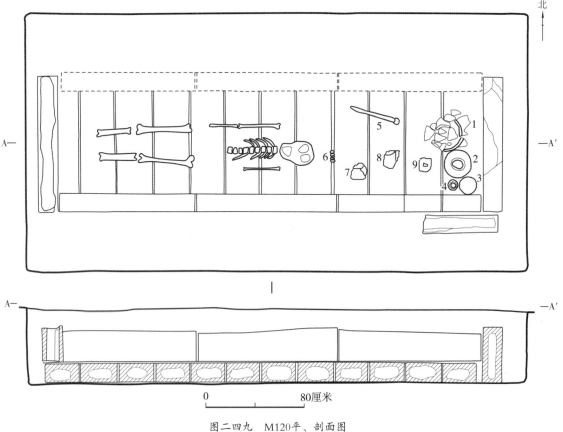

图二四九 M120平、剖面图

1.陶瓮 2、4.陶壶 3.陶鼎 5.铁环首刀 6.铜钱 7.陶盘 8.陶盒 9.陶壶盖

2. 出土遗物

随葬器物9件，计有陶壶2件，陶瓮、陶鼎、陶盘、陶盒、陶壶盖、铁环首刀各1件，铜钱23枚（按1件计），均放置于墓底中东部。

陶瓮 1件。标本M120：1，泥质灰陶。敛口，方唇，矮领，广肩，下部残缺。肩下部饰竖向绳纹。残高19厘米，口径21.4厘米。（图二五〇，2）

陶鼎 1件。标本M120：3，泥质灰陶。有盖，盖为覆钵形，敞口，方唇内凸，弧壁，弧顶。器为子口内敛，两侧有两个对称的长方形附耳，附耳微外撇，弧腹，圜底，下附三蹄形足。通高13.2厘米，口径16.6厘米；盖高5厘米，口径16.6厘米。（图二五〇，1）

陶盒 1件。标本M120：8，泥质灰陶。器身残破，仅剩器盖。盖为覆钵形，口微敛，

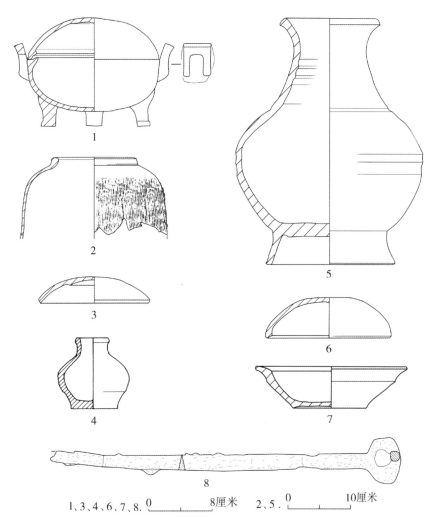

图二五〇　M120出土遗物

1.陶鼎（M120：3）　2.陶瓮（M120：1）　3.陶壶盖（M120：9）　4、5.陶壶（M120：4、M120：2）
6.陶盒盖（M120：8）　7.陶盘（M120：7）　8.铁环首刀（M120：5）

方唇内凸，弧腹，弧顶近平。高5厘米，口径16.2厘米。（图二五〇，6）

陶壶　2件。标本M120：2，泥质灰陶。敞口，圆唇，束颈，溜肩，鼓腹，平底，圈足外撇。颈腹间饰一周凹弦纹，腹部饰三周凹弦纹。高29厘米，口径12.8厘米，腹径23.8厘米，圈足径16.4厘米。（图二五〇，5）

标本M120：4，泥质灰陶。敞口，圆唇，矮束颈，鼓腹，平底。高8.6厘米，口径4.2厘米，腹径8.8厘米，底径5.8厘米。（图二五〇，4）

陶壶盖　1件。标本M120：9，泥质灰陶。盖呈盉形，敞口，口内有舌，弧壁，弧顶近平。盖高3.2厘米，口径14厘米。（图二五〇，3）

陶盘　1件。标本M120：7，泥质褐陶。折沿，方唇，敞口，斜弧腹，平底。高3.6厘米，口径14厘米，底径6.8厘米。（图二五〇，7）

铁环首刀　1件。标本M120：5，末端残断，锈蚀严重。直背，直刃，刀末一小段斜杀成弧形，扁圆形环。长44.5厘米。（图二五〇，8）

铜半两钱　23枚。标本M120：6。残破锈蚀严重。圆形方穿，"半两"二字分列穿之左右，右"半"左"两"，笔画方折。

第三章
杨单庄墓地主要遗物类型学分析

杨单庄墓地出土有陶器、釉陶器、铜器、铁器、铜钱等各类遗物，本章主要对陶器、钱币进行类型学分析。

第一节 陶器的类型学分析

杨单庄墓地出土的陶器器类包括鼎、盒、钫、壶、合碗、钵、盘、匜、勺、斗、杯、卮、甗、镳盉、盆、罐、瓮、案、釜、灶、井、磨、俑等。

一、鼎

复原36件。据耳、足相对位置不同分为两类。

甲类 7件。一耳位于一足上方，耳顶折；器形较大。除M114：2为泥质红褐胎灰皮陶外，余均为泥质灰陶。据耳的形态不同分为两型。

A型 4件。耳外撇。据腹、底、足、耳变化分为三式。

Ⅰ式 1件。浅腹，大平底，曲耳外撇，三矮蹄足位于器底，内聚。

标本M16：17。（图二五一，1）

Ⅱ式 1件。腹略变深，圜底近平，直耳外撇，足同Ⅰ式。

标本M4：8。（图二五一，2）

Ⅲ式 2件。深腹，圜底，足根位置上移，蹄足略变高外撇。包括M66：8，M106：9。

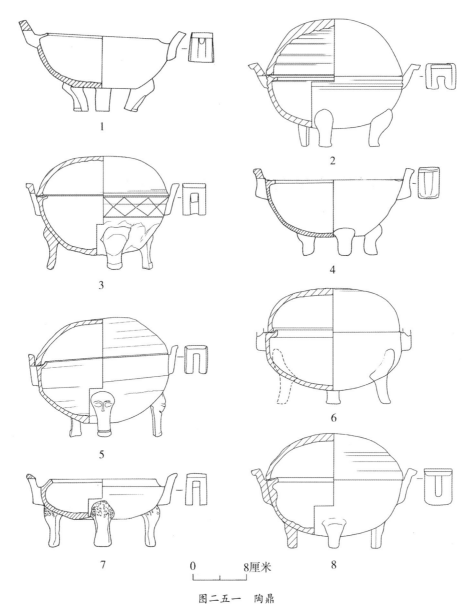

图二五一　陶鼎

1.甲AⅠ式（M16：17）　2.甲AⅡ式（M4：8）　3.甲AⅢ式（M106：9）　4.甲BⅠ式（M104：5）
5.甲BⅡ式（M100：2）　6.甲BⅢ式（M114：22）　7.乙AⅠ式（M115：3）　8.乙AⅡ式（M60：9）

标本M106：9。（图二五一，3）

B型　3件。耳竖直。据腹、足变化分为三式。

Ⅰ式　1件。腹略浅，大平底，三矮蹄足位于器底，内聚。

标本M104：5。（图二五一，4）

Ⅱ式　1件。腹略变深，小平底，三蹄足变高近直，位置较Ⅰ式高。

标本M100：2，足根饰人面。（图二五一，5）

Ⅲ式　1件。圜底，三足略外撇，余同Ⅱ式。

标本M114：22。（图二五一，6）

乙类　29件。两耳位于三足之间；器形由大变小。据足的高矮不同分为两型。

A型　28件。矮蹄足。据腹、底、足、耳变化分为六式。

Ⅰ式　1件。器形略小；浅腹，平底，蹄足较高，耳斜直外撇，顶微外折。

标本M115∶3，泥质灰陶。（图二五一，7）

Ⅱ式　3件。器形较大；深腹，小平底，三矮蹄足位于器底，直或略内聚，膝部不明显，耳斜直外撇，顶外折。均泥质灰陶。包括M60∶8、9，M61∶10。

标本M60∶9。（图二五一，8）

Ⅲ式　7件。器形较大；深腹，多小平底；蹄足变高略外撇，足根位置上移；耳面曲，顶不折。（仅M66∶6耳斜直外撇，耳顶外折）。包括M16∶11，M62∶7、9，M66∶6，M82∶24，M107∶3（足根扁平），M119∶6（足根扁平）。M62∶7为泥质灰陶，M62∶9在泥质灰胎器表涂一厚层红褐色，余均为泥质红褐胎灰皮陶。

标本M82∶24。（图二五二，1）

标本M107∶3，平底，泥质红褐胎灰皮陶。（图二五二，2）

Ⅳ式　5件。器形小；小方耳略曲，三矮蹄足位于腹中部，皆略外撇。包括M3∶5，M63∶2，M98∶6，M117∶3（足根扁平），M120∶3。M117∶3和M120∶3为泥质灰陶，其余均为红褐胎，表面灰色或灰黑色。

标本M3∶5。（图二五二，3）

标本M117∶3。（图二五二，5）

Ⅴ式　9件。腹变浅，余同Ⅳ式。包括M59∶5，M65∶4，M65∶9（足根扁平），M67∶2，M70∶5（足根扁平），M70∶6（足根扁平），M71∶7，M71∶8（足根扁平），M73∶3。M67∶2，M71∶8，M73∶3为圜底，余为平底。M70∶5、6为泥质灰陶，其余均为红褐胎，表面灰色或灰黑色。

标本M71∶7。（图二五二，4）

标本M71∶8。（图二五二，6）

Ⅵ式　3件。浅腹，圜底近平，足略高，大耳。包括M64∶5，M80∶5、9。均为泥质灰陶。

标本M64∶5。（图二五二，8）

B型　1件。高蹄足。

标本M40∶6。（图二五二，7）

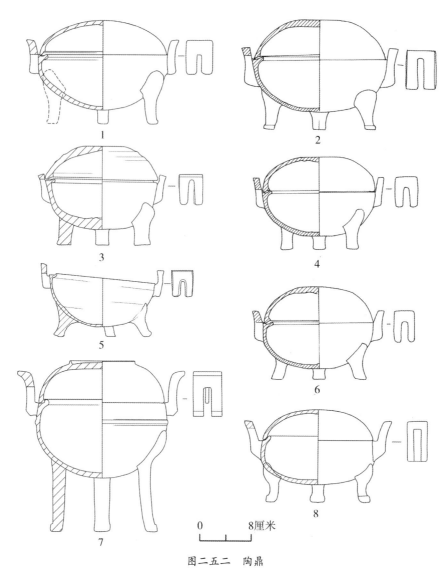

图二五二 陶鼎

1、2.乙A Ⅲ式（M82：24、M107：3）   3、5.乙A Ⅳ式（M3：5、M117：3）
4、6.乙A Ⅴ式（M71：7、M71：8）   7.乙B型（M40：6）   8.乙A Ⅵ式（M64：5）

二、盒

复原37件。少部分器底呈饼足状，但其中只有极少数是明显的饼足，大部分浅饼足的形成介于有意无意之间，故不以此特征作为型式划分依据，仅对各器物作出文字说明。据腹部特征不同分三型。

A型 1件。曲腹。

标本M116：8，泥质红褐胎灰皮陶。（图二五三，1）

B型 35件。斜弧腹。据盖顶有无捉手分为二亚型。

Ba型 34件。盖顶无捉手。据器形大小，腹、盖变化分为六式。

Ⅰ式 1件。斜腹极浅，浅盖大平顶。

标本M115：5，器表有彩绘。泥质灰陶。（图二五三，2）

Ⅱ式 4件。器形宽大，盖顶隆起。包括M16：9，M60：5、6，M61：9。均为泥质灰陶。

标本M16：9。（图二五三，3）

标本M60：5。（图二五三，4）

Ⅲ式 6件。器口径略变小，盖顶隆起甚高，器腹多略变深，部分弧腹（M4：9、M75：6、M100：1）及有饼足（M75：6、M98：5、M100：1）。包括M4：9、13，M66：7，M106：1，M75：6，M100：1。均为泥质灰陶。

标本M4：13。（图二五三，5）

标本M4：9。（图二五三，6）

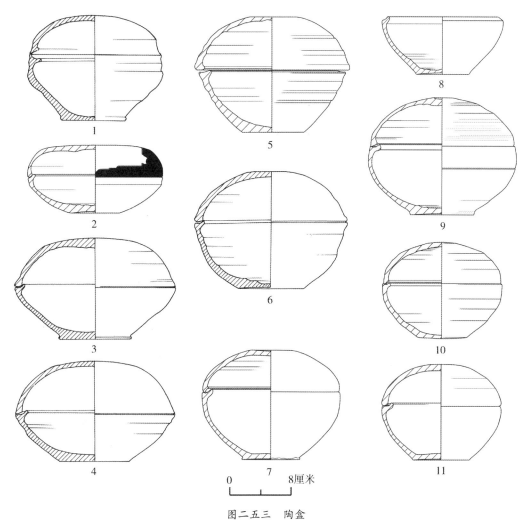

图二五三　陶盒

1.A型（M116：8） 2.BaⅠ式（M115：5） 3、4.BaⅡ式（M16：9、M60：5）
5、6.BaⅢ式（M4：13、M4：9） 7、9.BaⅣ式（M68：12、M62：8）
8、10、11.BaⅤ式（M67：6、M59：6、M73：2）

Ⅳ式　8件。器形略变小，余同Ⅲ式。包括M16∶12，M53∶1，M62∶6、8，M68∶8、12，M82∶18，M114∶23。M62∶6、8，M82∶18为泥质灰陶，其余为泥质红褐胎灰黑皮陶。

标本M62∶8。（图二五三，9）

标本M68∶12。（图二五三，7）

Ⅴ式　9件。器形进一步变小。包括M3∶6，M59∶6，M65∶6，M67∶6，M71∶5、6，M73∶1、2，M98∶4。M73的2件为泥质黄灰陶，余均为泥质红褐胎灰黑皮陶。

标本M67∶6。（图二五三，8）

标本M59∶6。（图二五三，10）

标本M73∶2。（图二五三，11）

标本M98∶4。（图二五四，1）

Ⅵ式　6件。器形小，腹浅。包括M64∶4，M65∶8，M70∶2（饼足），M80∶1（盖3）、2（盖4），M101∶4。M80∶1、M64∶4为泥质灰陶，余为泥质红褐胎灰黑皮陶。

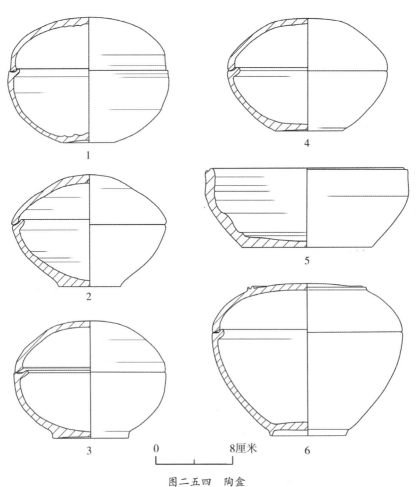

0　　　　　　8厘米

图二五四　陶盒

1.Ba Ⅴ式（M98∶4）　　2～4.Ba Ⅵ式（M80∶2、M70∶2、M80∶1）

5.C型（M80∶10）　　6.Bb型（M40∶1）

标本M80：2（盖4），略显饼足，盖顶尖隆。（图二五四，2）

标本M70：2，有明显饼足。（图二五四，3）

标本M80：1（盖3），平底微凹。（图二五四，4）

Bb型　1件。盖顶有抓手。

标本M40：1，泥质黄灰陶。（图二五四，6）

C型　1件。折腹。

标本M80：10，厚重。泥质黄灰陶。（图二五四，5）

三、钫

复原9件（其中一件颈以上残）。据腹部特征不同分为两型。

A型　8件。器形较小，斜腹。据器形大小、腹部变化分为四式。

Ⅰ式　1件。器形较小，颈略粗短，最大径靠腹上部。

标本M116：12，泥质红褐胎灰黑皮陶。（图二五五，1）

Ⅱ式　2件。器形高大，余同Ⅰ式。包括M62：4（有铺首），M119：9（有铺首）。均为泥质红褐胎灰黑皮陶。

标本M62：4。（图二五五，2）

Ⅲ式　4件。器形变矮小，束颈较长。包括M3：4，M68：6，M73：5，M82：19。泥质灰陶。

标本M73：5。（图二五五，3）

标本M82：19。（图二五五，4）

Ⅳ式　1件。束长颈，高足。

标本M70：4。泥质灰陶。（图二五五，5）。

B型　1件。器形极大，垂腹。泥质灰陶。

标本M61：6。（图二五五，6）

四、壶

完整复原38件，另有12件口或底残。壶的大小悬殊，大型壶的高度大约在38厘米~49厘米之间；中型壶的高度大约在28厘米~35厘米之间，主要在30厘米~33厘米之间；小型壶大约在23厘米~26厘米之间。这些大小不一的陶壶，既有大、中型壶在同墓中配套同出的现象，也有早期壶偏大，晚期壶偏中小的情况，可以理解为由大变小的趋势。因此，为了体现这种时代演变的趋势，我们不刻意以器形大小进行分类，只就每件器物按高度值标

图二五五　陶钫

1.AⅠ式（M116：12）　2.AⅡ式（M62：4）　3、4.AⅢ式（M73：5、M82：19）
5.AⅣ式（M70：4）　6.B型（M61：6）

明大、中、小的特征。据口部特征分为两类。

甲类　41件。敞口。据足部特征不同，分为两型。

A型　40件。圈足。据颈部特征分为二亚型。

Aa型　21件。颈部呈喇叭状，上小下大；收束部位短，位置靠上。据腹部变化分为五式。

Ⅰ式　2件。束颈处外折，使口部外撇程度较大，腹扁鼓，最大径位于上腹部。包括

M16∶13（大，有铺首，泥质红褐胎黄灰皮陶），M116∶13（大，有铺首，泥质黄灰陶）。

标本M116∶13。（图二五六，1）

Ⅱ式　1件。腹近圆鼓，最大径位于腹中部。

标本M107∶5，大，有铺首，泥质红褐胎黄灰皮陶。（图二五六，2）

Ⅲ式　2件。扁鼓腹，最大径位于上腹部。包括M53∶3（大，泥质红褐胎灰皮陶），M119∶2（大，有铺首，泥质红褐胎灰皮陶）。

标本M119∶2。（图二五六，3）

Ⅳ式　7件。弧腹略深，最大径位于上腹部。包括M62∶3（大，有铺首，泥质黄灰陶），M63∶1（中，泥质黄灰陶），M81∶1（中，泥质黄灰陶），M82∶23（中，泥

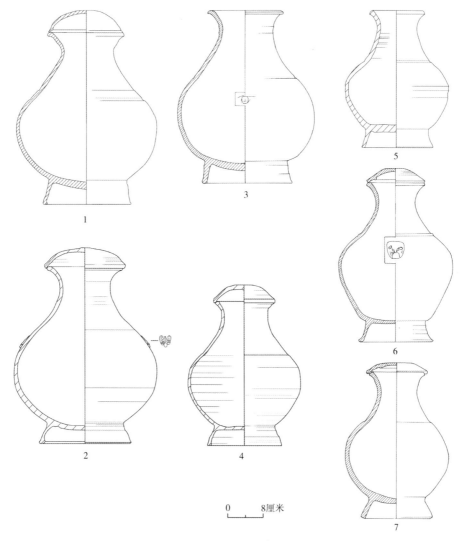

图二五六　陶壶
1.甲AaⅠ式（M116∶13）　2.甲AaⅡ式（M107∶5）　3.甲AaⅢ式（M119∶2）
4、5.甲AaⅣ式（M114∶24、M120∶2）　6.甲AaⅤ式（M71∶3）　7.甲AaⅥ式（M59∶1）

质红褐胎黄灰皮陶），M114：24（中，泥质红褐胎灰皮陶），M114：25（中，泥质红褐胎灰皮陶），M120：2（中，泥质黄灰陶）。

标本M114：24。（图二五六，4）

标本M120：2。（图二五六，5）

Ⅴ式　3件。颈部收束部位变长，位置略下移。包括M67：1（中，泥质灰陶），M69：3（中，泥质灰陶），M71：3（中，有铺首，泥质红褐胎灰皮陶）。

标本M71：3。（图二五六，6）

Ⅵ式　4件。腹近圆鼓，盖皆有短舌，余同Ⅳ式。包括M59：1（中，泥质黄灰陶）、4（中，泥质黄灰陶），M70：3（中，泥质浅褐胎黄灰皮陶），M101：2（中，泥质红褐胎灰皮陶）。

标本M59：1。（图二五六，7）

另有M8：10（小，口残，弧顶盖近平，平底，泥质黄灰陶），M73：6（小，口残，平底，泥质红褐胎灰黑皮陶。），为Ⅳ式或Ⅴ式。

Ab型　19件。束颈部位长，有的近直，颈部上下基本对称。据颈、腹变化分为六式。

Ⅰ式　1件。束颈较短，扁圆鼓腹，圈足外撇。

标本M115：2（中），器表有彩绘痕，泥质灰陶。（图二五七，1）

Ⅱ式　8件。束颈变长，扁鼓腹，高斜圈足。包括M4：1（中）、5（大）、6（口残），M60：3（大）、4（大，残）、7（中），M61：5（中），M104：1（中，彩绘）。M60：3为泥质黄灰陶，余均为泥质灰陶。

标本M60：3。（图二五七，2）

标本M104：1。（图二五七，3）

Ⅲ式　5件。扁腹呈橄榄状，余同Ⅱ式。包括M8：12（大），M66：2（大）、3（大），M100：3（中），M117：1（大）。M66：2、3为泥质黄灰陶，余为泥质灰陶。

标本M117：1。（图二五七，4）

标本M100：3。（图二五七，6）

Ⅳ式　1件。扁椭圆形腹。

标木M98：3（中，残），泥质灰陶。（图二五七，5）

Ⅴ式　2件。器形小，短颈，足矮，浅盖。包括M８０：6（小）、3（小）。均为泥质灰陶。

标本M80：3。（图二五七，7）

Ⅵ式　2件。器形小，扁腹，小圈足外撇程度大。包括M79：2（小，残）、3（小，残）。均为泥质灰陶。

标本M79：3。假圈足。（图二五七，8）

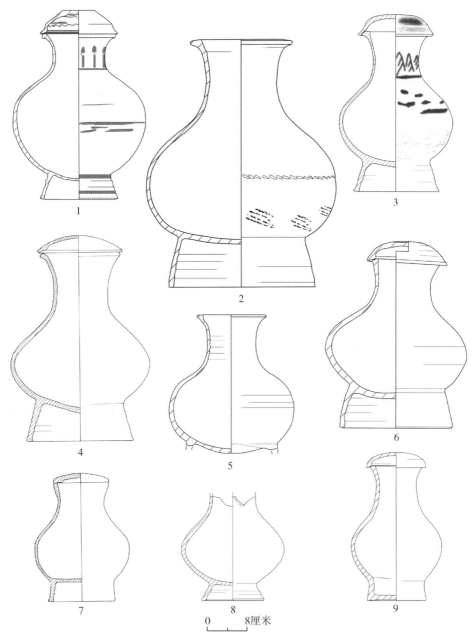

图二五七 陶壶

1.甲AbⅠ式（M115：2） 2、3.甲AbⅡ式（M60：3、M104：1） 4、6.甲AbⅢ式（M117：1、M100：3）
5.甲AbⅣ式（M98：3） 7.甲AbⅤ式（M80：3） 8.甲AbⅥ式（M79：3） 9.甲B型（M64：6）

B型 1件。

标本M64：6（中），夹细砂灰陶。（图二五七，9）

乙类 8件。盘口。据口、腹、足变化分为四式。

Ⅰ式 1件。盘口深，长颈微束，腹扁鼓，高圈足外撇。

标本M4：7（大），泥质灰陶。（图二五八，1）

Ⅱ式 1件。盘口变浅，余同Ⅰ式。

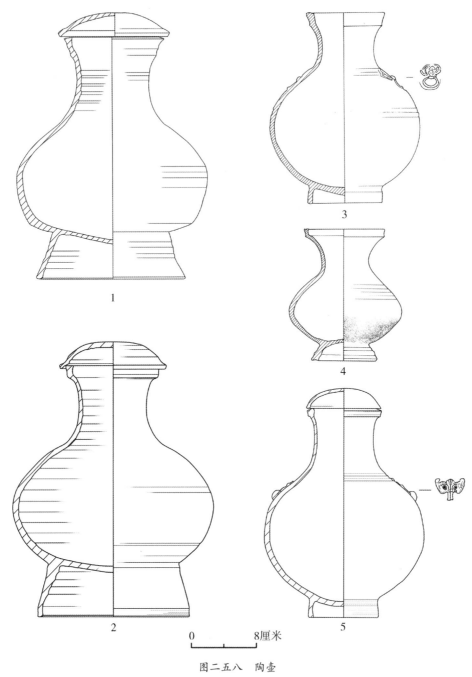

图二五八　陶壶

1.乙Ⅰ式（M4：7）　2.乙Ⅱ式（M100：6）　3、5.乙Ⅲ式（M89：4、M96：4）　4.乙Ⅳ式（M86：1）

标本M100：6（大），泥质灰陶。（图二五八，2）

Ⅲ式　3件。均釉陶。圆鼓腹，矮圈足近直。包括M89：3（中，釉陶，有铺首，模印衔环，泥质红胎，施黄釉局部红褐釉）、4，M96：4。

标本M89：4（中），有铺首，模印衔环。泥质红胎，施黄釉。（图二五八，3）

标本M96：4（大），有铺首。泥质红褐胎，施青绿釉。（图二五八，5）

Ⅳ式　3件。器形变小，束颈变短，腹极扁，矮斜圈足。包括M86：1（小）、2（小，底残）、3（小，口残）。均为泥质灰陶。

标本M86：1（小），底微凹，泥质灰陶。（图二五八，4）

五、模型壶

复原20件，另见有3件颈以上残。据口部特征分为两类。

甲类　22件，敞口。据腹部特征分为两型。

A型　16件。扁鼓腹。据颈部特征分为四亚型。

Ａａ型　8件。短束颈。敞口圆唇，扁圆鼓腹。据器形大小及足部变化分为五式。

Ⅰ式　2件。有浅饼足。包括M116：10，M118：2。均为泥质红陶。

标本M116：10。（图二五九，1）

Ⅱ式　2件。假足较高。包括M16：16，M120：4。均为泥质灰陶。

标本M16：16。（图二五九，2）

Ⅲ式　1件。器形变小，腹扁。

标本M3：7，泥质红褐胎灰黑皮陶。（图二五九，3）

Ⅳ式　2件。器形进一步瘦小。泥质灰陶。

标本M67：3。（图二五九，4）

标本M71：4，器表有红彩。（图二五九，5）

Ⅴ式　1件。器形极小。

标本M65：5，泥质红陶。（图二五九，6）

Ａｂ型　5件。长束颈。敞口圆唇，扁鼓腹。泥质灰陶。据器形大小及足部变化分二式。

Ⅰ式　2件。高假足。包括M60：11，M104：7。

标本M60：11。（图二五九，7）

Ⅱ式　3件。矮假足矮或不显。包括M66：12、13，M75：7。

标本M66：12，矮假足。（图二五九，8）

Ａｃ型　1件。无颈。泥质灰陶。

标本M115：4。（图二五九，9）

Ａｄ　2件。斜颈。据足部变化分为二式。

Ⅰ式　1件。高假足。泥质红陶。

标本M4：11。（图二五九，10）

Ⅱ式　1件。足不明显。泥质灰陶。

标本M64：7。（图二五九，11）

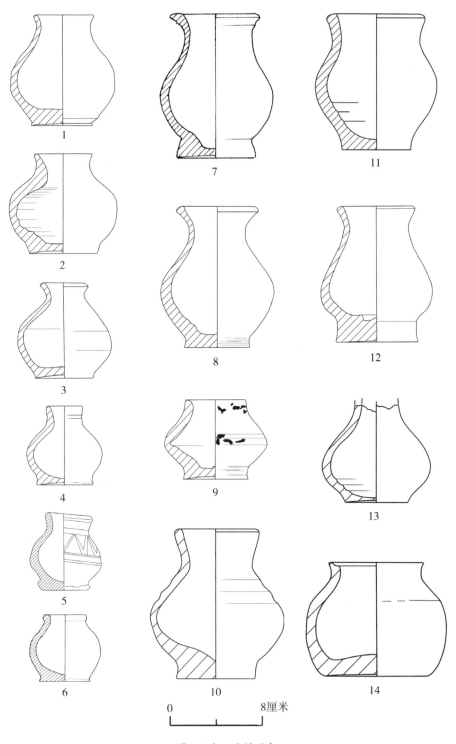

图二五九　陶模型壶

1.甲AaⅠ式（M116：10）　2.甲AaⅡ式（M16：16）　3.甲AaⅢ式（M3：7）
4、5.甲AaⅣ式（M67：3、M71：4）　6.甲AaⅤ式（M65：5）　7.甲AbⅠ式（M60：11）
8.甲AbⅡ式（M66：12）　9.甲Ac型（M115：4）　10.甲AdⅠ式（M4：11）　11.甲AdⅡ式（M64：7）
12.甲BⅠ式（M16：1）　13.甲BⅡ式（M73：4）　14.乙类（M80：4）

B型　6件。垂腹。敞口圆唇，束颈，扁垂腹。据足部特征分为二式。

Ⅰ式　4件。高假足。包括M16：1，M100：5，M106：6、7。泥质灰陶。

标本M16：1。（图二五九，12）

Ⅱ式　2件。矮足或无。包括M62：5，M73：4。泥质灰陶。

标本M73：4。（图二五九，13）

乙类　1件。内盘口。泥质灰陶。

标本M80：4。（图二五九，14）

六、合碗

复原10件。为两件钵上下相扣而成，上下两部分形状、结构大体相近，出土时一般两两相叠或相邻。据器形大小及深度变化分为四式。

Ⅰ式　7件。器腹较深，盖隆起。包括M39：8、9，M66：5，M99：2、3，M105：3，M111：3。泥质灰陶。

标本M99：3。（图二六〇，1）

标本M39：8。（图二六〇，2）

标本M105：3。（图二六〇，3）

Ⅱ式　1件。器腹深，盖隆起，器形高大。

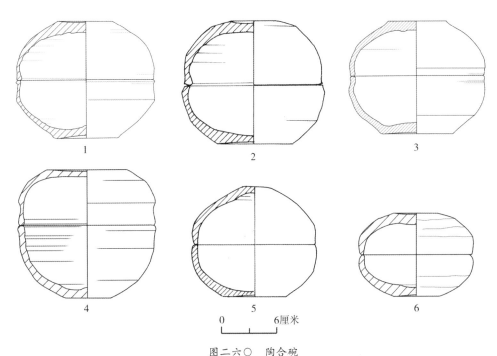

0　　　　6厘米

图二六〇　陶合碗

1~3.Ⅰ式（M99：3、M39：8、M105：3）　4.Ⅱ式（M82：20）
5.Ⅲ式（M58：2）　6.Ⅳ式（M80：8）

标本M82：20，泥质灰陶。（图二六〇，4）

Ⅲ式 1件。器形变小，腹浅，盖隆起甚高。泥质灰陶。

标本M58：2。（图二六〇，5）

Ⅳ式 1件。器形小，身盖均浅。

标本M80：8，器厚重。泥质灰陶。（图二六〇，6）

七、钵

18件。其中有部分应属合碗，但因只存单件钵不好判断。有些钵据出土时的位置关系可知是用作器盖。均为泥质灰陶，多数为黄灰色。据腹部特征分为两型。

A型 9件。折腹。据器形大小、器腹深浅变化分三式。

Ⅰ式 4件。器形小，器腹浅。包括M115：6，M116：1、11、14。泥质灰陶。

标本M116：11。（图二六一，1）

标本M115：6，厚重。（图二六一，2）

Ⅱ式 4件。器腹略变深。包括M58：5，M61：11，M82：21，M119：5。M82：21为泥质黄灰陶，其余为泥质灰陶。

标本M61：11。（图二六一，3）

标本M119：5。（图二六一，4）

Ⅲ式 1件。器形大。

标本M53：5，泥质深灰陶。（图二六一，5）

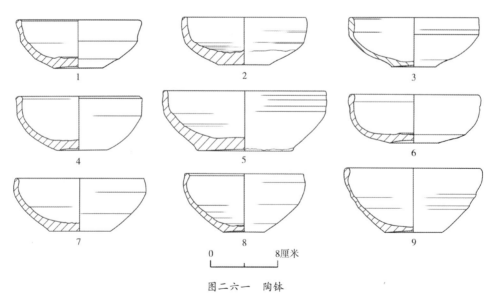

图二六一 陶钵

1、2.AⅠ式（M116：11、M115：6） 3、4.AⅡ式（M61：11、M119：5） 5.AⅢ式（M53：5）
6~8.BⅠ式（M9：5、M63：3、M78：2） 9.BⅡ式（M71：9）

B型　9件。弧鼓腹。据器腹深浅分为二式。

Ⅰ式　8件。器腹多较浅。包括M9：5，M53：6，M63：3，M78：2、3，M67：6，M81：9，M111：4。M111：4为泥质灰陶，其余为泥质黄灰陶。

标本M9：5。（图二六一，6）

标本M63：3。（图二六一，7）

标本M78：2。（图二六一，8）

Ⅱ式　1件。器形较大，腹略深。

标本M71：9，泥质黄灰陶。（图二六一，9）

八、盘

24件。据器腹特征不同分为三型。

A型　15件。曲腹。折沿，平底，多有浅饼足。据器形大小及沿部变化分四式。

Ⅰ式　1件。浅盘。

标本M16：3，略显饼足。泥质红褐胎灰皮陶。（图二六二，1）

Ⅱ式　9件。盘略深。包括M59：8，M62：11，M67：5，M68：11，M80：13、14，M81：6，M107：9，M119：8。M59：8，M62：11，M68：11，M80：13、14为泥质灰陶，余为泥质红褐胎灰皮陶。

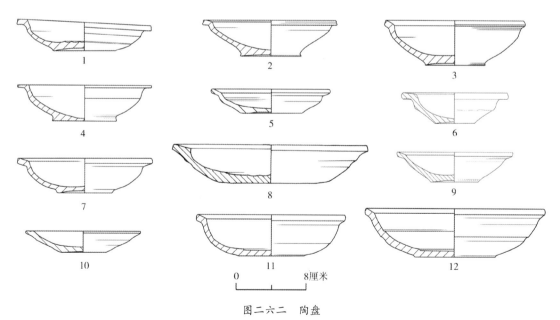

图二六二　陶盘

1.AⅠ式（M16：3）　2~4.AⅡ式（M68：11、M62：11、M107：9）　5.AⅢ式（M69：3）
6.AⅣ式（M64：1）　7、8.BⅠ式（M82：22-2、M75：3）　9、10.BⅡ式（M101：8、M70：8）
11、12.C型（M40：14、M40：15）

标本M68：11。（图二六二，2）

标本M62：11。（图二六二，3）

标本M107：9。（图二六二，4）

Ⅲ式　3件。器形略小，盘略浅。包括M69：3，M73：6，M120：7。均为泥质黄灰陶。

标本M69：3，平底内凹，泥质黄灰陶。（图二六二，5）

Ⅳ式　2件。器形小，宽折沿。包括M3：3（泥质红褐陶），M64：1。

标本M64：1，器体厚重。平底内凹。泥质灰陶。（图二六二，6）

B型　7件。斜或弧腹。折沿，平底或内凹，个别浅饼足。据器形大小及沿部变化分二式。

Ⅰ式　4件。器形较大，折沿较宽。包括M53：3（泥质红褐陶），M75：3，M82：22（2件）。

标本M82：22-2，浅饼足，泥质红褐胎灰皮陶。（图二六二，7）

标本M75：3，泥质灰陶。（图二六二，8）

Ⅱ式　3件。器形略小，折沿略窄。包括M70：8，M71：10，M101：8。泥质灰陶。

标本M101：8。（图二六二，9）

标本M70：8。（图二六二，10）

C型　2件。折腹。折沿，平底内凹。泥质灰陶。

标本M40：14，极浅饼足。（图二六二，11）

标本M40：15，极浅饼足。（图二六二，12）

九、匜

4件。均为泥质灰陶。据结构不同分为两型。

A型　3件。短流。据结构不同分二亚型。

Aa型　2件。器身与流呈横长方形，底圆形。口近直，鼓腹，平底，弧尾，捏短流。

标本M80：12。（图二六三，1）

标本M80：7。（图二六三，2）

Ab型　1件。器身呈方形，底亦方形。口近直，鼓腹，平底内凹，弧尾，捏短流。

标本M64：2。（图二六三，3）

B型　1件。有长流。

标本M40：5，器身略呈横长方形，敞口，弧壁，平底，长流略上扬，截面呈"凹"字形。（图二六三，7）

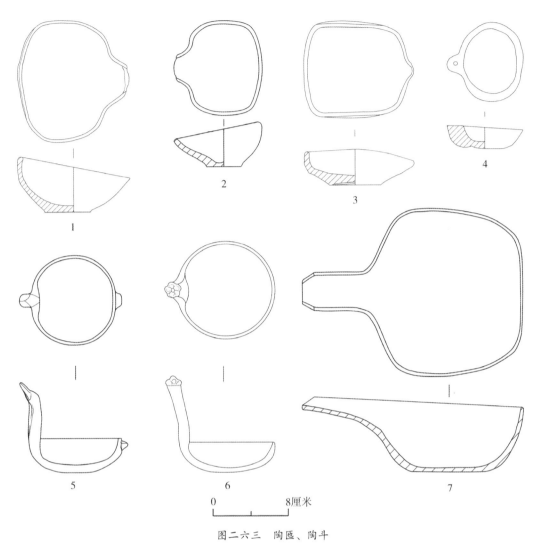

图二六三　陶匜、陶斗

1、2.Aa型匜（M80：12、M80：7）　3.Ab型匜（M64：2）　4.B型斗（M40：10）

5、6.A型斗（M40：21、M40：3）　7.B型匜（M40：5）

一〇、勺

1件。残。

标本M31：3，柄残，椭圆形勺斗亦残。泥质灰陶。

一一、斗

3件。泥质灰陶。据结构不同分两型。

A型　2件。斗圆形，弧壁，圜底，直柄。

标本M40：21，柄呈昂首鹅形，与柄相对一侧腹部有小短尾，使整体呈鹅形。（图

二六三，5）

标本M40：3，柄端呈鸡首状。（图二六三，6）

B型 1件。斗椭圆形，弧壁圜底，一侧腹部附圆饼形，中间有孔以装柄。

标本M40：10。（图二六三，4）

一二、杯

9件。敞口，斜壁，短柄，饼足。泥质灰陶。据器腹深浅变化分为二式。

Ⅰ式 6件。器腹较浅，折腹明显。包括M4：4，M16：2，M60：13，M66：10，M100：4，M106：10。其中M4：4、M106：10有红彩痕。

标本M16：2。（图二六四，1）

标本M60：13。（图二六四，2）

标本M4：4，有红彩痕。（图二六四，3）

Ⅱ式 3件。器腹变深，腹部弧折。包括M4：3，M66：11，M106：11。

标本M66：11。（图二六四，4）

标本M106：11，有红彩痕。（图二六四，5）

标本M4：3，有绿彩痕。（图二六四，6）

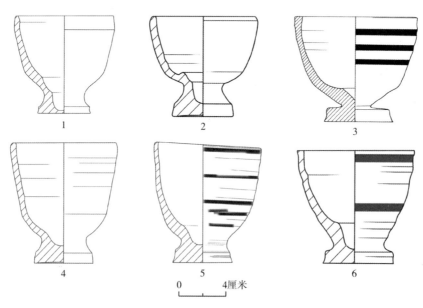

0   4厘米

图二六四 陶杯

1~3.Ⅰ式（M16：2、M60：13、M4：4） 4~6.Ⅱ式（M66：11、M106：11、M4：3）

一三、耳杯

2件。椭圆形，弧壁，平底，翘耳。耳面饰波浪纹。泥质灰陶。据大小不同分为两型。

A型　1件。器形小。

标本M40：12。（图二六五，1）

B型　1件。器形大。

标本M40：13。（图二六五，2）

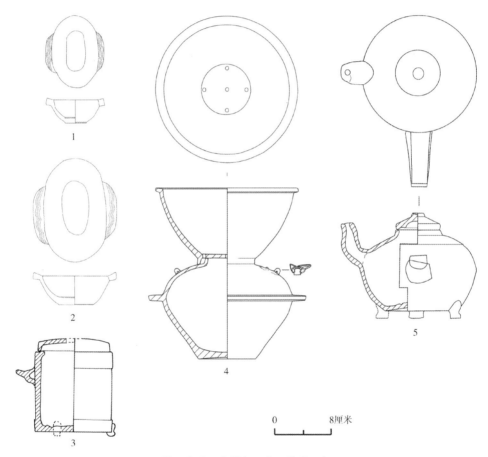

图二六五　陶耳杯、卮、镳盉、甗

1.A型耳杯（M40：12）　2.B型耳杯（M40：13）　3.卮（M40：16）

4.甗（M40：9）5.镳盉（M40：10）

一四、卮

1件。

标本M40：16。子口，有折壁弧顶盖。直筒腹，平底，三矮蹄形小足。腹上下端有箍；腹部有带环舌形錾。泥质灰陶，器表黑色。（图二六五，3）

一五、甗

1件。

标本M40：9，釜小口，矮直领，圆肩有檐，深斜腹，平底。肩部一对铺首。甑平折沿方唇，斜弧腹，矮圈足，平底有五孔。泥质灰陶。（图二六五，4）

一六、鐎盉

1件。

标本M40：10，盖折壁弧顶，顶部有凹饼形纽。小口，矮领，圆唇，圆肩，斜弧腹，平底，三矮蹄足。肩部有一周凹弦纹。腹部有短柄，柄微翘略曲，流管折而上昂，与柄成90°夹角。泥质灰陶。（图二六五，5）

一七、盆

17件。据口沿特征不同分为两型。

A型　11件。折沿。M73：9为泥质红褐胎灰皮陶，余均为泥质灰陶。据腹部特征不同分二亚型。

Aa型　9件。折腹。折沿，方唇或圆唇，上腹折，下腹斜收，平底或微凹。据器形大小及沿部变化分三式。

Ⅰ式　5件。器形较小，窄折沿，折腹处靠上。包括M9：1，M73：9，M75：4，M107：2，M119：3。

标本M107：2。（图二六六，1）

标本M9：1。（图二六六，3）

标本M119：3。（图二六六，5）

Ⅱ式　3件。器形变大，宽折沿，折腹处靠上。包括M69：2、4，M105：1。

标本M69：4。（图二六六，2）

标本M105：1。（图二六六，4）

Ⅲ式　1件。折腹处位于中部，余同Ⅱ式。

标本M19：2。（图二六六，6）

Ab型　2件。斜弧腹。包括M9：3，M59：3。

标本M9：3。（图二六六，7）

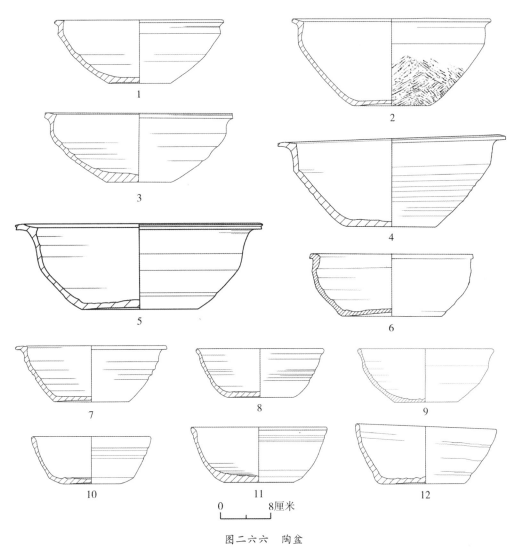

图二六六　陶盆

1、3、5.AaⅠ式（M107：2、M9：1、M119：3）　2、4.AaⅡ式（M69：4、M105：1）
6.AaⅢ式（M19：2）　7.Ab型（M9：3）　8.BaⅠ式（M60：10）　9.BaⅡ式（M68：10）
10、11.BbⅠ式（M60：12、M61：8）　12.BbⅡ式（M68：14）

B型　6件。敞口。据唇部特征不同分为二亚型。

Ba型　3件。唇部外鼓，有颈。据器形大小及颈部变化分为二式。

Ⅰ式　2件。短颈不明显。包括M60：10，M61：14（泥质灰陶）。

标本M60：10，泥质橙黄陶。（图二六六，8）

Ⅱ式　1件。器形略高，有束颈。

标本M68：10，泥质灰陶。（图二六六，9）

Bb型　3件。唇不鼓，无颈。据器形大小变化分二式。

Ⅰ式　2件。器形略小。包括M60：12，M61：8。泥质黄灰陶。

标本M60：12。（图二六六，10）

标本M61：8。（图二六六，11）

Ⅱ式　1件。器形变宽大。

标本M68：14，泥质灰陶。（图二六六，12）

一八、罐

共复原或大部复原97件。包括折沿高领罐、盘口罐、敞口罐和无沿矮领罐等。

1. 折沿高领罐

共复原或大部复原35件。折沿，高领。据肩、腹、底特征不同分为三型。

A型　6件，其中完整者2件，口沿残者4件。直或垂腹，圜底或近平，下腹及底施绳纹。此类罐与乙类A型罐非常相似，但乙类A型罐复原者均为盘口，平底或圜底内凹。因此，我们根据此型罐复原者均为折沿，有明显圜底特征者归为折沿罐，而将口部虽残但底部为圜底内凹或平底者归为盘口罐。此型罐据腹部变化分为三式。

Ⅰ式　1件。器形瘦小，近直腹。

标本M46：2，泥质灰陶。（图二六七，1）

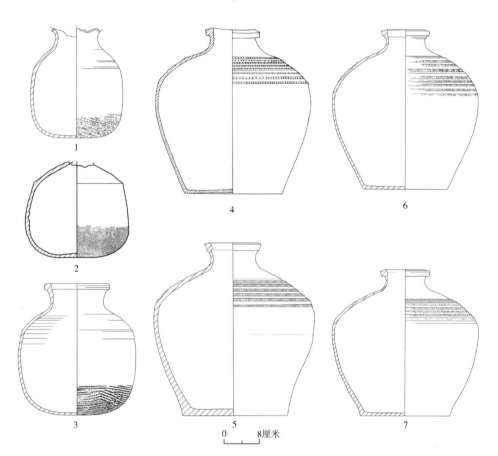

图二六七　陶折沿高领罐
1.AⅠ式（M46：2）　2.AⅡ式（M9：6）　3.AⅢ式（M41：5）
4~6.BⅠ式（M26：2、M27：3、M54：2）　7.BⅡ式（M57：2）

Ⅱ式　3件。垂腹略宽浅。包括M3：8，M9：6，M25：1。其中2件为泥质黄灰陶。

标本M9：6，泥质红褐胎灰皮陶。（图二六七，2）

Ⅲ式　2件。器形较高大，腹微鼓。包括M41：1、5。

标本M41：5，泥质灰陶。（图二六七，3）

B型　26件，其中13件完好。器形大，折肩，深斜腹，大平底，肩部有较密集的宽凹弦纹，部分残留绳纹。均为泥质灰陶。据口、肩、腹及肩部纹饰变化分为五式。

Ⅰ式　10件。沿面凹，器形高大，广折肩。包括M25：3，M26：2，M27：3，M37：6、8，M50：4，M54：1、2，M91：2、3。

标本M26：2。（图二六七，4）

标本M27：3。（图二六七，5）

标本M54：2。（图二六七，6）

Ⅱ式　2件。器形宽胖略矮，余同Ⅰ式。包括M52：3，M57：2。

标本M57：2。（图二六七，7）

Ⅲ式　8件。口内侧内敛，肩略变窄，底变小，沿面有一周凹弦纹。包括M32：4，M33：3，M39：1、2，M40：8、21，M43：1，M89：2。

标本M32：4。（图二六八，1）

标本M89：2。（图二六八，2）

Ⅳ式　4件。器形较Ⅲ式瘦窄，余同Ⅲ式。包括M24：3，M32：1，M89：5、15。

标本M89：5。（图二六八，4）

标本M32：1。（图二六八，5）

Ⅴ式　2件。颈以上残。器形瘦小。包括M48：1，M91：1。

标本M48：1。（图二六八，3）

C型　3件。器形小。圆肩，浅斜腹，平底。泥质灰陶。据器形大小及腹深变化分二式。

Ⅰ式　2件。圆肩，腹略深。包括M2：3，M49：4。

标本M49：4。（图二六八，6）

标本M2：3。（图二六八，7）

Ⅱ式　1件。器形变小，浅腹，余同Ⅰ式。

标本M49：2。（图二六八，8）

2. 盘口罐

37件。盘口，高领。据器形大小及腹部特征分为三类。

甲类　5件。器形小，浅斜腹。盘形口，领较高，折肩，斜腹，平底或微凹。据肩部有无修饰分两型。

图二六八　陶折沿高领罐
1、2.BⅢ式（M32：4、M89：2）　3.BⅤ式（M48：1）　4、5.BⅣ式（M89：5、M32：1）
6、7.CⅠ式（M49：4、M2：3）　8.CⅡ式（M49：2）

A型　4件。肩部有一周刮削痕。均为泥质灰陶。据肩、腹变化分为三式。

Ⅰ式　1件。器形宽矮，斜广肩，浅腹，肩部有一周刮削痕，刮痕下方形成一周凸棱。

标本M39：4。（图二六九，1）

Ⅱ式　2件。肩变窄，器形显瘦，其中一件内盘已不显。包括M36：5、9。

标本M36：5。（图二六九，2）

标本M36：9，内盘不显（图二六九，3）。

Ⅲ式　1件。盘口趋于消失，溜肩。

标本M89：14。（图二六九，4）

B型　1件。圆折肩，肩部无刮削痕。

标本M99：1，圆折肩，浅腹。泥质灰陶。（图二六九，5）

乙类　31件。器形较大，腹较深。据腹部特征不同分为三型。

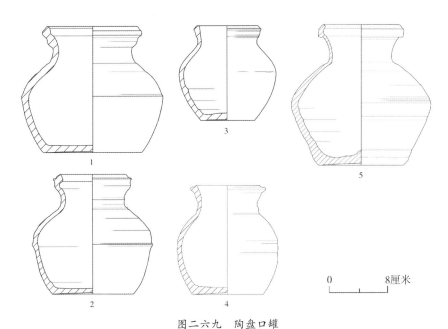

图二六九　陶盘口罐

1.甲AⅠ式（M39：4）　　2、3.甲AⅡ式（M36：5、M36：9）　　4.甲AⅢ式（M89：14）

5.甲B型（M99：1）

A型　24件。弧腹。据底部特征不同分为二亚型。

Aa型　11件。圜底内凹。据肩、腹变化分为三式。

Ⅰ式　5件。折肩，弧腹较浅。包括M42：1，M50：3，M74：1，M111：2，M112：3。M42：1、M111：2、M50：3为泥质黄灰陶，余为泥质灰陶。

标本M74：1。（图二七〇，1）

标本M111：2。（图二七〇，2）

Ⅱ式　5件。器腹略变瘦变深。包括M27：1，M37：2、3，M92：6，M82：25。M27：1为泥质黄灰陶，余为泥质灰陶。

标本M82：25。（图二七〇，3）

标本M37：2。（图二七〇，4）

Ⅲ式　1件。折肩消失，深弧腹。

标本M43：2，圜底微凹，泥质深灰陶。（图二七〇，5）

Ab型　13件。平底。分三式。

Ⅰ式　2件。浅弧腹，大圜平底。包括M51：2，M110：1。泥质黄灰陶。

标本M110：1。（图二七〇，6）

Ⅱ式　7件。器形变瘦长。包括M26：1，M33：2，M36：3，M89：6，M91：7，M93：2、4。泥质灰陶。

标本M26：1，平底，泥质深灰陶。（图二七〇，7）

标本M89：6，平底微凹，泥质灰陶。（图二七〇，8）

图二七〇 陶盘口罐

1、2.乙Aa I 式（M74∶1、M111∶2） 3、4.乙Aa II 式（M82∶25、M37∶2） 5.乙Aa III 式（M43∶2）

6.乙Ab I 式（M110∶1） 7、8.乙Ab II 式（M26∶1、M89∶6） 9.乙Ab III 式（M48∶3）

10.乙C型（M44∶2） 11.乙B型（52∶5）

III式　4件。斜腹变浅，小平底。包括M24∶2，M48∶3，M55∶4，M93∶6。泥质

灰陶。

标本M48∶3。（图二七〇，9）

B型　1件。折腹。

标本M52：5，下腹折，平底。泥质灰陶。（图二七〇，11）

C型　6件。鼓腹，平底微凹。包括M33：1、6，M44：1、2，M91：4，M96：5。M33：1、M91：4为泥质黄灰陶，余为均泥质灰陶。泥质灰陶。

标本M44：2。（图二七〇，10）

丙类　1件。器形大，溜肩，垂腹。

标本M119：4，盘口，高领，溜肩，垂腹，圜底近平。泥质灰陶。（图二七一，1）

3. 敞口罐

1件。

标本M36：6，敞口卷沿，高领，广肩，深垂腹，圜底微凹。泥质灰陶。（图二七一，2）

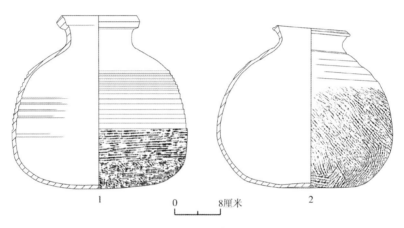

图二七一　陶盘口罐、陶敞口罐
1.丙类盘口罐（M119：4）　2.敞口罐（M36：6）

4. 无沿矮领罐

共23件。矮领无沿。矮领，圆肩或折肩，斜腹，平底。均为泥质灰陶。据肩部有无纹饰分为两型。

A型　17件。肩部无纹饰。据肩部特征不同分二亚型。

Aa型　15件。圆折肩。据器形大小、器腹深浅变化分为五式。

Ⅰ式　2件。器形宽胖较大，宽折肩。包括M2：2，M27：2。

标本M27：2。（图二七二，1）

Ⅱ式　1件。器形高大，余同Ⅰ式。包括M55：2。

标本M55：2。（图二七二，2）

Ⅲ式　7件。器形变矮小，多数折肩略窄。包括M35：3，M41：2、4，M42：2、3，M56：2，M92：4。

标本M41：2。（图二七二，3）

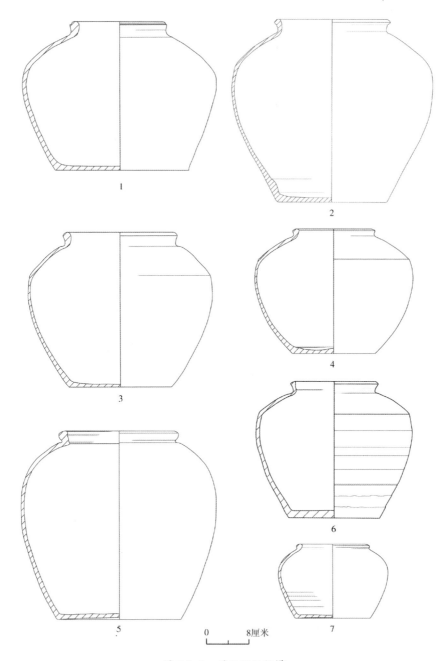

图二七二　陶无沿矮领罐

1.AaⅠ式（M27：2）　2.AaⅡ式（M55：2）　3、4.AaⅢ式（M41：2、M42：3）
5、6.AaⅣ式（M79：1、M91：5）　7.AaⅤ式（M79：4）

标本M42：3。（图二七二，4）

Ⅳ式　4件。器形变瘦高，领外斜，领内侧凹，折肩。包括M38：1，M79：1，M91：6，M91：5。均泥质灰陶。

标本M79：1。（图二七二，5）

标本M91：5。（图二七二，6）

Ⅴ式　1件。器形极矮小，底大，显宽胖。

标本M79：4，泥质灰陶。（图二七二，7）

Ab型　2件。溜肩。据器形大小变化分二式。

Ⅰ式　1件。器形较大。

标本M35：4，泥质灰陶。（图二七三，2）

Ⅱ式　1件。器形小。

标本M48：2。泥质灰陶。（图二七三，1）

B型　6件。器形大，折肩，肩部有密集凹弦纹带及绳纹。均为泥质灰陶。据器形大小变化分为三式。

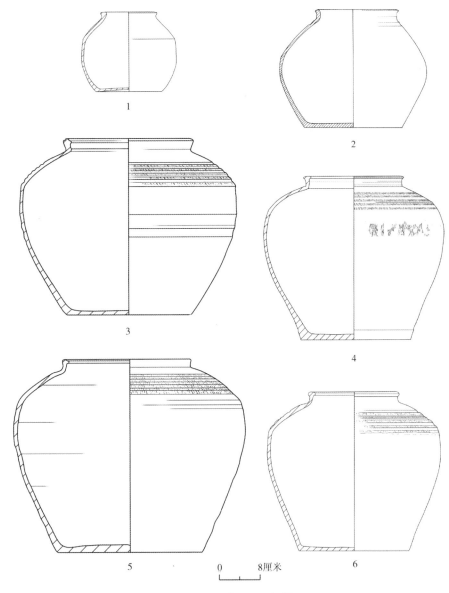

图二七三　陶无沿矮领罐

1.AbⅡ式（M48：2）　2.AbⅠ式（M35：4）　3.BⅠ式（M51：1）　4、6.BⅢ式（M20：7、M55：3）

5.BⅡ式（M93：3）

Ⅰ式　2件。器形宽胖。包括M34：1，M51：1。

标本M51：1。（图二七三，3）

Ⅱ式　1件。器形高大。

标本M93：3。（图二七三，5）

Ⅲ式　3件。器形变瘦小。包括M20：7，M55：3，M92：5。

标本M20：7。（图二七三，4）

标本M55：3。（图二七三，6）

一九、双耳罐

7件。据口部特征不同分为两型。

A型　5件。小口细颈较高，卷或折沿，圜底或圜平底。据口、腹、底变化分为四式。

Ⅰ式　1件。折沿下垂，圆唇，垂腹，圜底。

标本M99：4，泥质灰陶。（图二七四，1）

Ⅱ式　2件。敞口卷沿厚方唇，深鼓腹，圜平底。包括M32：2，M33：4。泥质灰陶。

标本M32：2。（图二七四，2）

Ⅲ式　1件。颈以上残。圆球腹，平底。

标本M92：7，颈以上残。泥质灰陶。（图二七四，3）

Ⅳ式　1件。敞口卷沿方唇，唇面凹；斜腹，圜平底。

标本M89：1，泥质灰陶。（图二七四，4）

B型　2件。大口矮领，大平底。据口、腹变化分为二式。

Ⅰ式　1件。圆溜肩，器形瘦高。

标本M37：7，泥质灰陶。（图二七四，5）

Ⅱ式　1件。斜溜肩，器形变矮胖。

标本M56：1，泥质黄灰陶。（图二七四，6）

二〇、瓮

共复原64件。据口沿特征不同分两型。

A型　12件。矮领无沿。圆肩或折肩，圜平底或微凹。均为泥质灰陶。据肩部特征不同分为二亚型。

Aa型　11件。圆肩或折肩。据口、腹变化分四式。

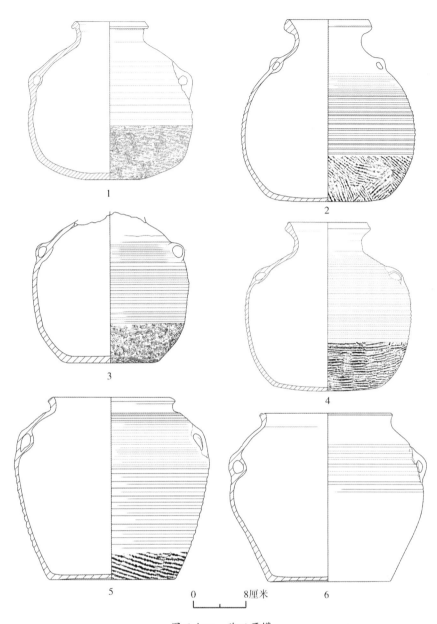

图二七四　陶双耳罐

1.AⅠ式（M99∶4）　2.AⅡ式（M32∶2）　3.AⅢ式（M92∶7）　4.AⅣ式（M89∶1）
5.BⅠ式（M37∶7）　6.BⅡ式（M56∶1）

Ⅰ式　1件。矮斜领，扁鼓腹。包括M2∶1。

标本M2∶1。（图二七五，1）

Ⅱ式　5件。矮斜领，腹变深，弧鼓或近直。包括M37∶1，M46∶4，M49∶5，M50∶5，M75∶1。

标本M50∶5。（图二七五，2）

标本M75∶1。（图二七五，3）

Ⅲ式　4件。矮直领，圆肩，弧腹宽浅。包括M34∶2，M47∶1（圜底内凹），

M55：1（圜平底），M57：1（圜底近平）。

　　标本M57：1。（图二七五，4）

　　标本M47：1。（图二七五，5）

　　Ⅳ式　1件。矮斜领，圆折肩，垂腹宽浅，圜底。

　　标本M80：11。（图二七五，6）

　　Ab型　1件。广折肩。

　　标本M36：7。斜腹，圜底微凹。泥质橙黄陶。（图二七六，1）

　　B型　52件。折沿或卷沿，厚方唇。此型瓮的口、腹变化既多，但又无明显规律，故型式分析只能粗略进行。据器形大小及器腹变化分五式。

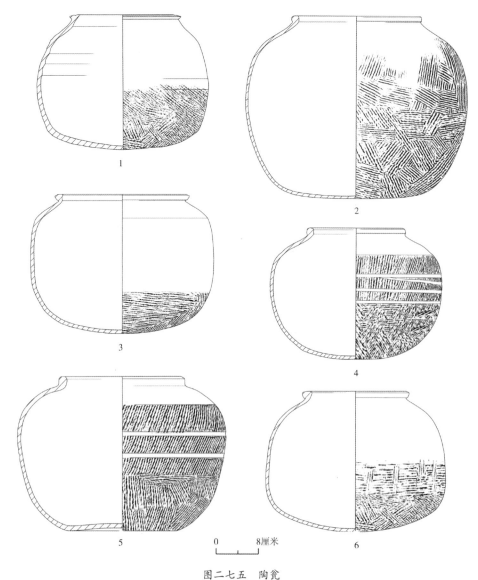

图二七五　陶瓮

1.AaⅠ式（M2：1）　2、3.AaⅡ式（M50：5、M75：1）　4、5.AaⅢ式（M57：1、M47：1）

6.AaⅣ式（M80：11）

Ⅰ式　1件。器形较小。有短颈，扁垂腹，尖圜底。

标本M116：9。（图二七六，2）

Ⅱ式　4件。器形宽浅，无颈，微鼓腹，圜底。包括M16：5，M104：2、3，M113：2。

标本M104：3。（图二七六，3）

标本M113：2。（图二七六，4）

Ⅲ式　10件。器腹较深，腹近直或微垂。包括M4：2，M14：1，M13：1、3，M61：7，M63：4，M78：1，M109：1，M113：1，M115：1。

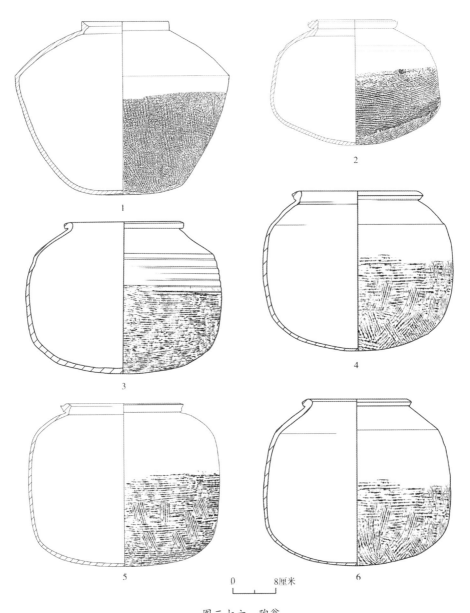

0   8厘米

图二七六　陶瓷
1.Ab型（M36：7）　2.BⅠ式（M116：9）　3、4.BⅡ式（M104：3、M113：2）
5、6.BⅢ式（M13：3、M115：1）

标本M13：3。（图二七六，5）

标本M115：1。（图二七六，6）

Ⅳ式　24件。器形较大，垂腹明显，有的腹深，有的宽而浅。包括M3：1、2，M8：8、13，M9：2、4，M16：4，M49：7，M53：4，M60：1、2，M61：4，M62：1、2，M65：2，M66：4，M69：5，M81：2，M98：1，M105：2，M107：1，M111：1，M112：1，M119：1。

标本M3：1，器腹宽浅。（图二七七，1）

标本M8：8。（图二七七，2）

标本M69：5。（图二七七，3）

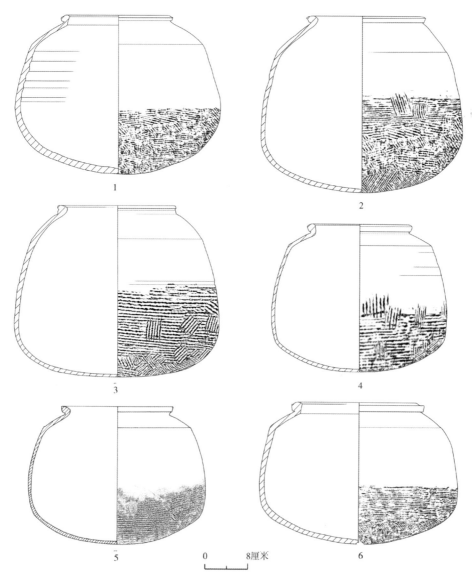

图二七七　陶瓮

1~3.BⅣ式（M3：1、M8：8、M69：5）　4~6.BⅤ式（M70：1、M64：8、M117：2）

Ⅴ式　13件。器形略变小，余同Ⅳ式。包括M58：1，M67：1、4，M68：3、7，M69：1，M70：1，M71：1，M64：8，M82：17，M101：1，M114：21，M117：2。

标本M70：1。（图二七七，4）

标本M64：8。（图二七七，5）

标本M117：2，器腹宽浅。（图二七七，6）

二一、案

1件。

标本M31：4，残。边栏凸起，抽象兽形足。泥质红陶。

二二、釜

1件。

标本M108：1，敛口，方唇，溜肩，斜腹，小平底。近口处分布三个小孔，肩部有密集凹弦纹，腹部饰绳纹，泥质灰陶。

二三、甑

1件。

标本M112：2，宽仰折沿，深斜腹，平底，底部中央有一个大甑孔。泥质灰陶。

二四、灶

3件。泥质灰陶。据结构不同分为两型。

A型　1件。平面圆形，单火眼，弧顶火门不落地，与火门相对一侧为龙首形烟囱。

标本M40：2。

B型　2件。弧首，平尾。据结构不同分为二亚型。

Ba型　1件。首窄，尾宽，平面近马蹄形。双火眼，釜灶连体。

标本M79：5，首端有短斜柱状烟囱，弧顶落地火门。灶面边缘饰圆圈纹。

Bb型　1件。首尾宽度相同，双火眼，火门不明。

标本M88：1，首尾有挡墙。

二五、井

1件。

标本M79：6，折沿，厚方唇，井身外斜极矮，无底，沿面饰圆圈纹。泥质灰陶。

附汲水瓶M79：11，卷沿，鼓腹，平底。

二六、磨

1件。

标本M79：10，器形矮，由上扇、下扇、盘组成。盘敞口圆唇，弧壁，平底。下扇矮，顶平，顶面有刻槽。上扇上小下大，中部有圆形凹槽，槽中间有横梁，横梁两侧各有一磨眼。泥质灰陶。

第二节　钱币的类型学分析

杨单庄墓地发现的铜钱有贝币、半两钱、五铢钱、新莽钱等，钱文可辨者计613枚。

一、蚁鼻钱

2枚。

标本M61：3-3，椭圆形，背平，面弧，上部有穿孔。面有铭文"朱"。长2厘米，宽1.08厘米，重2.5克。（图二七八，1）

标本M61：12，椭圆形，背平，面弧，上部有穿孔。面有铭文"巽"。长1.6厘米，宽1厘米，厚0.2厘米，重1.5克。（图二七八，2）

二、半两钱

413枚。钱面有"半两"二字。钱背平。据钱面有无边郭分为两类。

甲类　402枚。钱面无边郭。据钱形、钱文不同分为四型。

A型　7枚。钱形一般不十分圆，多有铸口茬残留。字形长大，"半两"二字长度超过穿孔高度。写法多率意。"半"字下横长，"两"字上横多长；"两"字中间"人"上部为长竖。据钱文特征变化分为二式。

Ⅰ式　1枚。"半"字上部宽于中下部。"半"字下横、"两"字上横长；"两"字中间"人"上部为长竖；出土于M63。

标本M63：5－4，钱体薄，有铸口荐残留。字画低浅，字形较规范。直径2.7厘米，重2.49克。（图二七八，3）

Ⅱ式　6枚。字形长大，写法率意，字画隐起。字体长度超过穿孔高度。"半"字上部与中下部等宽。"半"字下横、"两"字上横长（其中M61一枚"半"字下横及"两"字上横较短，M65一枚"两"字上横短）。M16出2枚，M61出2枚，M63出1枚，M65出1枚。

标本M16：7－4，直径2.4厘米，重1.6克。（图二七八，4）

标本M61：3－4，面文隐起。直径2.68厘米，重3.48克。（图二七八，5）

B型　13枚。钱形圆。字形长，"半两"二字长度不超过穿孔高度。字形规范。

Ⅰ式　8枚。部分钱体有铸口荐残留。"半两"二字长度不超过穿孔高度。"半"字上中部等宽。"两"字中间"人"上部为长竖。M16出4枚，M61出1枚，M106出1枚，M109出1枚，M119出1枚。

标本M16：7－1，面文隐起。直径2.4厘米，重2.4克。（图二七八，6）

标本M16：7－5，面径2.5厘米，背径2.56厘米，重2.53克。（图二七八，7）

标本M61：3－6，面文隐起。直径2.4厘米，重2.53克。（图二七八，8）

标本M109：2－1，字形长。直径2.37厘米，重1.69克。（图二七八，9）

Ⅱ式　5枚。字形长，结构略松散。据"两"字变化分为二亚式。

Ⅱa　4枚。"两"字中间"人"上部为长竖。M16出2枚，M75出2枚。

标本M16：7－6，面径2.13厘米，背径2.26厘米，重1.74克。（图二七八，10）

标本M75：5－1，面径2.2厘米，背径2.3厘米，重1.7克。（图二七八，11）

标本M75：5－2，面径2.3厘米，背径2.4厘米，重1.4克。（图二七八，12）

Ⅱb式　1枚。"两"字中"人"简化为一横。M74出1枚。

标本M74：2－3，面径2.24厘米，背径2.33厘米，重2.29克。（图二七八，13）

C型　382枚。钱形圆，无铸口荐残留。字形近方正，字体长度不超过穿孔高度。据"两"字不同分为三亚型。

Ca型　82枚。"两"字中间"人"上部为竖划。M9出1枚，M16出19枚，M61出2枚，M63出13枚，M65出19枚，M68出3枚，M74出3枚，M82出2枚，M107出1枚，M105出1枚，M106出7枚，M109出3枚，M118出4枚，M119出2枚，M120出2枚。

标本M16：7－7，面径2.24厘米，背径2.31厘米，重1.77克。（图二七九，1）

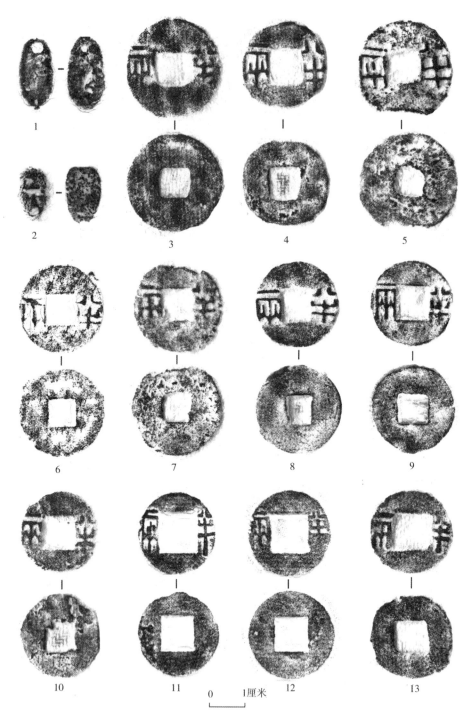

图二七八　蚁鼻钱、半两钱

1、2.蚁鼻钱（M61：3-3、M61：12）　3.甲A Ⅰ 式（M63：5-4）　4、5.甲A Ⅱ 式（M16：7-4、M61：3-4）
6~9.甲B Ⅰ 式（M16：7-1、M16：7-5、M61：3-6、M109：2-1）
10~12.甲B Ⅱ a式（M16：7-6、M75：5-1、M75：5-2）　13.甲B Ⅱ b式（M74：2-3）

标本M16：7-8，面径2.2厘米，背径2.31厘米，重2.07克。（图二七九，2）

标本M61：3-8，面径2.28厘米，背径2.4厘米，重2.66克。（图二七九，3）

标本M101：7-1，直径2.32厘米，重1.8克。（图二七九，4）

标本M119：13 - 3，直径2.41厘米，重2.2克。（图二七九，5）

Cb型　61枚。"两"字中间"人"字呈连山式。M9出1枚，M16出9枚，M61出3枚，M63出9枚，M65出8枚，M68出1枚，M74出4枚，M75出3枚，M82出4枚，M106出2枚，M109出4枚，M118出5枚，M119出4枚，M120出4枚。

标本M16：7 - 3，直径2.25厘米，重1.3克。（图二七九，6）

标本M61：3 - 2，直径2.32厘米，重2.9克。（图二七九，7）

标本M65：1 - 2，直径2.3厘米，重2.4克。（图二七九，8）

标本M74：2 - 2，直径2.2厘米，重2.1克。（图二七九，9）

标本M118：4 - 1，直径2.34厘米，重2.0克。（图二七九，10）

Cc型　239枚。"两"字中间"人"部简化为一横。据字形变化分为二式。

Ⅰ式　233枚。字形近方正略小，结构较紧凑，笔划较粗。M9出9枚，M16出49枚，M54出1枚，M61出4枚，M62出10枚，M63出27枚，M65出13枚，M68出4枚，M74出6枚，M75出7枚，M82出9枚，M101出5枚，M105出5枚，M106出24枚，M107出9枚，M109出22枚，M117出4枚，M118出7枚，M119出9枚，M120出9枚。

标本M16：7 - 2，直径2.3厘米，重2.7克。（图二七九，11）

标本M61：3 - 9，面径2.32厘米，背径2.42厘米，重2.7克。（图二七九，12）

标本M65：1 - 3，直径2.31厘米，重2.5克。（图二七九，13）

标本M74：2 - 1，直径2.29厘米，重2.0克。（图二七九，14）

标本M119：13 - 1，直径2.38厘米，重2.5克。（图二七九，15）

Ⅱ式　6枚。字形近方正较宽大，结构显松散，笔画较细。据字形结构特征不同分二亚式。

Ⅱa式　3枚。字形略欹斜。M16出3枚。

标本M16：7 - 12，直径2.26厘米，重2.06克。（图二八〇，1）

标本M16：7 - 13，直径2.32厘米，重1.78克。（图二八〇，2）

Ⅱb　3枚。字画纤细，字形正。M16出2枚，M75出1枚。

标本M75：5 - 3，面有边郭。直径2.19厘米，重1.12克。（图二八〇，3）

异型　5枚。传形半两。M16出2枚，M63出1枚，M75出2枚。

标本M16：7 - 11，直径2.23厘米，重1.82克。（图二八〇，4）

标本M63：5 - 5。直径2.34厘米，重2.4克。（图二八〇，5）

乙类　11枚。钱面有边郭。据"两"字结构不同分为两型。

A型　3枚。"两"字中间"人"上部为竖画。M16出2枚，M63出1枚。

标本M16：7 - 9，直径2.4厘米，重2.29克。（图二八〇，6）

标本M16：7 - 10，直径2.3厘米，重1.67克。（图二八〇，7）

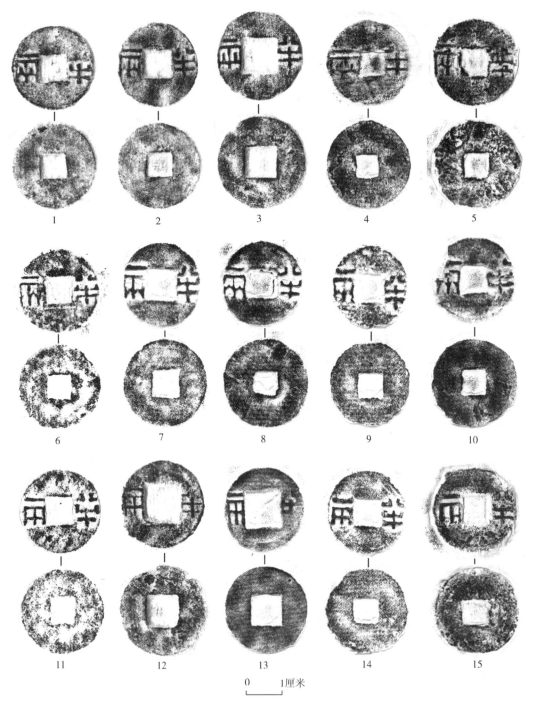

图二七九　半两钱

1~5.甲Ca型（M16∶7−7、M16∶7−8、M61∶3−8、M101∶7−1、M119∶13−3）

6~10.甲Cb型（M16∶7−3、M61∶3−2、M65∶1−2、M74∶2−2、M118∶4−1）

11~15.甲CcⅠ式（M16∶7−2、M61∶3−9、M65∶1−3、M74∶2−1、M119∶13−1）

　　B型　8枚。"两"字中间"人"部简化为一横。其中一枚面有内外郭。M63出3枚，M106出5枚。

　　标本M63∶5−6，面有内外郭。直径2.33厘米，重1.93克。（图二八〇，8）

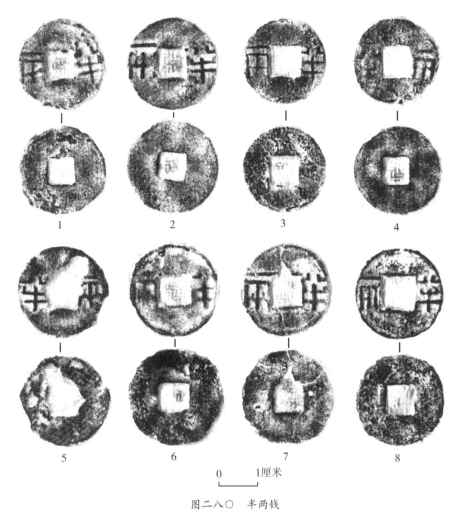

图二八〇 半两钱

1、2.甲CcⅡa式（M16:7-12、M16:7-13） 3.甲CcⅡb式（M75:5-3）
4、5.甲类异型（M16:7-11、M63:5-5） 6、7.乙A型（M16:7-9、M16:7-10）
8.乙B型（M63:5-6）

三、五铢钱

1. 西汉五铢钱

157枚。面文为"五铢"二字，"铢"字"朱"旁上部方折。面有外郭，背有内外郭。据钱体保存程度不同分为两类。

甲类 144枚。钱体完整。据"五"字笔画结构不同分为三型。

A型 2枚。五字交笔近斜直，字形略宽。M31出1枚，M43出1枚。

标本M43:4-4，直径2.54厘米，重4.07克。（图二八一，1）

标本M31:1-2，直径2.53厘米，重3.7克。（图二八一，2）

B型 65枚。五字交笔略弧曲，上下两横不超出体宽。M20出6枚，M31出10枚，M32出9枚，M39出1枚，M43出12枚，M47出1枚，M52出21枚，M67出3枚，M89出1

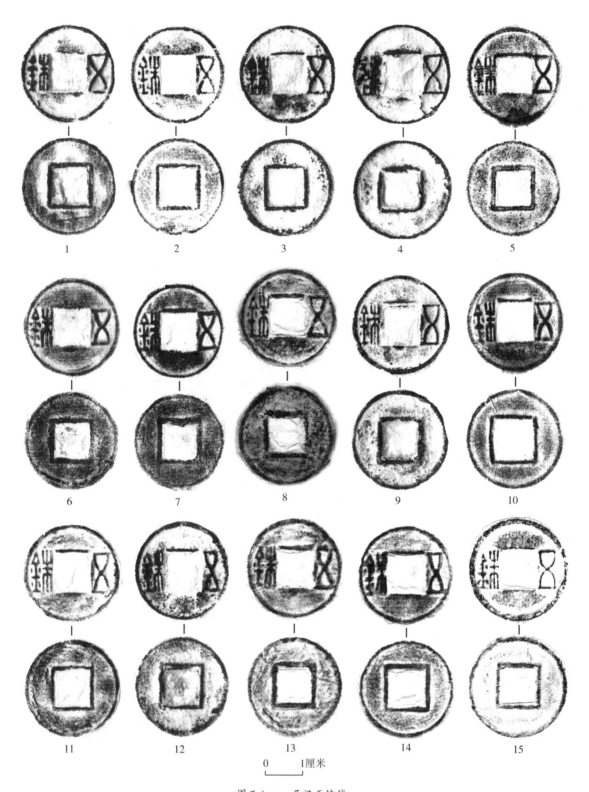

图二八一　西汉五铢钱
1、2.甲A型（M43：4-4、M31：1-2）
3~8.甲B型（M20：1-4、M20：1-8、M32：6-1、M43：4-2、M43：4-3、M67：7-1）
9~11.甲CaⅠa式（M20：1-17、M40：18、M52：1-2）
12~14.甲CaⅠb式（M20：1-12、M91：8-2、M97：1-2）　15.甲CaⅡ式（M35：1-2）

枚，M97出1枚。

标本M20：1－4，穿上横郭，直径2.58厘米。（图二八一，3）

标本M20：1－8，直径2.58厘米，重3.5克。（图二八一，4）

标本M32：6－1，直径2.55厘米，重3克。（图二八一，5）

标本M43：4－2，直径2.55厘米，重3克。（图二八一，6）

标本M43：4－3，直径2.6厘米，重3.8克。（图二八一，7）

标本M67：7－1，直径2.63厘米，重2.6克。（图二八一，8）

C型　78枚。五字交笔弧曲程度较大，上下两横多出头。

Ca型　25枚。五字长。

Ⅰ式　15枚。五字交笔与上下两横相交处外放。据五字略有宽窄不同分二亚式。

Ⅰa式　7枚。五字略宽。M20出1枚，M32出1枚，M40出1枚，M52出2枚，M55出1枚，M58出1枚。

标本M20：1－17，直径2.56厘米，重3.46克。（图二八一，9）

标本M40：18，直径2.55厘米，重4克。（图二八一，10）

标本M52：1－2，直径2.55厘米，重3.6克。（图二八一，11）

Ⅰb式　8枚。五字较窄。M20出2枚，M91出4枚，M97出1枚，M109出1枚。

标本M20：1－12，直径2.52厘米，重3.54克。（图二八一，12）

标本M91：8－2，直径2.58厘米，重3.5克。（图二八一，13）

标本M97：1－2，直径2.5厘米，重2.5克。（图二八一，14）

Ⅱ式　5枚。五字交笔与上下两横相交处垂直，上下两横略出头。M35出4枚，M64出1枚。

标本M35：1－2，直径2.68厘米，重4克。（图二八一，15）

Ⅲ式　5枚。五字交笔宽长，与上下两横相交处略外放，上下两横不出头。M20出2枚，M52出2枚，M67出1枚。

标本M20：1－14，直径2.62厘米，重2.7克。（图二八二，1）

标本M52：1－1，直径2.55厘米，重2.9克。（图二八二，2）

Cb型　53枚。五字较短。

Ⅰ式　34枚。五字较宽，中间交笔与上下两横相交外放。M8出1枚，M20出7枚，M25出1枚，M35出4枚，M43出4枚，M52出11枚，M55出1枚，M58出2枚，M91出3枚。

标本M25：4－1，直径2.52厘米，重3.1克。（图二八二，3）

标本M8：5，直径2.5厘米，重3.7克。（图二八二，4）

标本M20：1－3，直径2.51厘米，重3.4克。（图二八二，5）

标本M20：1－1，直径2.55厘米，重3.3克。（图二八二，6）

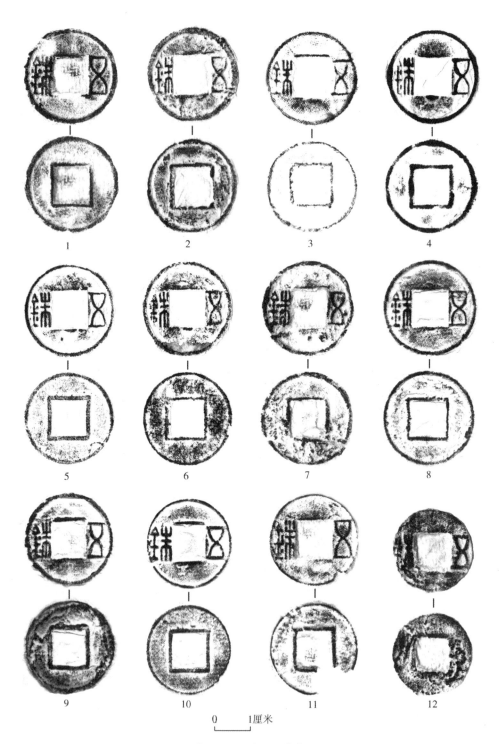

图二八二　西汉五铢钱

1、2.甲CaⅢ式（M20：1－14、M52：1－1）

3~6.甲CbⅠ式（M25：4－1、M8：5、M20：1－3、M20：1－1）

7~9.甲CbⅡ式（M20：1－13、M89：12－1、M97：1－1）

10、11.乙A型（M91：8－1、M91：8－11）　12.乙B型（M67：7－3）

Ⅱ式 19枚。五字交笔与两横相交呈垂直或内敛。M20出2枚，M31出2枚，M32出1枚，M35出1枚，M43出2枚，M47出1枚，M52出1枚，M67出2枚，M89出1枚，M91出3枚，M97出3枚。

标本M20：1－13，直径2.56厘米，重2.71克。（图二八二，7）

标本M89：12－1，直径2.6厘米，重2.6克。（图二八二，8）

标本M97：1－1，直径2.52厘米，重3.2克。（图二八二，9）

乙类 13枚。钱形不完整。据钱体保存程度分为两型。

A型 7枚。磨郭。M91出7枚。

标本M91：8－1，直径2.43厘米，重3.1克。（图二八二，10）

标本M91：8－11，直径2.48厘米，重1.25克。（图二八二，11）

B型 6枚。剪轮。M56出4枚，M67出1枚，M91出1枚。

标本M67：7－3，直径2.23厘米，重2.33克。（图二八二，12）

2. 东汉五铢钱

26枚。"铢"字"朱"旁上部呈圆折。据钱形是否完整分为两型。

A型 7枚。钱形完整。据"五"字特征不同分为二亚型。

Aa型 4枚。五字宽大，五字交笔与两横相交外放较甚，上下两横不出头。据"铢"字变化分为二式。

Ⅰ式 3枚。铢字"朱"旁上部近竖直略长。M31出3枚。

标本M31：1－4，直径2.68厘米，重2.98克。（图二八三，1）

标本M31：1－5，直径2.6厘米，重2.72克。（图二八三，2）

Ⅱ式 1枚。铢字"朱"旁上部呈倒抛物线。M31出1枚。

标本M31：1－6，直径2.63厘米，重1.88克。（图二八三，3）

Ab型 3枚。五字稍窄，五字交笔与两横相交处近直，上下两横出头。M31出3枚。

标本M31：1－7，直径2.6厘米，重3.22克。（图二八三，4）

B型 19枚。钱形不完整。据钱体保存状况不同分为三亚型。

Ba型 4枚。剪边。M31出4枚。

标本M31：1－8，直径2.4厘米，重2.3克。（图二八三，5）

Bb型 5枚。綖环。M31出5枚。

标本M31：1－9，直径2.6厘米，重2.08克。钱面有织物痕迹，说明原来装在囊中。（图二八三，6）

Bc型 10枚。对文。M31出10枚。

标本M31：1－10，直径1.4厘米，重0.35克。（图二八三，7）

标本M31：1－11，直径1.56厘米，重0.41克。（图二八三，8）

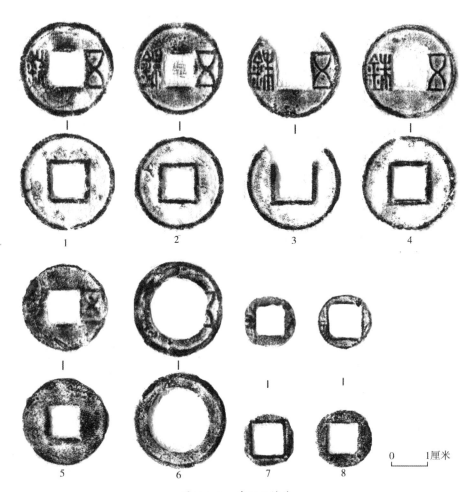

图二八三　东汉五铢钱

1、2.AaⅠ式（M31：1-4、M31：1-5）　3. AaⅡ式（M31：1-6）　4.Ab型（M31：1-7）
5.Ba型（M31：1-8）　6.Bb型（M31：1-9）　7、8.Bc型（M31：1-10、M31：1-11）

四、新莽钱

14枚。据钱文有大泉五十、小泉直一、货泉、大布黄千四种。

1. 大泉五十

2枚。M79出土。

标本M79：7-1，直径2.55厘米，重3.2克。（图二八四，1）

2. 小泉直一

6枚。M97出土。

标本M97：1-3，直径1.44厘米，重1.1克。（图二八四，2）

标本M97：1-4，直径1.46厘米，重1克。（图二八四，3）

3. 货泉

2枚。据面内郭不同分为两型。

A型　1枚。单宽内郭。M31出土。

标本M31：1－1，直径2.22厘米，重2.3克。（图二八四，5）

B型　1枚。单窄内郭。M97出土。

M97：1，1枚。残。

4. 大布黄千

4枚。M5出3枚，M79出1枚。

标本M79：8，长5.81厘米，宽1.43－2.54厘米，重11.1克。（图二八四，4）

标本M5：1－1，平首，平肩，平裆，方足。首部有穿孔。钱面篆书"大布黄千"。长5.11厘米，宽1.41－21.3厘米，重7.2克。（图二八四，6）

标本M5：1－2，长5.2厘米，宽1.46－2.07厘米，重7.5克。（图二八四，7）

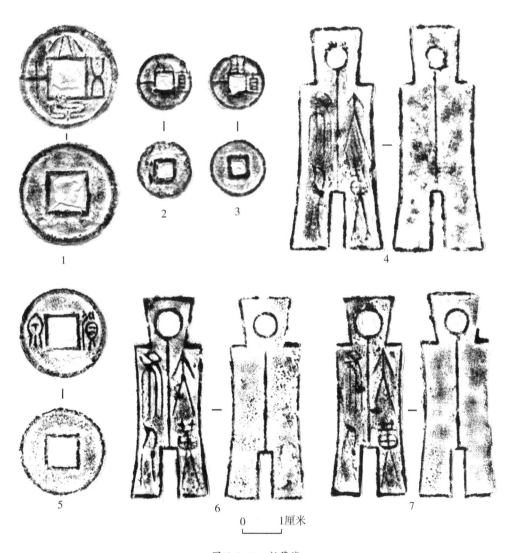

0　　1厘米

图二八四　新莽钱

1.大泉五十（M79：7－1）　2、3.小泉直一（M97：1－3、M97：1－4）
4、6、7.大布黄千（M79：8、M5：1－1、M5：1－2）　5.A型货泉（M31：1－1）

第四章　杨单庄墓地分期与年代

杨单庄墓地早期墓葬102座，出土陶器的墓葬91座，其中1座墓葬的器物因未复原而情况不明，本章即以其余90座墓葬为基础，展开杨单庄墓地的分期与年代探讨。

第一节　陶器基本组合分析

杨单庄墓地出土陶器的91座早期墓葬，其中1座因器物未复原而情况不明，其余90座据器类性质不同[1]，形成仿铜陶礼器组合、日用陶器组合、仿铜陶礼器与日用陶器组合、伴出模型明器组合、生活用器[2]与日用陶器组合等，共计五类不同的器类组合形式。

一、仿铜陶礼器组合

共计3座。只有仿铜陶礼器。据壶的类型不同分为两组。

A组　2座。同出乙类壶。据壶的式别不同分为两小组。

AⅠ组　1座。同出乙Ⅱ式壶。

M100：甲BⅡ鼎、BaⅢ盒、甲AbⅢ壶、乙Ⅱ壶、BⅠ模型壶、Ⅰ杯、耳杯。

AⅡ组　1座。同出乙Ⅲ式壶。

---

[1] M16不是合葬墓，但其随葬的陶器有型式明显不同的两套，我们在作组合分析的时候，将M16的随葬遗物（含铜钱）按型式不同分成了A、B两组，分别进行组合观察。因此，组合统计的数据显示的是91座墓葬。

[2] 指案，以与传统罐、瓮类日用器区别。

M86：乙Ⅳ壶3。

B组　1座。可辨者仅模型壶。

M118：鼎、盒、壶、甲AaⅠ模型壶。

二、日用陶器组合

共计40座。据器类不同有罐类器组合，瓮类器组合，罐、瓮类器组合以及罐、瓮与其他日用陶器组合。

1. 罐类器组合

20座。只出日用陶器。据器类组合内容不同分为十组。

A组　2座。只出折沿高领罐。包括M25、M54。

M25：AⅡ折沿高领罐、BⅠ折沿高领罐、罐。

M54：BⅠ折沿高领罐2。

B组　3座。只出盘口罐。据盘口罐的型式不同分为三亚组。

Ba组　1座。出乙AaⅠ式盘口罐。

M74（空心砖）：乙AaⅠ盘口罐。

Bb组　1座。出乙AbⅠ式盘口罐。

M110：乙AbⅠ盘口罐。

Bc组　1座。出乙C型盘口罐。

M44：乙C盘口罐2。

C组　2座。只出无沿矮领罐。据无沿矮领罐的式别不同分两小组。

CⅠ组　1座。有AaⅢ式无沿矮领罐。

M35：AaⅢ无沿矮领罐、AbⅠ无沿矮领罐。

CⅡ组　1座。有AaⅣ式无沿矮领罐。

M38：AaⅣ无沿矮领罐。

D组　3座。折沿高领罐与盘口罐同出。据折沿高领罐、盘口罐式别不同分为两小组。

DⅠ组　2座。有BⅢ式折沿高领罐、乙AbⅡ式盘口罐。

M43：BⅢ折沿高领罐、乙AaⅢ盘口罐、罐。

M33：BⅢ折沿高领罐、乙AbⅡ盘口罐、乙C盘口罐2、AⅡ双耳罐。

DⅡ组　1座。有BⅣ式折沿高领罐、乙AbⅢ式盘口罐。

M24：BⅣ折沿高领罐、乙AbⅢ盘口罐。

E组　1座。折沿高领罐与无沿矮领罐同出。

M41：AⅢ折沿高领罐2、AaⅢ无沿矮领罐2、板瓦（在陶器下）。

F组　3座。盘口罐与无沿矮领罐同出。据盘口罐类型不同分为二亚组。

Fa组　1座。有乙AaⅠ式盘口罐。

M42：乙AaⅠ盘口罐、AaⅢ无沿矮领罐2。

Fb组　2座。有乙Ab型盘口罐。据乙Ab型盘口罐及矮领无沿罐式别不同分为二小组。

FbⅠ组　1座。有乙AbⅠ式盘口罐、BⅠ式无沿矮领罐。

M51：乙AbⅠ盘口罐、BⅠ无沿矮领罐。

FbⅡ组　1座。有乙AbⅡ式盘口罐、BⅡ式无沿矮领罐。

M93：乙AbⅡ盘口罐2、乙AbⅢ盘口罐、BⅡ无沿矮领罐、罐；滑石珠。

G组　1座。折沿高领罐与双耳罐同出。

M32：BⅢ折沿高领罐、BⅣ折沿高领罐、罐、AⅡ双耳罐。

H组　1座。无沿矮领罐与双耳罐同出。

M56：AaⅢ无沿矮领罐、BⅡ双耳罐。

I组　1座。盘口罐、无沿矮领罐、双耳罐同出。

M92：乙AaⅡ盘口罐、AaⅢ无沿矮领罐、BⅢ无沿矮领罐、AⅢ双耳罐。

J组　3座。折沿高领罐、盘口罐、无沿矮领罐同出。据折沿高领罐式别不同分为二小组。

JⅠ组　1座。有BⅠ式折沿高领罐。

M27：BⅠ折沿高领罐、乙AaⅡ盘口罐、AaⅠ无沿矮领罐、罐。

JⅡ组　2座。有BⅤ式折沿高领罐。

M48：BⅤ折沿高领罐、乙AbⅢ盘口罐、AbⅡ无沿矮领罐。

M91：BⅠ折沿高领罐2、BⅤ折沿高领罐、乙AbⅡ盘口罐、乙C盘口罐、AaⅣ无沿矮领罐2。

2. 瓮类器组合

2座。只出BⅢ式瓮。

M14：BⅢ瓮。

M109：BⅢ瓮。

3. 釜类器组合

M108：釜。（盗扰）

4. 罐、瓮类器组合

14座。罐、瓮同出。根据器类组合内容不同分为八组。

A组　3座。折沿高领罐与瓮同出。据瓮的式别不同分为三小组。

AⅠ组　2座。有AaⅡ式瓮。

M46：AⅠ折沿高领罐、AaⅡ瓮、板瓦2。

M49：CⅠ折沿高领罐、CⅡ折沿高领罐、罐、AaⅡ瓮、BⅣ瓮、板瓦。

AⅡ组　1座。有AaⅢ式瓮。

M57：BⅡ折沿高领罐、AaⅢ瓮。

B组　1座。无沿矮领罐与瓮同出。

M20：BⅢ无沿矮领罐、罐、瓮2。

C组　3座。折沿高领罐、盘口罐与瓮同出。据折沿高领罐的式别不同分为二小组。

CⅠ组　2座。有BⅠ式折沿高领罐。

M26：BⅠ折沿高领罐、乙AbⅡ盘口罐、瓮。

M50：BⅠ折沿高领罐、乙AaⅠ盘口罐、罐、AaⅡ瓮、板瓦。

CⅡ组　1座。有BⅡ式折沿高领罐。

M52：BⅡ折沿高领罐、乙B盘口罐、罐、瓮。

D组　1座。折沿高领罐、无沿矮领罐与瓮同出。

M2：CⅠ折沿高领罐、AaⅠ无沿矮领罐、AaⅠ瓮。

E组　1座。盘口罐、敞口罐与瓮同出。

M36：乙AbⅡ盘口罐、甲AⅡ盘口罐2、敞口罐、罐、Ab瓮、板瓦2。

F组　1座。盘口罐、无沿矮领罐与瓮同出。

M55：乙AbⅢ盘口罐、AaⅡ无沿矮领罐、BⅢ无沿矮领罐、AaⅢ瓮。

G组　1座。折沿高领罐、盘口罐、双耳罐与瓮同出。

M37：BⅠ折沿高领罐2、乙AaⅡ盘口罐2、BⅠ双耳罐、罐、AaⅡ瓮、瓮。

H组　3座。罐、瓮同出但罐型式不明。据瓮的类型不同分二亚组。

Ha组　1座。有AaⅢ式瓮。

M47：罐2、AaⅢ瓮。

Hb组　2座。有BⅢ式瓮。

M13：罐2、BⅢ瓮2，

M113：罐、BⅡ瓮、BⅢ瓮。

5. 罐、瓮与其他日用器组合

3座。罐、瓮等与其他生活用器同出。据器类组合不同分为三组。

A组　1座。瓮、钵同出。

M78：BⅠ钵2、BⅢ瓮。

B组　1座。罐、瓮、甑同出。

M112：甑、乙AaⅠ盘口罐、BⅣ瓮。

C组　1座。钵、盆、罐、瓮同出。

M9：BⅠ钵、AaⅠ盆、Ab盆、AⅡ折沿高领罐、BⅣ瓮2。

三、仿铜陶礼器与日用陶器组合

共计44座。据仿铜陶礼器器类组合不同分为八组。

A组　10座。以仿铜陶礼器鼎、盒、钫、壶为核心，配以罐、瓮等日用陶器。根据鼎、盒、壶的式别关系，分为八小组。

AⅠ组　1座。有甲AaⅠ式壶。

M116：鼎2、A盒、盒、AⅠ钫、甲AaⅠ壶、甲AaⅠ模型壶、AⅠ钵3、BⅠ瓮、人俑3。

AⅡ组　1座。有乙AⅡ式鼎、BaⅡ盒、甲AbⅡ式壶。

M61：乙AⅡ鼎、BaⅡ盒、B钫、甲AbⅡ壶、AⅡ钵、BaⅠ盆、BbⅠ盆、BⅢ瓮、BⅣ瓮。

AⅢ组　1座。有乙AⅢ式鼎、甲AaⅢ式壶。

M119：乙AⅢ鼎、鼎、盒2、AⅡ钫、甲AaⅢ壶、模型壶、AⅡ钵、AⅡ盘、AaⅠ盆、丙盘口罐、BⅣ瓮、狗。

AⅣ组　3座。有乙AⅢ式鼎、BaⅣ式盒、甲AaⅣ式壶。

M62：乙AⅢ鼎2、BaⅣ盒2、AⅡ钫、甲AaⅣ壶、甲BⅡ模型壶、AⅡ盘、BⅣ瓮2。

M82：乙AⅢ鼎、BaⅣ盒、AⅢ钫、甲AaⅣ壶、Ⅱ合碗、AⅡ钵、BⅠ盘2、乙AaⅡ盘口罐、BⅤ瓮、人俑14、狗、猪。

M81：鼎、盒、甲AaⅣ壶、钫、BⅠ钵、钵、AⅡ盘、BⅣ瓮。

AⅤ组　1座。有BaⅣ式盒、甲AaⅥ式壶。

M68：鼎、BaⅣ盒2、AⅢ钫、甲AaⅥ壶、AⅡ盘、BaⅡ盆、BbⅡ盆、BⅤ瓮2。

AⅥ组　1座。有乙AⅣ式鼎、BaⅤ式盒。

M98（墓道）：乙AⅣ鼎、BaⅢ盒、BaⅤ盒、甲AbⅣ壶、钫、BⅣ瓮。

AⅦ组　1座。有乙AⅤ式鼎、BaⅤ式盒。

M73（墓道，空心砖）：乙AⅤ鼎、鼎、BaⅤ盒2、AⅢ钫、壶、甲BⅡ模型壶、AⅢ盘、AaⅠ盆。

AⅧ组　1座。有BaⅥ式盒。

M70（墓道）：乙AⅣb鼎2、BaⅥ盒、AⅣ钫、甲AaⅥ壶、BⅡ盘、BⅤ瓮。

B组　19座。以仿铜陶礼器鼎、盒、壶为核心，配以罐、瓮等日用器的组合。据鼎的类型不同分为四亚组。

Ba组　3座。以甲A型鼎为核心。据鼎的式别不同分为三小组。

BaⅠ组　1座。有甲AⅠ式鼎。

M16A：甲AⅠ鼎、BaⅡ盒、甲AaⅠ壶甲、甲BⅠ模型壶、AⅠ盘、Ⅰ杯、BⅡ瓮、器盖4。

    BaⅡ组   1座。有甲AⅡ式鼎。

    M4：甲AⅡ鼎、BaⅢ盒2、甲AbⅡ壶3、乙Ⅰ壶、甲AdⅠ模型壶、B斗、Ⅰ杯、Ⅱ杯、杯、BⅢ瓮。

    BaⅢ组   1座。有甲AⅢ式鼎。

    M106：甲AⅢ鼎、鼎、BaⅢ盒、盒、壶2、甲BⅠ模型壶2、Ⅰ杯、Ⅱ杯、瓮。

    Bb组   2座。以甲B型鼎为核心。据鼎的式别不同分为二小组。

    BbⅠ组   1座。有甲BⅠ式鼎。

    M104：甲BⅠ鼎、盒、甲AbⅡ壶、甲AbⅠ模型壶、杯、BⅡ瓮2。

    BbⅡ组   1座。有甲BⅢ式鼎。

    M114：甲BⅢ鼎、鼎、BaⅣ盒、盒、甲AaⅣ壶2、BⅤ瓮、人俑19、狗、猪。

    Bc组   11座。以乙A型鼎为核心。据鼎、盒、壶的式别不同分为八小组。

    BcⅠ组   1座。乙AⅠ式鼎、BaⅠ式盒、甲AbⅠ式壶。

    M115：乙AⅠ鼎、BaⅠ盒、甲AbⅠ壶、甲Ac模型壶、AⅠ钵、BⅢ瓮。

    BcⅡ组   1座。有乙AⅡ式鼎、BaⅡ式盒、甲AbⅡ式壶。

    M60：乙AⅡ鼎2、BaⅡ盒2、甲AbⅡ壶3、甲AbⅠ模型壶、Ⅰ杯、BaⅠ盆、BbⅠ盆、BⅣ瓮2。

    BcⅢ组   1座。有乙AⅢ式鼎、甲AaⅡ式壶。

    M107：乙AⅢ鼎、盒、甲AaⅡ壶、壶、模型壶、AⅡ盘、AaⅠ盆、BⅣ瓮。

    BcⅣ组   1座。有乙AⅢ鼎、BaⅣ盒。

    M16B：乙AⅢ鼎、BaⅣ盒、壶、AaⅡ模型壶、BⅣ瓮。

    BcⅤ组   3座。有乙AⅣ式鼎、甲AaⅣ式壶或甲AbⅢ式壶。

    M63：乙AⅣ鼎、甲AaⅣ壶、BⅠ钵、BⅢ瓮。

    M120：乙AⅣ鼎、盒、甲AaⅣ壶、甲AaⅡ模型壶、AⅢ盘、瓮。

    M117：乙AⅣ鼎、盒、甲AbⅢ壶、壶、盘、BⅤ瓮。

    BcⅥ组   2座。有乙AⅤ式鼎、BaⅤ盒、甲AaⅤ式壶。

    M67：乙Ⅴ鼎、BaⅤ盒、甲AaⅤ壶、甲AaⅣ模型壶、BⅠ钵、AⅡ盘、BⅤ瓮2。

    M71：乙AⅤ鼎、乙AⅣb鼎、BaⅤ盒2、甲AaⅤ壶、壶、甲AaⅣ式模型壶、BⅡ钵、BⅡ盘、BⅤ瓮。

    BcⅦ组   1座。有乙AⅤ式鼎、甲AaⅥ式壶。

    M59（空心砖）：乙AⅤ鼎、BaⅤ盒、盒、甲AaⅥ壶2、AⅡ盘、Ac盆、瓮。

    BcⅧ组   1座。有乙AⅤ式鼎、BaⅥ式盒。

    M64：乙AⅥ鼎、BaⅥ盒、甲B壶、甲AdⅡ模型壶、AⅣ盘、Ab匜、BⅤ瓮。

Bd组　3座。鼎不明的组合。据壶的式别不同分为三小组。

Bd Ⅰ组　1座。有甲AaⅢ式壶。

M53：鼎、BaⅣ盒、甲AaⅢ壶、AⅢ钵、BⅠ钵、BⅠ盘、BⅣ瓮。

Bd Ⅱ组　1座。有甲AaⅤ式壶。

M69（墓道）：鼎、甲AaⅤ壶、AⅢ盘、AaⅡ盆2、BⅣ瓮、BⅤ瓮。

Bd Ⅲ组　1座。有甲AaⅥ式壶。

M101（墓道，空心砖）：鼎、BaⅥ盒、甲AaⅥ壶、BⅡ盘、BⅤ瓮。

C组　2座。以仿铜陶礼器鼎、盒、钫组合为核心，配以罐、瓮等日用器组合。据鼎、盒的式别不同分为二小组。

C Ⅰ组　1座。有乙AⅣ式鼎、BaⅤ式盒。

M3：乙AⅣ鼎、BaⅤ盒、AⅢ钫、钫、甲AaⅢ模型壶、AⅣ盘、AⅡ折沿高领罐、BⅣ瓮2。

C Ⅱ组　1座。有乙AⅤ式鼎、BaⅥ式盒。

M65（空心砖，墓道）：乙AⅤ鼎2、BaⅤ盒、BaⅥ盒、钫、甲AaⅤ模型壶、罐、BⅣ瓮。

D组　2座。以仿铜陶礼器鼎、盒、合碗、壶组合为核心，配以罐、瓮等日用器组合。据鼎、盒的式别不同分为二小组。

D Ⅰ组　1座。有乙AⅢ式鼎、BaⅢ式盒、甲AbⅢ式壶。

M66：甲AⅢ鼎、乙AⅢ鼎、BaⅢ盒、甲AbⅢ壶2、甲AbⅡ模型壶2、Ⅰ合碗、Ⅰ杯、Ⅱ杯、BⅣ瓮。

D Ⅱ组　1座。有乙AⅥ式鼎、BaⅥ式盒、甲AbⅤ式壶。

M80（墓道，空心砖）：乙AⅥ鼎2、BaⅥ盒2、C盒、甲AbⅤ壶2、乙模型壶、Ⅳ合碗、AⅡ盘2、Aa匜2、AaⅣ瓮。

E组　1座。以仿铜陶礼器盒、壶、合碗组合为核心，配以罐组合。

M39：盒、壶、Ⅰ合碗2、BⅢ折沿高领罐2、甲AⅠ盘口罐、罐。

F组　3座。以仿铜陶礼器盒、壶组合为核心，配以罐、瓮等日用器组合。据器类组合不同分为三亚组。

Fa组　1座。有甲AbⅢ式壶，盒不明。

M8：盒、壶、甲AbⅢ壶、罐2、BⅣ瓮2。

Fb组　1座。有BⅢ式盒，壶不明。

M75（墓道）：BaⅢ盒、壶、甲AbⅡ模型壶、BⅠ盘、AaⅠ盆、AaⅡ瓮。

Fc组　1座。盒、壶不明，有AaⅢ式盆。

M19：盒2、壶2、钵、AaⅢ盆、瓮。

G组 3座。以仿铜陶礼器壶为核心，配以罐、瓮等日用器组合。据壶的型式不同分为二亚组。

Ga组 2座。有乙Ⅲ式壶。

M89（土坑合葬）：乙Ⅲ壶2、BⅢ折沿高领罐、BⅣ折沿高领罐2、甲AⅢ盘口罐、乙AbⅡ盘口罐、AⅣ双耳罐、罐。

M96（土坑合葬）：乙Ⅲ壶、釉陶壶2、乙C盘口罐。

Gb组 1座。壶不明。

M34：壶、BⅠ无沿矮领罐、AaⅢ瓮。

H组 4座。以仿铜陶礼器合碗为核心，配以罐、瓮等日用器组合。据合碗式别不同分为二小组。

HⅠ组 3座。有Ⅰ式合碗。

M99：Ⅰ合碗2，甲B盘口罐、AⅠ双耳罐。

M105（空心砖）：Ⅰ合碗、AaⅡ盆、BⅣ瓮。

M111：Ⅰ合碗、BⅠ钵、乙AaⅠ盘口罐、BⅣ瓮。

HⅡ组 1座。有Ⅲ式合碗。

M58：Ⅲ合碗、AⅡ钵、BⅤ瓮。

四、伴出模型明器组合

共计3座。据灶的不同分为三组。

A组 1座。出A型灶。

M40：乙B鼎、Bb盒、壶、C盘2、B匜、A斗2、A耳杯、B耳杯、卮、甗、镟盉、盆、BⅢ折沿高领罐2、A灶、残器。

B组 1座。出Ba型灶。

M79：甲AbⅥ壶2、AaⅣ无沿矮领罐、AaⅤ无沿矮领罐、Ba灶、井（含汲水瓶）、磨。（盗扰）

C组 1座。出Bb型灶。

M88：Bb灶。（盗扰）

五、生活用器与日用陶器组合

共计1座。

M31：勺、案、罐。（盗扰）

第二节 分期与年代

上节对90座出土陶器的墓葬，以器类结构为依据，进行了分组讨论。本节将在此基础上探讨杨单庄墓地考古学文化的分期与年代。说明一点，由于M88、M108的遗物与其他墓葬未形成关联，以下的分期年代讨论不涉及。

一、基础组合整合

1. 组合整合

对上述基础组合进行序列上串并组合的原则是，以同类型器物的式别序列确立先后关系，以同式别器物的对应确立并列关系；部分墓葬的陶器前后互见，以处于某一位置器物更多者确立其位置。合葬墓中，器物有明显早晚区别的，以其最晚一组作为确定位置的依据，后面再作分析。

第一组：

1座。含基础组合的仿铜陶礼器与日用器组合AⅠ组，有M116。

第二组：

2座。含基础组合的仿铜陶礼器与日用器组合BaⅠ组、BcⅠ组。有M16A组、M115。

第三组：

7座。含基础组合的仿铜陶礼器组合B组；仿铜陶礼器与日用器组合AⅡ组，BcⅡ组，BbⅠ组；日用陶器瓮类器组合；罐、瓮类器组合Hb组。有M13、M14、M60、M61、M104、M113、M118。

第四组：

5座。含基础组合的仿铜陶礼器与日用器组合BaⅡ组，BcⅢ组，Fb组；日用陶器罐、瓮类组合D组；日用陶器罐、瓮与其他日用器组合A组。有M2、M4、M75、M78、M107。

第五组：

25座。含基础组合的仿铜陶礼器组合AⅠ组；仿铜陶礼器与日用陶器组合AⅢ组、AⅣ组，BaⅢ组，BcⅣ组，BdⅠ组，DⅠ组，Fa组，Gb组，HⅠ组；日用陶器罐类组合A组，Ba组，Bb组，FbⅠ组，JⅠ组；日用陶器瓮类器组合；日用陶器罐、瓮类组合AⅠ组，CⅠ组，G组；日用陶器罐、瓮与其他日用器组合B组。有M8、M16B组、M25、M26、

M27、M34、M37、M46、M49、M50、M51、M53、M54、M62、M66、M74、M99、M100、M105、M106、M109、M110、M111、M112、M119。

第六组：

21座。含基础组合的仿铜陶礼器与日用陶器组合AⅣ组、AⅤ组、AⅥ组，BbⅡ组，BcⅤ组，CⅠ组，E组；日用陶器罐类组合Bc组，CⅠ组，DⅠ组，Fa组，FbⅡ组；日用陶器罐、瓮类组合AⅡ组，CⅡ组，F组，Ha组；日用陶器罐、瓮与其他日用器组合C组；伴出模型明器组合A组。有M3、M9、M33、M35、M39、M40、M42、M44、M47、M52、M55、M57、M63、M68、M81、M82、M93、M98、M114、M117、M120。

第七组：

16座。含基础组合的仿铜陶礼器与日用陶器组合AⅦ组，BcⅥ组、BcⅦ组，BdⅡ组，CⅡ组，HⅡ组；日用陶器罐类组合CⅡ组，DⅠ组、DⅡ组，E组，G组，H组，I组；日用陶器罐、瓮类组合B组，E组。有M20、M24、M32、M36、M38、M41、M43、M56、M58、M59、M65、M67、M69、M71、M73、M92。

第八组：

7座。含基础组合的仿铜陶礼器与日用陶器组合AⅧ组，BcⅧ组，BdⅢ组，DⅡ组，Ga组，Fc组。有M19、M64、M70、M80、M89、M96、M101。

第九组：

4座。含基础组合的仿铜陶礼器组合AⅡ组；日用陶器罐类组合JⅡ组；伴出模型明器组合B组。有M48、M79、M86、M91。

第十组：

1座。含基础组合的生活用器与日用陶器组合。有M31。

2. 关于合葬墓的分组

杨单庄墓地出土陶器并确定为合葬墓者共7座，均为土坑墓。其中：

M2随葬的陶器均属第四组。

M33随葬的陶器中，乙AbⅡ盘口罐、AⅡ双耳罐属第六组。BⅢ折沿高领罐属第七组。乙C盘口罐能确定位置者在第八组。

M37随葬的陶器均在第五组。

M48随葬的陶器中，乙AbⅢ盘口罐、AbⅡ无沿矮领罐属第七组。BⅤ折沿高领罐属第九组。

M89随葬的陶器中，乙AbⅡ盘口罐属第六组。BⅢ折沿高领罐属于第七组。乙Ⅲ壶、BⅣ折沿高领罐、甲AⅢ盘口罐、AⅣ双耳罐均属第八组。

M91随葬的陶器中，BⅠ折沿高领罐属第五组。乙AbⅡ盘口罐属第六组。AaⅣ无沿矮领罐属第七组。BⅤ折沿高领罐属第九组。乙C盘口罐大约属第八组。

M96随葬的陶器中，乙Ⅲ壶、乙C盘口罐均属第八组。

二、分期

前面我们根据器物间型式关系，将第一节的五类器物组合整合为十组，其中前九组的相邻各组间一般分别有同型器物的先后式别，有的相邻组还同出同式别的器物，说明这九组墓葬具有前后相继的关系。第十组墓葬出土东汉五铢钱而前九组均无，故放在最后一组。

杨单庄墓地有数十组打破关系，其中有20组打破与被打破的墓葬均出陶器，为我们验证前九组墓葬的关系，提供了地层学依据。这20组打破关系情况如下：

M3（第六组）打破M4（第四组）

M4（第四组）打破M14（第三组）

M8（第五组）打破M14（第三组）

M24（第七组）打破M54（第五组）

M25（第五组）打破M26（第五组）

M39（第六组）打破M40（第六组）

M42（第六组）打破M47（第六组）

M43（第七组）打破M44（第六组）

M50（第五组）打破M51（第五组）

M59（第七组）打破M66（第五组）

M64（第八组）打破M78（第四组）

M68（第六组）打破M75（第四组）

M69（第七组）打破M73（第七组）

M71（第七组）打破M81（第六组）

M80（第八组）打破M82（第六组）

M92（第七组）打破M93（第六组）

M98（第六组）打破M100（第五组）

M106（第五组）打破M107（第四组）

M109（第五组）打破M113（第三组）

M115（第二组）打破M116（第一组）

其中：第八组打破第六组者1组；第七组打破第六组者3组；第六组打破第五组者1组；第五组打破第四组者1组；第四组打破第三组者1组；第二组打破第一组者1座；同组之间打破者5组。除第九组与第八组、第八组与第七组、第三组与第二组间无打破关系外，其余各组之间形成了打破关系的链条。

由此可证，上述前九组墓葬之间的先后顺序是成立的，我们可以将这九组墓葬视为考古学文化发展的九个连续不断的阶段，第十组墓葬为晚于第九组的一个发展阶段。即：

第一段：第一组

第二段：第二组

第三段：第三组

第四段：第四组

第五段：第五组

第六段：第六组

第七段：第七组

第八段：第八组

第九段：第九组

第十段：第十组

结合下面的年代分析，我们将杨单庄墓地早期墓葬划分为六期十段：

第一期：第一段。

第二期：第二段、第三段。

第三期：第四段、第五段、第六段。

第四期：第七段、第八段。

第五期：第九段。

第六期：第十段。

三、年代

杨单庄墓地有较多墓葬出土钱币，这为我们讨论各阶段墓葬的年代范围提供了重要的参考。

杨单庄墓地第三组M61所出半两钱中，有文帝四铢半两[1]，因此，第三组墓葬的年代上限大体为文帝时期。

杨单庄墓地第五组的M8、M25开始出现五铢钱，因此，第五组墓葬的年代上限大体为武帝元狩以后。

杨单庄墓地第七组的M56、M67出现剪轮五铢钱，一般认为，西汉磨郭五铢钱始见于宣帝后期，流行于西汉晚期，而剪轮五铢西汉晚期开始出现[2]。因此，第七组墓葬的年代上

[1] 参见蒋若是：《秦汉半两钱系年举例》《论西汉四铢半两钱》，载蒋若是：《秦汉钱币研究》，中华书局1997年。
[2] 参见蒋若是：《西汉五铢钱断代》，载蒋若是：《秦汉钱币研究》，中华书局1997年。

限，大致在元帝时期。

杨单庄墓地第九组的M79出现大布黄千、大泉五十等新莽钱币，故其年代当在新莽以后。

杨单庄墓地第十组的M31出现东汉五铢钱，并有剪轮、綖环、对文等类五铢钱，而这类钱一般在东汉中期以后才出现[1]。因此，第十组的墓葬年代当在东汉中期以后。

可以与杨单庄墓地出土陶器相比较的材料，并不是很丰富。

杨单庄墓地第二段M115所出的BaⅠ盒，浅腹浅盖，整体宽扁的特征，在各地流行的时间集中在西汉早期。

杨单庄墓地第三段M60所出甲AbⅡ式壶，与河南尉氏大新庄M2所出B型壶基本相同。原作者对该墓地的年代，只是笼统界定在西汉中期及稍晚[2]，但从M2同出钫的形制看，似稍偏早。

杨单庄墓地第四段M4所出乙Ⅰ式壶，与河南郑州人民公园M14所出彩绘陶壶形态非常接近，只是后者是折曲圈足。其时代定在西汉前期[3]。

杨单庄墓地第五段M46所出AⅠ折沿高领罐，与河南禹州新峰墓地M423所出AaⅤ式折肩罐相近，其时代为西汉中期前段[4]。

杨单庄墓地第五段M37所出BⅠ式双耳罐，其形态结构与安徽霍邱三桥M1所出Ⅰ型Ⅰ式罐相同，第七段M56所出BⅡ式罐，与安徽霍邱三桥M20所出Ⅰ型Ⅲ式罐相同。后者都被笼统地定在西汉晚期偏早阶段[5]。

杨单庄墓地第六段M40所出A型灶，与安徽六安双龙墓地M491、M581所出Ab型灶形态结构相似，其年代定在武帝前期[6]。但双龙墓地的Ab型灶形体高大，而杨单庄墓地M40所出A型灶较为矮小，如果按照双龙墓地各类陶灶均由高大向矮小演变的线索，杨单庄墓地A型灶大约相当于双龙墓地的西汉中期后段，即宣帝时期。

杨单庄墓地第六段M52、M57所出BⅡ式高领折沿罐，与河南郑州南仓西街郑客三M2所出瓮相同。其时代定在西汉晚期[7]。

杨单庄墓地第七段M32、第八段M89所出BⅣ式折沿罐，与尉氏大新庄M3所出Ab型罐相同，其年代约定在武帝至宣帝时期[8]。

由出土陶器的型式链，各段墓葬所见钱币显示的时间上限节点，以及与相邻地区部分同类遗物的对比，我们基本可以得出杨单庄墓地各期段的具体年代。

[1] 徐承泰、范江欧美：《东汉五铢钱的分期研究》，《文物》2010年第10期。
[2] 开封市文物考古研究所：《河南开封尉氏县大新庄汉墓发掘简报》，《文物》2015年第8期。
[3] 王彦民等：《郑州人民公园秦、汉墓发掘简报》，郑州市文物考古研究所：《郑州文物考古与研究（一）》，科学出版社2003年。
[4] 河南省文物局：《禹州新峰墓地》，科学出版社2015年。
[5] 安徽省文物考古研究所：《霍邱县三桥古墓葬》，《东南文化》2005年第2期。
[6] 安徽省文物考古研究所等：《双龙机床厂墓群发掘报告》，上海古籍出版社2016年。
[7] 河南省文物考古研究所：《郑州市南仓西街两座汉墓的发掘》，《华夏考古》1989年第4期。
[8] 开封市文物考古研究所：《河南开封尉氏县大新庄汉墓发掘简报》，《文物》2015年第8期。

第一期：第一段，秦至汉初。包括M116。

第二期：西汉前期。分为早晚两段。

西汉前期早段：第二段，约当高祖至吕后时期。包括M16A组、M115等2座墓葬。

西汉前期晚段：第三段，约当文景时期。包括M13、M14、M60、M61、M104、M113、M118等7座墓葬。

第三期：西汉中期。分为早中晚三段。

西汉中期早段：第四段，约当武帝建元至元狩年间。包括M2、M4、M75、M78、M107等5座墓葬。

西汉中期中段：第五段，约当武帝元鼎至昭帝。包括M8、M16B组、M25、M26、M27、M34、M37、M46、M49、M50、M51、M53、M54、M62、M66、M74、M99、M100、M105、M106、M109、M110、M111、M112、M119等25座墓葬。

西汉中期晚段：第六段，约当宣帝时期。包括M3、M9、M33、M35、M39、M40、M42、M44、M47、M52、M55、M57、M63、M68、M81、M82、M93、M98、M114、M117、M120等21座墓葬。

第四期：西汉后期。分为早晚两段。

西汉后期早段：第七段，约当元帝时期。包括M20、M24、M32、M36、M38、M41、M43、M56、M58、M59、M65、M67、M69、M71、M73、M92等16座墓葬。

西汉后期晚段：第八段，约当成、哀、平帝时期。包括M19、M64、M70、M80、M89、M96、M101等7座墓葬。

第五期：第九段，新莽时期。包括M48、M79、M86、M91等4座墓葬。

第六期：第十段，东汉中晚期。包括M31。

商水杨单庄墓地

318

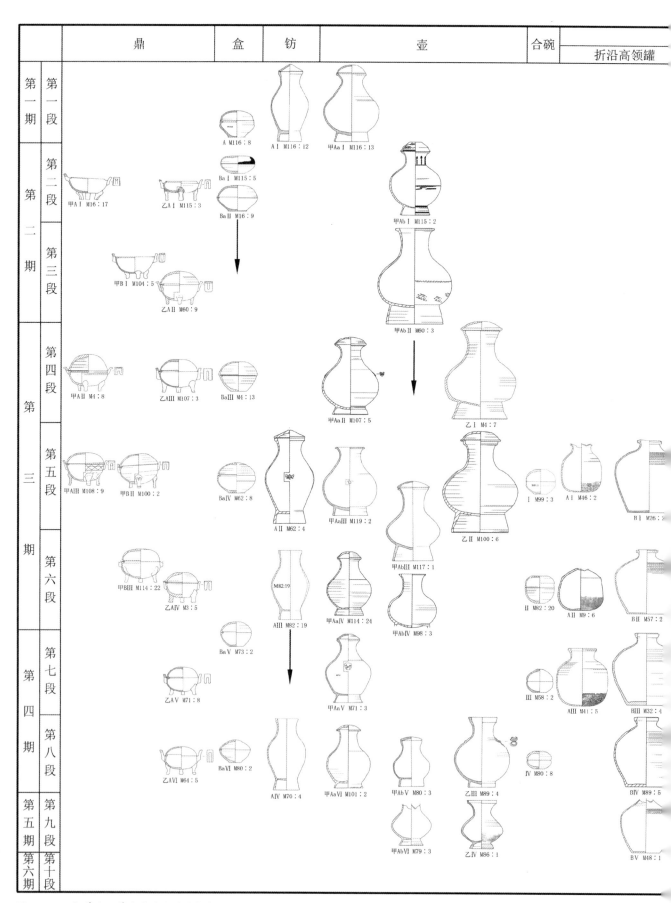

图二八五　杨单庄汉墓主要出土陶器分期图

无 耳 罐			双耳罐	瓮
盘口罐	无沿矮领罐			

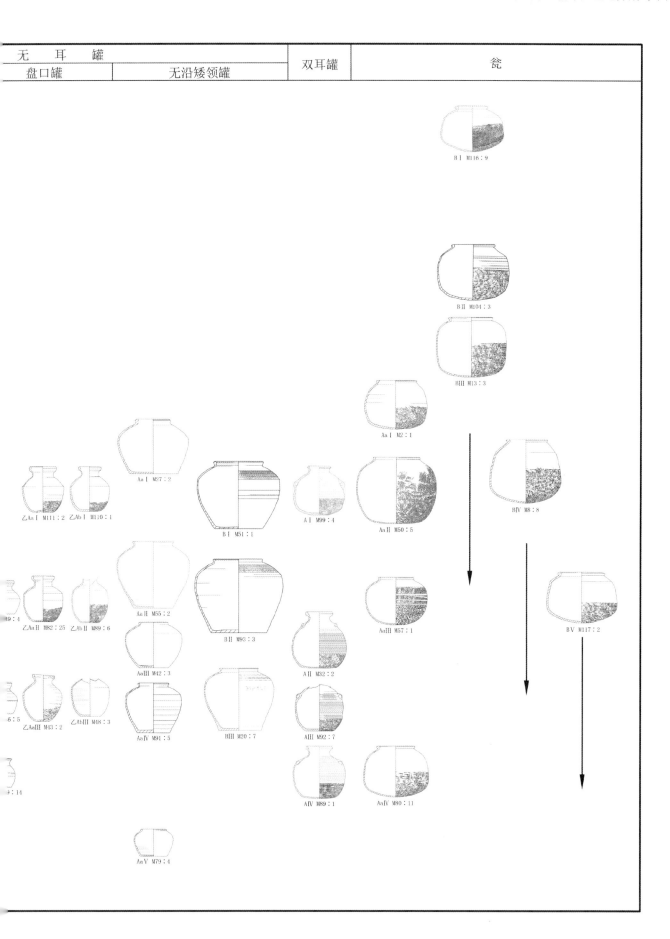

第五章　相关认识

　　杨单庄墓地早期墓葬102座，出土陶器的墓葬91座，墓葬总数及出土遗物虽不十分丰富，但也颇具特点，对于我们理解豫东南地区汉代考古学文化多有帮助。

第一节　杨单庄墓地文化结构

　　从出土陶器的器类、器形观察，杨单庄墓地的汉代考古学文化结构，是由本地土著文化、战国郑韩文化、战国秦文化、汉代中原文化、汉代江淮间文化等多种因素构成。

一、战国郑韩文化

　　杨单庄墓地A型折沿高领罐，应继承自战国时期以新郑、郑州地区为中心的高领罐或称尊形器。

　　杨单庄墓地常见的合碗，则是战国晚期以后韩文化的典型器物。

二、战国秦文化

　　杨单庄墓地的B型折沿高领罐，汉代在郑州及其附近地区常见，但其渊源，则可追溯到战国时期的关中地区，已刊布的《西安北郊秦墓》《西安南郊秦墓》《西安尤家庄秦墓》中[1]，均能看到这类遗存。

---

[1] 陕西省考古研究所：《西安北郊秦墓》，三秦出版社2006年。西安市文物保护考古所：《西安南郊秦墓》，陕西人民出版社2004年。陕西省考古研究院：《西安尤家庄秦墓》，陕西科学技术出版社2008年。

无沿矮领罐也是汉代常见的一类遗存，其渊源亦可追溯到战国时期的关中地区。其中Aa型无沿矮领罐见于西安南郊秦墓、西安北郊秦墓、咸阳塔尔坡墓地[1]；B型无沿矮领罐见于西安尤家庄墓地、西安南郊秦墓、西安北郊秦墓等地。

Ba型灶可见于西安尤家庄秦墓、西安南郊秦墓、西安北郊秦墓。

三、汉代中原文化

杨单庄墓地的仿铜陶礼器鼎、盒、壶等，其形态常见于汉代中原地区的墓葬中。如与杨单庄乙A型鼎相似的器物，在河南尉氏大新庄墓地[2]、虞城王集西汉墓[3]中存在。B型盒见于虞城王集西汉墓同类器。甲A型壶则见于河南夏邑吴庄[4]、河南尉氏大新庄；乙类壶常见于河南郑州的西汉墓中[5]。

四、本地文化

杨单庄墓地盘口罐这类遗存的早期渊源，目前还无法确定，但西汉时期，则在商水周边地区有所发现。如甲A型盘口罐，与河南上蔡卧龙岗墓地的小折肩罐[6]、河南夏邑吴庄M26陶罐[7]相似；乙A型盘口罐则与河南上蔡卧龙岗墓地的大折肩罐[8]、河南永城磨山M43所出AⅠ式罐相近。

杨单庄墓地A型双耳罐这类遗存，先秦两汉时期广泛分布于江淮地区，其形态、结构基本相同。

五、汉代江淮间文化

杨单庄墓地第五段M37所出BⅠ式双耳罐，其形态结构与安徽霍邱三桥M1所出Ⅰ型Ⅰ式罐相同；第七段的M56所出BⅡ式罐，与安徽霍邱三桥M20所出Ⅰ型Ⅲ式罐相同。后者都被笼统地定在西汉晚期偏早阶段[9]。

[1] 咸阳市文物考古研究所：《塔儿坡秦墓》，三秦出版社1998年。
[2] 开封市文物考古研究所：《河南开封尉氏县大新庄汉墓发掘简报》，《文物》2015年第8期。
[3] 商丘地区文管会等：《虞城王集西汉墓》，《中原文物》1984年第1期。
[4] 商丘地区文化局：《河南夏邑吴庄石椁墓》，《中原文物》1990年第1期。
[5] A.郑州市文物考古研究院：《郑州汉墓》，大象出版社2015年，第213页。B.王彦民等：《郑州人民公园秦、汉墓发掘简报》，郑州市文物考古研究所：《郑州文物考古与研究（一）》，科学出版社2003年。
[6] 驻马店市文物考古管理所：《河南上蔡县卧龙岗战国西汉墓发掘简报》，《华夏考古》2005年第1期。
[7] 商丘地区文化局：《河南夏邑吴庄石椁墓》，《中原文物》1990年第1期。
[8] 驻马店市文物考古管理所：《河南上蔡县卧龙岗战国西汉墓发掘简报》，《华夏考古》2005年第1期。
[9] 安徽省文物考古研究所：《霍邱县三桥古墓葬》，《东南文化》2005年第2期。

杨单庄墓地第六段M40所出A型灶，与安徽六安双龙墓地M491、M581所出Ab型灶形态结构相似，其年代定在武帝前期[1]。但双龙墓地的Ab型灶形体高大，而杨单庄墓地M40所出A型灶较为矮小，如果按照双龙墓地各类陶灶均由高大向矮小演变的线索，杨单庄墓地A型灶大约相当于双龙墓地的西汉中期后段，即宣帝时期。

第二节　杨单庄墓地若干文化特点

杨单庄墓地发掘的墓葬数量不多，遗物也不算十分丰富，但有些特点比较鲜明，这些特点主要如下：

一、传统文化延续时间长

这方面主要体现在钫和合碗两类器物。一般而言，陶钫在西汉中期就已少见，而合碗基本上在西汉早期以后就消失了。但在杨单庄墓地，陶钫和陶合碗都可以延续到西汉晚期的后段。虽然这两类器物的数量并不多，但却一直不绝如缕。

二、单一仿铜陶礼器组合墓葬少

杨单庄墓地有比较完整组合结构的墓葬共计87座[2]，其中只出仿铜陶礼器的墓葬3座，占比仅为3.45％。仿铜陶礼器在早期往往有瓮同出，武帝以后各种罐类器进入，这类墓葬共计44座，占比50.57％。

三、瓮、罐类遗存发达

杨单庄墓地器类组合结构比较清楚的87座墓葬中，瓮、罐类器发达。其中只出瓮、罐类器物的墓葬有40座，占比达45.98％；如果把与仿铜陶礼器同出的墓葬计入，则共有84座墓葬，占比为96.55％。

---

[1] 安徽省文物考古研究所等：《双龙机床厂墓群发掘报告》，上海古籍出版社2016年。
[2] 不计"伴出模型明器组合"（3座）、"生活用器与日用陶器组合"（1座）两类。

四、随葬钱币的墓葬数量多

杨单庄墓地大致可以确定为汉代的墓葬共计102座，确定为秦至新莽时期墓葬88座，出土钱币的墓葬43座，占比48.86％。西汉早期至武帝元狩以前的墓葬14座，出土钱币的墓葬4座，占比28.57％。武帝元狩以后至昭帝时期的墓葬25座，随葬钱币的墓葬11座，占比44％。这种现象在汉代墓地资料中并不多见。

五、模型明器不发达

以仓、灶、井为代表的模型明器，在中原地区的广泛出现是在西汉晚期以后。杨单庄墓地西汉晚期以后的墓葬共计28座，这些墓葬绝大多数是土坑竖穴墓，盗扰现象极少，其中出土模型明器的墓葬只有3座，占比仅为10.71％。

第六章　宋代墓葬

第一节　宋代墓葬概述

一、M1

　　M1位于Ⅰ区T3中北部，开口于第一层下，距地表深0.18米，向下打破M18。

　　该墓为长方条形土坑竖穴墓，方向10°。墓葬平面呈长方形，直壁，平底。墓葬南北长2.64米，东西宽0.5米～0.6米，深0.6米。（图二八六；图版七八，1）

　　墓葬填土为黄褐色五花土，质地较软，结构疏松，包含有料姜石颗粒。

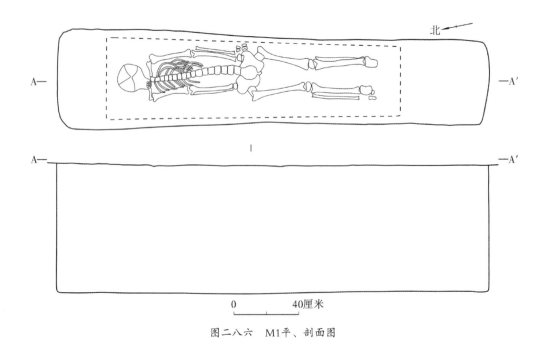

图二八六　M1平、剖面图

墓室底部发现1具木棺朽痕和铁质棺钉，长1.79米，宽0.4米～0.48米。

棺内发现1具人骨，骨骼保存较差，头向北，面向西，葬式为仰身直肢，双手压于盆骨下。根据骨骼特征推测为男性，年龄不详。

二、M10

M10位于Ⅰ区T1南部，开口于第一层下，距地表深0.5米。

该墓为长方形土坑竖穴墓，方向0°。墓葬平面呈长方形，斜壁，平底。墓口南北长2.14米，东西宽0.65米；墓底南北长1.9米，东西宽0.52米；墓深0.5米。（图二八七；图版七八，2）

墓葬填土为黄褐色五花土，质地较软，结构疏松。

墓底发现1具人骨，骨骼保存较差，头向北，葬式为仰身直肢，性别、年龄不详。未见葬具痕迹。

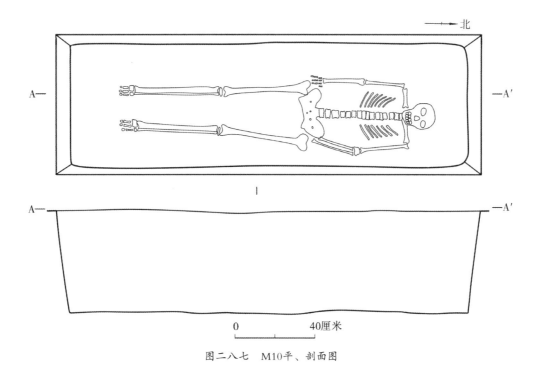

图二八七　M10平、剖面图

三、M17

1.墓葬概况

M17位于Ⅰ区T3中南部，开口于第一层下，距地表深0.2米，向下打破M18。

该墓为长方形土坑竖穴墓，方向10°。墓葬平面呈长方形，直壁，平底，底部正中有一椭圆形腰坑。墓葬南北长2.38米，东西宽0.68米~0.72米，深0.9米。腰坑长0.4米，宽0.33米，深0.15米。腰坑内有4块不规则形的石块。（图二八八；图版七九，1）

墓葬填土为黄褐色五花土，质地较软，结构疏松，包含有料姜石颗粒。

墓底发现1具木棺朽痕和铁质棺钉。棺痕长2.18米，宽0.52米~0.61米。

棺内发现1具人骨，骨骼保存较差，头向北，葬式为仰身直肢。根据骨骼特征推测为女性，年龄不详。

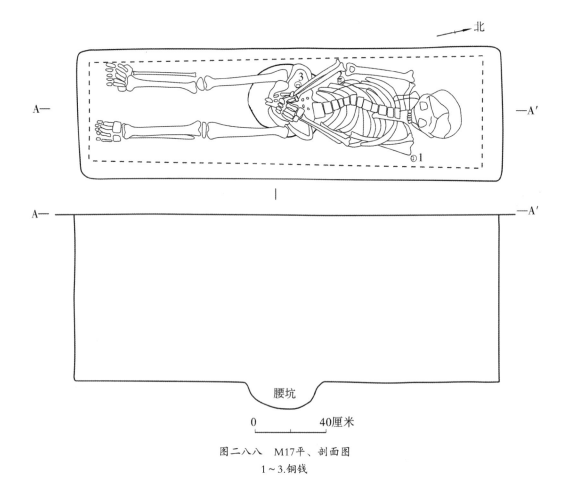

图二八八　M17平、剖面图

1~3.铜钱

2.出土遗物

随葬品为铜钱3枚，放置于墓主人身体两侧，由北向南依次为咸平元宝、唐国通宝、治平元宝。

咸平元宝　1枚。标本M17：1，钱的正、背面边缘均有一周凸起的周郭，方穿。钱面文字为旋读，楷书。直径2.44厘米，穿边长0.55厘米。重3.2克。（图二八九，1）

唐国通宝　1枚。标本M17：2，钱的正、背面边缘均有一周凸起的周郭，方穿。钱面文字为直读，隶书。直径2.45厘米，穿边长0.53厘米。重2.9克。（图二八九，2）

治平元宝　1枚。标本M17：3，钱的正、背面边缘均有一周凸起的周郭，方穿。钱面文字为旋读。直径2.42厘米，穿边长0.66厘米。重2.1克。（图二八九，3）

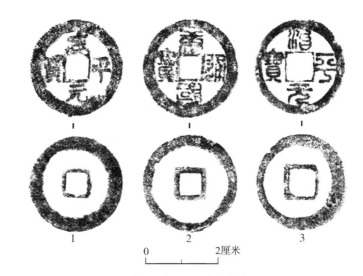

图二八九　M17出土铜钱
1.咸平元宝（M17：1）　2.唐国通宝（M17：2）　3.治平元宝（M17：3）

四、M28

M28位于Ⅰ区T10南部，开口于第一层下，距地表深0.25米。

该墓为长方形土坑竖穴墓，方向10°。墓葬平面呈长方形，直壁，平底。墓葬南北长2米，东西宽0.6米～0.68米，深0.8米。（图二九〇；图版七九，2）

墓葬填土为黄褐色五花土，质地较软，结构疏松。

墓底发现1具人骨，人骨保存较差，葬式为仰身直肢。未见葬具痕迹。

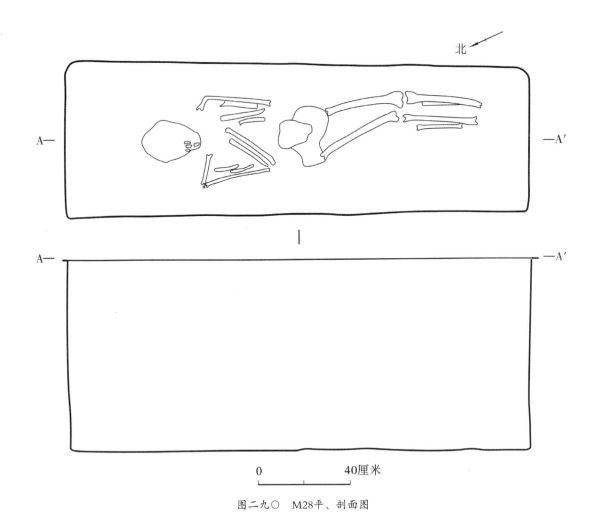

图二九〇　M28平、剖面图

五、M29

M29位于Ⅰ区T10中部偏东，开口于第一层下，距地表深0.20米。

该墓为梯形土坑竖穴墓，方向10°。墓葬平面呈梯形，直壁，平底。墓葬南北长2米，南端宽0.75米，北端宽0.50米，深0.66米。（图二九一；图版八〇，2左）

墓葬填土为黄褐色五花土，质地较软，结构疏松。

墓底发现1具人骨，人骨保存较差，葬式为侧身屈肢。未见葬具痕迹。

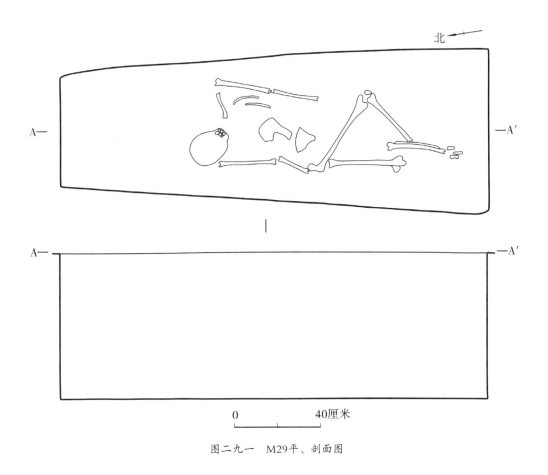

图二九一　M29平、剖面图

六、M30

　　M30位于Ⅰ区T10中部偏东，开口于第一层下，距地表深0.2米，向下打破M54。

　　该墓为梯形土坑竖穴墓，方向0°。墓葬平面呈梯形，直壁，平底。墓葬南北长2.2米，北端宽0.62米，南端宽0.44米，深0.64米。（图二九二；图版八〇，2右）

　　墓葬填土为黄褐色五花土，质地较软，结构疏松。

　　墓底南部发现1具人骨，人骨保存较差，葬式为侧身屈肢，头向北，面向西。未见葬具痕迹。

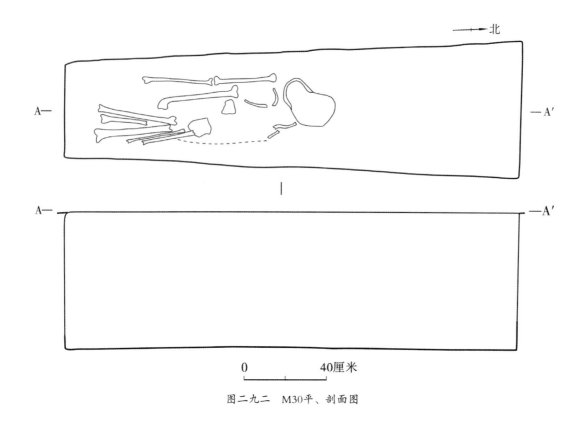

图二九二　M30平、剖面图

七、M45

1.墓葬概况

M45位于Ⅰ区T10中部，开口于第一层下，距地表深0.2米，向下打破M50、M56。

该墓为梯形土坑竖穴墓，方向160°。墓葬平面呈梯形，直壁，平底，底部四周有宽窄不一的生土二层台。墓口南北长2.4米，东西宽0.7米~0.8米；墓底南北长1.7米，东西宽0.35米~0.5米；墓深1.08米。生土二层台宽0米~0.5米，高0.24米。（图二九三；图版八〇，1）

墓葬填土为黄褐色五花土，质地较软，结构疏松。

墓底发现2具人骨，人骨保存较差，葬式不明，性别可能为1男1女，年龄不详。未见葬具痕迹。

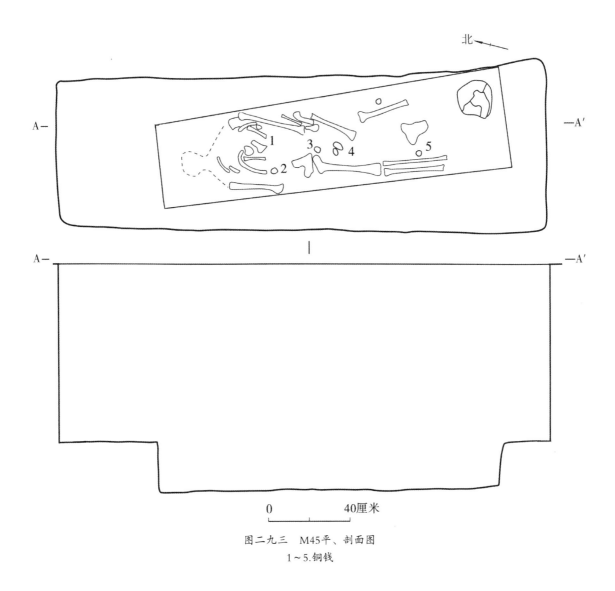

图二九三　M45平、剖面图
1～5.铜钱

2.出土遗物

随葬品为5枚铜钱，散置于人骨之间。其中元祐通宝、天圣元宝各2枚，皇宋通宝1枚。

元祐通宝　2枚。钱的正、背面边缘均有一周凸起的周郭，方穿。钱面文字为旋读，篆书。标本M45：1-1，直径2.44厘米，穿边长0.5厘米。重4克。（图二九四，1）

天圣元宝　2枚。钱的正、背面边缘均有一周凸起的周郭，方穿。钱面文字为旋读，楷书。标本M45：1-2，直径2.36厘米，穿边长0.61厘米。重2.3克。（图二九四，2）

皇宋通宝　1枚。钱的正、背面边缘均有一周凸起的周郭，方穿。钱面文字为直读，楷书。标本M45：1-3，直径2.43厘米，穿边长0.63厘米。重2.7克。（图二九四，3）

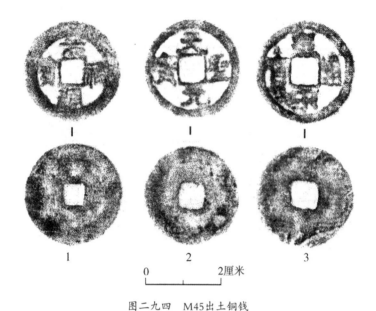

图二九四　M45出土铜钱

1.元祐通宝（M45：1-1）　　2.天圣元宝（M45：1-2）　　3.皇宋通宝（M45：1-3）

第二节　小结

　　杨单庄墓地共发掘宋代墓葬7座，为长方形或梯形土坑竖穴墓，皆分布于一区内。其中仅有2座墓葬（M17、M45）出土有宋代铜钱，为墓葬的年代认定为宋代提供了依据。另外5座墓葬没有遗物出土，这给墓葬年代的认定带来了困难。但是，我们根据墓葬形制及其长、宽、深比例与M17、M45比较，也可以认定它们应为宋代墓葬。根据墓葬规模及随葬品情况，可以认定这些墓葬主人的身分为平民。

第七章　清代墓葬

第一节　清代墓葬概述

一、M7

1.墓葬概况

M7位于Ⅰ区T5西北部，开口于第一层下，距地表深0.2米，向下打破M8。

该墓为不规则形土坑竖穴合葬墓，方向10°。墓葬平面呈不规则形，直壁，平底。墓葬东西长2.7米，南北宽1.6米，深0.55米。在墓底又有2个东西并列的长方形竖穴坑，各葬1人。西坑长1.88米，宽0.5米，深0.16米；东坑长1.8米，宽0.53米，深0.16米。两坑相距0.24米。（图二九五；图版八一，1）

墓葬填土为灰黑色五花土，质地较软，结构疏松。

东、西两坑各发现1具木棺和人骨。西坑木棺痕长1.8米，宽0.4米～0.5米；东坑木棺痕长1.7米，宽0.43米～0.53米。根据人骨形态分析，西坑墓主为女性，年龄约65岁；东坑墓主为男性，年龄约35岁。葬式均为仰身直肢。

2.出土遗物

随葬品为铜钱6枚（按2件计），计有嘉庆通宝2枚、乾隆通宝4枚，分别放置于两个墓主人颈部。

嘉庆通宝　2枚。钱的正、背面边缘均有一周凸起的周郭，方穿。钱面文字为直读，

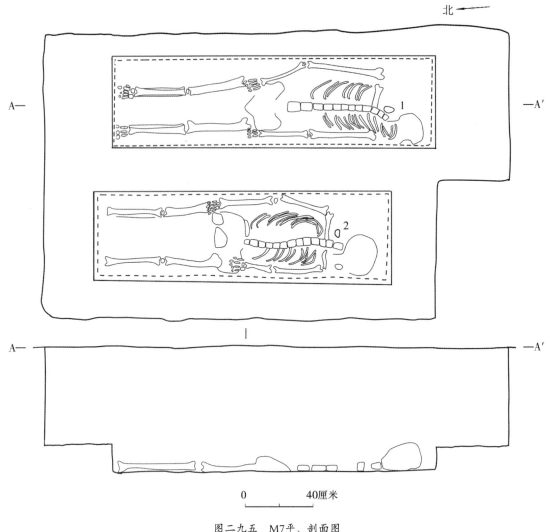

图二九五　M7平、剖面图
1.嘉庆通宝　2.乾隆通宝

楷书。钱背满文，穿孔左边有
"宝"字，穿孔右边铸有满文局
名。标本M7：1-1，直径2.35厘
米，穿边长0.55厘米。重3.8克。
（图二九六，1）

　　乾隆通宝　4枚。钱的正、背
面边缘均有一周凸起的周郭，方
穿。钱面文字为直读，楷书。钱背
满文"宝泉"，左读。标本M7：
2-1，直径2.4厘米，穿边长0.5厘
米。重3.5克。（图二九六，2）

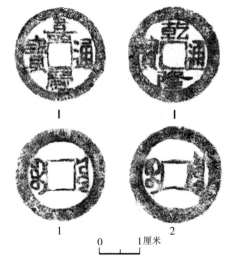

图二九六　M7出土铜钱
1.嘉庆通宝（M7：1-1）　2.乾隆通宝（M7：2-1）

二、M11

1.墓葬概况

M11位于Ⅰ区T5西南部，开口于第一层下，距地表深0.2米，向下打破M20、M14。

该墓为长方形土坑竖穴合葬墓，方向10°。墓葬平面近长方形，北部略宽，南部略窄，直壁，平底。墓葬南北长2.3米，北部宽1.7米，南部宽1.6米，深0.8米。在墓底又有2个东西并列的长方形竖穴坑，各葬1人。西坑长1.8米，宽0.48米～0.6米，深0.1米；东坑长1.84米，宽0.44米～0.5米，深0.1米。两墓坑相距0.06米～0.14米。（图二九七；图版八一，2）

墓葬填土为灰色五花土，质地较软，结构疏松。

东、西两坑各发现1具木棺朽痕。西坑棺痕长1.75米，宽0.44米～0.5米。

东坑棺痕长1.82米，宽0.42米～0.5米。

棺内各有1具人骨，保存较差，葬式均为仰身直肢，性别、年龄不详。

2.出土遗物

随葬器物3件，计有乾隆通宝 8枚（按1件计）、银耳钉1对（按1件计）、铜扣5件（按1件计）。

银耳钉 1对。标本M11：2，呈S形，钉身较细，钉帽呈半球状。长2.9厘米～3.4厘米。（图二九八）

铜扣 5件。均残。标本M11：3，体呈圆形，并有一小环，大小不等。

乾隆通宝 8枚。钱的正、背面边缘均有一周凸起的周郭，方穿。钱面文字为直读，楷书。钱背满文"宝泉"，左读。标本M11：1-1，直径2.4厘米，穿边长0.56厘米。重3.1克。（图二九九，1）

标本M11：1-2，直径2.41厘米，穿边长0.53厘米。重3.1克。（图二九九，2）

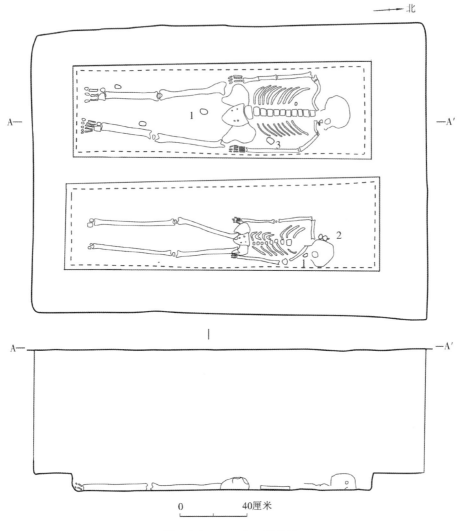

图二九七　M11平、剖面图
1.乾隆通宝　2.银耳钉　3.铜扣

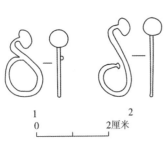

图二九八　M11出土银耳钉
1、2.M11：2-1、M11：2-2

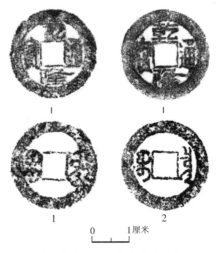

图二九九　M11出土乾隆通宝
1、2.M11：1-1、M11：1-2

三、M76

1.墓葬概况

M76位于Ⅱ区南部，开口于第一层下，距地表深0.3米。

该墓为长方形土坑竖穴墓，方向10°。墓葬平面呈长方形，直壁，平底。墓葬南北长2米，东西宽0.8米，深0.8米。（图三〇〇）

墓葬填土为灰花土，土质较软，结构较疏松。

墓室底部东侧发现1具人骨，保存较差，葬式为仰身直肢，性别、年龄不详。未见葬具痕迹。

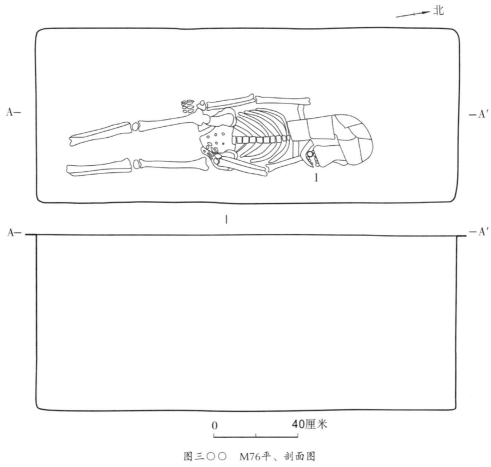

图三〇〇　M76平、剖面图
1.康熙通宝

2.出土遗物

随葬品为1枚康熙通宝，置于墓主人口内。

康熙通宝 1枚。标本M76：1，钱的正、背面边缘均有一周凸起的周郭，方穿。钱面文字为直读，楷书。钱背满文"宝泉"，左读。直径2.74厘米，穿边长0.54厘米。重4.2克。（图三〇一）

图三〇一 M76出土康熙通宝（M76：1）

四、M77

1.墓葬概况

M77位于Ⅱ区东南部，开口于第一层下，距地表深0.3米。

该墓为长方形土坑竖穴墓，方向10°。墓葬平面呈长方形，直壁，平底。墓葬南北长1.9米，东西宽0.8米，深0.8米。（图三〇二）

墓葬填土为黄褐色五花土，质地较软，结构疏松。

墓底发现1具人骨，保存较差，葬式为仰身直肢，性别、年龄不详。未发现葬具痕迹。

2.出土遗物

随葬品为2枚康熙通宝，置于墓主人口中。

康熙通宝 2枚。钱的正、背面边缘均有一周凸起的周郭，方穿。钱面文字为直读，楷书。钱背满文"宝泉"，左读。标本M77：1-1，直径2.5厘米，穿边长0.55厘米。重4.2克。（图三〇三，1）

标本M77：1-2，直径2.52厘米，穿边长0.53厘米。重2.8克。（图三〇三，2）

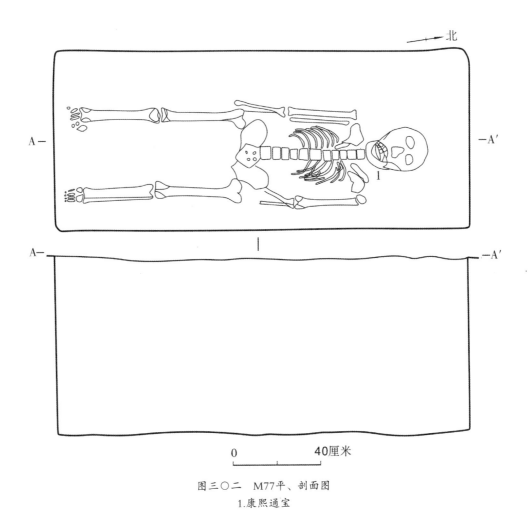

图三〇二　M77平、剖面图
1.康熙通宝

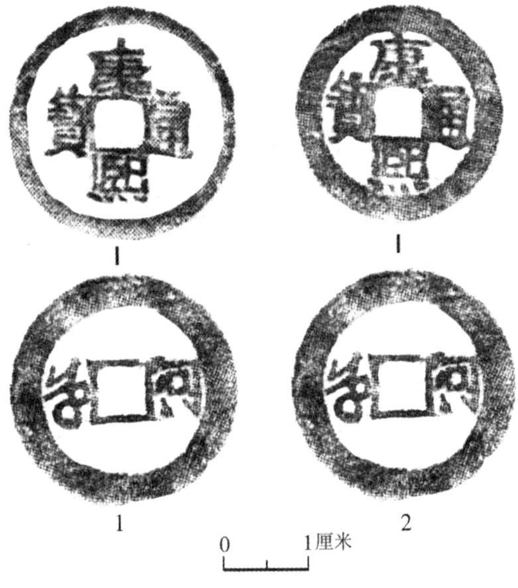

图三〇三　M77出土康熙通宝
1、2.M77：1-1、M77：1-2

五、M83

1.墓葬概况

M83位于Ⅲ区南部，开口于第一层下，距地表深0.25米。

该墓为长方形土坑竖穴合葬墓，方向0°。墓葬平面呈长方形，直壁，平底。墓葬南北长2.3米，东西宽2.2米，深0.8米。（图三〇四；图版八二，1）

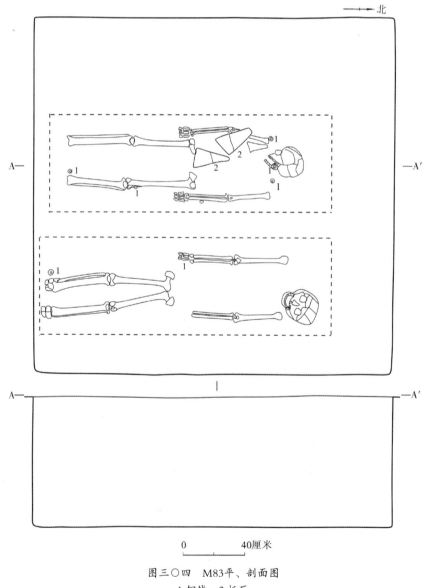

图三〇四　M83平、剖面图

1.铜钱　2.板瓦

墓葬填土为黄褐色五花土，质地较软，结构疏松。

墓底发现2具东西并列的木棺朽痕。西侧棺痕南北长1.8米，东西宽0.6米。棺内发现1具人骨，保存较差，葬式为仰身直肢，性别、年龄不详。

东侧棺痕南北长1.86米，东西宽0.6米。棺内发现1具人骨，保存较差，葬式为仰身直肢，性别、年龄不详。

2.出土遗物

随葬器物2件，计有康熙通宝11枚（按1件计），板瓦1件。

板瓦　1件。标本M83：2，泥质灰陶。由筒形陶坯剖制而成。平面呈等腰梯形。长20厘米，宽15厘米～17.3厘米。（图三〇五）

康熙通宝　11枚。钱的正、背面边缘均有一周凸起的周郭，方穿。钱面文字为直读，楷书。钱背满文"宝泉"，左读。标本M83：1-1，直径2.71厘米，穿边长0.51厘米。重3.4克。（图三〇六，1）

标本M83：1-2，直径2.75厘米，穿边长0.5厘米。重3.8克。（图三〇六，2）

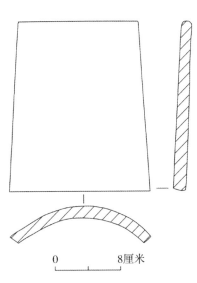

0　　　　8厘米

图三〇五　M83出土板瓦（M83：2）

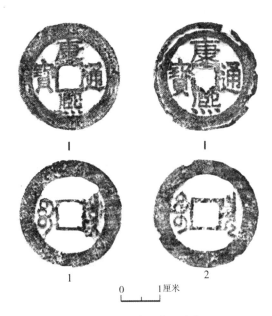

0　　1厘米

图三〇六　M83出土康熙通宝
1、2.M83：1-1、M83：1-2

六、M84

1.墓葬概况

M84位于Ⅲ区南部，开口于第一层下，距地表深0.2米。

该墓为长方形土坑竖穴合葬墓，方向5°。墓葬平面呈长方形，斜壁，平底。墓口南北长2.6米，东西宽2.4米；墓底南北长2.08米，东西宽1.9米；墓深0.9米。在墓底又有2个东西并列的长方形竖穴坑，各葬1人。西坑长1.66米，宽0.5米～0.6米，深0.2米；东坑长1.76米，宽0.54米，深0.2米。两坑相距0.4米。（图三〇七；图版八二，2）

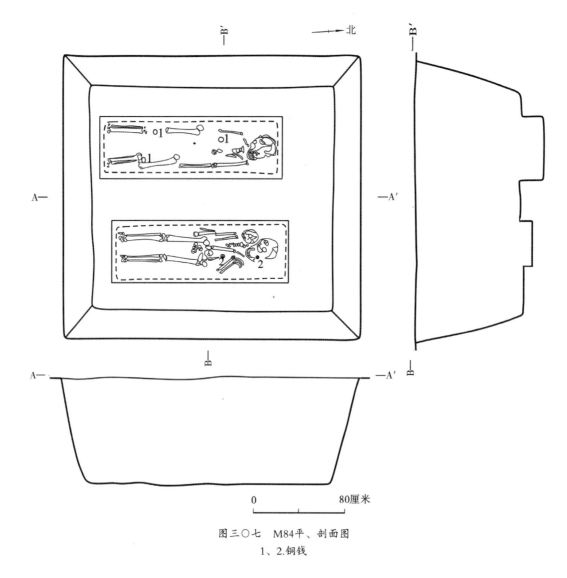

0   80厘米

图三〇七　M84平、剖面图
1、2.铜钱

墓葬填土为黄褐色五花土，质地较软，结构疏松。

墓底两坑中各发现1木棺朽痕。西坑棺痕长1.6米，宽0.48米。棺内发现1具人骨，保存较差，葬式为仰身直肢，性别、年龄不详。

东坑棺痕长1.72米，宽0.54米。棺内发现1具人骨，保存较差，葬式为仰身直肢，性别、年龄不详。

2.出土遗物

随葬品为9枚（按2件计）铜钱，计有顺治通宝6枚，康熙通宝3枚，放置于墓主人头部和胸部。

顺治通宝　6枚。钱的正、背面边缘均有一周凸起的周郭，方穿。钱面文字为直读，楷书。钱背穿右记汉字局名 "宁"，穿左记"一厘"，有的为满文"宝泉"，标本M84：1-2，直径2.58厘米，穿边长0.5厘米。重2.2克。（图三〇八，2）

标本M84：2-1，直径2.72厘米，穿边长0.53厘米。重4克。（图三〇八，3）

康熙通宝　3枚。钱的正、背面边缘均有一周凸起的周郭，方穿。钱面文字为直读，楷书。钱背穿左为满文"宝"，穿右记汉字局名"宁"或满文局名。标本M84：1-1，直径2.61厘米，穿边长0.58厘米。重3.5克。（图三〇八，1）

标本M84：2-2，直径2.78厘米，穿边长0.51厘米。重3.9克。（图三〇八，4）

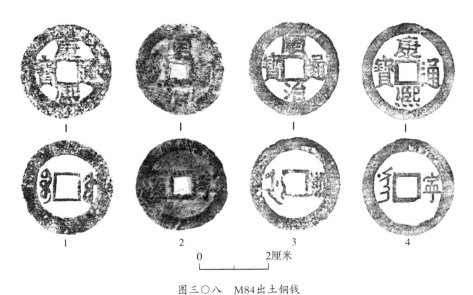

图三〇八　M84出土铜钱

1、4.康熙通宝（M84：1-1、M84：2-2）　2、3.顺治通宝（M84：1-2、M84：2-1）

七、M85

1.墓葬概况

M85位于Ⅲ区南部，开口于第一层下，距地表深0.2米，向下打破M96。

该墓为长方形土坑竖穴合葬墓，方向5°。墓葬平面呈长方形，直壁，平底。墓葬东西长2.6米，南北宽2.2米，深1.74米。在墓底又有3个东西并列的长方形竖穴坑，各葬1人。东坑长1.82米，宽0.44米~0.5米，深0.24米；中坑长1.8米，宽0.36米~0.4米，深0.16米；西坑长1.8米，宽0.52米，深0.11米。（图三〇九；图版八三，1）

墓葬填土为黄褐色五花土，质地较软，结构疏松。

墓底3个坑中各发现1具木棺朽痕。东坑棺痕南北长1.82米，宽0.44米~0.5米。棺内发现1具人骨，人骨保存较差，葬式为仰身直肢，面向西，性别、年龄不详。随葬品为3枚铜钱和1件铁犁，铜钱放置于墓主身上，铁犁放置于墓主头骨之下。

中坑棺痕长1.8米，宽0.36米~0.4米。棺内发现1具人骨，保存较差，葬式可能为仰身直肢，性别、年龄不详。随葬品为铜钱9枚，放置于墓主身上。

西坑棺痕长1.8米，宽0.52米。棺内发现1具人骨，人骨保存较差，葬式为仰身直肢，性别、年龄不详。随葬品为铜钱2枚，放置于墓主人身上。

2.出土遗物

随葬器物4件，计有铁犁1件，铜钱11枚（按3件计）。

铁犁　1件。标本M85：4，残破锈蚀严重。整体呈上凹的三角形。残高19厘米，残宽13.7厘米。（图三一〇）

顺治通宝　8枚。钱的正、背面边缘均有一周凸起的周郭，方穿。钱面文字为直读，楷书。钱背穿右记汉字局名"临""宁""户""东"等，穿左记"一厘"，有的为满文"宝泉"，有的无字。标本M85：1-1，直径2.61厘米，穿边长0.57厘米。重2.5克。（图三一一，1）

标本M85：2-1，直径2.28厘米，穿边长0.48厘米。重1.6克。（图三一一，5）

标本M85：2-2，直径2.32厘米，穿边长0.48厘米。重2.1克。（图三一一，6）

标本M85：2-3，直径2.46厘米，穿边长0.49厘米。重3.3克。（图三一一，7）

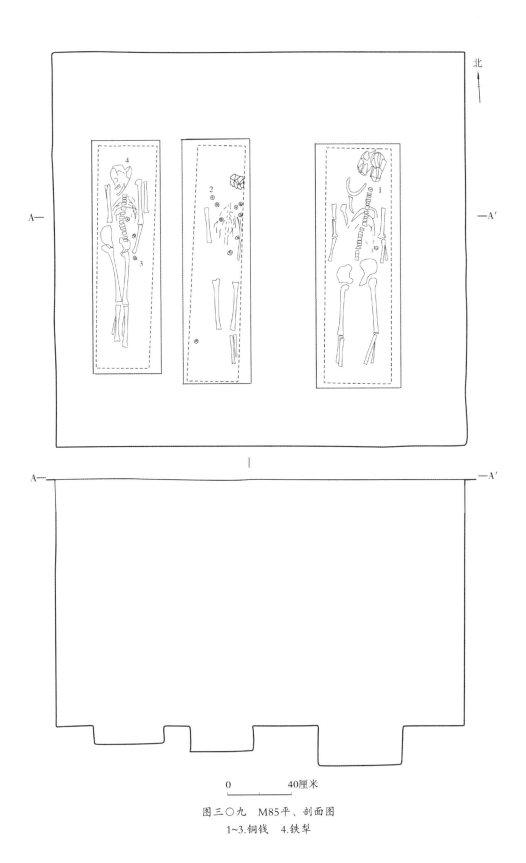

图三〇九　M85平、剖面图

1~3.铜钱　4.铁犁

标本M85：3-1，直径2.55厘米，穿边长0.5厘米。重3.3克。（图三一一，8）

标本M85：3-2，直径2.6厘米，穿边长0.45厘米。重3.7克。（图三一一，9）

标本M85：3-3，直径2.6厘米，穿边长0.52厘米。重3克。（图三一一，10）

康熙通宝　3枚。钱的正、背面边缘均有一周凸起的周郭，方穿。钱面文字为直读，楷书。钱背满文"宝泉"，左读。标本M85：1-2，直径2.76厘米，穿边长0.57厘米。重2.5克。（图三一一，2）

标本M85：1-3，直径2.69厘米，穿边长0.56厘米。重4.4克。（图三一一，3）

标本M85：1-4，直径2.8厘米，穿边长0.56厘米。重3.3克。（图三一一，4）

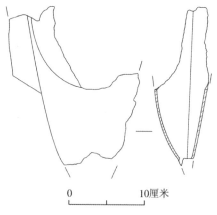

图三一〇　M85出土铁犁（M85：4）

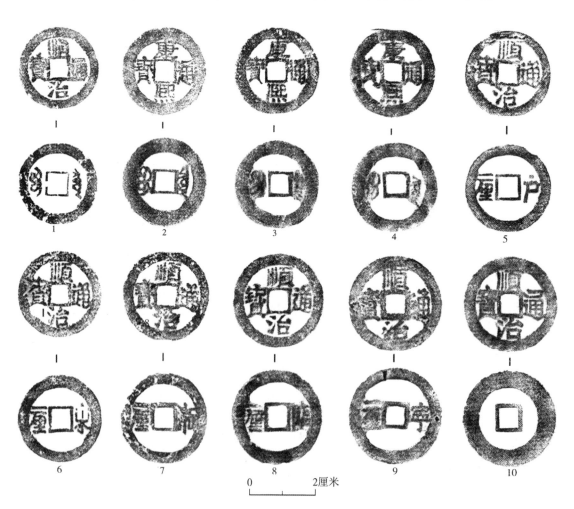

图三一一　M85出土铜钱

1、5~10.顺治通宝（M85：1-1、M85：2-1、M85：2-2、M85：2-3、M85：3-1、M85：3-2、M85：3-3）　2~4.康熙通宝（M85：1-2、M85：1-3、M85：1-4）

八、M94

1.墓葬概况

M94位于Ⅲ区西部，开口于第一层下，距地表深0.2米。

该墓为长方形土坑竖穴合葬墓，方向10°。墓葬平面呈长方形，斜壁，平底。墓口南北长3.5米，东西宽2.2米；墓底南北长3.3米，东西宽2米；墓深0.6米。（图三一二；图版八三，2）

墓葬填土为黄褐色五花土，质地较软，结构疏松。

底部发现2具东西并列的木棺朽痕。东侧棺痕长2米，宽0.56米。棺内发现1具人骨，保存较差，葬式为仰身直肢，性别、年龄不详。

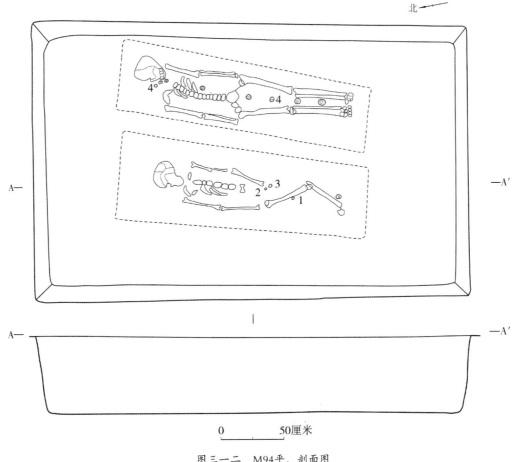

图三一二　M94平、剖面图
1、4.铜钱　2.铜扣　3.铜烟锅

西侧棺痕长2米，宽0.7米。棺内发现1具人骨，保存较差，葬式为仰身屈肢，男性，年龄不详。

2.出土遗物

随葬器物4件，计有铜烟锅1件，铜钱10枚（按2件计），铜扣3件（按1件计），均放置于棺内。

铜扣　3件。标本M94：2，体呈圆形，并有一小环，大小不等。

铜烟锅　1件。标本M94：3，烟锅下部残。呈球形，中间有一圆孔。

顺治通宝　1枚。标本M94：1-1，钱的正、背面边缘均有一周凸起的周郭，方穿。钱面文字为直读，楷书。钱背穿右记汉字局名"宁"，穿左记"一厘"。直径2.58厘米，穿边长0.46厘米。重3.1克。（图三一三，1）

康熙通宝　7枚。钱的正、背面边缘均有一周凸起的周郭，方穿。钱面文字为直读，楷书。钱背满文"宝泉"，左读。标本M94：1-2，直径2.7厘米，穿边长0.62厘米。重3.2克。（图三一三，2）

标本M94：4-1，直径2.59厘米，穿边长0.58厘米。重3.2克。（图三一三，3）

雍正通宝　2枚。钱的正、背面边缘均有一周凸起的周郭，方穿。钱面文字为直读，宋体，带有一定的楷书成分。钱背穿左为满文"宝"字，穿右为满文钱局名称。标本M94：4-2，直径2.6厘米，穿边长0.53厘米。重3.4克。（图三一三，4）

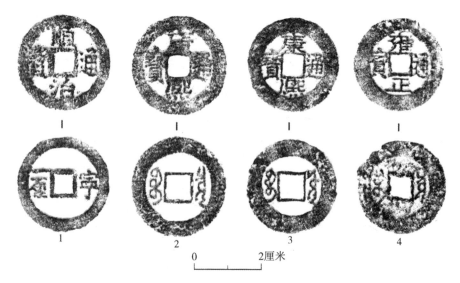

图三一三　M94出土铜钱

1.顺治通宝（M94：1-1）　2、3.康熙通宝（M94：1-2、M94：4-1）　4.雍正通宝（M94：4-2）

九、M95

1.墓葬概况

M95位于Ⅲ区西南部，开口于第一层下，距地表深0.2米。

该墓为长方形土坑竖穴墓，方向10°。墓葬平面呈长方形，直壁，平底。墓葬南北长2.5米，东西宽1米，深0.8米。（图三一四；图版八四，1）

墓葬填土为黄褐色五花土，质地较软，结构疏松。

墓底发现1具木棺朽痕，长1.8米，宽0.56米。

棺内发现1具人骨，保存较差，葬式为仰身直肢，性别、年龄不详。

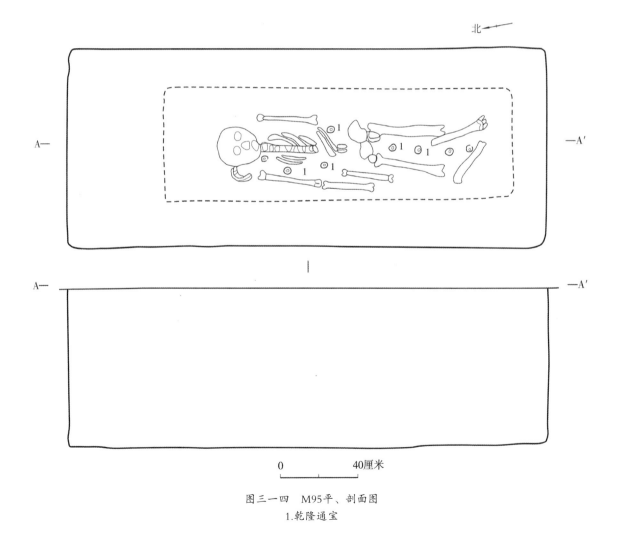

北

0　　　　40厘米

图三一四　M95平、剖面图
1.乾隆通宝

2.出土遗物

随葬品为7枚乾隆通宝（按1件计），放置于棺内墓主人身上。

乾隆通宝　7枚。锈蚀严重。钱的正、背面边缘均有一周凸起的周郭，方穿。钱面文字为直读，楷书。钱背满文"宝泉"，左读。标本M95：1-1，直径2.59厘米，穿边长0.5厘米。重3.4克。（图三一五）

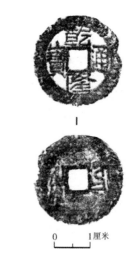

0　　1厘米

图三一五　M95出土乾隆通宝（M95：1-1）

一〇、M102

1.墓葬概况

M102位于Ⅱ区东部，开口于第一层下，距地表深0.25米。

该墓为长方形土坑竖穴合葬墓，方向355°。墓葬平面呈长方形，直壁，平底。墓葬南北长2.4米，东西宽2米，深1.15米。（图三一六；图版八四，2）

墓葬填土为黄褐色五花土，质地较软，结构疏松。

墓底发现2具并列放置的木棺朽痕。西侧棺痕南北长1.75米，东西宽0.54米。棺内发现1具人骨，保存较差，葬式可能为仰身直肢，性别、年龄不详。

东侧棺痕南北长1.8米，东西宽0.52米。棺内发现1具人骨，葬式为仰身直肢，性别、年龄不详。

2.出土遗物

随葬品仅见1块陶瓦片，放置于墓底西侧棺内墓主人头骨左侧。

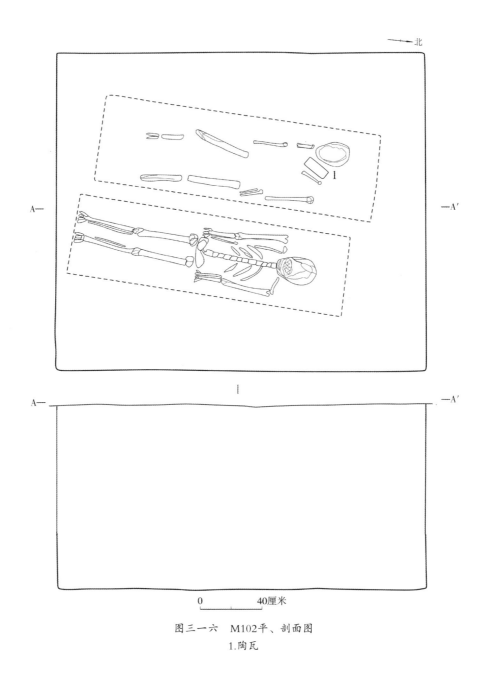

图三一六 M102平、剖面图
1.陶瓦

一一、M103

1.墓葬概况

M103位于Ⅱ区东南部，开口于第一层下，距地表深0.25米。

该墓为长方形土坑竖穴墓，方向0°。墓葬平面呈长方形，直壁，平底。墓葬南北长

2.4米，东西宽1.3米，深0.9米。（图三一七）

墓葬填土为黄褐色五花土，质地较软，结构疏松。

墓底发现1具木棺朽痕，南北长1.9米，东西宽0.7米。

棺内发现1具人骨，保存较差，仅存头骨和部分肢骨，葬式为仰身直肢，性别、年龄不详。

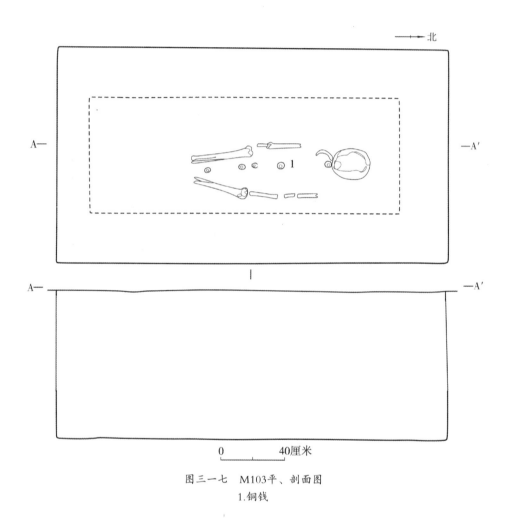

图三一七　M103平、剖面图
1.铜钱

2.出土遗物

随葬品为5枚铜钱（按1件计），计有雍正通宝2枚，康熙通宝3枚，放置于棺内墓主身上。

雍正通宝　2枚。钱的正、背面边缘均有一周凸起的周郭，方穿。钱面文字为直读，宋体，带有一定的楷书成分。钱背穿左为满文"宝"字，穿右为满文钱局名称。标本M103：1-1，直径2.77厘米，穿边长0.6厘米。重3.4克。（图三一八）

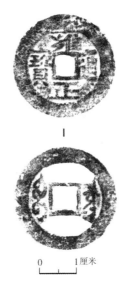

图三一八　M103出土雍正通宝（M103：1-1）

康熙通宝　3枚。锈蚀严重。钱的正、背面边缘均有一周凸起的周郭，方穿。钱面文字为直读，楷书。钱背满文"宝泉"，左读。

第二节　小结

杨单庄墓地共发掘清代墓葬11座，均为长方形土坑竖穴墓，多为合葬墓。其中三人合葬者1座，两人合葬者6座，单人葬者4座。在11座墓葬中，有10座出土有清代铜钱，1座墓葬仅发现有板瓦，为墓葬的年代认定为清代提供了依据。墓葬中出土的铜钱有顺治通宝、康熙通宝、雍正通宝、乾隆通宝、嘉庆通宝，随葬顺治通宝的墓葬同时也出土有康熙通宝或雍正通宝。除了随葬板瓦的墓葬无法确定其具体年代外，随葬铜钱的墓葬年代皆为清代中期。根据墓葬规模及随葬品情况，可以认定这些墓葬主人的身分为平民。

附录　河南省杨单庄墓地西汉
玻璃珠的科技分析

中国科学院上海光学精密机械研究所科技考古中心

河南省文物考古研究院

杨单庄墓地位于河南省周口市商水县张庄乡杨单庄村东。2017年7月至9月，河南省文物考古研究院为配合周（周口）南（南阳）高速的建设工程，对该墓地进行了发掘，共清理汉代、宋代、清代墓葬120座。在两座西汉墓葬中发现5颗玻璃珠。为了解这5颗玻璃珠的化学成分、玻璃体系、产地来源等信息，本文对上述5件玻璃珠进行了科技分析。

一、实验方法

1. 能量色散型X射线荧光光谱分析技术（EDXRF）

能量色散型X射线荧光光谱分析仪（XRF）型号为OURSTEX 100FA。该设备采用金属钯（Pd）作为X射线源，X射线管激发电压最高可达40kV，最大功率为50W，辐照到样品表面的X射线焦斑直径约为2.5mm。设备主要由四个单元组成：低真空探测器单元、高压单元、控制单元和数据处理单元。数据处理单元主要包括控制软件及定性、定量分析软件。仪器相关参数及定量分析方法请参阅相关文献。[1]此设备已经成功应用于新疆、[2]广西、[3]湖北、浙江[4]等地出土的古代玻璃器和瓷器的科技研究中。

2. 光学相干层析成像技术（OCT）

OCT系统为扫频源OCT系统，主要由四部分构成，分别是扫频源、干涉仪单元（日本

[1] S. Liu, Q. H. Li, F. X. Gan, P. Zhang. Characterization of some ancient glass vessels fragments found in Xinjiang, China, using a portable energy dispersive XRF pectrometer, X-Ray Spectrom., 2011, 40：364 - 375.

[2] S. Liu, Q. H. Li, F. X. Gan, P. Zhang, J.W. Lankton. Silk Road glass in Xinjiang, China: chemical compositional analysis and interpretation using a high-resolution portable XRF spectrometer, Journal of Archaeological Science, 2012, 39（7）：2128-2142.

[3] S. Liu, Q. H. Li, Q. Fu, F. X. Gan, Z. M. Xiong. Application of a portable XRF spectrometer for classification of potash glass beads unearthed from tombs of Han Dynasty in Guangxi, China. X-Ray Spectrometry, 2013, 42（6）：470-479.

[4] 刘松，李青会，董俊卿，干福熹. 宁波市东钱湖郭童岙窑址瓷器样品分析测试报告. 宁波市文物考古研究所 编著. 郭童岙—越窑遗址发掘报告. 北京：科学出版社，2011，247-267.

Santec公司IVS-2000型）、OCT探针以及计算机单元。扫频源部分采用的是日本Santec公司生产的HSL-2000型扫频激光光源，其中心波长为1315~1340nm，谱峰半高宽为110nm，扫频频率为20kHz，激光最大功率为50mW。OCT探针扫描范围为0~20mm。干涉仪单元则基于延迟线集成的马赫－泽德干涉系统。在硅酸盐材料中，轴向分辨率达到5.3μm，轴向探测深度达到5.3mm，横向分辨率<5μm。该技术已成功应用于中国古代瓷釉断层结构分析中。[1]

　　3. 光学显微技术（OM）

　　实验室显微形貌观测与分析采用基恩士VHX-5000型超景深光学显微系统，由日本基恩士公司研制，在实验室内进行珠饰加工微痕显微形貌观测。本系统配备有两种型号的光学显微镜头，型号分别为VH-Z20（×20~200）、VH-Z100R（×100~1000），可实现20×至1000×的显微观测。同时，本系统还具有自动对焦、全幅对焦、深度合成、多角度观测、超高分辨率和高清晰度显示、三维合成、实时观测以及三维测量等先进功能。

二、样品信息

　　5件玻璃珠样品分别出自M58和M89，两座墓葬年代均为西汉时期。其中M58出土4件玻璃珠，器形较为相似，整体呈分段形，两端较小，中间较大，上下有穿孔。M89出土1件玻璃珠，蓝色，透明，圆柱形，两端微平。5件玻璃珠照片如图1所示。

三、结果与讨论

　　1. 玻璃体系判定

　　玻璃珠样品化学成分定量分析结果如表1所示。由表1可知，M89：13测试了珠体的两个不同部位，化学成分基本一致，其中K_2O为主要助熔剂，其含量为13wt%左右，表明其为钾硅酸盐玻璃，简称钾玻璃。CaO和Al_2O_3的含量分别为1.70wt%左右和5.80wt%左右，说明其为中等钙铝钾玻璃，[2]微量元素Rb、Sr的含量分别为257μg/g、261μg/g和32μg/g、30μg/g，Rb/Sr比值范围在8~8.7。中等钙铝钾玻璃中微量元素Rb/Sr比值通常低于10，与本次测试结果相一致。

　　样品M58：4-1~4中PbO、BaO是其主要助熔剂，其含量范围分别为38.37~41.93wt%和9.64~12.29wt%，为铅钡硅酸盐玻璃，简称为铅钡玻璃。值得注意的是，4件铅钡

　　[1] 严鑫，董俊卿，李青会，郭木森，胡永庆. 基于OCT技术对古代瓷釉断面结构特征的初步研究，中国激光，2014，41（9）：0908001-1-6.

　　[2] 熊昭明，李青会. 广西出土汉代玻璃器的考古学与科技研究，北京：文物出版社，2011，p87.

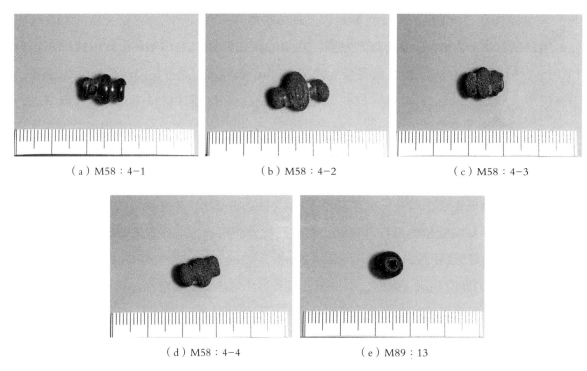

（a）M58：4-1 　　　　　　　（b）M58：4-2 　　　　　　　（c）M58：4-3

（d）M58：4-4 　　　　　　　（e）M89：13

图1　河南省杨单庄墓地出土西汉玻璃珠样品

玻璃中Fe_2O_3的含量相对较高，含量范围在6.86~16.74wt%之间。一方面是由于玻璃珠饰本身含铁量较高，另外一方面与埋藏环境也存在一定关系，珠饰表面可能受到了污染，如与铁器共存，导致测试结果中Fe_2O_3的含量偏高。

2. 表面微观形貌

铅钡玻璃样品（M58：4-1~4）风化较为严重，表面粗糙不平。图2为样品M58：4-2表面微观形貌及3D图像。由图可以明显看出，铅钡玻璃表面因风化作用而形成的粗糙表面。尽管钾玻璃也有风化作用，但其表面仍然较为光滑（图3），与铅钡玻璃表面存在明显差异。利用拉曼光谱分析技术在铅钡玻璃表面检测到Fe_2O_3晶体。

3. 珠饰内部物理结构

当折射率突变时，散射光会增强，在OCT灰度图像上表现为灰度值较高的亮点。瓷釉表面、胎釉结合面、瓷釉彩绘层以及瓷釉中的气泡、包裹体（析晶、未熔融的原材料颗粒等）、液液分相等，均存在折射率突变，故而在OCT图像上表现为灰度值较高的亮点，但却具有不同的结构特征，依据其各自的结构特征，可以在OCT图像中区分开来。[1]均一玻璃态对入射探测光无任何散射，故而在OCT图像中呈现灰度值较低的黑色。图4给出了玻璃珠样品的OCT图像。从图中可以看出，M89：13钾玻璃中以玻璃相为主，其中包含一定量的异质相和气泡。异质相可能为玻璃中的析晶、未熔融原料颗粒等。而铅钡玻璃样品M58：

[1] Yang M L, Winkler A M, Barton J K et al..Using optical coherence tomography to examine the subsurface morphology of Chinese glazes. Archaeometry, 2009, 51（5）：808-821.

表1　河南杨单庄西汉玻璃珠饰化学成分定量分析结果

样品编号	玻璃体系	Na₂O wt%	MgO wt%	Al₂O₃ wt%	SiO₂ wt%	P₂O₅ wt%	K₂O wt%	CaO wt%	MnO wt%	Fe₂O₃ wt%	CoO wt%	CuO wt%	PbO wt%	BaO wt%	Cr µg/g	Ni µg/g	Zn µg/g	Rb µg/g	Sr µg/g	Zr µg/g
M89:13	中等钙铝钾铅玻璃	0.95	0.49	5.96	73.58	0.68	13.05	1.70	1.66	1.47	0.20	0.16	0.11	n.d.	49	47	69	257	32	62
		1.03	0.80	5.80	72.86	0.73	13.33	1.76	1.65	1.55	0.19	0.19	0.12	n.d.	n.d.	96	69	261	30	58
M58:4-1	铝钡玻璃	1.54	0.85	0.62	37.36	n.d.	n.d.	3.30	0.91	6.86	n.d.	0.22	38.71	9.64	379	n.d.	66	n.d.	107	9
M58:4-2	铝钡玻璃	1.25	1.33	0.26	27.42	1.47	n.d.	3.15	0.66	11.61	n.d.	2.19	38.37	12.29	309	n.d.	78	n.d.	107	19
M58:4-3	铝钡玻璃	n.d.	0.23	0.47	34.14	0.62	n.d.	1.50	0.17	7.98	n.d.	0.76	41.93	12.21	33	n.d.	21	n.d.	92	20
M58:4-4	铝钡玻璃	n.d.	0.64	0.31	25.27	1.97	n.d.	2.95	1.02	16.74	n.d.	1.65	38.49	10.95	197	n.d.	145	n.d.	79	11

注："n.d."表示此种组分或元素含量水平较低，无法有效检测。

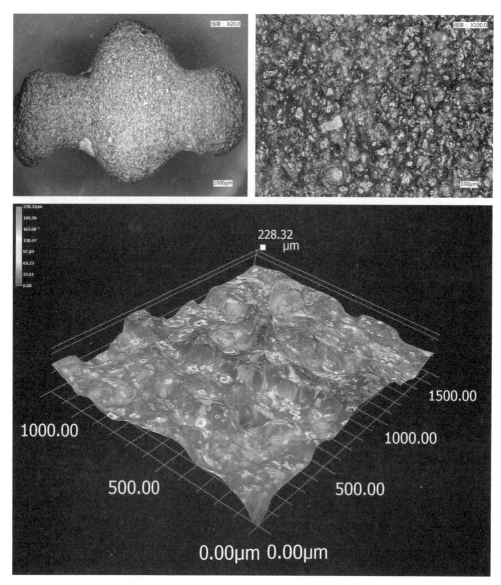

图2 样品M58：4-2表面微观形貌及其3D图像

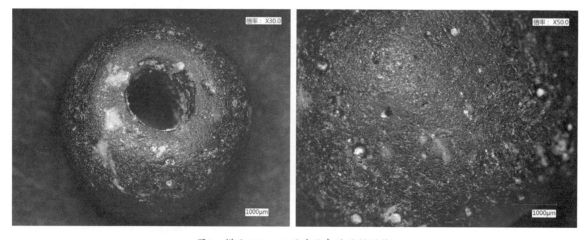

图3 样品M89：13照片及表面显微形貌

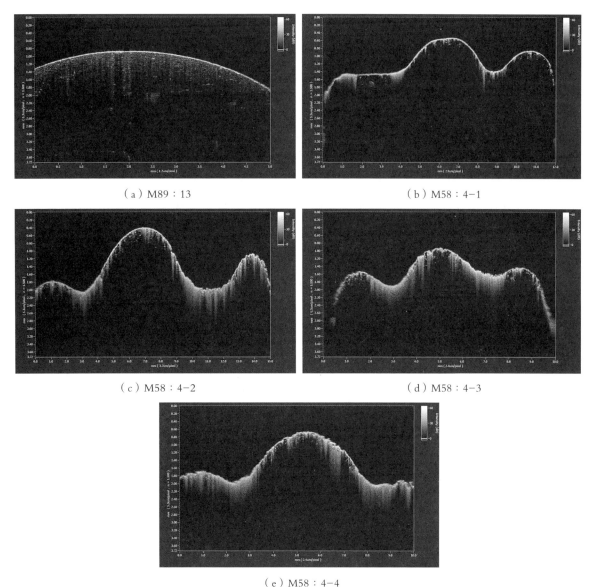

（a）M89：13　　　　　　　　　　（b）M58：4-1

（c）M58：4-2　　　　　　　　　　（d）M58：4-3

（e）M58：4-4

图4　玻璃珠饰OCT图像

4-1~4也以玻璃相为主，但其中异质相较少，含有一定量的气泡，珠饰表面风化严重，导致表面局部或是大部分区域对光的散射较强。

4. 来源探讨

钾玻璃是印度、东南亚和我国华南、西南等地区特有的一种玻璃体系。M89：13为中等钙铝型钾玻璃，此种类型的钾玻璃是分布最广泛的一类，在海上丝绸之路沿线的南亚、东南亚、东亚地区广泛分布，在中国、印度、泰国、缅甸、柬埔寨、韩国等地区均有发现。韩国发现的钾玻璃年代主要在公元1~3世纪，[1]我国新疆多地发现的钾玻璃主要集中在

[1] J. W. Lankton, I. S. Lee. Treasures from the southern Sea: glass ornaments from Gimhae-Yangdong and Bokcheondong, compositional analysis and interpretation. Archaeology: Traces of Time and Space, Studies in Honor of Kim Byung-Mo, Seoul, 2006, 329-354.

战国至汉晋。[1]除了海上丝绸之路沿线之外，在俄罗斯和哈萨克斯坦边境地区波克罗夫卡（Pokrovka）的萨尔马提亚人早期墓葬（约公元前2世纪~公元4世纪）也有发现中等钙铝钾玻璃。[2]一般认为，印度的阿里卡梅度（Arikamedu，印度古代著名的港口城市，可能是文献中的"Poduca"）及其附近地区为中等钙铝型钾玻璃的主要制作产地。阿里卡梅度遗址在发现有钾玻璃的同时，也发现有钠钙玻璃。但是在印度的其他地区则主要以钠钙玻璃和混合碱玻璃为主。阿里卡梅度形成于大约公元前250年，一直持续至公元200年。随着阿里卡梅度逐渐衰弱，玻璃制作工艺被引入到与其具有密切关系的其他三座城市，分别是越南俄厄（Oc-Eo or Go Oc Eo），斯里兰卡曼泰（Mantai）和泰国空统（Klong Thom）。[3]

除了中等钙铝型钾玻璃外，钾玻璃还包含低钙高铝型钾玻璃和低铝高钙型钾玻璃。根据现已发表的钾玻璃数据，低铝高钙型钾玻璃数量最少，其比例低于5%，主要发现于泰国班东达潘（Ban Don Ta Phet，约390~360 BC）、越南沙莹文化（Sa Huynh Culture）遗址，缅甸萨蒙山谷（Samon Vally）也有少量发现，在南亚地区目前还没有发现，表明低铝高钙型钾玻璃产地应为东南亚。越南南部的沙莹文化遗址Giong Ca Vo是低铝高钙型钾玻璃一个可能的制作中心。[4]低钙高铝型钾玻璃则主要发现于我国广西地区，同时在越南东山文化遗址、泰国三乔山（Khao Sam Keao）遗址、缅甸北部等地区也有发现。

目前学界比较一致的看法是印度（北部和南部）、东南亚、我国合浦周边地区可能分别存在钾玻璃的生产或制作中心。其中，低钙高铝型钾玻璃制作中心可能在我国汉代交趾郡地区，而中等钙铝型钾玻璃则在南亚、东南亚地区和我国汉代交趾郡均生产制作。广州横枝岗北衡M2出土1件青绿色玻璃带钩，年代为西汉中期，化学成分分析结果表明其为钾玻璃。带钩为典型中国传统器形，此件带钩的发现为我国自制玻璃器提供了较为可信的实物证据。本文所分析的中等钙铝钾玻璃样品M89：13应为从两广地区输入至河南地区。

铅钡玻璃为学术界所公认的中国自制玻璃体系，主要流行于战国至汉代，器形包括蜻蜓眼珠、璧、环、剑璏、耳珰、蝉、耳杯、珠等，但本次所测试的铅钡玻璃样品器形明显不属于传统器形。其器形与西方分段珠存在一定相似性，推测可能为我国工匠受到西方玻璃制作技术的影响，采用当地的制作原料，对西方玻璃器形进行仿制，反映了西方外来文化与我国传统文化之间的交流。

---

[1] 李青会, 干福熹, 张平, 顾冬红, 承焕生, 徐永春. 新疆不同历史时期玻璃器的化学成分分析报告, 干福熹主编, 丝绸之路上的古代玻璃研究, 上海: 复旦大学出版社, 2007, p151-169.

[2] M. Hall, L. Yablonsky. Chemical analyses of Sarmatian glass beads from Pokrovka, Russia, Journal of Archaeological Science, 1998, 25: 1239-1245.

[3] P. Francis. Glass Beads in Asia: part II. Indo-Pacific Beads. Asian Perspectives, 1990, 29（1）: 1-23.

[4] L. T. M. Dzung . Sa Huynh regional and inter-regional interactions in the Thu Bon valley, Quang Nam province, central Vietnam. Bulletin of the Indo-Pacific Prehistory Association, 2009, 29: 68-75.

四、小结

利用XRF、OM和OCT等科技分析方法，获取了河南杨单庄墓地出土西汉时期5件玻璃器的化学成分、玻璃体系、微观形貌、内部结构等信息，并对其来源进行了探讨。科技分析结果表明，样品M89∶13为中等钙铝型钾玻璃，而样品M54∶4-1~4均为铅钡玻璃。铅钡玻璃受风化作用影响较大，表面粗糙不平，而钾玻璃表面较为光滑。铅钡玻璃内部异质相较少，而钾玻璃中则存在一定量的异质相颗粒。钾玻璃可能由我国两广地区传入河南，铅钡玻璃则为我国自制。但本次所分析的铅钡玻璃并非我国传统器形，应是外来器形，表明是我国工匠利用本地原料对外来器物的仿制，反映了外来技术对我国玻璃器的影响，也说明了外来文化与我国传统文化之间的交流与融合。

执笔：刘　松　朱树政

附表一　杨单庄墓地汉代墓葬登记表

编号	方向	墓葬形制	墓口/(长×宽-深)(单位:米)	墓底/(长×宽-深)(单位:米)	棺/(长×宽)(单位:米)	葬式	随葬品	期、段	时代
M2	5°	长方形土坑竖穴墓	3.7×(1.6~1.28)-0.3	3.26×(1.60~1.0)-0.7	不详	仰身直肢葬	陶罐2、陶瓮1	三期四段	西汉中期早段
M3	0°	长方形土坑竖穴墓	3.2×1.7-0.6	2.94×1.4-0.5	1.94×0.5	不详	陶瓮2、陶钫2、陶鼎1、陶壶1、陶盒1、陶罐1	三期六段	西汉中期晚段
M4	0°	长方形土坑竖穴墓	3.7×2-0.6	3.7×2-0.66	2×0.7	不详	陶壶5、陶杯3、陶盒2、陶鼎1、陶瓮1、陶勺1	三期四段	西汉中期早段
M5	185°	带墓道的砖室墓	墓道:0.44×0.92-0.4 土扩:2.84×0.92-0.45	2.84×0.92-0.45	不详	不详	大布黄千3		
M6	200°	带墓道的砖室墓	墓道:1.66×0.69-0.1 墓室:2.82×1.79-0.46	2.82×1.79-0.46	不详	不详	不详		
M8	15°	长方形土坑竖穴墓	4.3×1.6-0.2	2.76×0.7-0.8	1.7×(0.6~0.7)	不详	陶瓮5、陶壶2、陶罐2、陶盒1、铜镜1、铜带钩1、铁削1、铜器盖1、陶器盖1、铜钱1	三期五段	西汉中期中段
M9	0°	长方形土坑竖穴墓	3.8×(1.36~1.52)-0.32	3.46×(1.12~1.26)-1.25	2.02×(0.68~0.75)	仰身直肢	陶瓮2、陶盆2、陶钵1、陶罐1、铜钱18	三期六段	西汉中期晚段
M12	100°	长方形土坑竖穴墓	2.7×1.4-0.8	2.7×1.4-0.8	不详	不详	不详		
M13	20°	长方形土坑竖穴墓	3.1×(1.3~1.4)-0.2	2.14×0.5-1	2.1×0.5	仰身直肢	陶瓮2、陶罐2	二期三段	西汉前期晚段
M14	10°	长方形土坑竖穴墓	4.9×1.55-0.2	4.9×1.55-1.6	不详	未见	陶瓮1	二期三段	西汉前期晚段

续表

编号	方向	墓葬形制	墓口/（长×宽-深）（单位：米）	墓底/（长×宽-深）（单位：米）	棺/（长×宽）（单位：米）	葬式	随葬品	期、段	时代
M15	275°	凸字形砖室合葬墓	3.3×（2.2~2.3）-0.2	3×0.8-0.6	不详	不详			
M16	173°	长方形土坑竖穴墓	3.7×（1.5~2）-0.75	3.7×（1.5~2）-1.25	2.2×0.8	仰身直肢	陶壶4、陶器盖4、陶茧2、陶鼎2、陶盆2、陶盖杯1、铜钱204	二期二段	西汉前期早段
M18	15°	长方形砖室墓	3.62×2.44-0.3	3.62×2.44-0.3	不详	不详	不详		
M19	15°	长方形土坑竖穴墓	3.65×（1.2~1.25）-0.2	3.65×（1.2~1.25）-1.35	2.3×0.6	仰身直肢	陶壶2、陶盒2、陶茧1、陶盆1、陶钵1	四期八段	西汉后期晚段
M20	15°	长方形土坑竖穴墓	3.6×1.6-0.2	3.6×1.6-0.86	2×0.52	不详	陶茧2、陶罐2、铜镜1、铁刀1、铜柿蒂形饰7、铜钱20	四期七段	西汉后期早段
M21	5°	长方形土坑竖穴墓	2.3×0.95-0.2	2.3×0.95-0.54	2.1×0.5	不详	铁铲1、陶罐1		
M22	195°	长方形砖室墓	4×1.2-0.19	4×1.2-0.37	不详	不详	不详		
M23	197°	长方形砖室墓	3.2×1.2-0.28	3.2×1.2-0.46	不详	不详	不详		
M24	0°	长方形土坑竖穴墓	2.6×1.2-0.25	2.6×1.2-0.56	1.92×0.54	不详	陶罐2、铁刀1	四期七段	西汉后期早段
M25	10°	长方形土坑竖穴墓	2.5×1.34-0.2	2.5×1.34-0.82	1.9×0.5	仰身直肢	陶罐3、铜钱2	三期五段	西汉中期中段
M26	10°	长方形土坑竖穴墓	3.9×1.9-0.2	3.9×1.9-0.9	1.95×0.57	仰身直肢	陶罐2、陶茧1	三期五段	西汉中期中段

续表

编号	方向	墓葬形制	墓口/(长×宽-深)(单位:米)	墓底/(长×宽-深)(单位:米)	棺/(长×宽)(单位:米)	葬式	随葬品	期、段	时代
M27	5°	长方形土坑竖穴墓	2.9×2-0.2	2.9×2-0.96	2×0.5	仰身直肢	陶罐4、铁铲1	三期五段	西汉中期中段
M31	0°	带耳室的砖室墓	墓道:1.1×1.04-0.2 前室:3.55×1.96 后室:3×1.6-0.84	耳室:1.54×1.48	不详	不详	铜钱45、陶罐1、陶案1、陶勺1、铜顶针1	六期十段	东汉中晚期
M32	15°	长方形土坑竖穴墓	墓道:2.9×2.04-(0.74~0.8) 墓室:3.1×2.04-0.22	3.1×2.04-0.8	2.16×0.6	不详	陶罐3、陶双牛鼻耳罐1、铁刀1、铜钱11	四期七段	西汉后期早段
M33	5°	长方形土坑竖穴合葬墓	2.35×2-0.1	2.35×2-(0.6~0.7)	东1.5×0.54 西1.7×0.5	仰身直肢	陶罐4、陶双牛鼻耳罐1、铁刀1	三期六段	西汉中期晚段
M34	0°	梯形土坑竖穴墓	3.3×(1.4~1.1)-0.2	3.3×(1.4~1.1)-0.75	不详	不详	陶瓮1、陶罐1、陶壶1	三期五段	西汉中期中段
M35	195°	长方形土坑竖穴墓	3×1.7-0.25	3×1.7-0.95	2.4×0.66	仰身直肢	陶罐2、铜钱3	三期六段	西汉中期晚段
M36	195°	长方形土坑竖穴墓	3.3×1.4-0.15	3.3×1.4-1.14	1.8×0.5	仰身直肢	陶罐5、板瓦2、陶瓮1、铁矛1	四期七段	西汉后期早段
M37	5°	长方形土坑竖穴合葬墓	3.7×2-0.22	3.7×2-0.96	西:2.08×0.6 东:2.12×0.6	仰身直肢	陶罐6、陶瓮2、铜镜1	三期五段	西汉中期中段
M38	200°	长方形土坑竖穴墓	2.64×1.7-0.2	2.64×1.7-0.8	不详	不详	陶罐1	四期七段	西汉后期早段
M39	0°	长方形土坑竖穴墓	4×2.4-0.2	4×2.4-0.4	不详	不详	陶罐4、陶合碗2件、陶盒1、陶壶1、铜钱1	三期六段	西汉中期晚段

续表

编号	方向	墓葬形制	墓口/（长×宽·深）（单位：米）	墓底/（长×宽·深）（单位：米）	棺/（长×宽）（单位：米）	葬式	随葬品	期、段	时代
M40	0°	长方形土坑竖穴墓	5.5×2.4·0.2	5.5×2.4·0.45	2.2×0.6·0.1	不详	陶罐2、陶盘2、陶耳杯2、陶斗2、陶匜1、陶盒1、陶甑1、陶鼎1、陶瓿1、陶盆1、陶锥盉1、不知名陶器1、铁剑1、铜钱1、柿蒂形铜饰1、铅车马器1	三期六段	西汉中期偏晚段
M41	180°	长方形土坑竖穴墓	3.3×（1.4~1.54）·0.2	3.3×（1.4~1.54）·1.45	不详	不详	陶罐4、板瓦1	四期七段	西汉后期偏早段
M42	10°	长方形土坑竖穴墓	3.7×1.64·0.28	3.7×1.64·0.76	1.92×0.6	不详	陶罐3	三期六段	西汉中期偏晚段
M43	185°	长方形土坑竖穴墓	2.5×1.5·0.15	2.5×1.5·0.8	1.72×（0.38~0.58）	仰身直肢	陶罐3、铜钱19	四期七段	西汉后期偏早段
M44	5°	长方形土坑竖穴墓	2.7×1.5·0.15	2.7×1.5·1.2	不详	不详	陶罐2	三期六段	西汉中期偏晚段
M45	195°	长方形土坑竖穴墓	3×1.2·0.15	3×1.2·1	2×0.56	仰身直肢	陶罐1、陶瓮1、板瓦2	三期五段	西汉中期偏早段
M47	185°	长方形土坑竖穴墓	3.6×（1.5~1.8）·0.28	3.6×（1.5~1.8）·0.9	2.1×0.54	仰身直肢	陶罐2、陶瓮1、铁剑1、铜钱2	三期六段	西汉中期偏晚段
M48	195°	长方形土坑竖穴合葬墓	3.5×1.5·0.2	3.5×1.5·0.76	东：1.87×0.6	仰身直肢	陶罐3	五期九段	新莽时期
M49	185°	长方形土坑竖穴墓	3.4×（1.8~2）·0.2	3.4×（1.8~2）·1.3	不详	仰身直肢	陶罐4、陶瓮2、板瓦1	三期五段	西汉中期偏早段
M50	350°	不规则形土坑竖穴墓	3.06×（1.44~0.74）·0.25	3.06×（1.44~0.74）·0.8	不详	仰身直肢	陶罐3、陶瓮1、板瓦1	三期五段	西汉中期偏晚段

续表

编号	方向	墓葬形制	墓口/（长×宽 - 深）（单位：米）	墓底/（长×宽 - 深）（单位：米）	棺/（长×宽）（单位：米）	葬式	随葬品	期、段	时代
M51	10°	长方形土坑竖穴墓	3×1.4 - 0.25	3×1.4 - 0.9	不详	不详	陶罐2	三期五段	西汉中期中段
M52	195°	长方形土坑竖穴墓	2.7×（1.7～1.8）- 0.4	2.7×（1.7～1.8）- 1.6	1.92×1.04	仰身直肢	陶罐3、陶瓮1、铜钱36	三期六段	西汉中期晚段
M53	5°	长方形土坑竖穴墓	3.5×1.4 - 0.25	3.5×1.4 - 1.6	2×0.6	仰身直肢	陶钵2、陶瓮1、陶盒1、陶壶1、陶盘1	三期五段	西汉中期中段
M54	5°	长方形土坑竖穴墓	2.7×1.5 - 0.25	2.7×1.5 - 0.7	不详	不详	陶罐2、铜钱1枚、环首刀1	三期五段	西汉中期中段
M55	185°	圆角长方形土坑竖穴墓	4×2 - 0.25	4×2 - 1.1	2×0.7	不详	陶罐3、陶瓮1、车马器1	三期六段	西汉中期晚段
M56	25°	梯形土坑竖穴墓	3.3×（2.36～1.8）- 0.25	3.3×（2.36～1.8）- 0.6	不详	不详	陶罐1、陶双牛鼻耳罐1、铜钱3、铁削刀1	四期七段	西汉后期早段
M57	180°	长方形土坑竖穴墓	2.9×（1.3～1.4）- 0.25	2.9×（1.3～1.4）- 1.4	不详	仰身直肢	陶瓮1、陶罐1	三期六段	西汉中期晚段
M58	0°	长方形土坑竖穴墓	2.8×0.9 - 0.25	2.8×0.9 - 0.85	2×0.6	仰身直肢	陶瓮1、陶合碗1、陶钵1、铜钱3、玻璃珠4	四期七段	西汉后期早段
M59	0°	长方形空心砖室墓	3.9×1.4 - 0.15	3.9×1.4 - 1.6	不详	不详	陶壶2、陶盒1、陶盆2、陶鼎1、陶盘1、铜印章1	四期七段	西汉后期早段
M60	5°	长方形土坑竖穴墓	4.3×1.7 - 0.15	4.3×1.7 - 1.7	不详	仰身直肢	陶壶4、陶瓮2、陶鼎2、陶盒2、陶杯1、陶器盖1、	二期三段	西汉前期晚段

续表

编号	方向	墓葬形制	墓口/（长×宽-深）（单位：米）	墓底/（长×宽-深）（单位：米）	棺/（长×宽）（单位：米）	葬式	随葬品	期、段	时代
M61	270°	长方形土坑竖穴墓	3.5×（1~1.1）-0.3	3.5×（1~1.1）-0.7	2×0.56	仰身直肢	陶瓮2、陶盆2、铜蚊鼻钱2、陶鼎1、陶壶1、陶钫1、铁削1、陶器盖1、铜钱12	二期三段	西汉前期晚段
M62	90°	长方形土坑竖穴墓	3.6×（1.6~1.4）-0.5	3.6×（1.6~1.4）-1.4	2×0.9	仰身直肢	陶瓮2、陶鼎2、陶盖2、陶壶2、陶钫1、陶盘1、铜钱19	三期五段	西汉中期中段
M63	270°	长方形土坑竖穴墓	3.8×1.8-0.3	3.8×1.8-1.6	2.3×1.1	仰身直肢	陶瓮1、陶壶1、陶鼎1、陶钵1、铜半两两68	三期六段	西汉中期晚段
M64	185°	长方形土坑竖穴墓	4.06×（2.2~2.4）-0.3	4.06×（2.2~2.4）-（1.8~1.9）	2.46×0.84	仰身直肢	陶壶2、陶器盖1、陶鼎1、陶瓮1、陶匜1、残玉块1、铜钱1	四期八段	西汉后期晚段
M65	0°	长方形空心砖室墓	墓道：0.64×1.4-（0.76~1）土圹：4×2-2.1 砖室：2.8×1.34-1.4	2.8×1.34-1.6	不详	仰身直肢	陶鼎2、陶盒2、陶壶2、陶罐1、陶钫1、铜钱43	四期七段	西汉后期早段
M66	0°	长方形土坑竖穴墓	3.4×1.7-0.15	3.2×1.6-1.7	1.98×0.7	不详	陶壶4、陶杯2、陶鼎2、陶瓮1、陶合碗1、蚌壳1、铅车马器1	三期五段	西汉中期中段
M67	5°	"甲"字形土坑竖穴墓	墓道：2.3×1.4-0.55 墓室：3.4×2.3-0.15	2.24×1-1.9	2.02×0.66	不详	陶壶2、陶瓮1、陶鼎1、陶钵1、陶盘1、铜钱27	四期七段	西汉后期早段
M68	270°	长方形土坑竖穴墓	4.9×2.32-0.3	3.7×1.8-2.2	2×0.8	下肢交叉放置	陶瓮2、陶盒2、陶壶1、陶盘1、铜带钩1、铁环首刀1、骨弹1、铜钱24	三期六段	西汉中期晚段

续表

编号	方向	墓葬形制	墓口/（长×宽·深）（单位：米）	墓底/（长×宽·深）（单位：米）	棺/（长×宽）（单位：米）	葬式	随葬品	期、段	时代
M69	0°	"甲"字形土坑竖穴墓	墓道：1.3×1.2-0.86 墓室：4×（1.7~1.9）-0.3	4×（1.7~1.9）-1.7	2.3×0.68	不详	陶瓮2、陶鼎1、陶盆2、陶盘1、陶壶1	四期七段	西汉后期早段
M70	180°	"甲"字形土坑竖穴墓	墓道：3×1.5-1.9 墓室：4.1×2-0.3	3.9×1.6-2.2	2×0.55	仰身直肢	陶鼎2、陶瓮1、陶盒1、陶壶1、陶盘1、陶钫1、铜钱13	四期八段	西汉后期晚段
M71	0°	长方形空心砖室墓	土圹：4.4×1.7-0.2	2.46×1-0.7	不详	仰身直肢	陶鼎2、陶盒2、陶壶2、陶罐1、陶钵1、陶盘1	四期七段	西汉后期早段
M72	180°	带墓道的砖室墓	土圹：5.8×1.92	长：3.2-0.87	不详	不详	不详		
M73	0°	"甲"字形空心砖室墓	墓道：1.7×1.3-（0.56~1.2） 土圹：4.6×2.3-2.26	2.48×1.3-0.7	不详	仰身直肢	陶鼎2、陶盆2、陶瓮1、陶盒1、陶钫1、陶盘1、陶器盖1	四期七段	西汉后期早段
M74	180°	长方形空心砖室墓	土圹：2.4×1.4-1.5	砖室内部：2×0.64-0.54	不详	仰身直肢	陶罐1、铜钱17	三期五段	西汉中期中段
M75	270°	"甲"字形土坑竖穴墓	墓道：2.2×1.1-（0.68-0.8） 墓室：4×1.8-0.29	3.6×1.4-3	木棺：2×0.6 头箱：1.28×1.1	不详	陶壶2、陶瓮1、陶盒1、陶盆1、铜钱10	三期四段	西汉中期早段
M78	185°	长方形空心砖室墓	土圹：2.9×（1.5~1.55）-1.3	不详	不详	仰身直肢	陶钵2、陶瓮1	三期四段	西汉中期早段
M79	10°	"甲"字形砖室墓	墓道：1.8×1.2-1 土圹：3.25×1.2-1	3.06×0.92-0.8	不详	不详	陶罐2、陶壶2、陶磨1、陶灶1、陶汉水瓶1、井1、铁剑1、铜钱3	五期九段	新莽时期

续表

编号	方向	墓葬形制	墓口/（长×宽-深）（单位：米）	墓底/（长×宽-深）（单位：米）	棺/（长×宽）（单位：米）	葬式	随葬品	期、段	时代
M80	0°	"甲"字形空心砖室墓	墓道：1.2×（1~1.14）-（0.62米~0.86） 土圹：3.9×（1.6~2）-1.5	2×1-0.6	不详	不详	陶盒3、陶壶2、陶鼎2、陶盘2、陶匜2、陶瓮1、陶碗1、陶罐1	四期八段	西汉后期晚段
M81	355°	梯形土坑竖穴墓	4×（1.7~1.95）-0.2	3.8×（1.5~1.75）-1.5	1.9×0.6	不详	陶钵2、陶鼎2、陶奁1、陶盒1、陶壶1、陶盘1、陶钫1、铜钱1	三期六段	西汉中期晚段
M82	0°	长方形土坑竖穴墓	4.1×1.8-0.3	2.6×1.3-1.5	2.2×0.6	不详	陶俑14、陶盘2、陶瓮1、陶罐1、陶鼎1、陶盒1、陶壶1、陶钫1、陶合碗1、陶钵1、陶狗1、陶猪1、铜钱28	三期六段	西汉中期晚段
M86	190°	曲尺形土坑竖穴墓	2.72×（1.5~1.8）-0.2	2.72×（1.5~1.8）-0.5	不详	不详	陶壶3	五期九段	新莽时期
M87	10°	"刀"字形砖室合葬墓	墓道：1.6×1-0.6~0.8 墓室：3.8×2.8-0.8	3.8×2.4-0.8	不详	不详	不详		
M88	10°	"刀"字形砖室合葬墓	墓道：4.2×1.24-0.6~0.9 墓室：3.9×1.8-0.2	3.7×1.6-1.34	不详	不详	在扰土中发现1伴陶灶		
M89	10°	不规则形土坑竖穴合葬墓	3.6×（2.2~2.4）-0.25	3.3×（1.9~2.1）-0.7	西棺：2.2×0.6 东棺：2×0.6	仰身直肢	陶罐6、釉陶壶2、陶双牛鼻耳罐1、铜带钩1、铜矛1、铜镈1、铁刀1、玻璃珠2、铜钱2	四期八段	西汉后期晚段
M90	0°	长方形砖室墓	2.8×0.8-0.2	2.8×0.8-0.6	不详	不详	不详		

续表

编号	方向	墓葬形制	墓口/（长×宽-深）（单位：米）	墓底/（长×宽-深）（单位：米）	棺/（长×宽）（单位：米）	葬式	随葬品	期、段	时代
M91	10°	不规则形土坑竖穴合葬墓	3.2×2.5-0.25	2.8×2.1-0.45	西棺：2.32×0.56 东棺：2.14×0.54	仰身直肢	陶罐7、铜钱41	五期九段	新莽时期
M92	10°	长方形土坑竖穴墓	5×1.9-0.3	4.9×1.7-0.95	2×0.56	仰身直肢	陶罐3、陶牛鼻耳罐1、滑石珠3、铅车马器1	四期七段	西汉后期早段
M93	20°	长方形土坑竖穴墓	墓道：残长1.2×残宽1.7-0.95 墓室：3.9×2-1.2	3.9×2-1.2	2.04×0.56	仰身直肢	陶罐5、滑石珠3	三期六段	西汉中期晚段
M96	10°	长方形土坑竖穴墓	3.4×2.1-0.2	3.4×2.1-1.2	西棺：1.96×0.6 东棺：1.92×0.6	不详	釉陶壶3、陶罐1、铜盆1、铜带钩1、铜钱1串	四期八段	西汉后期晚段
M97	10°	曲尺形砖室合葬墓	墓道：1.4×1.6-0.08米~0.26米 墓室：3.6×2.4-0.2	东侧砖室：3.6×2.4-0.94 西侧砖室：3.6×2.4-1.1	不详	不详	在扰土中发现五铢钱7、小泉直一6、货泉1		
M98	180°	"甲"字形空心砖室墓	墓道：1.4×1.2-0.3~0.5 墓室：4×2-0.2	3.75×1.2-1.5	不详	不详	陶盒2、陶瓮1、陶鼎1、陶壶1、陶钫1、陶器盖1	三期六段	西汉中期晚段
M99	0°	长方形土坑竖穴墓	3.8×1.7-0.2	3.1×1.2-1.5	2.36×0.8	侧身屈肢	陶合碗2、陶罐1、陶双牛鼻耳罐1	三期五段	西汉中期中段
M100	0°	长方形土坑竖穴墓	3.8×2-0.2	3.7×1.8-1.06	2×（0.7~0.76）	不详	陶壶3、陶鼎1、陶盒1、陶杯1、陶耳杯1	三期五段	西汉中期中段
M101	180°	"甲"字形空心砖室墓	墓道：1.8×1-0.1~0.44 墓室：3.2×1.92-0.25	3×1.4-2	不详	仰身直肢	陶瓮1、陶鼎1、陶盘1、铁削1、砺石1、铜钱30	四期八段	西汉后期晚段

续表

编号	方向	墓葬形制	墓口/（长×宽-深）（单位：米）	墓底/（长×宽-深）（单位：米）	棺/（长×宽）（单位：米）	葬式	随葬品	期、段	时代
M104	190°	长方形土坑竖穴墓	3.5×1.4-0.25	3.5×1.4-（1.25~1.35）	2×0.6	不详	陶瓮2、陶壶2、陶鼎1、陶盒1、陶杯1	二期三段	西汉前期晚段
M105	0°	长方形空心砖室墓	3.8×1.8-0.2	2.6×0.66-0.46	不详	仰身直肢	陶瓮1、陶盆1、陶合碗1、铜钱10	三期五段	西汉中期中段
M106	270°	长方形土坑竖穴墓	4.4×1.6-0.25	4.4×1.6-0.9	1.8×0.58	不详	陶壶4、陶鼎2、陶盒2、陶瓮2、杯2、陶盆1、铜钱74	三期五段	西汉中期中段
M107	270°	长方形土坑竖穴墓	4×1.7-0.25	3.72×1.38-1	2×（0.5~0.6）	不详	陶壶3、陶瓮1、陶鼎1、陶盒1、陶盆1、铜钱24	三期四段	西汉中期早段
M108	10°	"甲"字形砖室墓	墓道：1×0.68-0.3 墓室：2.4×0.84-0.25	2.4×0.63	不详	不详	陶釜1		
M109	90°	长方形土坑竖穴墓	3.2×1.2-0.25	3.2×1.2-0.4	2.08×（0.52~0.56）	仰身直肢	陶瓮1、铜钱78	三期五段	西汉中期中段
M110	10°	长方形土坑竖穴墓	2×0.8-0.2	2×0.8-0.6	不详	不详	陶罐1、铜钱2	三期五段	西汉中期中段
M111	10°	长方形土坑竖穴墓	2.9×1.1-0.2	2.9×1.1-0.5	2.1×0.56	仰身直肢	陶瓮1、陶罐1、陶合碗1、陶钵1	三期五段	西汉中期中段
M112	0°	凸字形土坑竖穴墓	4×（1.6~2.4）-0.2	3.5×（1.4~2）-0.8	2.1×0.6	仰身直肢	陶瓮1、陶罐1、陶瓿1	三期五段	西汉中期中段
M113	90°	长方形土坑竖穴墓	3.2×1.1-0.25	3.2×1.1-0.4	2.1×0.64	仰身直肢	陶瓮2、陶罐1	二期三段	西汉前期晚段

续表

编号	方向	墓葬形制	墓口/（长×宽-深）（单位：米）	墓底/（长×宽-深）（单位：米）	棺/（长×宽）（单位：米）	葬式	随葬品	期、段	时代
M114	190°	不规则形土坑竖穴墓	5×2.2-0.25	4.6×1.8-1.1	2×0.6	仰身直肢	陶俑19、陶鼎2、陶盒2、陶壶1、陶器盖2、陶瓮1、陶猪1、铅车马器1、狗1、铜镞1	三期六段	西汉中期晚段
M115	180°	长方形土坑竖穴墓	3.6×1.3-0.2	3.3×1.1-0.8	2.2×0.6	仰身直肢	陶壶2、陶瓮1、陶鼎1、陶盒1、陶钵1、陶器盖1	二期二段	西汉前期早段
M116	180°	长方形土坑竖穴墓	3.6×1.9-0.2	3.2×1.7-1.2	2.1×0.6	仰身直肢	陶钵3、陶俑3、陶鼎2、陶壶2、陶盒2、陶瓮1、陶钫1	一期一段	秦至汉初
M117	0°	长方形土坑竖穴墓	4.3×2-0.2	3.8×1.6-1.3	2.3×0.7	仰身直肢	陶壶2、陶瓮1、陶鼎1、陶盒1、陶盘1、铜钱8	三期六段	西汉中期晚段
M118	180°	长方形土坑竖穴墓	4×1.8-0.2	2.74×1.46-1.4	2.1×0.54	仰身直肢	陶壶2、陶鼎1、陶盒1、铜钱20	二期三段	西汉前期晚段
M119	5°	长方形土坑竖穴墓	4.4×2-0.2	3.4×（1.2~1.45）-1.2	2.24×0.54	仰身直肢	陶鼎2、陶盒2、陶壶2、陶盆1、陶盘1、陶罐1、陶狗1、陶钫1、陶钵1、铜镞24、铜镜2、骨笄6、铅车马器1、铜钱1	三期五段	西汉中期中段
M120	90°	长方形空心砖室墓	4×2-0.2	3.38×0.8-0.6	不详	仰身直肢	陶壶2、陶瓮1、陶鼎1、陶壶盖1、陶盒1、陶盘1、铁环首刀1、铜钱23	三期六段	西汉中期晚段

附表二　杨单庄墓地宋代墓葬登记表

编号	方向	墓葬形制	墓口 （长×宽·深） （单位：米）	墓底 （长×宽·深） （单位：米）	棺 （长×宽） （单位：米）	葬式	随葬品	分期/ 时代
M1	10°	长方形土坑竖穴墓	2.64×（0.5~0.6）-0.18	2.64×（0.5~0.6）-0.6	1.79×（0.4~0.48）	仰身直肢	不详	
M10	0°	长方形土坑竖穴墓	2.14×0.65-0.5	1.9×0.52-0.5	不详	仰身直肢	不详	
M17	10°	长方形土坑竖穴墓	2.38×（0.68~0.72）-0.2	2.38×（0.68~0.72）-0.9	2.18×（0.52~0.61）	仰身直肢	铜钱3	
M28	10°	长方形土坑竖穴墓	2×（0.6~0.68）-0.25	2×（0.6~0.68）-0.8	不详	仰身直肢	不详	
M29	10°	梯形土坑竖穴墓	2×（0.75~0.5）-0.2	2×（0.75~0.5）-0.66	不详	侧身屈肢	不详	
M30	0°	梯形土坑竖穴墓	2.2×（0.62~0.44）-0.2	2.2×（0.62~0.44）-0.64	不详	侧身屈肢	不详	
M45	160°	梯形土坑竖穴墓	2.4×（0.7~0.8）-0.2	1.7×（0.35~0.5）-1.08	不详	不详	铜钱5	

附表三 杨单庄墓地清代墓葬登记表

编号	方向	墓葬形制	墓口（长×宽·深）（单位：米）	墓底（长×宽·深）（单位：米）	棺（长×宽）（单位：米）	葬式	随葬品	分期/时代
M7	10°	不规则形土坑竖穴合葬墓	2.7×1.6-0.2	西坑：1.88×0.5-0.16 东坑：1.8×0.53-0.16	西木棺：1.8×（0.4~0.5） 东木棺：1.7×（0.43~0.53）	仰身直肢	铜钱6	
M11	10°	长方形土坑竖穴合葬墓	2.3×（1.7~1.6）-0.2	西坑：1.8×（0.48~0.6）-0.1 东坑：1.84×（0.44~0.5）-0.1	西坑棺：1.75×（0.44~0.5） 东坑棺：1.82×（0.42~0.5）	仰身直肢	铜钱8、银耳钉一对、铜扣5	
M76	10°	长方形土坑竖穴墓	2×0.8-0.3	2×0.8-0.8	不详	仰身直肢	康熙通宝1	
M77	10°	长方形土坑竖穴墓	1.9×0.8-0.3	1.9×0.8-0.8	不详	仰身直肢	康熙通宝2	
M83	0°	长方形土坑竖穴墓	2.3×2.2-0.25	2.3×2.2-0.8	西棺：1.8×0.6 东棺：1.86×0.6	仰身直肢	康熙通宝11、板瓦1	
M84	5°	方形土坑竖穴合葬墓	2.6×2.4-0.2	西坑：1.66×（0.5~0.6）-0.2 东坑：1.76×0.54-0.2	西棺：1.6×0.48东棺：1.72×0.54	仰身直肢	铜钱共9	
M85	5°	长方形土坑竖穴合葬墓	2.6×2.2-0.2	东坑：1.82×（0.44~0.5）-0.24 中坑：1.8×（0.36~0.4）-0.16 西坑：1.8×0.52-0.11	东棺：1.82×（0.44~0.5） 中棺：1.8×（0.36~0.4） 西棺：1.8×0.52	仰身直肢	铁犁1、铜钱11	
M94	10°	长方形土坑竖穴合葬墓	3.5×2.2-0.2	3.3×2-0.6	东棺：2×0.56 西棺：2×0.7	仰身直肢	铜烟锅1、铜钱10、铜扣3	
M95	10°	长方形土坑竖穴墓	2.5×1-0.2	2.5×1-0.8	1.8×0.56	仰身直肢	铜钱7	
M102	355°	长方形土坑竖穴合葬墓	2.4×2-0.25	2.4×2-1.15	西棺：1.75×0.54 东棺：1.8×0.52	仰身直肢	瓦片1	
M103	0°	长方形土坑竖穴墓	2.4×1.3-0.25	2.4×1.3-0.9	1.9×0.7	仰身直肢	铜钱5	

后 记

  本报告是周（周口）南（南阳）高速建设工程文物保护的成果之一，是集体智慧的结晶。本次考古发掘的领队为胡永庆，执行领队为朱树政，参加此次发掘的主要工作人员有李全立、焦华中、杨苗甫、王春华、朱树玉、何长东、王大涛、刘兴林、濮维凡、徐尚、张继会、李楠、师东辉、郝克宇、聂振阁。在发掘过程中，得到了周口市文化广电旅游局、商水县文化广电旅游局、张庄乡政府的大力支持，马庄村委做了大量的协调工作。

  本报告由朱树政主持编写，其中第一章、第二章之一至二〇由朱树政执笔，第二章之二一至五八由张羽执笔，第二章之五九至九五由朱金涛执笔，第二章之九六至一〇二由姚磊执笔，第三章第一节由朱树政执笔，第三章第二节由姚磊、朱金涛执笔，第四章第一节由夏志峰执笔，第四章第二节由张羽执笔，第五章由孙会会执笔，第六章第一节之一至四由谢鑫执笔，第六章第一节五至七及第二节由任潇执笔，第七章第一节之一至八由姚磊执笔，第七章第一节之九至一一及第二节由秦一执笔，附录一由刘松、朱树政执笔，附表一至三由朱金涛执笔，朱树政通审全书。现场照片由朱树政、朱树玉、何长东拍摄，航空照片由任潇拍摄，器物照片由秦一、朱金涛拍摄。遗迹线图由赵柳阳、李泽、吴小宇、魏晓通、桑登飞、高源、师建中等制作，器物线图由高凤梅、刘丽、谭丽、李凡、李廷秀等绘制。拓片由桑登飞、高源等制作。

  在报告的编写过程中，河南省文物考古研究院刘海旺院长给予了大力支持。武汉大学历史学院徐承泰先生为报告的编写提出了许多有益的建议并现场指导。河南省文物考古研究院胡永庆先生为本书的编辑工作付出了辛勤的汗水。大象出版社责任编辑郭一凡女士为本书的出版给予了大力帮助。

  在本报告付梓出版之际，谨向参与并给予支持和帮助的所有单位和个人表示衷心的感谢！

编者

2018年9月

1. 杨单庄墓地全景

2. 二区发掘现场

杨单庄墓地全景及二区发掘现场

M82出土陶俑

1. M82：1正面　　　　　　　　　2. M82：1背面

3. M82：8正面　　　　　　　　　4. M82：8背面

M82出土陶侍女立俑

M82出土陶侍女立俑（M82：12）

1. M82：12侧面

2. M82：12背面

3. M82：14侧面

4. M82：14背面

M82出土陶侍女立俑

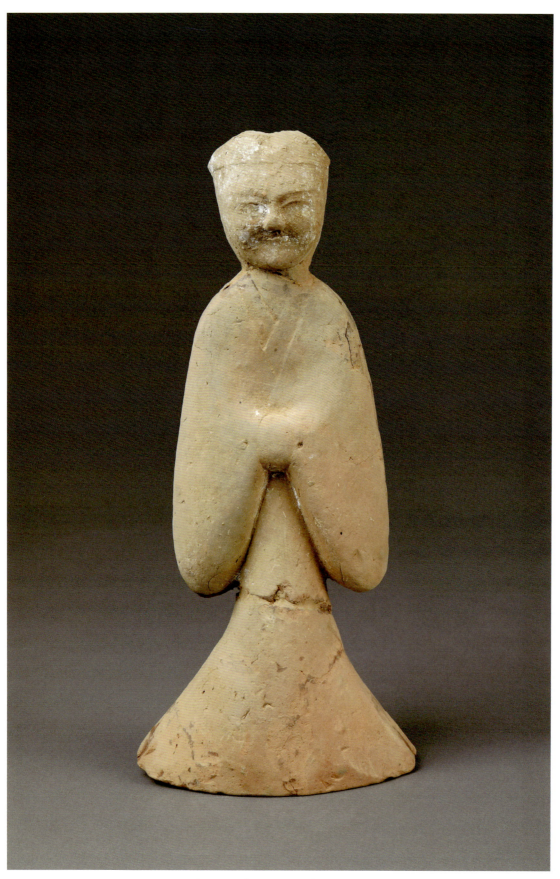

M82出土陶侍女立俑（M82：14）

1. 正面　　　　　　　　　2. 背面

3. 侧面　　　　　　　　　4. 侧面

M82出土陶侍女立俑（M82：4）

1. 正面　　　　　　　　　　　2. 背面

3. 侧面　　　　　　　　　　　4. 侧面

M82出土陶侍女立俑（M82：13）

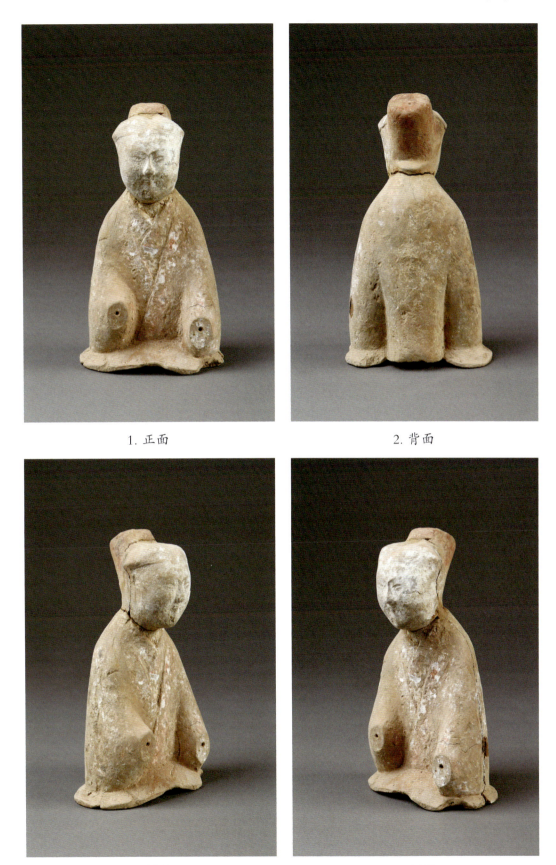

1. 正面

2. 背面

3. 侧面

4. 侧面

M82出土陶女跽坐女俑（M82∶2）

1. 正面　　　　　　　　　　2. 背面

3. 侧面　　　　　　　　　　4. 侧面

M82出土陶女跽坐俑（M82：3）

1. M82：5正面

2. M82：5背面

3. M82：9正面

4. M82：9背面

M82出土陶女跽坐俑

1. M82：6正面

2. M82：6背面

3. M82：7正面

4. M82：7背面

M82出土陶男踞坐俑

1. 陶男踞坐俑（M82：10）

3. 玻璃珠（M89：13）

4. 玻璃珠（M58：4-1）

2. 陶男踞坐俑（M82：11）

5. 玻璃珠（M58：4）

M58、M82、M89出土遗物

M114出土陶俑

1. M114：2正面

2. M114：2背面

3. M114：3侧面

4. M114：3背面

M114出土陶侍女立俑

M114出土陶侍女立俑（M114：3）

M114出土陶侍女立俑（M114：5）

1. M114：5侧面   2. M114：5背面

3. M114：14正面   4. M114：14背面

M114出土陶侍女立俑

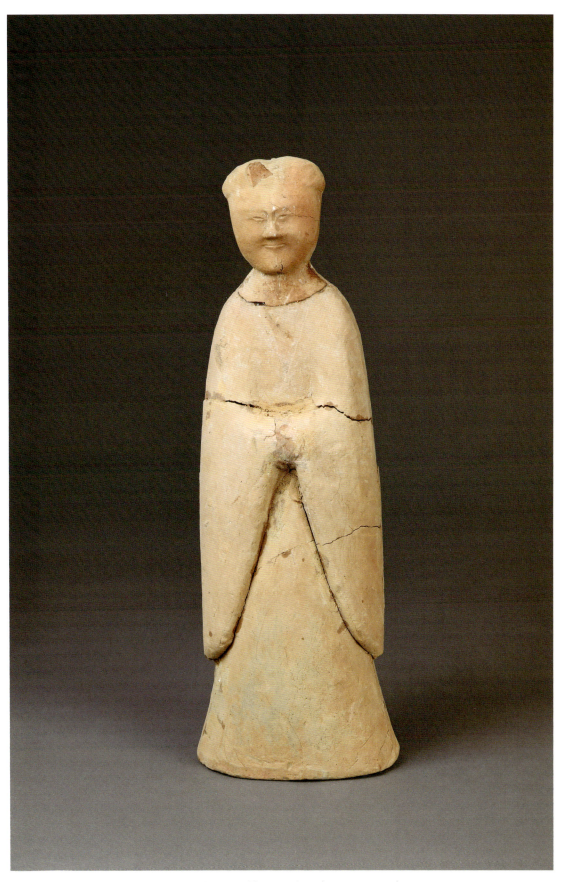

M114出土陶侍女立俑（M114：28）

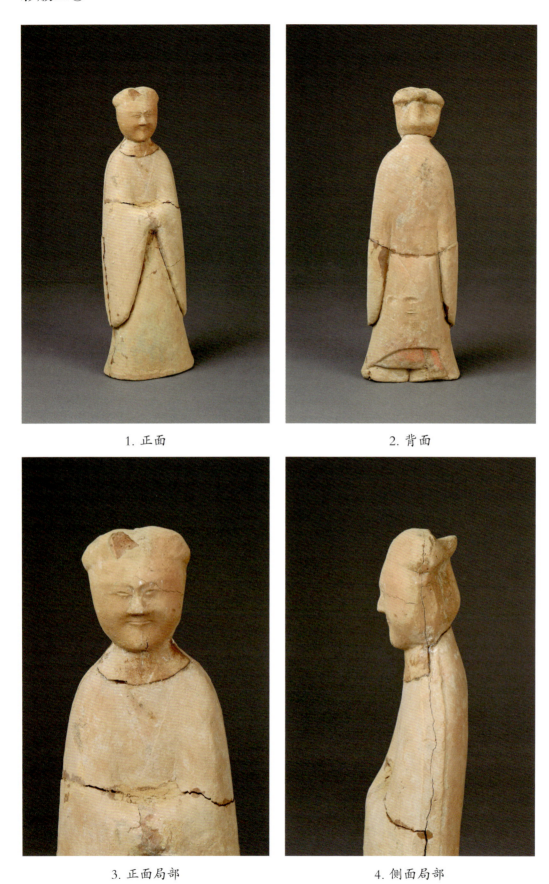

1. 正面   2. 背面

3. 正面局部   4. 侧面局部

M114出土陶侍女立俑（M114：28）

M114出土陶女跽坐俑（M114：4）

1. M114：4侧面

2. M114：4背面

3. M114：6侧面

4. M114：6背面

M114出土陶女跽坐俑

M114出土陶女跽坐俑（M114：6）

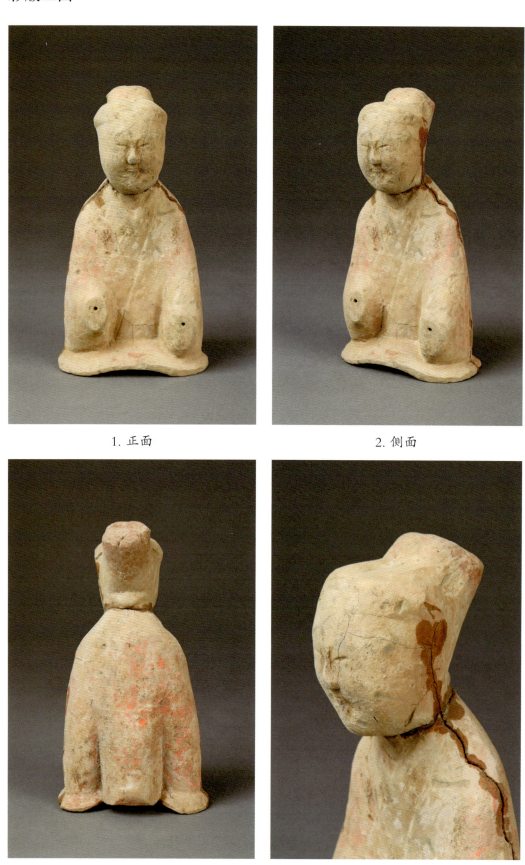

1. 正面　　　　　　　　　　2. 侧面

3. 背面　　　　　　　　　　4. 局部

M114出土陶女踞坐俑（M114：8）

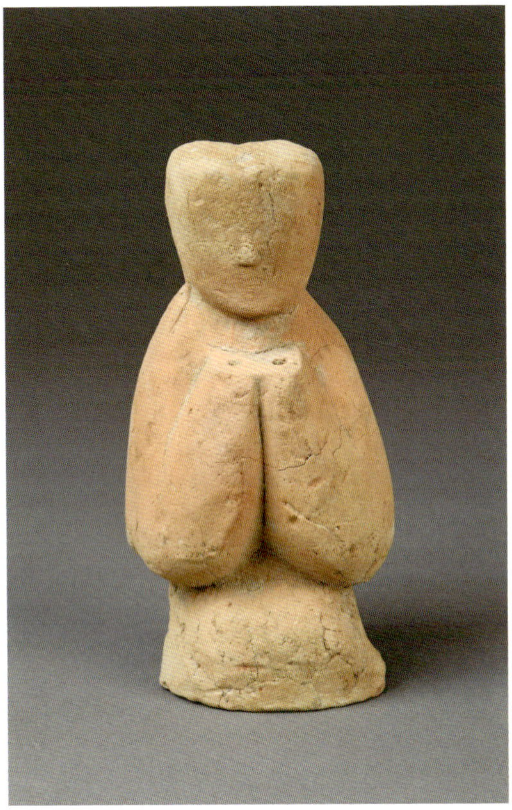

1. 正面

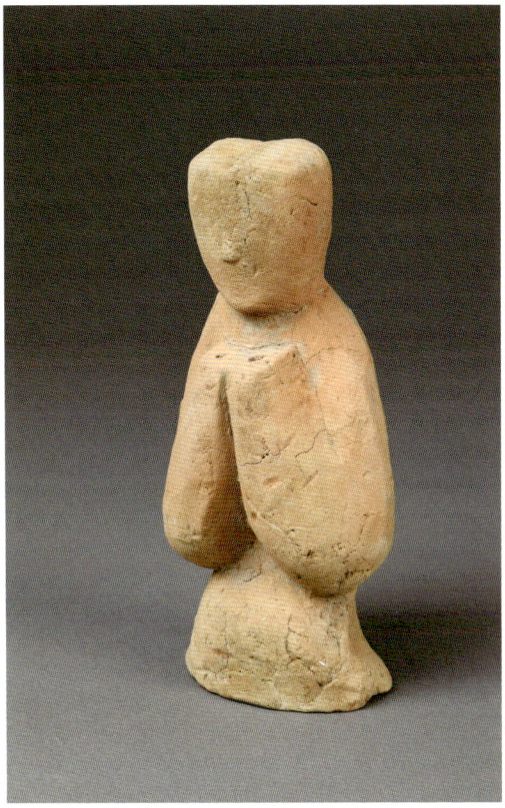

2. 侧面

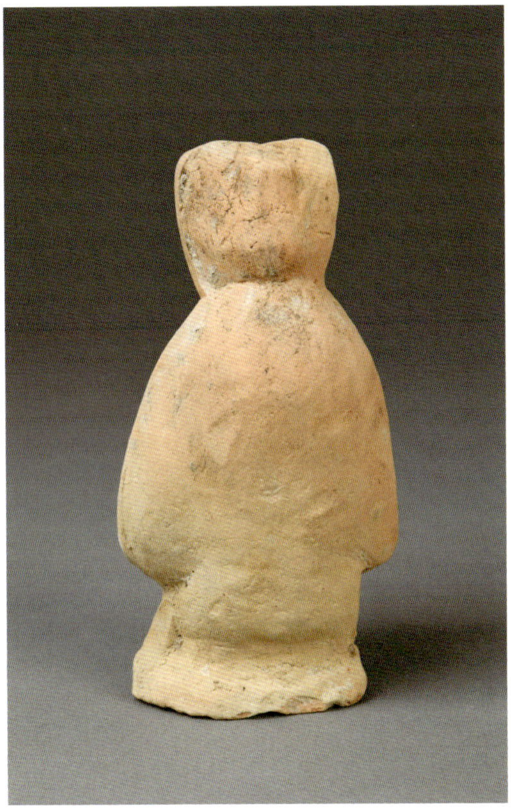

3. 背面

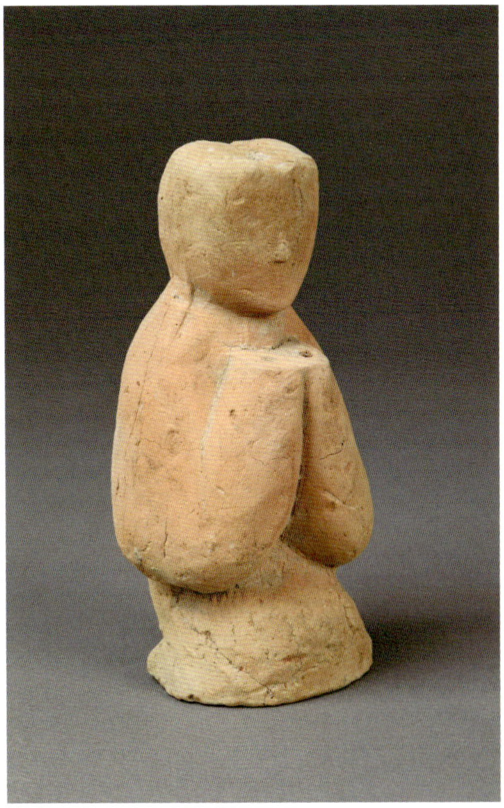

4. 侧面

M114出土陶女跽坐俑（M114：10）

1. M114：12正面

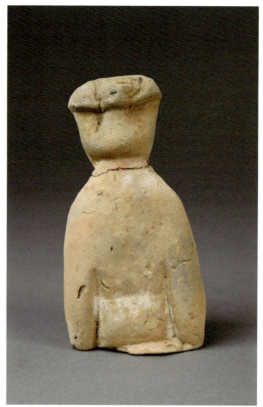

2. M114：12背面

3. M114：27侧面

4. M114：27背面

M114出土陶女跽坐俑

M114出土陶女踞坐俑（M114：27）

1. M114：7正面

2. M114：7背面

3. M114：9正面

4. M114：9背面

M114出土陶男踞坐俑

1. M114：11正面　　　　　　　　　　2. M114：11背面

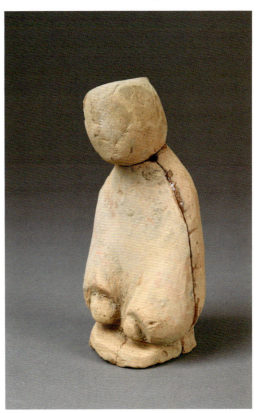

3. M114：13正面　　　　　　　　　　4. M114：13侧面

M114出土陶男踞坐俑

M116出土陶女踞坐俑（M116：3）

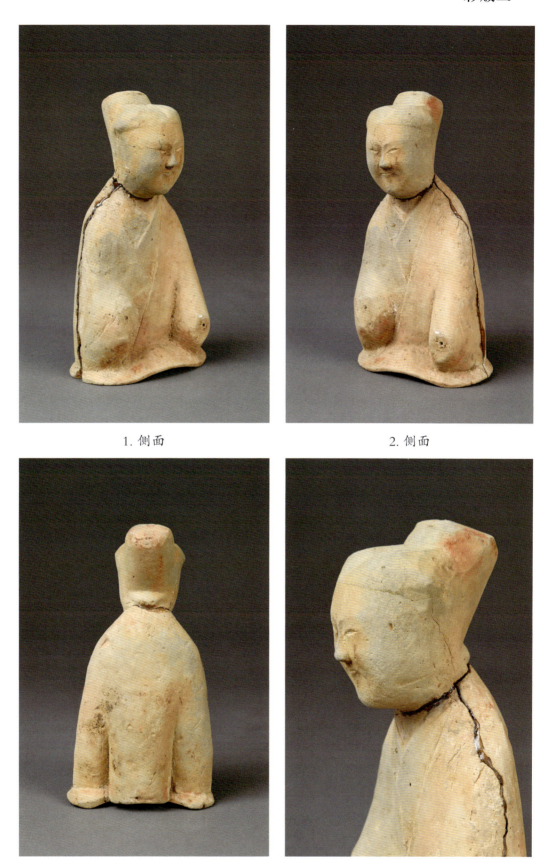

1. 侧面　　　　　　　　　　　　2. 侧面

3. 背面　　　　　　　　　　　　4. 局部

M116出土陶女跽坐俑（M116：3）

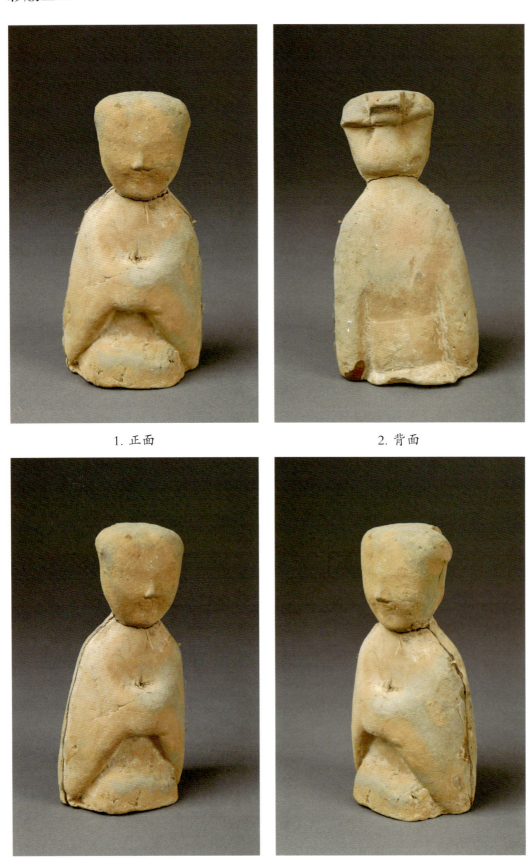

1. 正面   2. 背面

3. 侧面   4. 侧面

M116出土陶女跽坐俑（M116：4）

1. M2墓地情况

2. M2出土陶器

M2墓底情况及出土陶器

图版二

1. M3墓底情况

2. M3出土陶器

M3墓底情况及出土陶器

1. M4墓底情况

2. M4出土陶器

M4墓底情况及出土陶器

1. 陶瓮（M4：2）

4. 陶合碗（M4：9）

2. 陶鼎（M4：8）

5. 陶合碗（M4：13）

3. 陶壶（M4：7）

6. 陶壶（M4：1）

M4出土陶器

1. M8墓底情况

3. 陶瓮（M8：8）

2. 铜镈（M8：4）

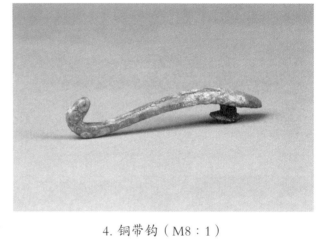

4. 铜带钩（M8：1）

5. 铜镜（M8：2）

M8墓底情况及出土陶器

图版六

1. M9全景

2.M9出土陶器

M9全景及出土陶器

1. M13全景

2. M13出土陶器

M13全景及出土陶器

1. M16墓底情况

2. M16出土陶器

M16墓底情况及出土陶器

1. 陶瓮（M16：5）

4. 陶盒（M16：9）

2. 陶瓮（M16：4）

5. 陶壶（M16：13）

3. 陶鼎（M16：11）

6. 陶杯（M16：2）

M16出土陶器

1. M19墓底情况

2. M20全景

M19墓底情况及M20全景

1. M21墓底情况

2. M24全景

M21墓底情况及M24全景

1. M25全景

2. M26全景

M25、M26全景

1. M27全景

2. M27出土陶器

M27全景及出土陶器

1. M32全景

2. M32出土陶器

M32全景及出土陶器

1. M33全景

2. M33出土陶器

M33全景及出土陶器

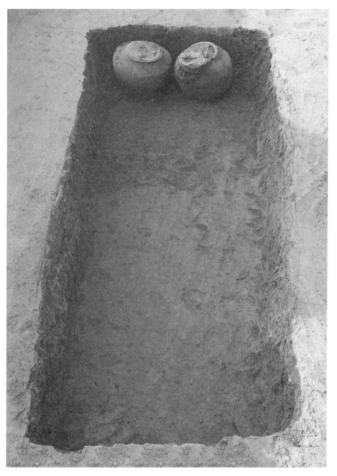

1. M34全景

2. M34出土陶器

M34全景及出土陶器

1. M35全景

2. M35出土陶器

M35全景及出土陶器

図版一八

1. M36全景

2. M36出土陶器

M36全景及出土陶器

1. M37全景

2. M37出土陶器

M37全景及出土陶器

図版二〇

1. M38全景

2. M39全景

M38、M39全景

1. M40全景

2. M40出土陶器

M40全景及出土陶器

1. 陶鼎（M40：6）

4. 陶甗（M40：9）

2. 陶盒（M40：1）

5. 陶卮（M40-16）

3. 鐎盉（M40：10）

6. 陶灶（M40：2）

M40出土陶器

1. M41全景

2. M41出土陶器

M41全景及出土陶器

1. M42全景

2. M42出土陶器

M42全景及出土陶器

1. M43全景

2. M44全景

M43、M44全景

1. M46全景

3. 陶瓮（M47：1）

2. 陶瓮（M46：4）

4. M47全景

M46、M47全景及出土陶器

1. M48全景

2. M49全景

M48、M49全景

1. M49出土陶器

2. M50出土陶器

M49、M50出土陶器

1. M53全景

2. M53出土陶器

M53全景及出土陶器

1. M54出土陶器

2. M55出土铜器

M54、M55出土陶器

1. M57全景

2. M56出土陶罐

M56出土陶罐及M57全景

1. M58全景

2. M57出土陶器

M57出土陶器及M58全景

1. M59全景

2. M59出土陶器

M59全景及出土陶器

1. 陶鼎（M59：5）

4. 铜印（M59：8）正面

2. 陶盒（M59：6）

5. 铜印（M59：8）背面

3. 陶壶（M59：1）

6. 陶盆（M59：3）

M59出土遗物

1. M60全景

2. M60出土陶器

M60全景及出土陶器

1. 陶瓮（M60∶1）

4. 陶盒（M60∶6）

2. 陶瓮（M60∶2）

5. 陶盒（M60∶5）

3. 陶鼎（M60∶9）

6. 陶鼎（M60∶8）

M60出土陶器

1. M61全景

2. M61出土陶器

M61全景及出土陶器

1. 陶瓮（M61：4）

4. 陶盆（M61：8）

2. 陶鼎（M61：10）

5. 陶钵（M61：11）

3. 陶盒（M61：9）

6. 铜镜（M61：1）

M61出土器物

1. M62全景

2. M62出土陶器

M62全景及出土陶器

1. M63全景

2. M63出土陶器

M63全景及出土陶器

1. M65全景

2. M65出土陶器

M65全景及出土陶器

1. M66墓底情况

2. M66出土陶器

M66墓底情况及出土陶器

1. M67墓底情况

2. M67出土陶器

M67墓底情况及出土陶器

1. M68全景

2. M68出土陶器

M68全景及出土陶器

1. M69全景

2. M69出土陶器

M69全景及出土陶器

1. M70全景

2. M70出土陶器

M70全景及出土陶器

1. M71全景

2. M71出土陶器

M71全景及出土陶器

1. M73全景

2. M73出土陶器

M73全景及出土陶器

1. M75全景

2. M75出土陶器

M75全景及出土陶器

1. M78墓底全景

2. M78出土陶器

M78全景及出土陶器

1. M79墓室全景

2. M79出土陶器

M79全景及出土陶器

图版五二

1. M80全景

2. M80出土陶器

M80全景及出土陶器

1. M81全景

2. M81出土陶器

M81全景及出土陶器

1. M82全景

2. M82出土陶器

M82全景及出土陶器

1. M86全景

2. M87全景

M86、M87全景

图版五六

1. M89全景

2. M89出土陶器

M89全景及出土陶器

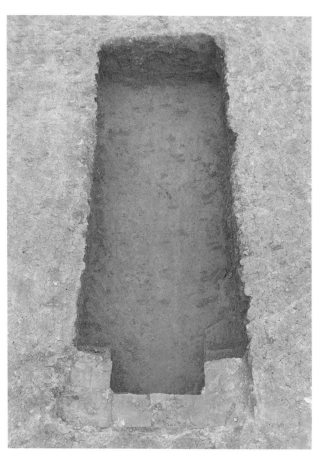

1. M90全景

2. M91全景

M90、M91全景

1. M92全景

2. M92出土陶器

M92全景及出土陶器

1. M96全景

2. M97全景

M96、M97全景

1. M98全景

2. M98出土陶器

M98全景及出土陶器

1. M99全景

2. M99出土陶器

M99全景及出土陶器

1. M100全景

2. M100出土陶器

M100全景及出土陶器

1. M101墓顶情况

2. M101墓底情况

M101墓顶及墓底情况

1. M104全景

2. M104出土陶器

M104全景及出土陶器

1. M105全景

2. M105出土陶器

M105全景及出土陶器

1. M106墓底情况

2. M106出土陶器

M106墓底情况及出土陶器

1. M107全景

2. M107出土陶器

M107全景及出土陶器

图版六八

1. M108全景

2. M109全景

M108、M109全景

1. M110全景

2. M111全景

M110、M111全景

图版七〇

1. M112全景

2. M111出土陶器

M111出土陶器及M112全景

1. M113墓底情况

2. M113出土陶器

M113墓底情况及出土陶器

1. M114全景

2. M114出土陶器

M114全景及出土陶器

1. M115全景

2. M115出土陶器

M115全景及出土陶器

1. M116墓底情况

2. 陶瓮（M116：9）

3. 陶钫（M116：12）

M116墓底情况及出土陶器

1. M117全景

2. M117出土陶器

M117全景及出土陶器

1. M118全景

2. M119全景

M118、M119全景

1. 陶瓮（M119：1）

4. 陶罐（M119：4）

2. 陶鼎（M119：6）

5. 陶盆（M119：3）

3. 陶壶（M119：2）

6. 陶钫（M119：9）

M119出土陶器

1. M1墓底情况

2. M10墓底情况

M1、M10墓底情况

1. M17全景

2. M28全景

M17、M28全景

图版八〇

1. M45全景

2. M29（左）、M30（右）全景

M29、M30、M45全景

1. M7全景

2. M11全景

M7、M11全景

1. M83全景

2. M84全景

M83、M84全景

1. M85全景

2. M94全景

M85、M94全景

1. M95全景

2. M102全景

M95、M102全景